重大法学文库

侵犯知识产权行为的非罪化研究

Research on the Decriminalization of Intellectual Property Infringement

曹 博 著

中国社会科学出版社

图书在版编目 (CIP) 数据

侵犯知识产权行为的非罪化研究 / 曹博著 . —北京：中国社会科学出版社，2018.7
（重大法学文库）
ISBN 978-7-5203-3102-9

Ⅰ. ①侵…　Ⅱ. ①曹…　Ⅲ. ①知识产权–侵权行为–研究–中国　Ⅳ. ①D923.404

中国版本图书馆 CIP 数据核字（2018）第 204188 号

出 版 人　赵剑英
责任编辑　梁剑琴
责任校对　李　剑
责任印制　李寡寡

出　　　版　中国社会科学出版社
社　　　址　北京鼓楼西大街甲 158 号
邮　　　编　100720
网　　　址　http：//www.csspw.cn
发 行 部　010-84083685
门 市 部　010-84029450
经　　　销　新华书店及其他书店

印刷装订　北京君升印刷有限公司
版　　　次　2018 年 7 月第 1 版
印　　　次　2018 年 7 月第 1 次印刷

开　　　本　710×1000　1/16
印　　　张　18
插　　　页　2
字　　　数　305 千字
定　　　价　79.00 元

出 版 寄 语

　　《重大法学文库》是在重庆大学法学院恢复成立十周年之际隆重面世的，首批于 2012 年 6 月推出了 10 部著作，约请重庆大学出版社编辑发行。2015 年 6 月在追思纪念重庆大学法学院创建七十年时推出了第二批 12 部著作，约请法律出版社编辑发行。本次为第三批，推出了 20 本著作，约请中国社会科学出版社编辑发行。作为改革开放以来重庆大学法学教学及学科建设的亲历者，我应邀结合本丛书一、二批的作序感言，在此寄语表达对第三批丛书出版的祝贺和期许之意。

　　随着本套丛书的逐本翻开，蕴于文字中的法学研究思想花蕾徐徐展现在我们面前。它是近年来重庆大学法学学者治学的心血与奉献的累累成果之一。或许学界的评价会智者见智，但对我们而言，仍是辛勤劳作、潜心探求的学术结晶，依然值得珍视。

　　掩卷回眸，再次审视重大法学学科发展与水平提升的历程，油然而生的依然是"映日荷花别样红"的浓浓感怀。

　　1945 年抗日战争刚胜利之际，当时的国立重庆大学即成立了法学院。新中国成立之后的 1952 年院系调整期间，重庆大学法学院教师服从调配，成为创建西南政法学院的骨干师资力量。其后的 40 余年时间内，重庆大学法学专业和师资几乎为空白。

　　在 1976 年结束"文化大革命"并经过拨乱反正，国家进入了以经济建设为中心的改革开放新时期，我校于 1983 年在经济管理学科中首先开设了"经济法"课程，这成为我校法学学科的新发端。

　　1995 年，经学校筹备申请并获得教育部批准，重庆大学正式开设了经济法学本科专业并开始招生；1998 年教育部新颁布的专业目录将多个部门法学专业统一为"法学"本科专业名称至今。

1999 年我校即申报"环境与资源保护法学"硕士点，并于 2001 年获准设立并招生；这是我校历史上第一个可以培养硕士的法学学科。

值得特别强调的是，在校领导班子正确决策和法学界同仁大力支持下，经过校内法学专业教师们近三年的筹备，重庆大学于 2002 年 6 月 16 日恢复成立了法学院，并提出了立足校情求实开拓的近中期办院目标和发展规划。这为重庆大学法学学科奠定了坚实根基和发展土壤，具有我校法学学科建设的里程碑意义。

2005 年，我校适应国家经济社会发展与生态文明建设的需求，积极申报"环境与资源保护法学"博士学位授权点，成功获得国务院学位委员会批准。为此成就了如下第一：西部十二个省区市中当批次唯一申报成功的法学博士点；西部十二个省区市中第一个环境资源法博士学科；重庆大学博士学科中首次有了法学门类。

正是有以上的学术积淀和基础，随着重庆大学"985 工程"建设的推进，2010 年我校获准设立法学一级学科博士点，除已设立的环境与资源保护法学二级学科外，随即逐步开始在法学理论、宪法与行政法学、刑法学、民商法学、经济法学、国际法学、刑事诉讼法学、知识产权法学、法律史学等二级学科领域持续培养博士研究生。

抚今追昔，近二十年来，重庆大学法学学者心无旁骛地潜心教书育人，脚踏实地地钻研探索、团结互助、艰辛创业的桩桩场景和教学科研的累累硕果，仍然历历在目。它正孕育形成重大法学人的治学精神与求学风气，鼓舞和感召着一代又一代莘莘学子坚定地向前跋涉，去创造更多的闪光业绩。

眺望未来，重庆大学法学学者正在中国全面推进依法治国的时代使命召唤下，投身其中，锐意改革，持续创新，用智慧和汗水谱写努力创建一流法学学科、一流法学院的辉煌乐章，为培养高素质法律法学人才，建设社会主义法治国家继续踏实奋斗和奉献。

随着岁月流逝，本套丛书的幽幽书香会逐渐淡去，但是它承载的重庆大学法学学者的思想结晶会持续发光、完善和拓展开去，化作中国法学前进路上又一轮坚固的铺路石。

陈德敏

2017 年 4 月

序

在强化知识产权保护，加大对侵犯知识产权行为打击力度的呼声一浪高过一浪，侵犯知识产权行为入罪不仅在理论上被普遍认可，而且在各国法律中得到落实并不断加强的背景下，"侵犯知识产权行为非罪化"这个论题看上去很不合时宜，甚至有点冒天下之大不韪——仅此一点，就足以让我们佩服作者的学术勇气。但是，批判精神正是学术的生命力所在，惟其如此，学术才能在批判、辩论中不断前进，逐步接近真理。人云亦云，亦步亦趋，虽冠冕堂皇，却是一条窒息学术的死路。

敢于挑战"通说"和"成规"，只能说明勇气，挑战的效果如何，则要靠功力。作者从知识产权对象与物权对象的区别、犯罪构成要件理论和刑罚适用效果入手，抽丝剥茧、层层深入地撕开了刑罚制裁合理性、必要性的华丽外衣，指出当前知识产权刑事保护的制度现实更多是受政治经济文化全球博弈的影响，刑罚制裁可以有效保护知识产权，促进创新的通说不过是利益集团制造的一个无法证立的假说，其合理性与正当性根据有待进一步探究。接着，作者通过对刑法理论中入罪标准的分析研究与归纳整合，概括出了一般意义上检验某种行为是否应当入罪的标准，以之考察侵犯知识产权的行为，得出了不应入罪的结论。整个论证过程既有历史考察，又有理论推演、哲学思辨和实证分析，具有相当的说服力。在结论部分作者还提出了重构我国知识产权法律救济体系的设想，体现了作者对现实问题的关怀。

就研究方法而论，本书的一个突出特点是紧紧抓住权利对象这个法学研究中的元问题，用以分析该论题涉及的各种问题。权利对象作为第一性的生活事实，对第二性的法律制度设计起着决定性的作用，法律制度必须符合权利对象的本质，而不能无视甚至背离它。知识产权的对象是特定的信息，具有可共享性，其价值的实现全赖使用和传播。可共享性决定了知识产权对象使用的非竞争性，对其未经许可的使用（侵权）与对物质财产的盗窃、毁损对权利人造成的损害大不相同，用对付盗窃物质财产行为的办法来处理侵犯知识产权的行为其合理性值得怀疑。知识产权的私人专有权性质与信息、知识的公共产品属性相抵触，从其产生的那一天起，其合理性就一直被质疑。从来没有一种法律权利像知识产权一样受到从普罗大众到知识精英如此激烈和持续的抵制和批判，甚至许多国家成立了盗版党，并获得广泛的支持。用刑罚手段保护这样一种尚未被普遍认可的权利，其合理性是值得怀疑的。何况，对侵犯知识产权的行为追究刑事责任还面临着权利不稳定、权利边界模糊不清、损害难以确定等一系列难题，所谓严格保护知识产权可以鼓励创新的假说也无法证立。

学术研究需要时间的积累与沉淀。本书作者自攻读博士以来，一直关注知识产权的刑法保护问题，从最初质疑侵犯著作权行为入罪的合理性，逐渐扩展到从整体上对侵犯知识产权行为刑法保护的质疑。本书的出版可以说是对其多年关注、研究该问题成果的展现。虽然难免些许幼稚，有些问题的论证尚待进一步深入，但是，作为知识产权法学者研究知识产权刑法保护的开先河之作，而且是从否定的角度进行研究，其价值自然不容小觑。我们期待作者在这一具有强烈挑战性的论域有更多力作问世，期待知识产权法学者和刑法学者携手，把这一问题的讨论推向一个新的水平，为构建符合知识产权特点的、合理有效的权利救济体系，贡献中国学者的智慧！

张玉敏

2018 年 6 月 16 日

目　录

前　言

2008 年 6 月，中国《国家知识产权战略纲要》出台，这一标志性事件引发了对我国改革开放 30 年以来知识产权事业的总结："中国用了不到 30 年的时间，走过了一些发达国家通常需要上百年才能完成的立法路程。"此话不假，知识产权法律制度已在我国落地生根。然而，这一论断同时警醒我们：知识产权是如此年轻。年轻不但意味着朝气蓬勃，更意味着幼稚迷茫，纵观知识产权制度在我国乃至全球的发展演进，总是裹挟在口号、说教、阴谋乃至枪炮声中，知识产权的真实面貌却扑朔迷离。主流的学术论调和官方表述重复着同样的逻辑思路：知识产权能够发挥鼓励创造的功能进而促进科技文化传播、推动社会发展，唯有加强知识产权保护才能实现这一功能。这种认识进一步被武装成颠扑不破的真理，在某种程度上幻化为意识形态，不容置疑甚至不得触碰，侵犯知识产权行为的入罪以及刑事处罚的不断加强都建立在这一基础之上。

然而，存在的并不一定都是合理的。理论思考的精髓在于不断地质疑与推敲，寻求制度背后的合理支撑与恰当阐释。联系到知识产权法律制度与法学研究远未成熟的现状，加之妄图在未来的理论探索中有所建树的诱惑，必然将好事者推向求真求实的征途。

侵犯知识产权行为非罪化的论题，来源于立法上对侵犯专利权行为非罪化的处理。这一现实引发如下疑惑：如果承认知识产权是专利权的上位概念，著作权、专利权与商标权等在法律概念、权利对象、权利特征等诸多方面具有共同之处，为什么侵犯专利权行为会做非罪化的处理，且得到了理论界的普遍支持，而侵犯著作权和商标权的行为却要入罪？

考察国内外研究现状，虽然没有直接以"侵犯知识产权行为的非罪化"命名的研究成果出现，但个别论著已经关注到了侵犯著作权行为入罪合理性的问题。我国台湾地区郑芳甄的硕士学位论文《著作权侵害除罪化之研究》透过国际著作权保护历史发展及定位著作权本质，论及国际公约与国际著作权刑罚的相关规定，从传统刑罚理论与除罪化概念衡量成本和利益以及检视除罪化之必要性，获得著作权应予除罪化的结论；而萧宏宜在《以刑法保护著作权?》一文中提出刑事制裁保护著作权的正当性与必要性问题应从三个角度进行检视：应刑罚性与刑罚必要性的区分、行为规范与制裁规范的歧义、利益分析与衡量，指出在我国台湾地区已经形成一个"著作权刑法"的恶性循环，立法的急切完全无法让人发现使用刑法手段的最后理性，明确提出了对侵犯著作权行为入罪的质疑。前述论著大胆地提出了"非罪化"的构想，并尝试以刑法中的理论以及著作权的特性为依据检讨已然形成的刑罚条款，无疑属于知识产权学术研究中的开拓性尝试。但是，由于其主要围绕某一类知识产权而展开，并非针对整个知识产权制度进行论述，且忽视了非罪化之后知识产权的救济规则如何构建与完善的问题，不得不说存有不小的遗憾。

　　基于这种认识，"侵犯知识产权行为的非罪化研究"这一论题从应然意义出发，通过对知识产权这一整体性概念的全面梳理及深入分析，整合刑法中的犯罪化理论，致力于研判通过刑事手段对侵犯知识产权行为提供救济是否具有正当性与合理性。进一步来说，侵犯知识产权行为的入罪或者非罪化，其根本问题指向侵犯知识产权行为的法律责任，或者说知识产权的法律救济体系应当如何建构。知识产权法学中的所有问题都应当以知识产权权利对象为出发点展开，权利对象本身是第一性的生活事实，第二性的法律规则不能无视乃至背离生活事实，权利对象的非物质性是成就知识产权这一权利类型乃至知识产权法学的根本前提，这决定了虽然物质财产权的法律规则具有较强的借鉴意义，但并不能解决所有知识产权问题。侵犯知识产权行为非罪化的论题正是从知识产权权利对象的非物质性这一基本前提出发，通过对侵犯知识产权行为特质的论证，力图在理论层面寻求更加符合知识产权特点的法律保护方式。

　　"侵犯知识产权行为的非罪化"这一论题与当前强化知识产权刑事保护的国际趋势和理论共识都存在不小的距离，但笔者愿以一种矫枉过正的态度进行学术研究的尝试和探索，期望在知识产权法学的理论研究与制度建设中有所贡献。

第一章

侵犯知识产权行为犯罪化的制度现实

法谚有云，"没有救济就没有权利"，这一经典表达的内在含义决定了法律必须针对各项权利搭建严谨且规范的救济体系，这不但是权利的逻辑，更是法律的本旨。依据自然法思想，在自然状态下每个人都享有私力救济的权利，对他人违反自然法的行为都天然地享有实施惩罚的执行权。① 然而，自然状态的种种缺陷使得权利与义务的配置往往无法通过私力救济的形式得到解决，进而导致诸多混乱，借由公共裁判机构与统一的规则来做成和发布更易为公众接受的决定成为必然选择。② 国家正是基于这种需求而兴起，其重要职能之一即是确立利益归属并裁断利益纷争、维护既有的分配格局，公力救济借此成为权利救济的主要方式，而私力救济被限制在一定的范围之内。公力救济通过公共权力实现，论者认为"古来的公权者，不论国内、国际或区域的，也不论民主、专制或独裁的，都得确认规则、管理事务、裁断纠纷。这三项职能，便是现代所谓立法、行政和司法"③。按此，权利的公力救济主要通过司法来实现，表现为不同的诉讼形式，即民事诉讼与刑事诉讼，二者在发起诉讼的依据、主体、条件等方面存在显著差别，但都表现为司法对公民行为的介入。行政则指向政府行为，致力于对公共事务的管理，但公共事务与私人生活之间的界限却并非泾渭分明。例如某企业非法排

---

① 参见［英］洛克《政府论》（下篇），叶启芳、瞿菊农译，商务印书馆1964年版，第5页。

② 参见贺海仁《从私力救济到公力救济——权利救济的现代性话语》，《法商研究》2004年第1期。

③ 夏勇：《改革司法》，《读书》2003年第1期。

放污水，不但可能因为侵害了居民权益而引发民事诉讼，更有可能因为对环境的侵害引发行政机关介入，对其行为施以处罚。从某种意义上说，行政行为亦时常介入私人生活，并且往往兼具民事保护与刑事保护的特点。就侵犯知识产权行为而论，其法律责任在我国立法中即体现为民事责任、刑事责任与行政责任，这一责任体系与物权具有极强的相似性。本章力图对我国现行知识产权立法文本进行深入考察，廓清侵犯知识产权行为的法律责任，亦即知识产权的民事保护、刑事保护及行政保护在适用条件、启动主体等方面的差别，从而呈现侵犯知识产权行为由民入刑的制度现实。

第一节　侵犯知识产权行为的民事责任

一种权利在受到侵害之后，不同的法律均可能给予救济，就该侵权行为而言，相关行为人亦可能承担不同的责任。申言之，一项权利获得的法律保护类型即是侵犯该权利所应承担的法律责任。知识产权的民事保护以民事诉讼为表征，具备民事诉讼的一般特点，即司法的被动介入、由权利人启动民事保护、损害赔偿在侵权行为的民事责任中占据重要地位，这与民法上侵权行为的理论构造一致。在此基础上，由于知识产权本身的特质，侵犯知识产权的民事责任亦呈现出其独有的特点。

一　侵权行为民事责任的实现过程：司法被动介入

民法上的侵权行为理论来源于近代西方社会个人主义的思想渊源，按照史家的解说，个人主义公开地为个人争取解放与自由，而反对一切权威与传统，个人主义的中心便是自由。① 在这一历史背景之下，抽象的人被投入了市民社会逐利的洪流之中，卢梭就曾尖锐地指出："你不是罗马人，也不是斯巴达人；你也不是雅典人。把这些伟大的名字放起来吧，他们不适合于你。你是商人、工匠、中产阶级，私利、工作、生意和收益总是占据着你的心灵。对你们这些人，自由本身只有一种没有

---

① 参见余英时《民主制度与近代文明》，广西师范大学出版社 2006 年版，第 135 页。

保障地获得、没有担保地占有的手段。"① 个人理性成为引导其生活的唯
一根据，康德就对理性自主赞赏有加。② 个人主义的兴起与理性自主无
疑从主体层面将社会解构为一个个的主体世界，在哲学家看来，现代人
是自我人、经济人和政治人的三位一体。③ 由此，个人成为制度构建的
出发点。自由实际上就是从个人角度进行的定义，对于某一个体而言，
自由就是免于被强制而可以做他想做的事情，以个人为本的自由没有边
界。但是原子式的个人之间却必须发生交往，这意味着在社会之中不可
能只有个人而没有他人，当他人在场时，个人与他人的自由互为边界，
只能以制度形式把自由呈现为权利。这就使得权利的逻辑获得了证成，
个体之间互为边界的自由成就了个体的权利，以权利为本位的社会制度
结构得以形成。

　　权利为个人的社会交往划定了行为的边界，构建了理想的生活模型。
然而，且不论权利界定本身存在的悖论："作为自由市场完美前提的'清
楚界定的法律权利'，只是一个不断追求却又不可企及的'西西弗斯'的
神话：每当人们将一个规则制定出来，也就意味着制定一个取而代之的新
规则的开始。"④ 即使忽略清楚界定的法律权利在事实上是否可以实现这
一追问，假定法律权利已然给出了明确的行为边界，但乌尔比安的权利格
言仍然只是一种纸面上的理想追求："正直生活（honeste vive）、不伤害他

---

① ［英］韦恩·莫里森：《法理学：从古希腊到后现代》，李桂林、李清伟、侯健、郑云
瑞译，武汉大学出版社 2003 年版，第 163 页。

② 在康德看来，现代人不应当受到本能的指挥，受到现成知识的滋养和引导。他应当从
自身中创造一切事物来。寻求自身的安全、食物和保护……所有可以使生活快乐的娱乐、思
想和知识，最后甚至还有心灵的善——所有这一切都应当全部是他的自身工作。［英］韦恩·
莫里森：《法理学：从古希腊到后现代》，李桂林、李清伟、侯健、郑云瑞译，武汉大学出版
社 2003 年版，第 139 页。

③ 自我人意味着精神上独立自主的个人，他相信自己就是自己的精神权威，自己有权去
进行价值判断，自己的精神不依赖他人而具有完整意义；经济人的本质就是理性地追求排他
的自身利益最大化；政治人则来源于自由被落实为权利，个人获得制度确认而由意向性的存
在变成制度性的存在。这一原子式的个人拥有全方位的边界：身体是个人的自然边界，自我
是个人的精神边界，财产是个人可支配空间的边界，而权利是个人的政治边界。参见赵汀阳
《第一哲学的支点》，生活·读书·新知三联书店 2013 年版，第 131—139 页。

④ 凌斌：《法治的代价：法律经济学原理批判》，法律出版社 2012 年版，第 72 页。

人（neminem laede）、给每个人应得的东西（suum cuique）。"① 按照边沁的认识，功利本身为立法提供了一个指导原则，国家的福祉和绝大多数人的幸福得到最大化应当是立法者不变的追求。② 如果立法者遵从这一理念，那么依据法律确定的行为规则进行生活将使国家的福祉和绝大多数人的幸福得到最大化。然而，原子式的个人一方面可能认为自己并不在这绝大多数人之列，依照法律生活不能带给其幸福；另一方面对理性自主的迷信使得个人认为其能够做出最有利于实现其自身幸福的判断，尽管这一判断在事实上往往显得短视而低效。由此，必然有人违反法律确定的行为规则，这种违反表现为对他人权利边界的冒犯。这一论证因为借用了基于假设的理论模型，大大简化了论证过程，得出的结论在逻辑上不够缜密，但如果考虑到权利界定本身极易产生的不公以及法治的"孝公难题"③，违背法律的行为不可避免，侵权行为的发生也就顺理成章。做一个不尽恰当的概括就是：有人的地方就有法律，有法律的地方就有权利，有权利的地方就有侵权行为。

个人主义的风潮席卷了民法领域，在法国学者萨瓦蒂埃看来，"民法典中的人，首先是'有尊严的存在'，是自己和自己命运的主人，他忠实于自己的约定，觉悟到自己责任的存在……在所有权与契约中，自由的人不需要任何监护，平等中的自由充分地保护着他"④。对人的迷恋与信心催生了私法自治，从而将公权力逐出了私人的生活领域。就侵权行为而言，由于系属私人生活的范畴，侵权与否的判断以及侵权行为的处理都交由个人决断，个人以其理性自主决定是否将纠纷诉诸司法。而作为公权力的司法机关，对私人生活的介入则纯属被动，甚至在被动介入之后，亦给

---

① 转引自［加拿大］欧内斯特·J.温里布《私法的理念》，徐爱国译，北京大学出版社2007年版，第105页。

② 参见［英］韦恩·莫里森《法理学：从古希腊到后现代》，李桂林、李清伟、侯健、郑云瑞译，武汉大学出版社2003年版，第201页。

③ 《商君书·定分》中曾记载秦孝公提出的经典问题："法令以当时立之者，明旦，欲使天下之吏民，皆明知而用之、如一而无私，奈何？"（立法之后，要想在旦夕之间，使天下的所有官员和百姓都能明确知道和严格服从法律并且能够保证法制统一、执法公正，该如何是好呢？）凌斌将这一问题称为"孝公难题"。参见凌斌《法治的中国道路》，北京大学出版社2013年版，第2—3页。

④ ［日］星野英一：《私法中的人》，王闯译，中国法制出版社2004年版，第36—37页。

予个人最大程度的自由空间，表现为在判决之前，原告均可与被告达成和解或者选择撤诉。从法律经济学的角度而言，司法对一项权利的民事保护采取被动介入的姿态亦颇具合理性。在通常的侵权事件中，受害者知道或者可以迅速地判定施害者的身份，那么允许其提出金钱赔偿的诉讼就能够也将会引导当事人启动司法介入，授予受害者起诉和索赔的权利会引导其指认施害者，而且更重要的是引导其提供那些与违法行为有关的信息，否则社会就无法获得这些信息或者要为获得这些信息支付成本，侵权行为法律制度以赔偿损失的方式回报受害者，由其决定司法是否介入，使得社会得以从受害者所当然拥有的关于施害者身份和行为的信息中受益。[①] 试想，若司法主动介入每一个侵权行为，其为了获取施害者身份以及与违法行为有关的信息将不得不支付巨大成本，而公权力运行的成本来自税收，用全体国民的税收为某个私人行为埋单无疑不符合公权力的运行逻辑。此外，司法对侵权行为的被动介入还体现为只有在行为实施之后，受害者才能以损害为由请求司法的介入，按照民事权利的理念，唯有他人实施的具体行为侵入了其权利的边界范围之内，才可认为造成了对权利的侵害，并可诉诸司法，寻求裁判。从法律经济学的视角出发，对司法介入的这一限制同样节省了大量的社会成本。[②]

综合看来，对一项权利的民事保护体现为司法的被动介入，个人作为权利的享有者，亦是对其利益的最佳判定者，在侵权行为发生之后，是否寻求救济，如何寻求救济都由个人自主决定，司法作为公权力的化身，始终坚守其被动裁判的定位。

二　侵权行为民事责任的焦点问题：损害赔偿的商品化

个人主义的兴起催生了近代的市民社会，从封建主义或绝对主义统治下解放出来的个人自由地从事经营活动成为经济生活和社会发展的重要动力，在市民社会中，经济行为获得了前所未有的赞赏与肯定，个人以权利形式占有的财产成为市场利益的化身，亦即权利都可以通过市场利益进行衡量，进一步而言，所有的民事权利都有一个大致的市场价值，权利也进

[①]　参见［美］斯蒂文·沙维尔《法律经济分析的基础理论》，赵海怡、史册、宁静波译，中国人民大学出版社 2013 年版，第 512 页。

[②]　同上书，第 511 页。

一步被世俗化为利益，甚至商品。法律的实证主义转向则进一步推进了民法的转向。这意味着法律与道德的界限开始明晰，① 民法中的伦理因素逐渐减退甚至消亡，纯粹作为市民社会生活准则与市场经济交易规则而存在的民法诞生了。

日本学者川岛武宜阐述了以市民社会为基础的民法所具有的非伦理性，他认为，在资本主义经济形态之下，作为经济规律的法与作为社会规范的法具有高度的同一性，其目的在于通过国家保障这种自律的经济的法，而国家对于所有的经济关系在原则上都是基于冷静的利益衡量进行调整。国家法只把能够明确使用数字上的精确度进行计算的项目采用在其制定的法律规则之中，诸多不能计算或事实上无法计算的未知数或模糊地带则被排除。显然，伦理就具有未知数或模糊地带的性质，例如，为达成邻里之间的和睦相处，债权人固然可以放弃债权；出于人道主义的考量，商品所有者自然可以对其商品减价出售；基于社会良知的触动，巨额财产所有者可以散尽千金以资慈善。这些行为在伦理上无可指摘，值得称赞，但是如果从市场交易的理性视角考察，前述诸种做法只能是扰乱商品等价关系的偶然未知数而已，并非可以精确计算的利益基数，不应属于等价交换这一以利己主义为核心而构建的世界。②

如此一来，根植于市民社会的近代民法在市场经济的潮流中完成了对伦理的回避与剔除，这一方面体现为法人在民法中取得主体地位，另一方面则表现为民事主体鲜明的商人特性。就法人而言，无论学理上对其本质的认识采纳实在说、有机体说还是拟制说，③ 其产生的重要原因都是民法伦理性色彩的减弱。而在近代民法的制度发展中，商法精神一般化、民法

---

① 奥斯汀即阐述了法律与道德的分离："法律的存在是一回事，而法的优劣则是另外一回事，法律是什么或者不是什么，这是一回事，法的存在是否符合某个假定的标准，这又是另外一回事。某项法律，如果它真实存在，就是法律，尽管我们碰巧不那么喜欢它，或者它偏离了我们用以指导自己好恶的神圣文本。"［英］约翰·奥斯汀：《法理学的范围》，刘星译，中国法制出版社 2002 年版，第 208 页。

② 参见［日］川岛武宜《现代化与法》，申政武、渠涛、李旺、王志安译，中国政法大学出版社 2004 年版，第 26—27 页。

③ 有关法人本质学说的介绍，可参见江平、龙卫球《法人本质及其基本构造研究——为拟制说辩护》，《中国法学》1998 年第 3 期。

商法化的倾向非常严重。①

就主体而言，近代民法已然实现了其非伦理性的转向，这为功利主义进入民法领域扫清了障碍。对侵权行为来说，加害人应当承担的民事责任是主要问题，如果不能恢复原状，则转而考虑损害赔偿。当伦理性色彩逐渐淡出近代民法之后，损害赔偿的商品化和货币化得以实现。商品化的含义是一件商品用市场价衡量的可买性。在法律裁判中对这一概念的使用则将权利直接化约为商品，对权利的侵犯即是对其本可获取的市场价值的侵害，损害被总结为"损害事件发生后某人在特定时间点上的财产数量与如果某个损害事件不发生，该人在上述时间点上的财产数量之间的差额"②。损害赔偿额的确定与市场产生了有效的接轨，我国台湾地区的民法实践肯定了这种做法，并认为损害赔偿的确定应充分考虑市场价格的变动，强调恢复到权利的"应有状态"而非"原有状态"。③

民法上将损害赔偿区分为非财产上的损害与财产上的损害，这一区分的意义在于对非财产上损害的金钱赔偿加以特别限制，亦即认为非财产上的损害不应进行商品化。然而，在各国的司法实践中，不断出现对这一分类的突破，论证了许多非财产上损害的商业化，即对非财产上的损害亦可从市场利益的角度以金钱进行衡量。实际上，在市场经济条件下，对于包括权利在内的任何事物都具有商品化的可能性。学者对诚信这一向来被认为无法用金钱衡量的事物，就做出了这种解读："市场经济下的现代诚

---

① 拉德布鲁赫即认为："以法律秩序作为前提的'法律人'的内容，已变成与作为利己主义奴隶的'经济人'、'商人'相近的东西了。即使说，迄今为止的全部法律秩序之发达实际上就是作为其前提的'人'的'经济人'化的过程，也并非夸张之言。"参见［日］星野英一《私法中的人》，王闯译，中国法制出版社 2004 年版，第 44—45 页。

② ［德］格哈德·瓦格纳：《损害赔偿法的未来——商业化、惩罚性赔偿、集体性损害》，王程芳译，熊丙万、李翀校对，中国法制出版社 2012 年版，第 15 页。

③ 王泽鉴认为："物因侵权行为而受损害，请求金钱赔偿，其有市价者，应以请求时或起诉时之市价为准。盖损害赔偿之目的在于填补所生之损害，其应恢复者，并非'原来状态'，而系'应有状态'，应将损害事故发生后之变动情况考虑在内。故其价格应以加害人应为给付之时为准，被害人请求赔偿时，加害人即有给付之义务，算定被害物价格时，应以起诉时之市价为准，被害人于起诉前已曾为请求者，以请求时之市价为准。惟被害人如能证明在请求或起诉前有具体事实，可以获得较高之交换价值者，应以该较高之价格为准，因被害人如未被侵害，即可获得该项利益也。"王泽鉴：《物之损害赔偿制度的突破与发展》，载王泽鉴《民法学说与判例研究》（第六册），北京大学出版社 2009 年版，第 24—25 页。

信，首先必须是一件商品，一种'无形资产'，一种'品牌'。说白了，在市场经济下，只有人们觉得诚信'值钱'，现代诚信才会建立。正如亚当·斯密和马克思看到的，不论我们是否从心理上接受，市场经济已经把一切价值都变为了'交换价值'，把人间的一切事物变为了'商品'。"①

由此看来，在恢复原状的民事责任无法实现时，损害赔偿的计算与衡量成为民事责任的焦点问题，对财产性权利而言，所谓损害表现为可以用金钱衡量的相关市场利益或价值的损失，这一点在我国的《侵权责任法》中亦得到了认可。② 而对于侵犯非财产性的人身权利，其民事责任的承担也往往转化为对财产损害的赔偿，甚至精神损害赔偿的确认实际上也遵循了与财产性权利损害赔偿相同的逻辑进路。③ 对民事责任中的损害赔偿而言，也许张五常的说法并非危言耸听："人的灵魂是可以出售的……人各有价！"④

三 侵犯知识产权行为的民事责任

知识产权属于民事权利谱系中的"新生事物"，物质财产一直以来才是民事权利最重要的保护对象，而知识产权的保护对象是信息，具有非物质性的特点，学者亦在不断强调这种区别带来的影响，德霍斯的著名论断至今都振聋发聩："一旦财产概念延伸到抽象物，就会发生许多危险。"⑤ 对知识产权民事保护的探讨亦应重视这种差别带来的影响。

（一）临时禁令对司法被动介入的突破

就司法保护的被动介入而言，一项民事权利受到侵害之后，权利人对

---

① 凌斌：《法治的代价：法律经济学原理批判》，法律出版社 2012 年版，第 272 页。

② 《侵权责任法》第 19 条："侵害他人财产的，财产损失按照损失发生时的市场价格或者其他方式计算。"

③ 《侵权责任法》第 20 条："侵害他人人身权益造成财产损失的，按照被侵权人因此受到的损失赔偿；被侵权人的损失难以确定，侵权人因此获得利益的，按照其获得的利益赔偿；侵权人因此获得的利益难以确定，被侵权人和侵权人就赔偿数额协商不一致，向人民法院提起诉讼的，由人民法院根据实际情况确定赔偿数额。"该条规定使得对人身权益的损害转化为财产损失，从而可以使用以市场价格确定损害赔偿额的方式。而《侵权责任法》第 22 条规定："侵害他人人身权益，造成他人严重精神损害的，被侵权人可以请求精神损害赔偿。"

④ 张五常：《学术上的老人与海》，社会科学文献出版社 2001 年版，第 151 页。

⑤ ［澳］彼得·德霍斯：《知识财产法哲学》，周林译，商务印书馆 2008 年版，第 12 页。

于是否将案件诉诸法院以及何时诉诸法院具有完全的自主决定权，而法院亦只能在受理案件起诉之后，才介入相应民事纠纷的解决。此外，法院只有在审理案件之后，才能确认是否侵权，并针对原告的诉讼请求作出判决，进而决定被告应当承担的民事责任。停止侵害属于最基本的民事责任形式，① 权利人在侵权纠纷中的首要诉求往往就是停止侵害。② 学者普遍认为适用停止侵害的民事责任不需要考察相关行为人的主观要件。③ 我国知识产权民事保护的司法实践中也遵循侵害他人民事权利必须停止这一理念："目前司法实践中，无论专利权人指控被控侵权人侵犯其专利权中的哪一项具体权限，只要认定侵权指控成立，均判决侵权人立即停止侵权行为。"④ 最高人民法院亦强调停止侵害这一民事责任在司法实践中的普遍适用。⑤ 这些论述在阐明停止侵害这一民事责任具有重要意义的同时，均强调认定侵权成立是判令侵权人停止侵害的前提条件，而这在民事权利救济中似乎也是不言自明的法理。因为司法对民事权利的保护采取被动介入的姿态，其判决的权威性很大程度上来自原被告双方通过法庭审判的形式查明真相、确认侵权事实，而在被告缺席审判的情况下，更需要法院基于对证据的审查与甄别进行裁断。

但在知识产权案件中，论者认为知识产权的特征决定了其容易受到侵

---

① 一般而言，侵权行为的主要民事责任包括：停止侵害、排除妨碍、消除危险、返还财产、恢复原状、赔偿损失、赔礼道歉、消除影响及恢复名誉。参见我国《侵权责任法》第 15 条。

② 英美法系国家一般将停止侵害的民事责任表述为"禁令"。例如，美国专利法规定："对本编中的诉讼有管辖权的法院，都可以依照衡平法原则发出包括法院认为合理的条款的禁令，以避免专利上的任何权利受到侵害。"原文为："The several courts having jurisdiction of cases under this title may grant injunctions in accordance with the principles of equity to prevent the violation of any right secured by patent, on such terms as the court deems reasonable." 35 U. S. C § 283。

③ 参见郑成思《知识产权法：新世纪初的若干研究重点》，法律出版社 2004 年版，第 124 页。

④ 张晓都：《专利侵权诉讼中的停止侵权与禁止双重赔偿原则》，《知识产权》2008 年第 6 期。

⑤ 最高人民法院在其发布的权威文件中表示："30 年来，人民法院知识产权司法保护力度不断加大。人民法院严格依法判令承担侵权责任，努力降低维权成本，加大侵权成本。在认定侵权成立的情况下，一般都会判令侵权人立即停止侵害，同时确保权利人获得足够的损害赔偿，依法适当减轻权利人的赔偿举证责任。"最高人民法院：《中国法院知识产权司法保护状况（2009年）》。

害难以恢复原状，这就使得尽力维持权利不受侵害的状态往往具有极强的现实意义，甚至成为补偿权利人的先决条件。① 这一思路使得临时禁令进入知识产权民事保护的视野显得顺理成章，临时禁令是指权利人或者利害关系人有证据证明他人正在实施或将要实施侵害其权利的行为，如不及时制止将会使其合法权益受到难以弥补的损害时，法院依其申请作出的要求该他人不为特定行为的临时性命令。② 虽然临时禁令从性质上看属于一种临时性命令，但其实质内涵则无异于停止侵害的民事责任，且这一责任的承担是在法院未就争议事项做出全面审理、尚未确定侵权行为是否成立之前做出的。就此而论，要突破这一民事责任的基本范式，必须有充足的理由。仅从知识产权的特性导致其易受侵害且难以恢复的特点论证临时禁令的合理性似乎并不充分，因为对诸多物质财产的侵害同样可能导致财产的损害不可恢复。而有论者从临时禁令的功能性角度论证其合理性，认为临时禁令制度在弥补权利人所受损失、解决民事诉讼的滞后性、不完善性等方面具有重要功能，并且已成国际通例。③ 不难发现，这一论证仍建立在损害赔偿不足以弥补原告损失的假定之上，但在相关案件尚未审判、侵权事实都有待确认的情况下，如何能够轻易断定损害赔偿不足以弥补原告损失？此外民事诉讼的特点就是被动介入纠纷解决，所谓滞后性与事后救济的特点本就是民事保护的应有之义，对其进行苛责显得无的放矢，而从比较法的角度阐述临时禁令的合理性则又未免失之简略。

事实上，就我国而言，知识产权保护的临时禁令制度直接来自对国际条约义务的履行。TRIPS 协定第 50 条明确要求 WTO 成员引进临时措施保护知识产权。④ 事实上，加入 WTO 成为在我国知识产权立法及相应司法解释中确立以临时禁令为主的临时措施的唯一缘由。在加入 WTO 之前，

---

① 参见胡震远《知识产权案件中临时禁令的适用标准》，《知识产权》2001 年第 6 期。

② 参见张玉敏主编《知识产权法学》，法律出版社 2011 年版，第 52 页。

③ 参见杨涛《我国知识产权临时禁令制度的现实困境与立法完善》，《知识产权》2012 年第 1 期。

④ TRIPS 协定第 50.2 条明确规定："在适当的情况下，司法部门应有权依单方要求采取临时措施，特别是当任何迟延有可能对权利所有者造成无法弥补的损害，或者存在证据被销毁的明显危险性时。"原文为："The judicial authorities shall have the authority to adopt provisional measures in audita altera parte where appropriate, in particular where any delay is likely to cause irreparable harm to the right holder, or where there is a demonstrable risk of evidence being destroyed. "

我国已相继修改了《专利法》《商标法》及《著作权法》，对临时禁令做出了规定，并表述为"责令停止有关行为"①，此外，为了将临时禁令在司法实践中付诸实现，最高人民法院在司法解释中进一步阐释了临时禁令的适用条件。② 这一现实情况无疑表明，以临时禁令为主的保护知识产权临时措施当属"外部指令型移植"（the externally-dictated transplant）的法律移植模式。③ 在学者看来，"由于这种移植多少带有强制的味道，从而往往成为双方或多方政治、经济和实力较量的结果；同时也反映了全球化所要求的法律趋同化的趋势和内在要求，因此也是不得不接受的移植"④。

由此看来，尽管合理性的论证并不充分，但知识产权民事保护中的临时禁令已然成为一种制度现实，并呈现为区别于一般民事权利保护的特点，在一定程度上突破了司法被动介入民事纠纷的基本理念。

---

① 《专利法》第 66 条第 1 款："专利权人或者利害关系人有证据证明他人正在实施或者即将实施侵犯专利权的行为，如不及时制止将会使其合法权益受到难以弥补的损害的，可以在起诉前向人民法院申请采取责令停止有关行为的措施。"《商标法》第 65 条规定："商标注册人或者利害关系人有证据证明他人正在实施或者即将实施侵犯其注册商标专用权的行为，如不及时制止将会使其合法权益受到难以弥补的损害的，可以依法在起诉前向人民法院申请采取责令停止有关行为和财产保全的措施。"《著作权法》第 50 条第 1 款规定："著作权人或者与著作权有关的权利人有证据证明他人正在实施或者即将实施侵犯其权利的行为，如不及时制止将会使其合法权益受到难以弥补的损害的，可以在起诉前向人民法院申请采取责令停止有关行为和财产保全的措施。"

② 参见《最高人民法院关于对诉前停止侵犯专利权行为适用法律问题的若干规定》（法释〔2001〕20 号）、《最高人民法院关于诉前停止侵犯注册商标专用权行为和保全证据适用法律问题的解释》（法释〔2002〕2 号）、《最高人民法院关于审理著作权民事纠纷案件适用法律若干问题的解释》（法释〔2002〕31 号）。

③ 美国学者若纳坦·米勒（Jonathan M. Miller）以法律移植的动因为标准将法律移植的模式分为：（1）经济实用型移植（the cost-saving transplant）；（2）外部指令型移植（the externally-dictated transplant）；（3）实业界推动的移植（the entrepreneurial transplant）；（4）理性推动型移植（the legitimacy-generating transplant）。其中，"外部指令型移植"是指在境外机构、组织或个人的强制指令下接受他国或外部法律或制度的法律移植模式。Jonathan M. Miller, "A Typology of Legal Transplants: Using Sociology, Legal History and Argentine Examples to Explain the Transplant Process", *American Journal of Comparative*, Vol. 51, No. 3, Fall 2003, p. 847.

④ 王晨光：《法律移植与转型中国的法制发展》，《比较法研究》2012 年第 3 期。

（二）损害赔偿的商品化难题

在财产性民事权利的侵权救济中，损害赔偿的确定一般根据相关财产以金钱衡量的市场价值或利益的损失而定。然而，有形财产的市场价值一般容易确定，如果因侵权行为导致财产的灭失，直接根据相应财产的市场价值即可确定损害赔偿数额，如果造成财产的消耗或者损坏，根据维修价格或维护费用亦可大致确定一个相对准确的市场价值。然而，就知识产权而言，作为其权利对象的信息在市场中虽然通过有形物进行交易，例如，作为版权的载体，书籍、音乐光盘、计算机软件产品，作为专利权载体的专利产品，作为商标权载体的相应商品，这些有形物自然具有其明确的市场价格，但是版权、专利权以及商标权在其中究竟占据多大的比重则很难确定。就专利权而言，在累积性创新的情况下，实践中的每一种新技术，都可能包含了许多拥有专利权的先期技术，而每一种新技术，又都是下一阶段众多创新的起点，成为其他许多新技术方案中所包含的先期技术，因此，每一种新的技术方案，每一种新的产品，都会包含大量拥有专利权的技术，并且这些专利权由众多不同企业或个人拥有。[①] 这就导致在专利权侵权案件中确认某一专利权的市场价值就更加困难。

有论者认为："利益的争夺是市场主体实施侵犯知识产权行为的根本原因……在市场经济活动中，无论是通过有偿利用知识产权的方法还是采取绕开知识产权这一障碍的方式，人们都必须付出一定的交易成本。这种交易成本的付出，相对于知识产权人的竞争优势而言，是非知识产权人在从事与知识产品竞争有关的经济活动时所必须付出的代价。但是，每一个'经济人'都具有自利的自然属性，都以追求自身利益的最大化为其经济活动的终极目标，所以，在经济利益的诱使下，某些市场主体就会通过实施侵权行为来使自己的交易成本降到最低。"[②] 依据这种看法，侵权行为与合法的交易行为之差别就在于没有向权利人支付相应的许可使用费，显然以知识产权的许可使用费作为市场价格的重要参考来确定损害赔偿额相对而言是最合理的。在我国《专利法》和《商标法》中，已明确规定可

[①] 参见曹博《专利许可的困境与出路》，硕士学位论文，西南政法大学，2012 年。

[②] 吴汉东主编：《知识产权制度基础理论研究》，知识产权出版社 2009 年版，第 301 页。

以参照许可使用费的合理倍数确定损害赔偿，① 由于著作权②与专利权及商标权在权利对象方面具有相同的特点，许可使用费作为侵犯著作权行为损害赔偿的重要参考并无障碍，相信在日后的修法中能够实现。当然，以许可使用费为基础计算损害赔偿金亦须满足一定的条件。③ 稍加注意即可发现，之所以施加这些限定条件，就是为了尽可能使根据相应的许可使用费确定的损害赔偿额能够接近甚至等同于相关知识产权的市场价值。从这一论点出发，参照合理的许可使用费确定损害赔偿额的方法应当在司法裁判中优先适用，因为它更加符合知识产权权利对象的特点，且能够和《侵权责任法》的相关规定④高度契合。

能够以合理的许可使用费判断相应知识产权的市场价值从而确定损害赔偿额固然是一种不错的选择，但现实情况是很多侵犯知识产权案件并不具备根据许可使用费确定损害赔偿数额的条件，而权利人常常无从证明其所受损失或侵权人所获利益，为此，立法上确立了法定赔偿的方法，即由人民法院根据侵权行为的情节裁断相应的损害赔偿数额。⑤ 这种方法显然

---

① 《专利法》第 65 条第 1 款规定："侵犯专利权的赔偿数额按照权利人因被侵权所受到的实际损失确定；实际损失难以确定的，可以按照侵权人因侵权所获得的利益确定。权利人的损失或者侵权人获得的利益难以确定的，参照该专利许可使用费的倍数合理确定。赔偿数额还应当包括权利人为制止侵权行为所支付的合理开支。"《商标法》第 63 条第 1 款规定："侵犯商标专用权的赔偿数额，按照权利人因被侵权所受到的实际损失确定；实际损失难以确定的，可以按照侵权人因侵权所获得的利益确定；权利人的损失或者侵权人获得的利益难以确定的，参照该商标许可使用费的倍数合理确定。对恶意侵犯商标专用权，情节严重的，可以在按照上述方法确定数额的一倍以上三倍以下确定赔偿数额。赔偿数额应当包括权利人为制止侵权行为所支付的合理开支。"

② 著作权与版权在我国立法中为同义语，由于引用作品和翻译等原因，本书中会同时出现著作权与版权的表述。

③ 学者一般认为以许可费为基础计算损害赔偿金需满足以下条件：（1）在侵权诉讼前权利人已就该权利取得或约定了许可使用费；（2）在同一地区进行的许可授权的使用费基本一致；（3）须有若干个被许可人向权利人支付了使用费；（4）许可的权利与侵权行为之间具有可比性，即许可的地域范围、权利内容等具有可比性。张玉敏主编：《知识产权法学》，法律出版社2011 年版，第 49 页。

④ 《侵权责任法》第 19 条规定："侵害他人财产，财产损失按照损失发生时的市场价格或者其他方式计算。"

⑤ 在我国立法中，侵害著作权、专利权及商标权法定赔偿最高数额有较大差别，著作权为50 万元，专利权为 100 万元，商标权为 300 万元。《著作权法》第 49 条第 2 款："权利人的实际损失或者侵权人的违法所得不能确定的，由人民法院根据侵权行为的情节，判决给予五十万元以

属于一种无奈之举，其适用亦难以避免法官在个案中行使较大的自由裁量权，权利人怠于举证，导致实践中大量案件采用法定赔偿确定最终的损害赔偿金额，损害赔偿数额也与权利人的期望相去甚远。在这种情况下，我国知识产权民事保护被指责为"成本高、周期长、赔偿低"。为此，我国的司法机关开展了具有针对性的措施："近年来人民法院的总体取向是高度重视和不断加大赔偿力度，最高人民法院对此一直予以倡导和推进，并在一些裁判中进行引导和示范。加大赔偿力度仍将是加强权利保护的重点，要积极探索加大赔偿力度的途径。"① 知识产权较之于物质性财产，固然具有一定的特殊性，但这种理念及做法却不尽妥当。首先，侵犯知识产权行为造成的损害仍然表现为权利人相关市场利益的受损，在司法裁判中应当寻求更多的方法估算被侵犯权利的市场价值，而相关知识产权的市场价值在激烈的市场竞争中时刻处于变动状态，相同的知识产权在不同时期、不同地域显然具有不同的市场价值，这些都是需要充分考量的因素，并非发生侵权事实就一定产生较大的损害。其次，司法对侵犯知识产权纠纷采用被动介入的姿态，事先确立一个加大赔偿力度的目标，并试图在个案中为了实现这一目标而进行某些突破和尝试，未免与司法的性格不符，且可能对市场竞争造成不当影响。事实上，所谓能动司法亦更多指向法院在司法裁判中对行业发展和市场变化保护的敏感度，② 而非以计划的心态

下的赔偿。"《专利法》第 65 条第 2 款："权利人的损失、侵权人获得的利益和专利许可使用费均难以确定的，人民法院可以根据专利权的类型、侵权行为的性质和情节等因素，确定给予一万元以上一百万元以下的赔偿。"《商标法》第 63 条第 3 款："权利人因被侵权所受到的实际损失、侵权人因侵权所获得的利益、注册商标许可使用费难以确定的，由人民法院根据侵权行为的情节判决给予三百万元以下的赔偿。"

① 孔祥俊：《知识产权保护的新思维——知识产权司法前沿问题》，中国法制出版社 2013 年版，第 100—101 页。

② 美国学者伯克和莱姆利在讨论法院在专利案件中的能动司法时就曾指出："我们认为仍然有大量的问题需要在国会的框架内加以解决，而法院的职权应当是解决纠纷。这一结论自 1803 年马布里诉麦迪逊案（Marbury v. Madison）之后并无异议。问题是法院如何在需要服从立法否决权以及缺乏国会相应引导的情形下解决纠纷。我们认为上述处境中的法院应当考虑到现代专利制度的实际状况。而其中最为重要的现实就是我们单一的专利法所面对的产业需求和特点变化多端。法院如果在制定规则的时候对上述变化视而不见，必然会愚蠢地打击到自己。"［美］丹·L. 伯克、马克·A. 莱姆利：《专利危机与应对之道》，马宁、余俊译，续俊旗、毕春丽、李梅校对，中国政法大学出版社 2013 年版，第 169 页。

促成某一既定目标的实现。即便一些被认为发挥了政策导向作用的法院裁判，对其功能的阐释亦更多来自事后的总结与归纳。①

　　因此，对侵犯知识产权行为的损害赔偿而言，固然应当承认权利对象的非物质性为损害赔偿的确定带来的难题，但不应背离侵犯知识产权行为的损害赔偿仍属用金钱衡量的相关市场利益或价值的损失这一前提，即使适用法定赔偿，仍应努力探求相应知识产权因侵权导致的市场利益损失。合理的许可使用费是相关知识产权市场价值的最佳衡量标准，在司法裁判中亦应以此为据寻求确定损害赔偿数额的方法。美国学者伯克和莱姆利即认为："尽管专利权人能够在有限的一些情形下证明其有权获得其失去的利益，但最可靠的救济方法仍然是收取合理的专利费。法院确定一个合理的专利费，该数额与侵权发生时假定达成合意的买卖双方所协商形成的数目相同……但是，上述协商当然是不存在的，此外，诉讼双方平均花费800万—1000万美元将专利纠纷诉诸法院意味着当事人不太可能达成协议。因此为了有助于确定适当的专利费率，法院转而求助一种多因素的测试，其中包括了专利的重要性、规避设计的可能性、该产业的利润率以及类似发明通常的专利费等问题。"② 应当承认，通过许可使用费的估算确定损害赔偿额的方法不失为一条较为合理的路径。

　　与传统侵权行为理论中对物质性财产权利的民事保护相比，由于知识产权的权利对象具有非物质性，难以确定具体的知识产权在相应商品的市场价值中所占的比重，而许可使用费是衡量知识产权市场价值的最佳标准，在司法实践中似可尝试以此为据通过对许可使用费的估算确定较为合理的损害赔偿额。知识产权的临时禁令则在一定程度上突破了司法被动介入民事纠纷的基本理念，且仅从知识产权的特性出发并不足以证成这种突破的合理性，就我国而言，这一制度直接来源于国际条约义务的履行，体

---

　　① 例如，有学者认为美国联邦巡回上诉法院所做出的判决极大地加强了在异议案件中对专利有效性和更大权利范围的推定，并且增加了在侵权行为得到证实时判决损害赔偿高达 10 亿美元的可能性。这些变化提高了对发明人的激励。但是，它们也使创新变得更危险——事实上，更像是在穿越一个雷区——因为在技术上充满了复杂而重叠的范围不确定的专利。F. M. Scherer, *New perspective on Economic Growth and Technological Innovation*, New York: Brookings Institution Press and the British-North American Committee, 1999, p. 87.

　　② ［美］丹·L. 伯克、马克·A. 莱姆利：《专利危机与应对之道》，马宁、余俊译，续俊旗、毕春丽、李梅校对，中国政法大学出版社 2013 年版，第 203 页。

现出知识产权领域国际保护的趋同和政治经济政策对法律制度实践的影响力。综合看来，知识产权的民事保护仍然以损害赔偿的确定为中心，致力于对权利人市场利益的维护。

第二节　侵犯知识产权行为的行政责任

民事权利受到侵犯之后，由权利人自行决定以何种方式解决纠纷，可以选择向法院提起民事诉讼，寻求司法的介入。行政权指向对社会公共事务的管理，与私权和私人生活的干涉不大。知识产权系属私权，从法理上而论，行政权对侵犯知识产权行为亦无由过问，各国的知识产权法律实践中也普遍实行司法保护。但在我国，长期以来一直实行知识产权行政保护和司法保护的"双轨制"，且短期内行政保护不会退出知识产权领域。鉴于此，有必要通过对行政权的运行逻辑及其介入侵权纠纷的方式进行一番探究，明确行政保护的目标，并在此基础上研究我国知识产权行政保护的特点，并对有关争议给予恰当评判。

一　侵权行为行政责任的实现：行政权的主动及被动介入

行政权的界定来自对政府正统性的论证与说明。近代的启蒙思想家阐述了社会契约理论，认为政府的正当性来源于国民的同意。① 这种看法普遍将市民社会置于国家或政府之上，使得政府具有较强的工具性质，进而保证了自由放任的资本主义对政府的行政权介入经济、私人生活的高度敏感。近代西方资本主义的发展模式首先走向自由放任的形式，按照自由放任的资本主义发展理念，市场这只"看不见的手"在经济发展中起到绝对的主导作用，亚当·斯密就认为："由于每一个人都会尽其所能运用其资本发展国内的产业，并努力经营这一产业以创造最大产值，每个人就都尽其所能地增加了社会的年收入……在这种情况下，与在其他情况下一

---

① 洛克即认为："人类天生就是自由、平等和独立的，如不得本人的同意，不能把任何人置于这种状态之外，使受制于另一个人的政治权力。任何人放弃其自然自由并受制于公民社会的种种限制的唯一的方法，是同其他人协议联合组合一个共同体，以谋求他们彼此间的舒适、安全和和平的生活，以便安稳地享受他们的财产并且有更大的保障来防止共同体以外任何人的侵犯。"[英] 洛克：《政府论》（下篇），叶启芳、瞿菊农译，商务印书馆 1964 年版，第 59 页。

样，有一只看不见的手引导着他去达到一个他无意追求的目的。"① 按此，国家权力尤其是行政权不能干预经济领域。亚当·斯密的理论产生了深远影响，美国学者威廉·萨姆纳将放任主义的原则推向极致，使之成为与万有引力一样的自然法则，甚至成为衡量善恶的标准——放任主义是美德，政府法规是罪恶；前者是文明的法则，后者是反文明的法则。② 这种思想理念引领了自由放任的资本主义获得认可与发展。为了防止政府的干预，行政权必须受到法律监督和控制的意识逐渐出现并得到重视，美国建国初期的制宪者们就撰文强调："所有权力都必须通过法律赋予，否则行政机关不得享有和行使任何权力，与此同时，任何权力都必须通过法律来制约和控制。"③ 在这种情况下，这一时期的行政权作为国家政权的组成部分被严格地授予行政机关，行政权运行的目的是维护社会安定和秩序，以保障享有同等权利的公民能够自由竞争。

黑格尔的论证则与霍布斯、洛克等社会契约论学者截然不同，他重新给定了政府的正当性来源。在他看来，保护私人财产乃是市民社会的终极目标，个人的结合亦不过是为了追求个人利益，而个人在国家之中进行的结合却并非为了私利，个人的思想方式和行动取向与国家这一客观精神保持了内在的一致性与协调性。④ 将国家界定为"客观精神"，意味着国家显然高于市民社会，进而言之，行政权的工具属性减弱甚至消亡，国家本身就是目的。这一理论前提为行政权的扩张提供了养料，而自由资本主义在发展中受挫成为政府干预经济的重要契机。在 20 世纪 20 年代末 30 年代初，资本主义世界经历了一次全面的经济危机，使得国家对经济生活的干预显得顺理成章。以美国为例，罗斯福新政的实施，大大改变了有关政府和行政权的观念。自建国以来，美国的政治理论都立基于对政府、国家的怀疑态度之上，试图极力控制政府规模、限制政府权力，从私人自主、经济自由的立场反对政府对个人生活和经济

---

① ［英］亚当·斯密：《国富论》，孙善春、李春长译，中国华侨出版社 2011 年版，第 193 页。

② 参见［美］资中筠《20 世纪的美国》，生活·读书·新知三联书店 2007 年版，第 37 页。

③ ［美］汉密尔顿、杰伊、麦迪逊：《联邦党人文集》，程逢如、在汉、舒逊译，商务印书馆 1980 年版，第 264 页。

④ 参见［德］黑格尔《法哲学原理》，杨东柱、尹建军、王哲编译，北京出版社 2007 年版，第 113 页。

领域进行干预。而罗斯福新政的实施，导致政府权力大为扩张，如果不是大萧条造成的绝望情绪促使人们把希望寄托在强有力的政府身上，从而在很大程度上消除了美国传统政治中对国家干预的抵制，很难想象这一变革能够取得成功。① 基于罗斯福新政，政府在经济发展中的作用和权力得到了强化，福利国家的概念出现，政府在社会福利、社会保障、维修道路等公共事务中必须承担重要责任。行政权的权力范围大规模扩张，对社会生活的介入非常广泛。

从行政权的变迁来看，政府职责的扩展伴随着对私人生活的干预更加频繁和深入，这种变化亦体现在行政权对侵权行为的介入方面。从近代以来，行政权与司法权的区分就至关重要，近代法学家就曾大力颂扬法国大革命在这一问题上取得的显著成就："司法权和行政权曾经互相混杂，而大革命后它们被区别开，中间划了一个不可逾越的明线。"② 在自由放任的资本主义时代，政府充当"守夜人"，私人之间的权利纠纷都交由法院处理。就财产权利而言，法院在当时履行了保护私人财产权的义务，独立承担了这一使命。而在 20 世纪初，由于生产力的提升、工商业的日渐发达，私人之间的各种纠纷在数量上呈现急剧增长的趋势，各类纠纷的专业性和技术性大大加强，而法院诉讼本身存在程序繁杂、成本畸高、时间拖沓的缺陷。法院在为数众多的私人纠纷面前力有不逮，特别是对具有较强技术性和专业性的纠纷力不从心，另外，作为权利主体的民众对法院诉讼的缺陷也愈加无法忍受。这种情况恰好与资本主义从自由放任主义的发展模式向政府干预模式的转型这一时代背景相遇，使得行政机关开始分担法院解决私人纠纷的沉重压力，从而逐步承担起了解决私人财产权纠纷、保护私人财产的职责。有学者以物权为例，总结出了行政机关和法院在保护物权时存在的差异：（1）行政机关既提供事后保护，也提供事前保护，法院只提供事后保护；（2）行政机关提供的保护成本低、效率高，法院的保护在效率方面不如行政机关，但判决具有终局性，权威性更强；（3）行政机关在处理专业性和技术性纠纷时较之于法院更加得心应手。③

---

① ［美］资中筠：《20 世纪的美国》，生活·读书·新知三联书店 2007 年版，第 111 页。

② ［法］托克维尔：《旧制度与大革命》，于振海译，中国友谊出版公司 2013 年版，第 80 页。

③ 参见应松年《行政权与物权之关系研究——主要以〈物权法〉文本为分析对象》，《中国法学》2007 年第 5 期。

但如果从权力介入民事侵权纠纷的角度而言，行政保护与司法保护的最大区别在于司法保护严守被动介入的姿态，由私权主体决定是否将纠纷诉诸法院，而行政机关则既采取被动介入又采取主动介入的状态。就被动介入而言，私权主体可以请求行政机关以调解等方式解决纠纷、明确权利归属；而就主动介入而言，如果行为人的相关侵权行为在侵犯私人权利的同时又违反了行政管理规范，但同时又未构成犯罪，则行政机关亦将主动介入这种侵权纠纷，而侵权行为的加害人在承担民事责任的同时须承担相应的行政责任。例如，我国《治安管理处罚法》即对一定条件下侵犯人身权利、财产权利的行为需承担的行政责任做出了规定。① 此外，民事权利的行政保护与民事保护的另一重大区别在于，行政机关做出的裁决或处罚决定并非终局决定，而司法机关的民事判决无疑具有终局性。

二 侵权行为行政责任的根据：维护社会管理秩序

行政权虽然也可以介入民事纠纷，在一定范围内为民事权利提供救济，但行政权的介入，尤其是主动介入，往往使得加害人在承担民事责任之外承担相应的行政责任，而行政责任一般体现为行政处罚，行政处罚虽然在严苛程度方面较之于刑事责任大为弱化，但依然是对加害人自由的限制或财产的剥夺，这就使得行政责任与民事责任通过损害赔偿的形式弥补侵权行为受害人损失的方法存在重大区别。因而行政责任的设置亦需非常谨慎，否则就会导致行政权对私人生活产生不适当乃至粗暴的干预。虽然司法权与行政权都可以发挥保护私人财产权甚至解决侵权纠纷的作用，但两种权力运行的方式判然有别，在现代社会对之进一步区分的意义也非常明确。

有论者业已指出，司法权以判断为本质内容，司法判断针对真与假、是与非、曲与直等问题，根据特定的证据事实与既定的法律规则，通过一定的程序进行认识；而行政权以管理为本质内容，行政管理发生在社会生活的全过程，不一定以争端的存在为前提，其职责内容可以涵盖组织、管

---

① 我国《治安管理处罚法》第 2 条规定："扰乱公共秩序，妨害公共安全，侵犯人身权利、财产权利，妨害社会管理，具有社会危害性，依照《中华人民共和国刑法》的规定构成犯罪的，依法追究刑事责任；尚不够刑事处罚的，由公安机关依照本法给予治安管理处罚。"

制、警示、命令、劝阻、服务、准许、协调等行动。① 如此一来，行政权的运行逻辑得以彰显，即其对私人生活的介入以维护和管理社会秩序为限度。而社会秩序则可以将社会治安、市场经营、产品质量、食品安全卫生等内容涵盖在内。就侵权行为而论，只有相应的行为构成对特定社会管理秩序的扰乱或妨碍，行政权才有足够的理由介入，由加害人承担相应的行政责任。行政责任与刑事责任在一定程度上具有等同的功效，都发挥着预防或威慑各种不法行为的作用，且构成行政责任的行为往往也具有社会危害性，只是由于行为程度或行为后果的差别，导致最终承担的责任形式不同。

就此而论，行政权的目的在于维护公共秩序、进行社会管理，然而，所谓公共秩序、社会管理却常常不能轻易界定，亦即私人生活与公共秩序之间的界限并非总是泾渭分明。这就要求对行政权的运行必须时刻保持警醒，否则极易不当侵入公民的私人生活领域，造成以维护公共秩序、进行社会管理之名而行侵害公民个人权利及私人生活空间之实的现象，轰动一时的延安"黄碟案"即是例证。在该案中，派出所民警在没有得到合法授权的情况下侵入公民私人住宅并进行非法搜查，发现一对年轻夫妻张某和李某看"黄碟"，对其采取了强制措施，导致张某受到严重精神损害，该案虽最终以公安机关赔礼道歉并补偿当事人医疗费和误工费而告终，②但其中呈现的问题却值得思考。有论者从隐私权的角度进行分析，认为每个人都有权享有私生活的安宁，在没有合法授权的情况下，任何人侵入他人住宅或进行搜查的行为是对公民隐私权的侵害，而法律对隐私权的保护止于公共利益。③ 夫妻在自己的住宅观看"黄碟"的行为很难认定为与社会公共利益之间具有瓜葛，应当属于私人生活的范畴，行政权对之无由干涉。这种情况下，对公民个人隐私权的保护价值远远大于民警所代表的行政权对于加强社会秩序管理、禁止买卖"黄碟"等价值的追求。这一结论充分说明行政权对社会秩序的维护及管理极有可能在现实中异化为一种管制，管制会通过对社会公共利益的宽泛界定不断侵蚀私人空间，甚至使

---

① 参见孙笑侠《司法权的本质是判断权——司法权与行政权的十大区别》，《法学》1998 年第 8 期。

② 有关该案的详细过程可参见张小斌《延安"黄碟事件"全过程》，《法律与生活》2003 年第 2 期。

③ 参见张新宝《从隐私权的民法保护看"黄碟案"》，《法学家》2003 年第 3 期。

得个人生活时时面临被侵扰的风险，而行政权的不断强化和深度介入甚至可能在文化和思想领域产生不当后果。例如，针对 2010 年掀起的"反三俗"浪潮，① 有论者敏锐地指出："比'三俗'更可怕的是用行政手段、用专制手段一刀切地清除'三俗'，同时封杀那些高尚、有思想与引领中国人向上的作品。当后者都被'清除'了，被禁止了，或者根本就出不来，在这种情况下，你用什么来对抗'三俗'，你又用什么样的中国文化与精神走向世界？……"②

应当承认，前述行政权在运行过程中可能对私人生活乃至文化、思想领域造成的不当干涉，大多指向行政权和公民人身权益及更加抽象的文化权益之间在价值衡量等层面的冲突，是管制与自由之间的界限问题。如果仅就财产权利而言，行政权对侵犯财产权的行为的主动介入，指向对相关行业和市场经济秩序的维护，基本上不存在对私人生活的侵犯或干涉问题。恰恰相反，行政权的这种介入对权利人而言颇为有利，由于行政权在查处相关侵权行为的过程中具有高效、快捷的特点，能帮助权利人发现侵权行为、锁定侵权行为人，为其通过民事诉讼的渠道获得损害赔偿提供更为充足的证据和更加便利的条件，当然，这是从行政权介入侵权行为的效果进行的论证。而从行政权主动介入侵权行为的原因或目的而论，显然又回到了对市场经济秩序的界定，即侵权行为需要达到何种程度或者说具有何种条件，才能认为其对市场经济秩序造成了破坏，需要行政权主动介入进行查处。进一步而论，这一问题的实质即

---

① 所谓"三俗"，即庸俗、低俗和媚俗，时任文化部部长蔡武在接受媒体采访时连发六问："近年来，文艺创作存在一些问题，特别是低俗化、娱乐化倾向严重。据说现在一年创作歌曲在两万首以上，但是真正为广大群众所传唱的有多少首？现在一年创作的小说等文学作品汗牛充栋，但真正为广大读者所一致公认的力作有多少部？出版业一年出版各类出版物三十万种，但真正能与我们先辈几千年为我们留下的八万种历史典籍比肩的作品有多少？我们全国几百个电视频道，数以千万计的文化节目，真正的有丰富文化内涵、高尚文化品位和品格的节目又占多大比例？我们每年生产四百多部影片，上万集电视剧，其中能与我们耳熟能详的经典作品并驾齐驱的传世力作占多大比例？热遍全国的文化遗产保护浪潮中，逐利、炒作，托假的'虚火'占多大成分？"蔡武进一步强调，造成这种情况的原因在于市场导向的负面影响、全球艺术发展趋势的影响及文艺批评流于形式。《文化部长蔡武连发六问谈"反三俗"：不能听之任之》（http：//www.chinanews.com/cul/2010/08-06/2452548.shtml）。

② 杨恒均：《黑眼睛看世界：一个民主小贩眼里的世界》，南方出版社 2011 年版，第 194—195 页。

是政府本身对市场经济的介入程度，即政府这只"看得见的手"与市场这只"看不见的手"之间如何确定各自位置，若政府期望介入更多，则显然对所谓破坏市场经济秩序的行为界定就较为宽泛，反之则对破坏市场经济秩序的行为的界定收窄。在现代社会，完全的自由放任式市场经济模式已成为过去式，但政府主导的市场经济模式也绝非颠扑不破的真理，如下观点已被无情地证伪："统一的政府在现实中的顺利运作就如在教科书中设计的那样——以有效的科学理论和充分信息为基础确定资源使用的最佳政策，政策的执行是正确的，监督和制裁活动是正常的、无失误的。"① 这就说明政府的绝对自信并不一定能起到良好的效果，出于对市场经济秩序的维护而行使其行政管理权，积极介入侵权行为的查处，并非都会取得积极效果。相反，行政权对侵权行为的主动查处在实践中极有可能使相应的行政机关成为权利人的代言人，而对市场秩序的维护也被简单地置换为对权利人利益的伸张。正是因为市场经济秩序这种依赖于解释的话语特性，使得行政权具有了高度的灵活性，一方面有利于实现特定的政策目标，另一方面也有可能造成权利的失衡及对市场本身的不当干预。

由此看来，对财产权利的行政保护具有两个层面，在获得立法上明确授权的情况下，行政机关可以处理相应的财产权纠纷，此时行政保护发挥了准司法保护的特点，承担了判定及处理侵权行为的职能，加害人承担的责任仍然是以损害赔偿为主的民事责任。而行政机关对侵权行为的主动介入则是其行使行政管理权的表现，以维护相应的社会管理秩序或市场经济秩序为依据和目的。

三　侵犯知识产权行为的行政责任

学界的主流观点认为知识产权的行政保护是指相关国家行政管理机关，如知识产权局、商标局、版权局等，依据有关法律规定，遵循法定程序，运用法定行政手段，对知识产权实施全面的法律保护。② 以此而论，

---

① ［美］埃莉诺·奥斯特罗姆：《公共事务的治理之道：集体行动制度的演进》，余逊达、陈旭东译，上海三联书店 2000 年版，第 43 页。

② 参见郑成思《知识产权法教程》，法律出版社 1993 年版，第 227 页。另见王晔《知识产权行政保护刍议》，载郑胜利主编《北大知识产权评论》第 1 卷，法律出版社 2002 年版，第 195 页；邓建志、单晓光《我国知识产权行政保护的涵义》，《知识产权》2007 年第 1 期。

知识产权的行政保护涉及行政管理活动、行政执法活动以及行政服务活动，在保护范围上是一种包括事前、事中、事后的全面保护。[①] 从权利救济的角度而言，行政保护主要指向行政执法活动。而行政执法活动又进一步被区分为两个层面，一类是以实质意义上的民事责任为归宿而行使准司法权解决侵权纠纷的活动，另一类则是以行政处罚为归宿的行使行政管理权维护市场经济秩序从而查处侵权行为的活动。在知识产权领域，行政保护在这两个层面都呈现出其较为特殊的内容，以我国为例，表现为行政机关较为强大的准司法权使得其能够深度介入侵权纠纷的解决，而知识产权似乎也与市场经济秩序具有了更加密切的联系，使得行政机关对侵权行为的查处显得理所当然。

（一）行政机关行使准司法权：对侵权纠纷的深度介入

就物质财产权而言，通常由当事人自由处分，在权利受到侵害时，亦由权利人自行决定是否将纠纷诉诸法院，在现代社会，虽然行政机关也承担一部分解决侵权纠纷的职能，但其范围相当有限。例如在我国《物权法》中，行政机关在解决侵权纠纷中发挥如下作用：（1）对涉及物权的侵权纠纷进行调解；[②]（2）法定的行政机关可以应当事人的请求对物权归属与内容的争议进行确认；[③]（3）应当事人的请求排除妨害物权的行为。[④]综合看来，《物权法》中有关行政机关对物权进行的保护或对物权侵权纠纷解决的规定较为笼统，必须配合其他法律法规才能实现，应当说其对侵权行为的介入非常有限。

但在我国的知识产权立法中，行政机关对侵权行为的介入则非常普遍。例如，在《专利法》中，明确规定了"管理专利工作"的部门有权应专利权人或利害关系人的请求对专利侵权纠纷进行处理，并有权责令当

---

① 孟鸿志主编：《知识产权行政保护新态势研究》，知识产权出版社 2011 年版，第2—3页。

② 《物权法》第 32 条规定"物权受到侵害的，权利人可以通过和解、调解、仲裁、诉讼等途径解决"，此处的调解应当包括行政调解在内。

③ 《物权法》第 33 条规定："因物权的归属、内容发生争议的，利害关系人可以请求确认权利。"

④ 《物权法》第 35 条规定"妨害物权或者可能妨害物权的，权利人可以请求排除妨害或者消除危险"，在实践中，土地使用权人或房屋所有人可以请求行政机关做出的行政许可中保障其相邻权的享有。

事人立即停止侵权行为。①《商标法》中亦有类似规定。② 可见，行政机关对侵犯知识产权行为的介入程度很深，其在该问题上拥有的权限几乎与法院相同，即被动介入侵权纠纷，并可以责令当事人立即停止侵权行为，这与法院判决当事人承担停止侵权的民事责任别无二致，二者的最大区别仅仅在于行政机关无权就损害赔偿问题进行判断和决定，只能进行调解。

与物质财产权相比，知识产权具有非物质性的特点，在实施侵权行为的过程中，作为知识产权保护对象的信息本身不会受损，而权利人无法对其权利对象进行物理意义上的占有。正是从这一点出发，论者认为要排除他人擅自使用知识产权的对象具有很大困难，也使得实践中出现了大量不付费的"搭便车"现象，直接影响到知识产品生产者的利益回收，也影响到信息生产者的创造积极性，知识产品具有的"公共物品"特征决定了通过私人手段很难控制，可以说，没有公权的介入，知识产权难以得到保障。③ 但是，知识产权权利对象的非物质性特点同时决定了其侵权判定与物质财产权相比更为复杂，而对侵权行为的判定一直以来都是法院的职责所在。此外，权利人对作为知识产权权利对象的信息虽然不能进行物理上的控制，但侵权行为本身亦没有损害这一信息本身，只是对权利人本应获得的市场利益造成了影响，从这一特点出发，甚至可以认为知识产权的侵权行为对权利人造成的损害可能不如侵权行为对物质财产权的权利人造成的损害严重，至少两相比较之下，并不能得出公权力，即行政权更应当介入侵犯知识产权行为的结论。

由此看来，对行政机关在侵犯知识产权行为方面深度介入的解释只能

---

① 我国《专利法》第 60 条规定："未经专利权人许可，实施其专利，即侵犯其专利权，引起纠纷的，由当事人协商解决；不愿协商或者协商不成的，专利权人或者利害关系人可以向人民法院起诉，也可以请求管理专利工作的部门处理。管理专利工作的部门处理时，认定侵权行为成立的，可以责令侵权人立即停止侵权行为，当事人不服的，可以自收到处理通知之日起十五日内依照《中华人民共和国行政诉讼法》向人民法院起诉；侵权人期满不起诉又不停止侵权行为的，管理专利工作的部门可以申请人民法院强制执行。进行处理的管理专利工作的部门应当事人的请求，可以就侵犯专利权的赔偿数额进行调解；调解不成的，当事人可以依照《中华人民共和国民事诉讼法》向人民法院起诉。"

② 参见我国《商标法》第 60 条。

③ 参见冯晓青、杨利华《知识产权法热点问题研究》，中国人民公安大学出版社 2004 年版，第 6—10 页。

求助于历史。我国的知识产权制度在改革开放初期逐步建立，而法律文本层面的完善却远远不能达致权利的实现和保护，这和整个时代背景是相一致的："在共产党承认私有化与商品化的大部分时间里，传统的政治文化与意识形态始终与个人权利存在着不和谐。这种未解决的张力不仅存在于法律本身，同时也是由于训练有素的、独立的法官和法律职业阶层的缺失。结果，老百姓始终面对的是权利的被侵害与案件解决的不可预期性。"① 这种局面导致在司法机关之外寻求侵权案件的处理成为一种选择。由于知识产权案件具有较强的专业性，而行政机关承担了审查授权的职能，在当时聚集了全国少有的具有专业水准的审查人员，而获得知识产权保护的条件与侵权行为的判定之间具有紧密的联系，由行政机关处理侵权纠纷的思路获得了认可，并在立法中得到了充分贯彻。例如，在 1984 年的《专利法》中，规定专利管理机关有权处理侵犯专利权的行为，并有权责令侵权人停止侵权行为并赔偿损失。② 而在 1982 年《商标法》中，亦有类似规定。③ 综合看来，在当时的立法中，虽然并未规定行政机关的处理是法院受理侵权案件的前置程序或排除侵权行为的司法调整，但从法律文本的措辞来看，行政机关在处理侵权行为方面显然被认为比司法机关更有优势，且行政机关实际上享有的权力与法院也别无二致，不但有权责令停止侵权行为，亦有权对损害赔偿问题进行判断和决定。抛开知识产权制度建设中的特殊性，从纠纷解决的历史传统和文化机制的角度考察，我

---

① Jerome Cohen，"The Chinese Communist Party and 'Judial Indepent'，1949-1959"，转引自李雨峰《枪口下的法律：中国版权史研究》，知识产权出版社 2006 年版，第 169 页。

② 我国 1984 年《专利法》第 60 条第 1 款规定："对未经专利权人许可，实施其专利的侵权行为，专利权人或者利害关系人可以请求专利管理机关进行处理，也可以直接向人民法院起诉。专利管理机关处理的时候，有权责令侵权人停止侵权行为，并赔偿损失；当事人不服的，可以在收到通知之日起三个月内向人民法院起诉；期满不起诉又不履行的，专利管理机关可以请求人民法院强制执行。"

③ 我国 1982 年《商标法》第 39 条规定："有本法第三十八条所列侵犯注册商标专用权行为之一的，被侵权人可以向侵权人所在地的县级以上工商行政管理部门要求处理。有关工商行政管理部门有权责令侵权人立即停止侵权行为，赔偿被侵权人的损失，赔偿额为侵权人在侵权期间因侵权所获得的利润或者被侵权人在被侵权期间因被侵权所受到的损失；对情节严重的，可以并处罚款。当事人不服的，可以在收到通知十五天内，向人民法院起诉；期满不起诉又不履行的，由有关工商行政管理部门申请人民法院强制执行。对侵犯注册商标专用权的，被侵权人也可以直接向人民法院起诉。"

国古代长期沿袭的行政官员代行司法审判职责的传统影响导致民众对行政机制解决纠纷的权威性和认可度不可能在短期内明显弱化，[①] 这又为行政机关对侵犯知识产权行为的深度介入提供了诱因。

应当承认，历史确实在很大程度上造就了行政机关对侵犯知识产权行为的深度介入，但历史注定要被超越，所谓传统也必须接受时代的筛选与检验，在苏力看来，"人们不会盲目地长期坚持某个具体的传统，完全不考虑其效果；否则的话，任何传统就不会发生任何改变。那些不顾效用，坚持'祖宗之法不可变'的人甚或生物必定会在生物演化进程中逐渐被淘汰"[②]。因此，行政机关对侵犯知识产权行为发挥的准司法效用是否依然具有合理性根据必须以当前的时代背景进行检视。经过几十年的不断努力，我国知识产权司法审判领域已然积累了丰富的审判经验，知识产权案件的主审法官亦具有很强的专业能力，认为行政机关在处理侵权纠纷中更具优势的观点显然并不能成立。而法院在处理纠纷方面的权威性更需要不断强化，行政机关对侵权纠纷的解决有可能消解法院的审判权威，必须受到更为严格的限制。

综上，就行政机关对知识产权侵权纠纷的介入而论，虽然在立法上已经有了明显的变化，行政权表现得更为克制，但仍然具有准司法权的特性，考虑到知识产权司法审判在专业性等方面的日渐成熟，行政机关对知识产权侵权纠纷的处理已经没有充足依据，应当借鉴《物权法》的做法，对行政机关的权限施以控制，具体而言，行政机关对知识产权侵权纠纷的介入应当仅限于应权利人或利害关系人的请求而进行调解。

（二）行政查处：以维护市场经济秩序为依托

就侵犯民事权利的行为而言，侵权行为的加害人一般仅承担民事责任，但如果相关侵权行为从其结果或行为性质而言不但损害了民事主体的权利，而且妨害了社会管理，同时具有一定的社会危害性，但此种社会危害性又不足以使相关行为被刑法调整，行政权则适时介入，对加害人科以行政责任，通过罚款、行政拘留等形式对其财产和人身自由给予剥夺，从而在惩罚加害人的同时对相关加害行为起到一定的预防作用。就此而言，

---

① 郑书前：《论知识产权保护双轨制的冲突及协调》，《河南大学学报》（社会科学版）2007年第5期。

② 苏力：《送法下乡——中国基层司法制度研究》，北京大学出版社2011年版，第26页。

行政责任成为侵权行为民事责任及刑事责任的中间地带。我国《治安管理处罚法》对侵犯财产权利行为的行政处罚即是以前述法理展开的。[①] 在该法中，有关侵犯财产权行为的行政处罚仅有第 49 条，涉及对盗窃、诈骗、哄抢、抢夺、敲诈勒索或者故意损毁公私财物的等行为进行的以拘留和罚款为主要责任形式的行政处罚。[②] 这些行为直接来源于我国《刑法》第五章"侵犯财产罪"中的盗窃罪、[③] 诈骗罪、[④] 聚众哄抢罪、[⑤] 抢夺罪、[⑥] 敲诈勒索罪[⑦]以及故意毁损财物罪[⑧]。而这些行为指向的对象均为物质财产。

　　由此看来，《治安管理处罚法》中的规定引申出两种可能的结论，或者说上述规定来自以下两个结论至少有一个得到认可的事实：（1）知识产权并不被视为财产；（2）侵犯知识产权的行为被认为与社会管理秩序没有关联。就第一个结论而言，需要结合我国《宪法》及相关民事法律进行判断。根据我国《宪法》第 12 条的规定，国家保护公民合法的私有财产不受侵犯。[⑨] 但仅从该条规定中并不能径行得出知识产权是否系属私有财产的结论，而在我国《民法通则》中，"民事权利"被分解为"财产所有权和与财产所有权有关的财产权""债权""知识产权"以及"人身权"，以此而论，显然知识产权并不在财产权的序列之中。立法上的这种规定实际上来源于民法学界对于知识产权的基本认识：知识产权具有"人

---

　　① 我国《治安管理处罚法》第 2 条规定："扰乱公共秩序，妨害公共安全，侵犯人身权利、财产权利，妨害社会管理，具有社会危害性，依照《中华人民共和国刑法》的规定构成犯罪的，依法追究刑事责任；尚不够刑事处罚的，由公安机关依照本法给予治安管理处罚。"

　　② 《治安管理处罚法》第 49 条规定："盗窃、诈骗、哄抢、抢夺、敲诈勒索或者故意损毁公私财物的，处五日以上十日以下拘留，可以并处五百元以下罚款；情节较重的，处十日以上十五日以下拘留，可以并处一千元以下罚款。"

　　③ 参见我国《刑法》第 264 条。

　　④ 参见我国《刑法》第 266 条。

　　⑤ 参见我国《刑法》第 268 条。

　　⑥ 参见我国《刑法》第 267 条。

　　⑦ 参见我国《刑法》第 274 条。

　　⑧ 参见我国《刑法》第 275 条。

　　⑨ 《宪法》第 12 条规定："公民的合法的私有财产不受侵犯，国家依照法律规定保护公民的私有财产权和继承权。国家为了公共利益的需要，可以依照法律规定对公民的私有财产实行征收或者征用并给予补偿。"

格、财产两位一体性"，是独立于人格权与财产权之外的一种权利类型。①
这一认识实际上来自我国《著作权法》，立法中明确使用了"著作权包括
下列人身权和财产权"② 的措辞，虽然已有论者提出并论证了"知识产权
的必然本性是纯粹的财产权"③ 这一命题，但著作权中的人身权属性在立
法中仍被确认，而这也成为将知识产权作为纯粹财产权对待的障碍。因
此，就第一个结论而言，虽然知识产权并不被视为财产权的结论值得商
榷，但从立法文本层面进行的考察业已表明知识产权并不被作为纯粹的财
产权看待。对第二个结论进行考察可以发现，盗窃、诈骗、哄抢、抢夺、
敲诈勒索、故意毁损公私财物等侵权行为，其导致的结果往往都是物质财
产权的所有人丧失对其财产的占有与控制，甚至相关财产直接在物理意义
上灭失。于社会治安或社会管理的角度而言，此类侵害财产权的行为显然
已经妨碍了社会管理秩序，因而行政权介入，以维护社会管理秩序的名义
对之进行处理，并科以行政责任。而就知识产权而言，侵权行为本身并不
会导致作为权利对象的信息本身发生损耗或消灭，只是对权利人本应获取
的市场利益造成了不当影响，很难认为相关的侵权行为对社会治安或社会
管理产生了破坏。因此，就第二个结论而言，侵犯知识产权行为与社会管
理秩序没有关联或者说至少关联不大。

　　前述两个结论在一定程度上获得证立，显然说明立法上对知识产权及
其侵权行为采用与物质财产权判然有别的态度，或者说以物质财产权为基
础的致力于维护社会管理秩序的行政责任规则并不能直接将侵犯知识产权
行为容纳在内。有鉴于此，继续在已有的物质财产权行政责任规则中寻求
启发成为一种可取的方法。按照我国《治安管理处罚法》的规定，对侵
犯人身权利及财产权利的行政救济具有非常鲜明的"准刑罚"特点，依
据《治安管理处罚法》确定的行政责任实际上参考了刑法中对相关罪名
的界定，或者更进一步说，侵犯人身权和财产权而承担的行政责任具有
"准刑事责任"的特点。按照这一逻辑进路，对侵犯知识产权行为的行政
责任的阐释亦可从相应的刑事责任中获得启发。我国《刑法》将"侵犯

---

①　参见张俊浩主编《民法学原理》，中国政法大学出版社 1997 年版，第 461 页。另见龙卫
球《民法总论》，中国法制出版社 2001 年版，第 140 页。

②　参见我国《著作权法》第 10 条。

③　李琛：《质疑知识产权之人格财产一体性》，《中国社会科学》2004 年第 2 期。

知识产权罪"一节置于"破坏社会主义市场经济秩序罪"之中，相关罪名包括假冒注册商标罪，销售假冒注册商标的商品罪，非法制造、销售非法制造的注册商标标识罪，假冒专利罪，侵犯著作权罪，销售侵权复制品罪以及侵犯商业秘密罪。① 可见，侵犯知识产权罪着重于对市场经济秩序的控制，而参照《治安管理处罚法》的措辞，应当承担行政责任的侵犯知识产权行为应为"侵犯知识产权，破坏社会主义市场经济秩序，具有社会危害性，依照《中华人民共和国刑法》的规定尚不构成犯罪的行为"。按此，对社会主义市场经济秩序的破坏并且具有一定的社会危害性就成为对相关侵权行为科以行政责任的依据。

在我国的法律制度中，并未专门针对知识产权设立类似于《治安管理处罚法》的行政处罚法律法规，而是直接在各个单行的知识产权部门法中规定相应的行政责任，立法中使用的措辞亦呈现出如下责任体系：侵犯知识产权行为按照行为性质及损害后果的程度不同须承担相应的民事责任、行政责任与刑事责任。例如我国《著作权法》第48条明确规定对特定类型的侵犯知识产权行为，按照行为的性质、情节及后果，除了承担民事责任以外，还需承担相应的行政责任甚至刑事责任，其使用的措辞体现出层层推进的法律责任体系。② 这一规定的思路是：损害公共利益导致行政责任，损害公共利益同时情节严重，行政责任相应加重，构成犯罪，则承担刑事责任。此外，我国的知识产权部门法中也强调法律本身与社会主义市场经济之间的密切联系。③ 这体现出在单行法中通过行政部门的作用保护知识产权从而维护社会主义市场经济秩序的理念。

---

　　① 参见我国《刑法》第213—220条。

　　② 我国《著作权法》第48条规定："有下列侵权行为的，应当根据情况，承担停止侵害、消除影响、赔礼道歉、赔偿损失等民事责任；同时损害公共利益的，可以由著作权行政管理部门责令停止侵权行为，没收违法所得，没收、销毁侵权复制品，并可处以罚款；情节严重的，著作权行政管理部门还可以没收主要用于制作侵权复制品的材料、工具、设备等；构成犯罪的，依法追究刑事责任。"

　　③ 例如《商标法》第1条明确规定："为了加强商标管理，保护商标专用权，促使生产、经营者保证商品和服务质量，维护商标信誉，以保障消费者和生产、经营者的利益，促进社会主义市场经济的发展，特制定本法"；《专利法》第1条亦规定："为了保护专利权人的合法权益，鼓励发明创造，推动发明创造的应用，提高创新能力，促进科学技术进步和经济社会发展，制定本法。"

　　在这一理念的引领之下，行政部门在规范侵犯知识产权行为中的作用非常显著，甚至混淆了侵权行为行政责任与民事责任的基本区别。民事责任以停止侵害、损害赔偿等责任形式为中心，旨在弥补被侵权人的财产利益损失，而行政责任具有"准刑事责任"的特点，由于对加害人的财产乃至人身自由进行了剥夺，必须是具有一定社会危害性的行为才能对之科以行政责任。以此观之，通过对刑法中相关罪名的解读，应当能够在民事责任与刑事责任之间寻求行政责任指向的侵权行为范畴，《治安管理处罚法》即提供了较好的借鉴。从这一基本认识出发，在我国知识产权单行法中，对侵权行为科以的行政责任并不够严谨和规范。例如，在《商标法》中，对侵犯商标专用权的民事责任与行政责任完全不加区分："对侵犯注册商标专用权的行为，工商行政管理部门有权依法查处；涉嫌犯罪的，应当及时移送司法机关依法处理"，其中暗示的逻辑显然就是所有侵犯商标权的行为都破坏了社会主义市场经济秩序，在民事责任之外须对之科以行政责任，行政机关的主动介入有理有据。按照这一基本认识，该法第60条第2款规定，工商行政管理部门在处理侵权行为时，有权没收、销毁侵权商品和主要用于制造侵权商品、伪造注册商标标识的工具，这显然已经属于行政责任的范畴，但是法条中却并未明确在何种情况下可以适用这一行政责任，因而只能理解为该种行政责任适用于所有种类的商标权侵权行为，亦即无论相关侵权行为的性质、情节及后果如何，均可能在民事责任之外承担行政责任。与此同时，行政责任的规定没有与刑事责任形成关照，甚至行政责任的严厉程度存在超越刑事责任的嫌疑。① 此外，《商标

---

　　① 例如按照《商标法》第60条第2款规定，行政机关对违法经营额在5万元以上的侵犯商标权行为，可处违法经营额5倍以下的罚款，没有违法经营额或者违法经营额不足5万元的，可以处二十五万元以下的罚款。在我国《刑法》及相关的司法解释中，明确了非法经营数额达5万元是构成假冒注册商标罪，销售假冒注册商标的商品罪，非法制造、销售非法制造的注册商标标识罪的条件之一，从这一点考察，《商标法》规定的行政责任并无问题，但是《刑法》中对这三个罪名都规定了罚金刑，同时在司法解释中明确了罚金刑的适用标准，即"对于侵犯知识产权犯罪的，人民法院应当综合考虑犯罪的违法所得、非法经营数额、给权利人造成的损失、社会危害性等情节，依法判处罚金。罚金数额一般在违法所得的一倍以上五倍以下，或者按照非法经营数额的50%以上一倍以下确定"。按此，对罚金的计算应当以违法所得为基准，但《商标法》规定的罚款直接以非法经营数额作为计算标准，而违法所得较之于非法经营数额显然更低，这就极有可能造成不构成犯罪的侵权行为承担的行政责任反而重于构成犯罪的侵权行为承担的刑事责任，行政责任已然僭越了其本应恪守的范畴。

法》的条文规定中可能导致行政机关对《刑法》中并未规定科以刑事责任的行为施加行政处罚。① 这些法理逻辑层面存在的问题使得侵犯商标权的行政责任无法获得合理性解释，更进一步造成相关侵权行为承担的行政责任存在超越刑事责任的可能。

在侵犯物质财产权的法律责任体系中，遵循着民事责任—行政责任—刑事责任这一基本脉络。在我国，由于行政责任具有"准刑事责任"的特性，事实上是参考《刑法》的相关条文进行的规定，因而实际上是先有刑罚条款，再行确定行政责任的范畴。显然，侵犯知识产权行为的法律责任体系参照了这一做法，但却不够严谨和规范，具体的行政责任设置未能与《刑法》中的相关条款形成较好的对应。② 与此同时，行政机关在查处侵权行为之外还行使了准司法权，深度介入了知识产权的侵权纠纷。

与对物质性财产权利的行政保护相比，知识产权被认为易受侵害且造成的损失更大，但这一论点本身难以成立。在我国的制度环境中，基于特殊的历史原因，知识产权行政保护一方面发挥着"准民事保护"的特点，即在侵权纠纷的处理方面，有权责令停止侵权行为。在法院审判水平日渐提升的时代背景下，应当使此类行政保护回归到仅能依据权利人请求而进行调解的局面，保持行政权在侵权纠纷处理中的克制，将知识产权侵权的民事纠纷交由法院处理。另一方面，知识产权的行政保护发挥着"准刑事保护"的特点，即以维护市场经济秩序为出发点，对具有社会危害性又不构成犯罪的行为科以行政责任，这实际上正是侵犯知识产权行为通过行政手段进行查处的本来面貌。但在我国的知识产权单行法中，行政管理部门以管理和维护市场经济秩序的名义，拓展行政执法权的范畴，使得行政责任与民事责任之间的界限模糊，行政责任与刑事责任之间又没有形成对应和关照，造成"本来应当公平考虑各方利益的行政机关会变成单纯的

---

① 《刑法》对下列侵权行为并未规定刑事责任：未经商标注册人的许可，在同一种商品上使用与其注册商标近似的商标，或者在类似商品上使用与其注册商标相同或者近似的商标，容易导致混淆的；未经商标注册人同意，更换其注册商标并将该更换商标的商品又投入市场的；故意为侵犯他人商标专用权行为提供便利条件，帮助他人实施侵犯商标专用权行为的。但《商标法》第 60 条则针对所有的商标权侵权行为，这意味着该条第 2 款中的行政罚款责任能够被适用于前述的商标侵权行为。

② 例如，我国《著作权法》中规定的应当承担行政责任的侵权行为类型与《刑法》中的侵犯著作权罪规制的行为类型之间仍有一定的出入。

'知识产权保护机关'，只强调保护权利人的利益，甚至希望代替权利人行使权利，违背知识产权为私权的原则"①。由此看来，知识产权的行政责任设置不够严谨与规范。

第三节　侵犯知识产权行为的刑事责任

就民事权利而言，在受到侵犯之后，由权利人自行决定以何种方式解决纠纷，就法律救济而言，可以选择向法院提起民事诉讼，寻求司法的介入。而行政权一般而言指向对社会公共事务的管理，当侵权行为破坏了社会管理秩序，具有社会危害性，同时又不构成犯罪的情况下，则由行政权介入，对相关侵权行为科以表现为罚款与行政拘留的行政责任，由于对加害人财产与人身自由的剥夺，行政责任具有"准刑事责任"的特点，相关侵权行为行政责任也往往参考刑法中的相应罪名进行设置，二者形成紧密的关照。侵犯知识产权行为的法律责任体系亦是依据这一法理而形成的，简言之，实质意义上的侵权行为的法律责任主要是指民事责任与刑事责任，立法上对相关侵权行为刑事责任的确认是进一步规定行政责任的前提。

一　侵权行为刑事责任的实现：公权力的主动介入

在法律发展的历史中，刑法一直都扮演着重要角色，刑法对维护社会秩序、实现国家统治的安定具有重大意义。在我国古代，长期存在的儒法之争实际上就是二者对于维护社会秩序的方法所持的不同态度。儒家以礼作为维护社会秩序的工具，并认为无论人性善恶，都可以道德教化的力量，达到潜移默化的功效，从而使人民根本没有作恶的动机，进而实现维护社会秩序的目的，荀子的观点颇具代表性："故上好礼义，尚贤使能，无贪利之心，则下亦将綦辞让，致忠信，而谨于臣子矣。如是则虽在小民，不待合符节，别契券而信，不待探筹投钩而公，不待冲石称县而平，不待斗斛敦概而啧。故赏不用而民劝，罚不用而民服，有司不劳而事治，

---

① 唐广良：《知识产权：反观、妄议与臆测》，知识产权出版社 2013 年版，第 60 页。

政令不烦而俗美。百姓莫敢不顺上之法，象上之志，而劝上之事，而安乐之矣。"① 按照这种理念，法律、刑罚基本上没有存在的必要，事实上孔子就把无讼作为理想社会的表现之一。② 按照论者的考证，法家的论点则与儒家大相径庭，从根本上怀疑并否认道德教化对社会秩序的维护功能，相反，法家更信赖制度与法律，以期在最大程度上杜绝人存政举，人亡政息的局面，从而实现更为可信与稳固的社会治理。③ 因此，法家重视刑罚的作用，认为利用刑罚的威慑作用可以使人民不敢为恶，这种基于功利考量而进行的行为选择从实际效果上更具操作性和稳定性，管仲即表达了这种认识："夫民躁而行僻，则赏不可以不厚，禁不可以不重。故圣人设厚赏，非侈也；立重禁，非戾也。赏薄则民不利，禁轻则邪人不畏。设人之所不利，欲以使，则民不尽力；立人之所不畏，欲以禁，则邪人不止。是故陈法出令而民不从。故赏不足劝，则士民不为用；刑罚不足畏，则暴人轻犯禁。民者，服于威杀然后从，见利然后用，被治然后正，得所安然后静者也。"④ 由此看来，至少在我国古代的法律传统中，刑罚具有极强的工具主义色彩，其被作为君主统治国家的手段，后世的学者即已指明秦国采用法家的思想就是为了满足其富国强兵、一统天下的宏愿。⑤

　　这种刑罚的工具主义思想在中世纪的欧洲亦不鲜见，强化君主专制、通过教会控制思想，垄断对上帝及《圣经》的阐释，都通过刑罚的手段实施。而近代欧洲的启蒙运动将自然科学和社会科学结合起来，科学对自然界的客观规律进行了令人信服的阐述，而上帝的神秘面纱也被揭开，教条的神学观念被批判乃至颠覆。启蒙思想对曾经不容置疑的封建及宗教观念的挑战导致曾经被视为洪水猛兽的对物质利益的追求转而成为社会发展、文明演进的不二动力。具体到刑法领域，中世纪盛行的残酷刑罚观受到了深刻的怀疑与批判，以维护社会秩序为名义展开的刑法反而成为破坏社会秩序的罪魁，工具主义的刑法理念受到质疑。而以自由、平等、民主为取向的启蒙思想在刑法领域也产生了重大影响。被霍布斯等人一再使用的战争状态和社会契约的假设同样成为贝卡利亚探讨刑法问题的起点，在

---

① 《荀子·君道篇》。

② 子曰："听讼，吾犹人也。必也使无讼乎！"《论语·颜渊》。

③ 参见瞿同祖《中国法律与中国社会》，商务印书馆 2010 年版，第 338 页。

④ 《管子·正世》。

⑤ 参见喻中《显隐之间：百年来的新法家思潮》，《读书》2013 年第 8 期。

他看来，人们达成社会契约的条件是法律，其为此而牺牲一部分自由是为了享受剩下的那部分自由，君主就是这一份份被牺牲的自由之合法保存者和管理者。这部分由君主保管的自由即是刑罚的来源，这些自由集约为公共利益，而剩下的那部分自由则成为个人自由活动的空间。只要有人力图从公共利益中夺回自己的那份自由或者力图霸占别人的那份自由，刑罚手段将加诸做出此种行为的人，由于任何雄辩和说教乃至真理都不足以长久地约束物质刺激所诱发的欲望，这种行为也就难以避免。以此而论，犯罪行为实际上就是对社会契约的违反，君主所代表的一方断定相应行为侵犯了契约，而被指控的一方则予以否认，司法官员则作为判定事实真相的第三者作出终极判决。①

近代的启蒙思想在很大程度上改变了刑法的工具主义色彩，从个人自由与社会契约角度展开的论证使刑法不再成为统治者的一家之言，对社会秩序的维护与对个人自由的保护成为相反相成的两个方面。既承认个人欲望是人的自然本性的正常展现，又要防止欲望的冲突使社会陷于无序状态，刑法必须掌握这种微妙的界限，较为精确地计算行为与社会的利害关系，从而确定其调整范围。这种思想成为现代刑法发展的重要根据，侵权行为法即是基于这种考虑从刑法中分离出去并进一步发展为民法中的重要组成部分。因此，刑法对侵权行为的介入与民法截然不同，一般意义上的侵权行为被认为仅仅侵害了个人权利，属于私人生活的范畴，通过损害赔偿等方法即足以弥补个人损失，而个人如何实现其民事权利则由其自主决定，公权力机关一般不会进行干涉，司法机关亦只有在权利人提出诉讼的前提下才被动介入侵权纠纷的解决。刑法的介入则完全不同，如果相关的侵权行为被认为在侵犯公民个人权利之外亦造成了对社会的危害，此时这一侵权行为本身已不再仅仅关涉私人生活，而是侵犯了整个社会公共利益，对于社会公共利益的维护是国家公权力的职责所在，此时公权力将积极主动地介入此类侵权行为，其行为代表了国家的利益和态度，通过公权力的运用，主动对案件展开侦查，确认犯罪事实、寻找犯罪证据、锁定犯罪嫌疑人，而在对相关行为人发起公诉之后，公权力机关则代表国家参与诉讼。

正是因为公权力机关对侵权行为的主动介入是为了维护国家和社会利

---

① 参见［意］切萨雷·贝卡利亚《论犯罪与刑罚》，黄风译，北京大学出版社 2008 年版，第 7—11 页。

益，刑法历来被划入公法的范畴，与作为私法的民法判然有别。公法责任具有强制性和法定性，与私法强调的意思自治不同，刑事责任是犯罪主体实施犯罪行为所应承担的法律后果，而对犯罪人刑事责任的追究只能通过国家进行，公权力机关即是国家的表征，在刑事案件发生之后，国家积极介入、强力干预。[①] 虽然作为民法的一部分，侵权行为法与刑法具有重大区别，但侵权行为在侵犯民事权利的同时亦有可能对社会造成危害，损害公共利益，这就说明侵权行为具有犯罪化的可能性，对于侵权行为需达到何种程度或具备何种特点才能引致公权力的主动介入和积极干预并对行为人科以刑事责任，显然是一个需要解决的重要前提，这就再次回到了现代刑法的核心问题：寻求保护个人自由与维护社会秩序之间的微妙界限，这一界限的确定过程，即是侵权行为犯罪化的证成。

二 侵权行为刑事责任的证成：社会危害性

就侵权行为而言，达到何种程度或者具备何种特点才能引致公权力的主动介入和积极干预并对行为人科以刑事责任，显然涉及刑法中对犯罪的定义问题。在刑法理论中，一般认为对何种行为可视为刑法上的犯罪可分别从形式层面和实质内涵寻求定义。就形式的犯罪定义而言，是指在刑事实体法中明文规定科处刑罚的不法行为，不法行为只要经由法律规定而被赋予刑罚的法律效果，即应当属于犯罪，一个不法行为，虽然已经对特定人或物构成了危险，或者甚至已造成损害，但是在刑事实体法中并未设有处罚该不法行为的刑法条款，则该不法行为仍然并非刑法上的犯罪。[②] 这种形式主义的犯罪定义可以简单概括为广为流传的刑法格言："法无明文规定不为罪"，它实际上来源于刑法上的罪刑法定原则。

早在《圣经》中即已有罪刑法定思想的雏形："没有律法之先，罪已经在世上；但没有律法，罪也不算罪。"[③] 而 1215 年英国贵族与英王约翰一世（King John I）签署的《大宪章》（*Magna Charta*）第 39 条亦规定："任何自由人非依国家法律及适法裁判，不得逮捕、监禁、流放或处死、

---

① 参见刘彦辉《民事责任与刑事责任比较研究》，博士学位论文，黑龙江大学，2010 年，第 80 页。

② 参见林山田《刑法通论》（上册），北京大学出版社 2012 年版，第 101—102 页。

③ 《圣经·新约·罗马篇》第五章第 13 节。

剥夺领土与法律的保护。"① 但这些只是有关罪刑法定的零星规定，并非主流的刑法观念与制度规范，现实是在封建专制时代，刑法具有极强的工具主义色彩，是帝王统治人民的利器，对于何种行为构成犯罪并应当科处何种刑罚，法律往往没有明确规定，或者虽然有规定，但在适用时有较大的自由裁量权，导致了罪责刑的不一致以及罪刑的擅断。而近代启蒙思想家提出的社会契约理论则颠覆了这种认识，人民授权国家以刑法来禁止或惩戒某些特定行为，国家如果没有依据法定程序公布施行的刑法，则不能剥夺或限制人民的人身自由与财产，这种理念催生了罪刑法定的思想，理性的刑事政策受到青睐。在这种背景之下，罪刑法定在立法中获得了肯定，甚至扮演了更加重要的角色。在法国大革命中，罪刑法定即成为明确的政治主张，1789 年发布的《人权宣言》（Declaration of the Rights of Man and of the Citizen）② 与 1810 年制定的法国《刑法典》③ 均明确传达了罪刑法定的基本理念。此后，罪刑法定原则在各国立法中被接纳，明确成为刑法的基本原则。在第二次世界大战之后缔结的国际公约中，罪刑法定原则也获得了承认。联合国《世界人权宣言》（1948）（Universal Declaration of Human Rights）④ 与 1966 年 12 月 16 日在联合国大会决议通过的《公民权

---

① "No free man shall be seized or imprisoned, or stripped of his rights or possessions, or outlawed or exiled, or deprived of his standing in any other way, nor will we proceed with force against him, or send others to do so, except by the lawful judgement of his equals or by the law of the land." (http://www. docin. com/p-337449386. html)

② 《人权宣言》第 8 条："法律只应规定确实需要和显然不可少的刑罚，而且除非根据在犯罪前已经制定和公布的且依法施行的法律以外，不得处罚任何人。"原文为："The law shall provide for such punishments only as are strictly and obviously necessary, and no one shall suffer punishment except it be legally inflicted in virtue of a law passed and promulgated before the commission of the offense." Declaration of the Rights of Man and of the Citizen（1789）(http://blog. sina. com. cn/s/blog_ 48fc392c0100g3de. html)。

③ 1810 年法国《刑法典》第 4 条规定："对任何微罪、轻罪或重罪均不得处以在行为之前的法律所规定之刑罚。"原文为："No contravention, delict, or crime can be punished with any penalty not pronounced by the law before the commission thereof." France: Penal Code of 1810（http://www. napoleon-series. org/research/government/france/penalcode/c_ penalcode. html)。

④ 《世界人权宣言》第 11 条第 2 项规定："任何人的作为或不作为，在其发生时依国家法或国际法均不构成犯罪者，应不为罪。刑罚不得重于犯罪时的法律规定。" Universal Declaration of Human Rights（http://wenku. baidu. com/view/f58993fdf705cc175527095f. html)。

利和政治权利国际公约》（*International Covenant on Civil and Political Rights*）先后确认了罪刑法定原则。[①]

　　来源于罪刑法定原则的形式层面的犯罪定义有利于保障公民的权利和自由，但未能揭示和说明为何刑事实体法规定对科处刑罚的不法行为即属于犯罪，亦即刑事实体法规定的犯罪行为在本质上应当如何与不属于犯罪行为的其他不法行为进行区分，也就是说某一行为在满足何种条件时将被视为犯罪，受到刑法的调整。这就是从实质层面对犯罪进行的定义。按照刑法学家的归纳，犯罪是一个复合概念，其实质内涵是具有不法、罪责与应刑罚性的刑事不法行为。[②] 在这其中，罪责主要指向行为人的行为能力，而刑法上的不法行为必须具有应刑罚性，即相关行为对于社会共同生活秩序或法律所要保护的生活利益具有重大的破坏性和危险性，为社会大众所无法忍受的具有较高的社会危害性的不法行为才成为犯罪。因此，社会危害性就成为考量有关行为是否具有应刑罚性进而成为犯罪的重要标准。按照论者的观点，对社会危害性的考量通过以下四点进行：（1）不法行为所破坏法益的价值与程度；（2）不法行为的行为方式对于行为客体的侵害程度；（3）行为人在良知上的可谴责性；（4）刑罚的不可避免性。[③] 就不法行为所破坏法益的价值与程度而言，首先依据被破坏的法益在社会秩序与共同生活中的地位决定其价值，在确定不法行为所破坏的法益价值之后，应考虑施以刑罚与否与该法益被保护程度之间的关系，法益的保护不仅在于预防其被破坏，而且也在于预备其有被破坏的危险性。一般而言，破坏重大法益以及对于重大法益的破坏具有重大危险性的不法行为，应当施以刑罚。对不法行为的行为方式对于行为客体的侵害程度的考量，是对行为本身进行的评价，如果相关的行为方式系社会和平与法律秩序所无法忍受的侵害，则应对之施以刑罚。也就是说，如果针对某一行为不科处刑罚，则该行为所侵害的法益，将有继续被侵犯的高度危险，甚至

　　① 《公民权利和政治权利国际公约》第 15 条第 1 项也明确了罪刑法定原则："任何人之作为或不作为，于发生当时依内国法及国际法均不成罪者，不为罪。刑罚不得重于犯罪时法律所规定。若在犯罪后依法规定应处以较轻的刑罚，则应予行为人减刑。" International Covenant on Civil and Political Rights（http：//www. hrol. org/Documents/ChinaDocs/Obligations/2012-11/272. html）.

　　② 林山田：《刑法通论》（上册），北京大学出版社 2012 年版，第 102 页。

　　③ 同上书，第 106—107 页。

危及整个法律秩序，这种行为具有应刑罚性。就行为人在良知上的可谴责性而言，行为人的主观恶性结合其在客观上所谓的恶意侵害，表现出其在良知上具有特别程度的可谴责性，这种可谴责性实际上来源于多数人对同一类行为经过时间的涤荡而形成的共同的价值判断标准，对于不法行为在良知上的可谴责性作出的判断就是依照这些共同的价值判断标准进行的。刑罚的不可避免性是综合考量不法行为本身及其所造成的结果以及行为人良知上的可谴责性之后进行的判断，对于严重破坏法律所保护的法益，或对法律所保护的重大法益具有破坏的危险性，同时在行为人良知上也具有特别程度的可谴责性，这种情况下使得社会产生高度的被保护需要，且基于维护法律秩序的职责，以最严厉的刑罚手段制裁行为人，从而满足社会被保护的需要。

从实质内涵的角度对犯罪的定义揭示了一般的民事违法行为与犯罪行为之间的界限，这一界限通过对相关行为社会危害性的衡量加以厘定，边沁早就意识到了这一点，并强调二者承担的责任具有显著区别："在危害性的角度上，使得一项违法行为可以被冠以犯罪行为的称呼，它只是有害的话并不足够配得如此称呼，而必须是非常有害的；在类似的方式上，它必须是非常可憎的，此外制裁也必须是非常严厉的，非常使得犯罪行为的运用具有彻底的不确定的含义。对于完全属于民事部门的违法行为而言，可以将其理解为：它不存在这样的必要性，给其判决任何一种异常程度的或异常类型的制裁；而对犯罪行为而言，则是这样的违法行为，给其判决某种程度上的或非常类型的制裁，是必要的。"①

对我国刑事立法而言，基本上采纳了通过社会危害性的衡量给定实质性犯罪定义的做法，1979 年《刑法》中即明确体现了这种思路，按照该法的规定，所有纳入刑法进行调整的犯罪行为都属于危害社会的行为。②我国的刑法学家亦承认犯罪具有社会危害性的实质特征，并认为这一定义揭示了在我国犯罪的实质是对公民权利和社会乃至社会主义国家具有严重

---

① ［英］杰里米·边沁：《论一般法律》，毛国权译，上海三联书店 2008 年版，第 269 页。

② 1979 年《刑法》第 10 条明确规定："一切危害国家主权和领土完整，危害无产阶级专政制度，破坏社会主义革命和社会主义建设，破坏社会秩序，侵犯全民所有的财产或者劳动群众集体所有的财产，侵犯公民人身权利、民主权利和其他权利，以及其他危害社会的行为，依照法律应当受刑罚处罚的，都是犯罪；但是情节显著轻微危害不大的，不认为是犯罪。"

社会危害性的行为。① 虽然在刑法学界不乏对社会危害性理论的反思、质疑和检讨，② 但立法中依然以社会危害性为出发点，给定和论证实质意义上的犯罪。在 1997 年修订的《刑法》中，对犯罪的定义仍然秉承了 1979 年《刑法》中的基本思路，并无重大差别。③ 此外，在《刑法》中诸多进一步阐释犯罪的条文中，依然可以清晰地看到社会危害性的踪迹。④

　　按此，社会危害性无疑是目前在我国立法中采用的关于犯罪实质内涵界定的理论工具。以这种方法对侵犯物质财产权的行为进行检验，在一定程度上能够获知民法上的侵权行为在满足何种条件或达到何种程度以及导致何种后果时将成为犯罪行为，行为人需承担刑事责任。这即是侵权行为犯罪化证立的过程。以盗窃罪为例，构成盗窃罪的行为已然属于民法中侵犯财产权的行为，因此，对盗窃罪进行的检讨将揭示侵犯财产权的行为达致何种程度时成为犯罪，以下将从前述判定社会危害性的四个方面展开：（1）不法行为所破坏法益的价值与程度。按照学者的概括，"财产犯罪的保护法益首先是公私财产的所有权以及租赁权借贷权等本权，其次是'未经法定程序不得没收的利益'"⑤。盗窃罪显然侵犯了公私财产的所有权，而所有权在现代社会本质上是由国家的法律进行界定和保护的，对所有权的侵犯触动了国家有关财产保护的秩序。马克思关于盗窃林木行为的论述即揭示了这一点："犯罪行为的实质并不在于侵害了作为某种物质的林木，而在于侵害了林木

---

　　① 参见高铭暄《中华人民共和国刑法的孕育和诞生》，法律出版社 1981 年版，第 35 页。另见马克昌主编《犯罪通论》，武汉大学出版社 1991 年版，第 12 页。

　　② 参见李海东《刑法原理入门（犯罪论基础）》，法律出版社 1998 年版，第 6 页。另见陈兴良《社会危害性理论——一个反思性检讨》，《法学研究》2000 年第 1 期。

　　③ 我国《刑法》（1997 年修订）第 13 条："一切危害国家主权、领土完整和安全，分裂国家、颠覆人民民主专政的政权和推翻社会主义制度，破坏社会秩序和经济秩序，侵犯国有财产或者劳动群众集体所有的财产，侵犯公民私人所有的财产，侵犯公民的人身权利、民主权利和其他权利，以及其他危害社会的行为，依照法律应当受刑罚处罚的，都是犯罪，但是情节显著轻微危害不大的，不认为是犯罪。"

　　④ 故意犯罪被定义为："明知自己的行为会发生危害社会的结果，并且希望或者放任这种结果发生，因而构成犯罪的，是故意犯罪。"参见我国《刑法》（1997 年修订）第 14 条第 1 款。过失犯罪则被定义为："应当预见自己的行为可能发生危害社会的结果，因为疏忽大意而没有预见，或者已经预见而轻信能够避免，以致发生这种结果的，是过失犯罪。"参见我国《刑法》（1997 年修订）第 15 条第 1 款。

　　⑤ 黎宏：《论财产犯罪的保护法益》，《人民检察》2008 年第 23 期。

的国家神经——所有权本身。"① 因此，盗窃行为破坏了所有权，而所有权是实现财产利益的前提，具有重大价值。(2) 不法行为的行为方式对于行为客体的侵害程度。从盗窃行为的行为方式考量，由于其直接以占有财产的方式使得相应的财产权对象脱离了权利人或合法占有人的占有与控制，显然对整个社会与国家的财产秩序造成了侵害，产生了较为严重的社会危害性，而盗窃行为对客体的侵害程度则影响到对行为人的定罪处罚，例如，根据我国《刑法》的相关规定，按照盗窃公私财物数额的不同或情节的差异，行为人被科处的刑罚也有显著区别。② (3) 行为人在良知上的可谴责性。盗窃行为的反道德性在古今中外的各个国家及不同的历史发展阶段都得到一致认可。③ (4) 刑罚的不可避免性。盗窃行为属于秘密窃取公私财物的行为，由于通过私人的努力难以发现行为人以及获取充分的证据，通过民法上的侵权行为制度进行的保护已经不足以规制此类较为严重的行为，以所有权为核心的财产秩序以及相关的法律制度若不能正常运转，社会秩序及国家的治理秩序将受到严重威胁，国家对严重的盗窃行为规定为犯罪，在刑法中设置剥夺行为人的人身自由及财产，从而遏制这种行为。

　　通过对盗窃罪的检讨在一定程度上阐明了侵犯财产权行为的犯罪化过程，即如果相关侵权行为严重侵害了权利人的财产所有权，对国家财产秩序产生了破坏，行为在性质上具有反道德性，不处以刑罚不足以规制这种行为。此时，相关侵权行为将受到刑法的关注与调整，行为人也将承担相应的刑事责任。

三　侵犯知识产权行为的刑事责任

　　对侵犯物质财产权的行为，如果经过社会危害性的检验，其行为严重

---

① 《马克思恩格斯选集》第 1 卷，人民出版社 1995 年版，第 168 页。

② 我国《刑法》（1997 年修订）第 246 条："盗窃公私财物，数额较大或者多次盗窃的，处三年以下有期徒刑、拘役或者管制，并处或者单处罚金；数额巨大或者有其他严重情节的，处三年以上十年以下有期徒刑，并处罚金；数额特别巨大或者有其他特别严重情节的，处十年以上有期徒刑或者无期徒刑，并处罚金或者没收财产；有下列情形之一的，处无期徒刑或者死刑，并处没收财产：（一）盗窃金融机构，数额特别巨大的；（二）盗窃珍贵文物，情节严重的。"

③ 例如，恩格斯曾指明："从动产的私有制发展起来的时候起，在一切存在着这种私有制的社会里，道德戒律一定是共同的：切勿偷盗。"转引自吴大华《盗窃罪犯罪客体与犯罪对象问题研究》，载高铭暄、赵秉志主编《刑法论丛》（4），法律出版社 2000 年版，第 283 页。

侵害了权利人的财产所有权，在行为性质上具有可谴责性，并进一步对国家财产秩序产生了破坏，不处以刑罚不足以规制此类行为，则侵权行为将被作为犯罪处理，行为人在承担民事责任之外亦须承担刑事责任。知识产权的权利对象是信息，具有非物质性，这就决定了侵犯知识产权行为在表现形式、对权利对象造成的损害以及对权利人造成的损失等方面较之于物质财产权都有较大区别。以我国立法为考察对象，可以发现侵犯知识产权行为的犯罪化证成具有与物质财产权不同的特点。

（一）侵犯知识产权行为的犯罪化与社会发展的密切关系

对侵犯物质财产权行为犯罪化的证成体现出一条较为清晰的逻辑脉络，即按照侵权行为的性质、行为方式及造成的后果，根据其产生的社会危害性及对相关法益的损害程度以及行为本身的道德非难性，侵权行为人将有可能承担民事责任、行政责任以及刑事责任。但在有关侵犯知识产权犯罪的论证中，知识产权对象的特征则成为重要的出发点。在论者看来，知识产权的权利对象具有非物质性的特点，导致知识产权具有脆弱性和易受侵犯的特征。[①] 在传统的民事权利序列中，所有权的客体指向有体物，具有可见的物理外观，能够被民事主体完全支配。这种权利性质单一，按照"一物一权"的原则设定，在一个有体物之上只能设立或存在一个所有权，不允许有两个以上内容相同的所有权存在，这一特质决定了有体物的所有人通过事实上的占有即可有效排除他人同时占有和使用该有体物，从而有效地看护其财产。能够进行事实上的占有为有体物的保护构筑了坚实的屏障。知识产权的权利对象是信息，具有非物质性，没有清晰可见的物理外观，民事主体无法对之进行事实性的支配与占有。由此而论，对知识产权无法进行有形控制与支配的事实，导致知识产权的权利人无法通过占有保护其权利。[②] 知识产权权利对象的这一特点导致了侵权行为较之于有形财产更容易实现，更加频繁。以有体物为例，针对一件有体物，侵权行为在数量上受到该有体物之物理外观的限制，因为一件有体物不可能为

[①] 参见黄洪波《中国知识产权刑法保护理论研究》，中国社会科学出版社 2012 年版，第 55—56 页。

[②] 世界知识产权组织的概括颇为形象："知识产权与有形财产的最主要不同点在于：对于诸如一张桌子，所有人可以通过占有它而基本上达到保护自己的财产不受侵害的目的；而对于诸如一项发明、一部作品或一个商标，所有人基本上不能通过占有它们而达到保护它们不受侵害的目的。"郑成思：《知识产权法》，法律出版社 2007 年版，第 77 页。

多个主体同时占有并进行利用，而作为知识产权权利对象的信息则没有物理外观，在传播过程中信息本身亦能够保持其本身的形态，这意味着多个侵权行为可以同时或先后作用于同一个知识产权的权利对象之上。从权利人的角度出发，侵犯知识产权行为具有易发、频发且难于防范的特点。

知识产权与财富的挂钩则为侵权行为增添了利益驱动力，这与社会发展的特点密切相关，自 20 世纪 80 年代开始的信息技术革命被称为"第三次浪潮"，财产的主要形式已变成了信息。[1] 以知识产权为主要表征的信息在经济发展中发挥着日益重要的作用，其本身的价值也得到了认可。版权的财产价值在不同的社会发展阶段即有不同的体现："技术的发展使著作权摆脱了其所处的次要地位。在著作权仅涉及少数人（作家、剧作家、作曲家、造型艺术家）的情况下，其活动被认为十分重要，但属于经济意义不大的领域：文化、教育、新闻、戏剧，这些活动对国民财富的形成没有重大影响……自 1850 年起，随着新的复制、传播和利用作品的手段在市场上的涌现，工业化国家（包括发展中国家，尽管程度没有那样大）出现了广义上的出版业、娱乐业、信息技术及大众传播工具的飞跃发展，与此同时，文化财产和文化产品在国际上的流通也进一步扩大。"[2] 这种现实情况通过市场反馈为侵权行为有可能带来的利益空间，伴随着技术发展带来的复制成本大幅降低等因素，侵犯知识产权行为大量发生。有论者指出，在版权领域，有许多人靠盗版为生，"他们在全球各地激起一个庞大的黑市，这个黑市包容着形形色色的各类事件：巴拉圭与泰国等地盗版工厂的红红火火；天才黑客破解最新的软件程序并将这些软件免费上传到互联网中某个匿名网站；无良商贩利用 PC 大量复制 CD，再用激光打印机伪造 CD 封面，然后在波士顿、莫斯科、伦敦、曼谷的地铁站出售。"[3] 而哈佛研究所的一位学生对香港盗版黑市的描述使得侵犯知识产权行为的泛滥成灾体现得更加直观和真切："我去香港湾仔一家名为'298 计算机特区'的商场，这些地方的外观都相当类似：位于计算机购物中心的小

---

[1] 参见黄洪波《中国知识产权刑法保护理论研究》，中国社会科学出版社 2012 年版，第 56 页。

[2] ［西］德里娅·利普希克：《著作权与邻接权》，联合国教科文组织译，中国对外翻译出版公司 2000 年版，第 34 页。

[3] ［美］约翰·冈茨、杰克·罗切斯特：《数字时代，盗版无罪？》，周晓琪译，法律出版社 2008 年版，第 17 页。

店，除了几个铝条充当 CD 架外，别无一物。在这购物中心里还有许多合法的软件与硬件商店；当这家商场开门之后，卖主将有编号的 CD 封面摆在 CD 架上。买主将他感兴趣的 CD 编号抄在一张纸条上递给卖主。过了半个小时以后，一些 CD 就准备好了，这些 CD 上完全没有记号，看起来就像刚刻录的。可供销售的 CD，遍及最新版的软件与计算机游戏，选择范围相当广泛！除了常见的 Windows XP 与 Adobe Photoshop 之外，还有许多专业化的应用软件，像 Maalab、Mathematica（科学运算用的软件）、Finale（专业用的音乐谱曲软件）。游戏软件也相当新，包括'星球大战：绝地武士 3·绝地学院'（Star Wars Jedi Academy），'魔兽争霸 III：冰封王座'（Warcraft III Frozen Throne Expansion Pack），甚至还包括'毁灭战士 3'（Doom 3）。"①

可见，侵犯知识产权行为的泛滥主要来自社会经济发展模式的转变以及技术的进步，而在全球化成为主流的当代社会，侵犯知识产权行为也呈现出全球化的态势，论者对此做出的阐述明白无误地展示了这一事实："北京秀水街的盗版盛会上，西方游客和中国白领们接踵摩肩，挑选他们中意的假冒国际品牌，从瑞士手表，到意大利皮鞋，再到法国时装，不一而足……侵犯知识产权行为在中国确实非常普遍，在其他国家也同样多发。"② 侵犯知识产权行为的泛滥被认为对权利人的经济利益造成了重大的损害，而加强保护则顺理成章地成为挽回损失的重要举措。刑事保护在诸种法律救济途径中最具威慑效用，将侵犯知识产权行为入罪甚至更进一步加强对侵犯知识产权犯罪的刑罚成为强化知识产权保护的应有之义。由此而论，具体到每一个单独的国家，其社会发展阶段与知识产权的刑事保护之间存在着密切的关系。安守廉即如此解读我国台湾地区在知识产权保护方面的态度变化："台湾地区的突破性经济扩展、不断提高的本土技术需求意识、日趋多元的政治文化生活、对正式法律程序的日益信赖以及国际社会的启迪，使知识产权法的需求显而易见，并且培育了用正当理由支持知识产权的拥护者。在经济阵地，曾经在前几十年中支撑台湾地区表面

---

① ［美］约翰·冈茨、杰克·罗切斯特：《数字时代，盗版无罪？》，周晓琪译，法律出版社 2008 年版，第 17 页。

② 冯象：《知识产权的终结——"中国模式"之外的挑战》，李一达译，《文化纵横》2012 年第 6 期。

经济增长的低人工成本、低技术含量模式，显然不足以维持台湾地区人民已经渐渐习惯的生活质量。政府和产业界都发展，如果将来要与其他的领先经济相竞争，台湾地区需要拥有自己具有世界水平的技术。用前任'经济事务部'部长萧万长的话说，对知识产权的更大保护'对于台湾地区自身的产业更新非常关键，措施不力……会挫伤研究与发展'。"①

　　对我国立法上知识产权刑事保护的发展历程进行考察，依然能得到类似的结论。在 1979 年的《刑法》中，仅有"假冒商标罪"一条侵犯知识产权罪。② 这与我国当时的计划经济体制是一致的，商品商标只有工商企业才拥有，其他单位和个人不可能成为注册商标的所有人，且当时并不存在法律意义上的商标权，完全是从维护管理秩序的角度进行的罪责考量。此后，随着社会主义市场经济的逐步建立以及相关知识产权单行法的颁布，有关侵犯知识产权的罪名也相应增加。例如，1993 年全国人大常委会通过的《关于惩治假冒注册商标犯罪的补充规定》一方面完善了假冒注册商标罪，另一方面增设了销售假冒注册商标的商品罪，③ 而 1994 年通过的《关于惩治侵犯著作权的犯罪的决定》则增设了侵犯著作权罪和销售侵权复制品罪。④ 最终，1997 年修订的《刑法》在整合以往有关单行刑法和附属刑法规范内容的基础上进一步做出修改和补充，用 7 个条文统合了侵犯知识产权罪，分别为假冒注册商标罪，销售假冒注册商标的商品罪，非法制造、销售非法制造的注册商标标识罪，假冒专利罪，侵犯著作权罪，销售侵权复制品罪，侵犯商业秘密罪。⑤

（二） 侵犯知识产权行为的犯罪化与市场经济秩序

　　按照我国《刑法》的规定，侵犯知识产权犯罪被置于"破坏社会主义市场经济秩序罪"之下，而非"侵犯财产罪"项下。这无疑表明立法者将知识产权的刑事保护与市场经济秩序密切联系在一起。在论者看来："各国对侵犯知识产权犯罪的规定各异，有关侵犯知识产权犯罪的立法理

---

　　① ［美］安守廉：《窃书为雅罪——中华文化中的知识产权法》，李琛译，法律出版社 2010 年版，第 118—119 页。

　　② 我国 1979 年《刑法》第 127 条规定："违反商标管理法规，工商企业假冒其他企业已经注册的商标的，对直接责任人员，处三年以下有期徒刑、拘役或者罚金。"

　　③ 参见《全国人大常委会关于惩治假冒注册商标犯罪的补充规定》第 1 条。

　　④ 参见《全国人大常委会关于惩治侵犯著作权的犯罪的决定》第 1—2 条。

　　⑤ 参见我国 1997 年《刑法》第 213—220 条。

念不同，立法体系、立法技术、历史传统不同，法律规定之间有殊异……英美的立法明显偏重于对私人财产权利的保护，而中国则偏向于对社会公共利益的维护，即认为侵犯知识产权犯罪行为不仅侵害了私人权益，而且更重要的是危害到社会公共利益和蔑视法律秩序，这种价值取向的不同影响了立法实践。"①

　　然而，这种解读从极为抽象的立法理念等角度出发，明显失之粗疏，如果联系到知识产权在改革开放之后逐渐获得肯认以及相关知识产权单行法出台的历史过程，则不难发现知识产权的刑事保护与社会主义市场经济秩序之间的关联在某种程度上属于立法者的无奈之举，亦是特殊的历史原因造就的。1997 年修订的《刑法》中对侵犯知识产权罪的设置则明显受到前述情形的影响，在某种程度上形成了路径依赖，为了匹配法律制度层面对知识产权的理解与态度，自然而然地将侵犯知识产权犯罪与市场经济秩序联系在一起。通过安守廉的梳理与论证，清晰地表明知识产权这种全新的财产性私权在新中国确立面临的最大问题是如何才能在不损害国家利益的前提下创立新的财产形式。市场秩序充当了救火队员，使得知识产权得以在不可谓不强势的质疑声中艰难分娩。安守廉认为："1982 年的商标法和 1984 年专利法一样，在一定程度上不只是确立了私有财产权，同时也冲淡了这些权利，尽管这些权利被创立并且被广为宣传……1982 年商标法确实为'商标专用权'提供了保护，但之所以如此，在很大程度上是因为商标权被认为可以促进'社会主义经济的发展'。在'文化大革命'后法律改革的初期，中国没有足够的用以界定、组织新兴市场力量的正式法律架构。这种法律架构在短期内也不可能建成，因为那些混杂着政治困扰的问题使立法工作面临着巨大的挑战。例如，在相当程度上仍然是以强大而市场反应迟缓的国有企业为主体的经济制度下，如何禁止阻碍竞争和其他不公平的贸易行为？至少在某些中国领导人看来，商标法可以为尚不成熟的市场充当维持秩序的临时手段。"②

　　立法上的这种态度体现出知识产权的工具意义，对市场秩序的维护超越了对财产权的保护，成为知识产权刑事保护的出发点。刑事保护由公权

---

①　龚培华：《侵犯知识产权犯罪构成与证明》，法律出版社 2004 年版，第 39 页。

②　［美］安守廉：《窃书为雅罪——中华文化中的知识产权法》，李琛译，法律出版社 2010 年版，第 80 页。

力机关自主启动，为此，以维护市场秩序为名，知识产权的刑事保护更多地呈现为运动式的联合执法行为，这种执法行为往往是为了配合某一重大活动或特殊事件而进行，连年来的执法行为在市场中造成了一种"谈虎色变""闻风而动"的效应。例如，2012 年，沈阳市五爱市场在广播中提及："从 7 月 7 日到 7 月 16 日，集中开展严厉打击经济犯罪 10 天决战，本次公安会战主要依法对出售假冒注册商标商品等行为进行专项严厉打击……"在听闻这一消息后，沈阳市东北、五爱等市场大量商铺关门歇业，在沈阳市近郊的辽中县等地，95% 以上的店铺关门，甚至一度连米、油都找不到地方买。① 这反映出一个颇为吊诡的现象：以维护社会主义市场秩序为名开展的联合执法行动在某种程度上反而破坏了正常的市场经营秩序，造成了不必要的混乱。

本章小结

通过对我国知识产权刑事保护的立法进程的考察可以发现，我国立法上侵犯知识产权行为的犯罪化与改革开放之后引入知识产权制度及社会政治经济制度发生突破性转型的历史背景密切相关，知识产权刑事保护条款的不断完善被认为是加强知识产权保护的重要表现之一，而我国《刑法》对侵犯知识产权罪的态度及实际中的执法行动则将知识产权与市场秩序捆绑在一起，这与知识产权的财产权形态有不小的出入，体现出政治结构与经济体制对知识产权制度实践的深度嵌入，从法理层面对侵犯知识产权行为的犯罪化提供解说似乎并不充分也毫无必要。事实上，我国的知识产权制度及知识产权刑事保护的历史非常短暂，而且打上了改革开放这一历史背景的深刻烙印，使得仅仅从我国这一地理空间及近 40 多年的时间范畴内进行的探究并不能完全呈现侵犯知识产权行为犯罪化的缘由，而来自国际层面的压力和影响自然而然地促使我们将视野投向更加宽广的时空维度，从比较法和国际法层面进行的考察将更加清晰地呈现侵犯知识产权行为犯罪化的来龙去脉，有助于更好地理解和把握相关的制度现实并展开进一步的理论思考。

---

① 《听说打假，大量商铺关门歇业》，《东南快报》（http：//news. sina. com. cn/o/2012 - 08 - 08/054924927086. shtml）。

第二章

侵犯知识产权行为犯罪化的历史演进

第一节 缘起：以刑法保护知识产权

从法律文本和制度实践的角度考察，知识产权制度无疑产生于近代西方社会，与资本主义的兴起密切相关。[①] 这一历史事实表明资本是知识产权制度发展、演进的重要驱动力，而在国际层面，以资本实力为后盾推进知识产权的法律移植乃至全球化往往是西方发达国家的重要经济策略。[②] 伴随着美国在国际事务中的作用日益突出，美国法在全世界范围内都产生了广泛而深远的影响，即便在以罗马法的发达而颇感自豪的欧洲大陆也不例外："当代欧洲对于美国法的接受类似于中世纪欧洲对于罗马法的接受。"[③] 知识产权法在这一过程中亦扮演了重要角色，美国在知识产权的国际法治层面发挥着重要的甚至是决定性的影响力。

据此，以美国为对象展开侵犯知识产权行为犯罪化的历史考察，不但

---

① 在李琛看来，"知识产权就是资本结合知识之后的要求。知识产权制度的历史使命就是维持以知识为要素的产业得以存续"。李琛：《关于"中国古代为何无版权"研究的几点反思》，《法学家》2010 年第 1 期。

② 近代中国的知识产权法律移植为此提供了一个极好的例证。参见［美］安守廉《窃书为雅罪——中华文化中的知识产权法》，李琛译，法律出版社 2010 年版，第 34—60 页。另见李雨峰《枪口下的法律：中国版权史研究》，知识产权出版社 2006 年版，第 79—115 页。

③ Wolfgang Wiegand, "Americanization of Law: Reception or Convergence ?" in Lawrence M. Friedman and Harry N. Scheiber eds. , *Legal Culture and the Legal Profession*, Boulder: Westview Press, 1996, p. 138.

显得有的放矢，亦能达到管中窥豹的效果。

一　投石问路：版权的刑事保护

（一）侵犯版权犯罪的轻罪时期

美国的版权法在其诞生之后的 100 多年间均没有对侵犯版权行为的刑事处罚，其第一部版权法颁布于 1790 年，① 而在 1897 年之前，侵犯版权一直都与刑法无涉。1897 年，美国国会第一次在版权法中加入了刑事处罚条款，② 该条款仅对非法地公开表演、再现享有版权的戏剧或音乐作品等行为施以刑事处罚，其中的 "犯罪意图"（mens rea）标准要求侵权行为人主观上须为 "故意"（willfully），同时 "以营利为目的"（for profit），侵犯版权犯罪被划入轻罪（misdemeanor offense）③ 的范畴。④

1909 年的版权法在保留构成侵犯版权犯罪在主观上需满足 "故意和盈利" 要件的同时，将刑事责任扩展到了所有享有版权的作品和所有侵权行为之上，⑤ 但侵犯版权犯罪仍属轻罪。⑥

1974 年，美国国会首次将 "明知且故意"（knowingly and willfully）帮助、教唆侵权的行为纳入刑事处罚的范畴。⑦ 1976 年版权法是美国现行的版权法，在刑事处罚方面主要做出了以下调整：（1）改变了犯罪意图标

---

① Act of May 31, 1790, 1 Stat. 124（1790）. 虽然这部 1790 年颁布的版权法是美国首部联邦版权法，但在 1763 年，大陆议会（Continental Congress）曾通过一项 "建议在数个州保护新书作者或出版者版权" 的决议。See Resolution of the Continental Congress Respecting Copyright, Journal of the United States Congress Assembled, Containing the Proceedings from Nov. 1782 to Nov. 1783, pp. 256-257, reprinted in Melville B. Nimmer & David Nimmer, 8 Nimmer on Copyright, pp. 7-11.（1998）.

② Act of Jan. 6, 1897, 29 Stat. 481（1897）.

③ 根据美国《模范刑法典》的规定，犯罪被分为重罪（felony）、轻罪（misdemeanor）、微罪（petty misdemeanor）和违警罪（violation），轻罪的刑罚不超过一年，微罪的最高刑期为 30 天，而违警罪只能处以罚金、没收等制裁，不能处以监禁。参见郑丽萍《轻罪重罪之法定界分》，《中国法学》2013 年第 2 期。

④ Act of Jan. 6, 1897, 29 Stat. 481（1897）.

⑤ Pub. L. No. 60-349, §§25（e）, 28, 35 Stat. 1075, 1081-82（1909）.

⑥ 1909 年版权法规定对侵犯版权犯罪的行为可判处一年以内的监禁，同时允许判处 100—1000 美元的罚金。Pub. L. No. 60-349, §§25（e）, 28, 35 Stat. 1075, 1082（1909）.

⑦ Act of Dec. 31, 1974, Pub. L. No. 93-573, title I, §102, 88 Stat. 1873（1974）.

准的定义，规定"故意且意图获取商业利益或个人私利"① 的侵权行为构成侵犯版权犯罪。（2）加重了对侵犯版权犯罪行为的处罚，对首次侵犯版权犯罪的行为单处或并处 1 年以下监禁、1 万美元以下罚金，当侵权行为涉及录音制品或电影作品时，该罚金可上升至 2.5 万美元，② 对累犯则可单处或并处 2 年以下监禁、5 万美元以下的罚金。③（3）增加了处置相关侵权物品的规定，对所有侵权复制品或录音制品以及所有用于制造这些侵权复制品或唱片的工具、设备或器材均应强制销毁。④（4）废除了有关帮助、教唆侵权的行为应当承担刑事责任的规定。⑤

（二）侵犯版权犯罪的重罪化变革

从 1982 年开始，有关侵犯版权犯罪的规定开始发生重大变化。20 世纪 70 年代末 80 年代初，电影和录音制品产业的代表认为将侵犯版权犯罪界定为轻罪失之宽松。首先，轻罪惩罚不足以威慑大规模的盗版行为，⑥ 同时，因为侵犯版权犯罪仅属轻罪，检察官对于起诉侵犯版权犯罪的个人并无兴趣。⑦

1982 年，国会开始考虑产业界的诉求，通过《盗版和假冒修正法》（*Piracy and Counterfeiting Amendments Act of 1982*）对版权法进行了实质性修改：对制造、销售侵犯电影作品、视听作品、录音制品的侵权复制品或

---

① "willfully and for purposes of commercial advantage or private financial gain", 17 U. S. C. app. § 506 （a）（1976）（effective Jan. 1, 1978）.

② 17 U. S. C. app. § 506 （a）（1976）.

③ 17 U. S. C. app. § 506 （b）（1976）.

④ "法院在其有罪判决中应当……命令没收、销毁或以其他方式处置所有的侵权复制品或录音制品……" "the court in its judgment of conviction shall. . . order the forfeiture and destruction or other disposition of all infringing copies or phonorecords. . . ", 17 U. S. C. app. § 506 （b）（1976）.

⑤ 17 U. S. C. app. § 506 （a）（1976）.

⑥ 在一份提交给国会的联合声明中，美国电影联盟（the Motion Picture Association of America）和美国录音制品产业联盟（the Recording Industry Association of America）声称截至 1979 年，录音和电影盗版每年分别"窃取"（stealing）了电影和录音产业超过 650 万美元的合法销售及租赁收入。Hearings on Reform of Federal Criminal Laws Before the Senate Comm. on the Judiciary, 96th Cong. 10, 697 （1979）.

⑦ Hearings on Reform of Federal Criminal Laws before the Senate Comm. on the Judiciary, 96th Cong. 10, 694, 10, 697 （1979）. 这一论断也得到了来自美国司法部代表的证实。Mary Jane Saunders, "Criminal Copyright Infringement and the Copyright Felony Act", *Denver University Law Review*, Vol. 71, No. 3, 1994, p. 683.

录音制品且数量重大的行为加重刑罚。① 为此，国会对侵犯版权犯罪行为创设了两类重罪：（1）对于在任何 180 天的期限内就一个或多个录音制品复制或发行②复制品达 2000 件以上;③ 或者就一个或多个电影作品或视听作品复制或发行复制品达 65 件以上的行为,④ 可单处或并处 5 年以下监禁、25 万美元以下的罚金。⑤ 对于累犯，不考虑其涉案的侵权复制品数量和作品类别（无论侵犯的是录音制品、电影作品还是其他视听作品），一律处以最高的法定刑。⑥ （2）对于在任何 180 天的期限内就一个或多个录音制品复制或发行复制品达 100 件以上，或者就一个或多个电影作品或视听作品复制或发行复制品达 17 件以上的行为，可单处或并处 2 年以下监禁、25 万美元以下的罚金。⑦ 在这两类侵权行为之外，其他的侵犯版权犯罪仍被作为轻罪处理，相关犯罪行为可被单处或并处 2.5 万美元以下罚金、1 年以下监禁。⑧

随着计算机软件产业的发展繁荣和盗版软件的泛滥,⑨ 版权法中的侵犯版权犯罪条款引起了软件制造商的不满，他们开始向国会请愿，致力于将重罪条款适用于侵犯计算机软件版权的行为。⑩ 1991 年，参议员哈奇

---

① Piracy and Counterfeiting Amendments Act of 1982, Pub. L. No. 97-180, 96 Stat. 91 (1982) [codified at 17 U. S. C. § 506 (a) (1982)].

② 此处将法条中的 "reproduction or distribution" 翻译为 "复制或发行" 参考了孙新强翻译的《美国版权法》，参见《十二国著作权法》，清华大学出版社 2011 年版，第 805 页。联系法条中的上下文，"复制和发行" 在内涵上大体上相当于制造和销售，但译为 "制造和销售" 有可能将出租等行为排除在外，考虑到 "reproduction or distribution" 的措辞在美国版权法的历次修订中没有变化，为了尽量保留原意，下文中仍使用 "复制或发行" 的译法。

③ 18 U. S. C. § 2319 (b) (1) (A) (1988).

④ 18 U. S. C. § 2319 (b) (1) (B) (1988).

⑤ 18 U. S. C. § 2319 (b) (1) (1988).

⑥ 18 U. S. C. § 2319 (b) (1) (C) (1988).

⑦ 18 U. S. C. § 2319 (b) (2) (1988).

⑧ 18 U. S. C. § 2319 (b) (3) (1988).

⑨ 计算机软件行业表示，在 1992 年全球计算机软件市场的产值已达到每年 70 亿美元，而在 1989 年盗版软件每年给计算机软件产业造成的损失达 1.6 亿美元。参见 S. REP. No. 102-268, at 1 (1992)。

⑩ See Robert A. Spanner, "The Brave New World of Criminal Software Infringement Prosecutions", *Computer Law*, Vol. 12, No. 1, November 1995, p. 2.

（Hatch）提交了第 893 号参议院法案（Senate Bill 893），其中将故意且意图获取商业利益或个人私利的侵犯计算机软件版权行为作为重罪惩处。[①]该议案最终转化为了《版权重罪法》（*The Copyright Felony Act*），[②] 并将重罪条款的范围扩展到了包括计算机软件在内所有种类的作品，[③] 同时将对累犯的监禁延长到 10 年以下，此外对构成重罪的复制品数量的要求显著降低，任何在 180 天的时限内复制或发行 10 件以上侵权复制品或录音制品且零售总价超过 2500 美元的行为都将构成重罪。[④]

（三）侵犯版权犯罪主观要件的弱化

1982 年和 1992 年两次版权法的修正使得部分侵犯版权犯罪的行为成为重罪，从结果上加重了对侵犯版权犯罪的刑罚力度，但这两次修法并未触及侵犯版权犯罪的核心要素：构成犯罪的侵犯版权行为必须被证明"故意且意图获取商业利益或个人私利"这一主观要件。而 1997 年的《反电子盗窃法》（*No Electronic Theft Act*）[⑤] 则实质性地弱化了这一标准。根据该法的规定，以下两种故意侵犯版权的行为将构成犯罪：（1）意图获取商业利益或个人私利；（2）在任何 180 天的期间内，以包括电子方法在内的方式，复制或发行一个或多个享有版权作品的一件或一件以上的零售总价超过 1000 美元的复制品或录音制品。[⑥] 显然，第二种构成犯罪的侵犯版权行为已然不再要求"意图营利"的主观要件。

《版权重罪法》首次在侵犯版权犯罪的法律架构中引入了数量门槛（numerical thresholds），即以复制或发行侵权复制品的数量抑或其零售价值作为界定重罪/轻罪的决定性因素，这一规定的原因在于数量巨大的侵

---

① S. 893, 102d Cong. (1991).

② The Copyright Felony Act, Pub. L. No. 102-561, 106 Stat. 4233 (1992).

③ 虽然 893 号参议院法案在参议院通过，Cong. Rec. S7581（daily ed. June 4, 1992），但在众议院并无相关的"伙伴议案"（companion bill）。在众议院，相关提案改变了前述参议院法案的实质内容（将侵犯版权的重罪条款扩展至所有类型的作品）并获得支持，随后在参众两院获得通过。提交该议案的众议员威廉·休斯（William Hughes）对相应修改给出的解释是为了避免在版权立法中采用碎片化方法（piecemeal approach）并对所有享有版权的作品平等对待。参见 H. R. REP. NO. 102-997 (1992), reprinted in1992 U. S. C. C. A. N. 3569, 3572。

④ See 18 U. S. C. § 2319 (b) (1) (1994); 18 U. S. C. § 357 (b) - (c) (1994).

⑤ Pub. L. No. 105-147, 111 Stat. 2678 (1997).

⑥ Pub. L. No. 105-147, § 2 (b), 111 Stat. 2678, 2678 (1997).

权复制品往往意味着更为严重的犯罪行为，须予以重罪惩处，当然，数量门槛适用的前提是相关行为已被证明是故意为之且意图营利的。而《反电子盗窃法》的前述规定使得数量门槛不再是刑事犯罪程度（degrees of criminal offense）的分界线，而成为民事侵权与刑事犯罪的界限。①

在《反电子盗窃法》出台之前的 100 多年间，美国版权法上关于侵犯版权刑事犯罪的规定都要求公诉方须证明被告从事侵权行为的营利意图，何以美国国会突然会产生废除这一要求的想法？对这一疑问的解释大多指向一个案例：合众国诉拉马奇亚案（United States v. LaMacchia）。② 大卫·拉马奇亚（David LaMacchia）是麻省理工学院一名 21 岁的大学生，他使用学校的计算机网络鼓励网友将流行的软件程序上传至电子公告板的加密地址中，再将这些程序转移至另一地址，并邀请网友免费下载这些程序。由于从未收取任何费用，拉马奇亚被以"网络欺诈罪"（wire fraud）而非侵犯版权罪起诉。③ 在诉讼中，拉马奇亚辩称对其行为适用网络欺诈罪并不适当且联邦最高法院在道林诉合众国案（Dowling v. United States）④ 的判决中已有相应观点。法院在拉马奇亚案中正确解读出道林案所支持的主张：由于缺乏来自国会的明确解释，普通的刑法并不能破坏根据版权法判决承担刑事责任必须"慎之又慎"（finely calibrated）的要求，⑤ 由于按照版权法的规定并不构成犯罪，政府无权以"网络欺诈"为由起诉拉马奇亚。⑥ 虽然并未支持对拉马奇亚的起诉，但法院在判决中借机游说国会："当然，这并非表明拉马奇亚所为之事全无启迪。如果起诉书所言属实，

---

①　Lydia P. Loren, "Digitization, Commodification, Criminalization: The Evolution of Criminal Copyright Infringement and the Importance of the Willfulness Requirement", *Washington University Law Quarterly*, Vol. 77, No. 3, Fall 1999, p. 846.

②　United States v. LaMacchia, 871 F. Supp. 535 (D. Mass. 1994).

③　Ibid., pp. 541-542.

④　Dowling v. United States, 473 U. S. 207 (1985). 在该案中，美国联邦最高法院推翻了对被告道林"在各州之间运输赃物"的定罪，认为被复刻于盗版唱片之上的享有版权的音乐作品并不是《盗窃财物法》(*The Stolen Property Act*) 意义上可被盗窃、非法挪用或欺诈取得的所谓"财产"。进一步来说，版权并非普通的财产，版权法授予的财产并未给予版权所有人就其所有之版权的独占权利，版权显然意味着一种更为复杂的财产利益安排而非一般意义上（run-of-the-mill）的盗窃、挪用或欺诈可以涵盖。

⑤　United States v. LaMacchia, 871 F. Supp. 535 (D. Mass. 1994), p. 545.

⑥　Ibid., pp. 542-543.

过于大意的过失（heedlessly irresponsible）是对拉氏的最高赞誉，而无政府主义（nihilistic）、自我放逐（self-indulgent）、缺乏任何价值基础（lacking in any fundamental sense of values）都是对其行为的至差评价。刑罚与民事救济均与故意（willful）的要求密切相关，然而大量侵犯享有版权之软件的行为甚至缺少侵权人意图营利的主观要件。一个可以预期的解决方式是通过修改版权法从而允许对此类行为提起诉讼。"① 拉马奇亚案引发了对侵犯版权犯罪进行变革的呼声，连篇累牍的新闻报道夸大了支持版权法存在缺陷的论调，一篇报道就如此表态："网络空间没有版权法，国会如果无动于衷，计算机强盗仍将对所有软件巧取豪夺……"② 如此看来，拉马奇亚案的判决不过是凸显了一个日益严重的问题：在数字媒介中大量复制版权作品的行为十分普遍。

进言之，拉马奇亚案不过是一个导火索，促使国会改变态度一定另有原因。事实上，社会活动的数字化已成普遍现象，将版权作品与珠宝、汽车、电视机等有形财产等量齐观的论调也越来越有市场，《反电子盗窃法》就是对此现实的回应。③

数字技术发展普及之前，侵犯版权往往必须进行重大投资的事实就足以保护版权所有人。具体而言，进行重大投资必然推导出行为人欲从事侵权行为获取商业利益，这就满足了版权法中刑事处罚条款的主观要件；此外，重大投资的要求意味着版权所有人可以经由民事侵权诉讼的判决而请求扣押、查封相关设备和财产，这对侵权人是一种切实的威慑。数字技术的发展导致作品的复制和传播更为便捷，大量复制作品的成本非常低廉，

---

①　United States v. LaMacchia, 871 F. Supp. 535（D. Mass. 1994），p. 545.

②　"There's no copyright law in cyberspace and computer bandits are free to walk off with all the software they can carry until Congress does something about it...", Jules Crittenden, "Ruling Clears Way for Computer Bandits", *Boston Herald*, Dec. 30, 1994, at 1.

③　软件出版商联盟（Software Publishers Association）的副主席桑德拉·A. 塞勒斯（Sandra A. Sellers）宣称："如果某人走进一家珠宝店，盗窃珠宝并在大街上分发，无论是否从这一行为中获利，这名窃贼也将被起诉。软件也应受到同等对待。" "If one were to walk into a jewelry store, steal some jewels, and then give them away on the street the thief would probably be prosecuted, despite the fact that he did not gain financially from his actions. The same should be true with respect to software." See The No Electronic Theft（NET）Act, 1997: Hearing on H. R. 2265 Before the Subcomm. on Courts and Intellectual Property of the House Comm. on the Judiciary, 105th Cong.（1997）.

无须进行重大投资，由此对侵犯版权的行为产生了显著影响：大批量的复制作品并不必然是为了营利，类似于拉马奇亚的行为只能被认为是没有商业意图的侵权行为，由于无须投资即可大量复制作品，借由民事责任以扣押、查封相关设备和财产也显得无的放矢，不能有效威慑侵权行为。由此，只能寄希望于刑事处罚来威慑此类大范围的侵权行为。

关于版权性质的争议由来已久，① 但与有形财产相比，版权作品被认为更具公共产品属性，如对其使用系非竞争性使用（non-rivalrous use），② 且能够增进其价值，③ 公共利益而非版权所有人的利益在版权中更显重要。④ 尽管具有这种非财产属性，但为版权贴上"财产"标签的做法却愈加普遍，由此导致的后果就是任何复制版权作品的行为都被类比为"盗窃"（theft），进而被认为具有败坏道德的危险和反伦理倾向，刑事处罚也就理所应当。《反电子盗窃法》在标题中明确使用"盗窃"的措辞就是这一推论的明证。⑤

---

① 对版权应属自然法权利抑或有限的法定垄断的讨论，可参考 Wendy J. Gordon, "A Property Right in Self-expression: Equality and Individualism in the Natural Law of Intellectual Property", *Yale Law Journal*, Vol. 102, No. 7, May 1993, pp. 1533-1610; Alfred Yen, "Restoring the Natural Law: Copyright as Labor and Possession", *Ohio State Law Journal*, Vol. 51, No. 2, 1990, pp. 517-560。

② Julie E. Cohen, "Lochner in Cyberspace: The New Economic Orthodoxy of 'Rights Management'", *Michigan Law Review*, Vol. 97, No. 2, November 1998, p. 502.

③ See Peter Jaszi, "Caught in the Net of Copyright", *Oregon Law Review*, Vol. 75, No. 1, Spring, 1996, p. 300. Also see Mark Lemly and David McGowan, "Legal Implications of Network Economic Effects", *California Law Review*, Vol. 86, No. 3, May 1998, pp. 479-612.

④ 联邦最高法院认为："版权的首要目标不是回报作者的劳动，而是促进科学和实用艺术的进步。""[t] he primary objective of copyright is not to reward the labor of authors, but '[t] o promote the Progress of Science and useful Arts'", Feist Publications, Inc. v. Rural Tel. Serv. Co., 499 U.S. 340, 349 (1991).

⑤ 国会议员在《反电子盗窃法》的立法过程中经常把版权和其他个人财产相提并论："通过此项立法，我们发出这一强烈呼声，即我们尊重可能抽象且神秘的知识产权，恰如我们尊重公民所有的不动产及个人财产。正如我们不会容忍从商店中盗窃软件、CD、书本、录影带一样，我们亦不允许从网上窃取知识产权。""By passing this legislation, we send a strong message that we value intellectual property, as abstract and arcane as it may be, in the same way that we value the real and personal property of our citizens. Just as we will not tolerate the theft of software, CD's, books, or movie cassettes from a store, so will we not permit the stealing of intellectual property over the Internet." 143 CONG. REC. S12, 689-S12, 691 (1997).

数字化带来的影响裹挟着版权财产化的论调弱化甚至在某种程度上废除了侵犯版权犯罪中"意图营利"的主观要件，使得侵犯版权刑事犯罪的范畴更为宽泛，对版权的刑事保护得到了实质性强化。

（四）加强侵犯版权犯罪执行力的努力

在《反电子盗窃法》出台之后，以该法为据发起的诉讼少之又少，对侵犯版权行为的威慑效用亦微乎其微，据称，当时由于假冒和盗版，每年给计算机软件版权所有人造成的损失在 11 亿—20 亿美元，并进一步导致"失业、低工资收入、低税收以及正版软件购买者承担的高价"[①]。于是，国会制定了《数字防盗及改善版权救济法》（*Digital Theft Deterrence and Copyright Damages Improvement Act of 1999*），[②] 意图通过增加民事侵权法定赔偿的数额以及加强对现有的侵犯版权犯罪的执行来威慑日渐泛滥的侵犯版权现象。在该法制定过程中，司法部门提供的数据显示，知识产权犯罪案件中接近 45% 的罪犯都获得了没有任何限制的缓刑判决，[③] 而这种畸轻的判决显然抑制了司法机关查处知识产权刑事案件的兴趣。偏低的诉讼量与畸轻的判决强化了"知识产权犯罪低风险、高回报这一观念"。[④] 为解决这一问题，《数字防盗及版权救济改善法》阐明"国会致力于通过美国量刑委员会（the United States Sentencing Commission）确保针对知识产权犯罪的量刑指南须将被侵权商品的零售价以及侵权商品的数量考虑在内，从而使得相关量刑指南足以威慑此类犯罪行为"[⑤]。

《数字防盗及版权救济改善法》的出台，表明美国版权产业中的利益相关方开始将注意力投向侵犯版权犯罪案件的判决和执行，意图通过加强刑罚的有效性遏制肆无忌惮的侵权行为。

---

① H. R. REP. NO. 106-216, at 3（1999）. 但有学者批评这些数字过度夸大了对版权所有人造成损失的估计。Eric Goldman, "A Road to No Warez: The No Electronic Theft Act and Criminal Copyright Infringement", *Oregon Law Review*, Vol. 82, No. 2, Summer 2003, pp. 397-398.

② Pub. L. No. 106-160, 113 Stat. 1774.

③ Implementation of the "NET" Act and Enforcement Against Internet Piracy: Hearing Before the Subcomm. on Courts and Intellectual Prop. of the H. Comm. on the Judiciary, 106th Cong. 39（1999）. http://commdocs. house. gov/committees/judiciary/hju62503. 000/hju62503_ 0f. htm).

④ "perception of intellectual property crime as a high profit, low risk venture", H. R. Rep. NO. 106-216, at 4（1999）.

⑤ H. R. REP. NO. 106-216, at 2（1999）.

（五）非侵权行为的犯罪化尝试

互联网的发展便利了侵犯版权行为，亦从反面提示版权所有人通过网络发售作品的数字化形式亦是新的商机，通过对相关数字化作品使用版权保护措施，似乎可以防范无孔不入的计算机网络侵权。互联网内容提供商（content providers）普遍使用"值得信赖的系统"（trusted systems）保护相关内容，借此杜绝非授权使用、复制和发行。① 例如，储存为 DVD 形式的电影受到内容扰乱系统（Content Scrambling System，CSS）② 的保护，只有获得许可的 DVD 播放器才能播放被 CSS 加密的 DVD 中的内容。然而，能够被加密的内容往往也能被解密，很快就有程序员破解了 CSS 并将破解软件发布于网络，③ 利用这种软件，人们可以轻易复制 DVD 中的电影，在未授权的播放器上进行播放，并将电影上传至网络供他人免费下载。显然，在电影产业等作品版权人看来，此类破解版权保护措施的行为为侵犯版权的行为提供了极大便利，是网络盗版的源头。

为应对这种情况，《数字千年版权法》（*Digital Millennium Copyright Act*，DMCA）④ 应运而生。该法明令禁止以下行为：（1）规避（circum-

① 值得信赖的系统（trusted systems），也被称为"加密软件"（lockware），通过使用加密算法（encryption algorithms）来限制授权用户对数字内容的访问和使用。这种系统或者只是防止复制，或是以"权限管理"（rights management）系统为幌子，确定用户对内容的权利。例如，系统可能：允许用户只能制作一定数量的副本或仅能在特定的媒介中制作副本；节目内容在特定日期后到期；或用户每次访问相关内容时都形成收费。See Julie E. Cohen，"Some Reflections on Copyright Management Systems and Laws Designed to Protect Them"，*Berkeley Technology Law Journal*，Vol. 12，No. 1，1997，pp. 162-163.

② CSS 是一家由娱乐及消费电子行业的领导者组成的标准机构，即保护复制技术工作小组（the Copy Protection Technology Working Group，CPTWG）发明的，CSS 许可由 DVD 复制控制协会发布。电影公司表示如果没有 CSS 这样的保护措施，它们将不会制作电影的数字化格式。See Universal City Studios，Inc. v. Corley，273 F. 3d 429（2d Cir. 2001）at 436-437.

③ 最著名的破解 CSS 的软件是 DeCSS，该软件程序由年仅 15 岁的挪威少年乔恩·约翰森（Jon Johansen）及两名同伴开发，通过 Linux 操作系统，DeCSS 可以在电脑上播放 DVD。约翰森将 DeCSS 的源代码发布在其个人网站上，在网络上很快出现了许多基于 Windows 操作系统的 DeCSS 版本，通过这些程序能够复制 DVD 中的电影。参见维基百科"DeCSS"词条（http: //zh. wikipedia. org/wiki/DeCSS）。

④ Pub. L. No. 105-304，112 Stat. 2860（1998）.（codified at 17 U. S. C. § 1201）

venting）控制访问版权作品的"技术措施";① （2）交易相应的规避技术;② （3）篡改版权管理信息。③ 如果相关行为人违反这些禁令，且满足了"故意且意图获取商业利益或个人私利"的主观要件，就有可能承担相应的刑事责任：对首犯可单处或并处5年以下监禁及50万美元以下的罚金；对再犯则可单处或并处10年以下监禁、100万美元以下的罚金。④

显而易见，这三种可能承担刑事责任的行为并不要求已经现实地侵犯了版权。即使规避技术措施的目的是合理使用相关作品，并无侵犯版权的行为，行为人依然违反了《数字千年版权法》，有承担刑事责任之虞。

纵观美国版权法中刑事犯罪条款的变化，一个较为清晰的趋势是侵犯版权刑事犯罪的入罪门槛逐步降低、主观要件的要求显著降低、罚金刑和自由刑的上限不断提高、将非侵权行为纳入刑罚范畴。这种变化与技术发展引发的侵犯版权行为泛滥成灾关系密切，而电影、音乐等版权密集型产业的利益代表在立法游说中起到了关键作用，他们不断强调盗版等行为对其产生的巨大损害以及导致的不良社会后果，而使用"财产"措辞指称版权则强化了这种指控的正当性，版权与有形财产权之间的界限渐趋模糊，对版权的刑事保护力度显著加强。在版权领域开启刑事保护的尝试，无异于在侵犯知识产权行为入罪的进程中"投石问路"。

二 后来居上：商标权的刑法保护

（一）假冒商标行为的犯罪化

与版权法相比，美国商标法中刑事处罚条款出现要晚得多。1982年

---

① 17 U.S.C. § 1201（a）（1）. 该条所谓规避即"未经版权所有人授权的情况下，解扰被扰乱的作品、解密被加密的作品或避开、迂回、移除、解除、损害技术措施"。"to descramble a scrambled work, to decrypt an encrypted work, or otherwise to avoid, bypass, remove, deactivate, or impair a technological measure, without the authority of the copyright owner", 17 U.S.C. § 1201（a）（1）（3）（A）.

② 17 U.S.C. § 1201（a）（2）and（b）（1）. 前一条规定指向交易能够规避控制访问版权作品措施技术的行为人；后一条规定则指向交易能够规避允许访问但杜绝复制或其他侵犯版权行为措施的技术。

③ 17 U.S.C. § 1202. 该条禁止以下行为：提供虚假的版权管理信息、未经授权移除或修改版权管理信息、明知版权管理信息已被篡改的情况下交易相关作品。

④ 17 U.S.C. § 1204.

通过《盗版和假冒修正法》加强对侵犯版权行为的刑事处罚力度之后，国会开始注意到假冒商标的危害性并开始了将刑事保护条款引入商标法的尝试。1984年，国会制定了《假冒商标法》（*Trademark Counterfeiting Act of 1984*）①，对故意交易假冒商标的商品和服务的行为施以刑事处罚。立法理由被阐述为："缺乏（刑事）制裁和严苛的民事制裁，导致假冒商标的行为泛滥，仅在美国，假冒每年就骗取了消费者数亿美元"②，因此，"为了应对日渐泛滥的假冒商标行为，该法授权法院对明知相关商品或服务确系假冒商标的情况下仍然交易或试图交易相应商品或服务的行为施以刑罚"③。

　　根据该法的规定，对于故意交易或试图交易使用假冒商标或将假冒商标与之联系在一起的商品或服务的行为人，可单处或并处25万美元以下的罚金、5年以下监禁，如果相关行为由两人以上实施，罚金可达100万美元；对于再犯，一人实施相关行为可单处或并处100万美元以下罚金、15年以下监禁，如果相关行为由两人以上实施，罚金可达500万美元。④

　　与侵犯版权行为入罪时的小心谨慎、亦步亦趋不同，侵犯商标权行为的犯罪化过程显得非常顺利，假冒商标的现象经过一番鼓噪，立时在国会引发回应。考察《假冒商标法》对假冒商标行为的刑事处罚条款，"故意交易或试图交易"的要求实际上已经涵盖了"意图营利"的主观要求，但没有对相关行为获取利益或交易数量的要求，亦即没有为该罪设置明确的数量门槛。而对于假冒商标行为的刑罚力度则不可谓不高，最高刑达到15年监禁、500万美元以下罚金，已经超越了对侵犯版权犯罪的刑罚力度。

（二）交易商标标识行为的犯罪化

　　在假冒商标行为入罪之后，另一种现象的出现又对商标权保护提出了

---

① Pub. L. No. 98-473, title II, ch. XV, 98 Stat. 1837, 2178-2183.

② "[t] he absence of [criminal] penalties, and the lack of sufficiently stiff civil sanctions, has emboldened counterfeiters, who now defraud consumers out of billions of dollars each year in the United States alone." S. Rep. No. 98-526, at 1 (1984).

③ "to help combat the mushrooming traffic in counterfeit goods and services... the bill authorizes courts to impose criminal penalties upon persons who intentionally traffic or attempt to traffic in goods and services knowing them to be counterfeit." S. Rep. No. 98-526, at 2 (1984).

④ Pub. L. No. 98-473, title II, §1502 (a), Oct. 12, 1984, 98 Stat. 2178. to be codified at 18 U. S. C. §2320 (Supp. 1985).

新的挑战。在合众国诉吉尔斯案（United States v. Giles）① 中，第十巡回法院推翻了一项根据《假冒商标法》作出的有罪判决，认为被告的标识虽与被侵权商标无异，但由于系单独销售，这些标识并非《假冒商标法》意义上的"商品"。虽然控方主张这些标识被定价销售，应属货物，继而属于该法意义上的"商品"，然而，法院通过对法条的推理和解释，认为对《假冒商标法》所指"商品"的理解，应与贴附其上的商标相分离和区别，《假冒商标法》并不禁止对假冒商标的标识进行交易的行为。②

为了应对这种情况，国会于 2006 年通过了《制止假冒制成品法》（*The Stop Counterfeiting in Manufactured Goods Act*）③，禁止故意或试图交易假冒的标签、包装等标识，即使这些标识没有与任何商品相联系。④ 该法同时扩展了"交易"的范畴，声明"'交易'一词意指以获取商业利益或个人私利为目的，运输、转让或以其他方式处置相关假冒标识或假冒商标的商品，或者以前述运输、转让、以其他方式处置相关假冒标识或假冒商标的商品为目的，制造、进口、出口、实际控制或占有相关假冒标识或假冒商标的商品"⑤，而商业利益则包括："任何有价值的收益或预期收益"。⑥

此番修改意义重大，首先，交易假冒商标标识的行为被纳入了刑事犯罪的范畴，与假冒商标的行为受到同样的否定性评价，而且法条中对于假冒商标标识的范围界定非常广泛，几乎穷尽了一切可用于表达商品或服务来源的标注形式。其次，根据该法对商业利益和交易行为的界定，即使仅仅占有假冒商标标识或假冒商标商品，并无实际销售，只要具有销售意图，该行为仍可被认定为犯罪。

---

① United States v. Giles, 213 F. 3d 1247（10th Cir. 2000）.

② Ibid., pp. 1249–1251.

③ Pub. L. No. 109–181, §1, 120 Stat. 285（2006）.

④ 法条中禁止交易的标识范围有："labels, patches, stickers, wrappers, badges, emblems, medallions, charms, boxes, containers, cans, cases, hang-tags, documentations, or packaging of any type or nature", Pub. L. No. 109–181, §1（b）（1）, 120 Stat. 285, 286（2006）.

⑤ "the term 'traffic' means to transport, transfer, or otherwise dispose of, to another, for purposes of commercial advantage or private financial gain, or to make, import, export, obtain control of, or possess, with intent to so transport, transfer, or otherwise dispose of", Pub. L. No. 109–181, §2（b）（1）, 120 Stat. 285, 288（2006）.

⑥ "the term 'financial gain' includes the receipt, or expected receipt, of anything of value", Pub. L. No. 109–181, §2（b）（1）, 120 Stat. 285, 288（2006）.

（三）其他罪名中的假冒商标行为

在专门的商标立法之外，亦有不少罪名可以适用于假冒商标的行为：
（1）共谋、帮助和教唆犯罪；① （2）邮件和网络欺诈罪；② （3）侵犯版权犯
罪；③ （4）非法交易假冒标签、不法标签或假冒证明文件或包装；④
（5）贩卖冒牌食品、药物、化妆品；⑤ （6）破坏消费类产品；⑥ （7）贩卖

---

① 18 U.S.C. §2；18 U.S.C. §371. "如果被告仅向贴附相关标识的行为人提供假冒标签或包装，则考虑适用（共谋、帮助和教唆犯罪）的指控。" "Consider these charges if the defendant only supplied counterfeit labels or packaging that were attached by another person"，Office of Legal Education Executive Office for United States Attorneys，"Prosecuting Intellectual Property Crimes（Fourth Edition）"，p. 151.（http：//www. justice. gov/criminal/cybercrime/docs/ccmanual. pdf）

② 18 U.S.C. §1341；18 U.S.C. §1343. "如果被告意图通过邮件（或其他州际运输工具）或者电信系统（包括互联网）欺骗直接或间接购买者，可提起（邮件和网络欺诈罪）指控。" "These charges can be filed if the defendant used the mail（or other interstate carrier）or wires（including the Internet）in a scheme to defraud purchasers, whether direct or indirect purchasers." Office of Legal Education Executive Office for United States Attorneys，"Prosecuting Intellectual Property Crimes（Fourth Edition）"，p. 151.（http：//www. justice. gov/criminal/cybercrime/docs/ccmanual. pdf）

③ 17 U.S.C. §506；18 U.S.C. §2319. "如果相关商品不仅涉及商品或服务商品，还包括诸如书本、电影、音乐、软件等版权内容，则考虑适用（侵犯版权犯罪）的指控。" "Consider these charges if the underlying goods are not only trademarked or service marked, but also contain copyrighted contents, such as books, movies, music, or software." Office of Legal Education Executive Office for United States Attorneys，"Prosecuting Intellectual Property Crimes（Fourth Edition）"，p. 152.（http：//www. justice. gov/criminal/cybercrime/docs/ccmanual. pdf）

④ 18 U.S.C. §2318. "如果相关标签、文件或包装被故意用于版权作品，则考虑适用美国法典第2318条的（非法交易假冒标签、不法标签、假冒证明文件或包装罪）。" "Consider charging §2318 if the labels, documentation, or packaging were intended to be used with copyrighted works." Office of Legal Education Executive Office for United States Attorneys，"Prosecuting Intellectual Property Crimes（Fourth Edition）"，p. 152.（http：//www. justice. gov/criminal/cybercrime/docs/ccmanual. pdf）

⑤ 21 U.S.C. §331（a）；21 U.S.C. §333；21 U.S.C. §343；21 U.S.C. §352，21 U.S.C. §841.

⑥ 18 U.S.C. §1365. "篡改标签、传递虚假信息，使得消费品被污损"。"Tampering with labels and communicating false information that a consumer product has been tainted." Office of Legal Education Executive Office for United States Attorneys，"Prosecuting Intellectual Property Crimes（Fourth Edition）"，p. 152.（http：//www. justice. gov/criminal/cybercrime/docs/ccmanual. pdf）

冒牌羊毛、毛皮、纺织纤维产品。①

此外，根据《反诈骗腐败组织集团犯罪法》（*Racketeer Influenced and Corrupt Organizations Act*）和相关反洗钱的法律规定，假冒商标的行为亦属非法。1994 年，国会将假冒商标的行为加入了反洗钱法律规制的不法行为的清单之中。② 而在 1996 年，《反假冒消费者保护法》（*Anticounterfeiting Consumer Protection Act of 1996*）则使得假冒商标的行为成为受到《反诈骗腐败组织集团犯罪法》调整的相关犯罪的上游犯罪行为。③

根据《反诈骗腐败组织集团犯罪法》和反洗钱法律的规定判决的刑罚要比根据《假冒商标法》作出的刑事判决严厉得多。虽然相关法律的修订并未扩张根据《假冒商标法》界定的不法行为的定义，但当适用有组织犯罪的罪名起诉假冒商标的行为时，刑罚会显著增加。根据《反诈骗腐败组织集团犯罪法》，罚金可达相关行为总利润或其他收益的 2 倍。④ 如果根据反洗钱法作出判决，对行为人可单处或并处 20 年监禁、50 万美元的罚金或涉案金额 2 倍的罚金（取二者中数量更大的一方）。⑤ 此外，最新修订的《反诈骗腐败组织集团犯罪法》还允许包括海关在内的执法机关没收假冒商标的商品以及任何 "与犯罪组织有关的个人财产和不动产"（personal and real estate assets connected with the criminal enterprise）。⑥

假冒商标的行为不但受到商标专门法的规制，也受到其他多种罪名的关注，通过对一些涉及假冒商标行为的犯罪进行指控，间接惩处假冒商标的行为。而洗钱罪和有组织犯罪将假冒商标的行为列为上游犯罪，大大加重了对假冒商标行为的刑事处罚力度。

对美国法中侵犯商标权行为刑事处罚条款的演进进行考察之后，可以发现，与侵犯版权犯罪的刑事处罚相比，入罪的门槛降低，刑罚的强度提高，而且出现了通过其他罪名间接惩治侵犯商标权行为的做法，这虽与商

---

① 15 U.S.C. §68（a）；15 U.S.C. §68（h）；15 U.S.C. §69（a）；15 U.S.C. §69（i）；15 U.S.C. §70（a）；15 U.S.C. §70（i）.

② 18 U.S.C. §1956（c）（7）（D）.

③ Anticounterfeiting Consumer Protection Act of 1996. Pub. L. No.104 - 153, §§2, 3, 110 Stat. 1386（1996）［codified as amended at 18 U.S.C. §1961（1）（B）］.

④ 18 U.S.C. §1963（a）.

⑤ 18 U.S.C. §1956（a）（1）.

⑥ H.R. Rep. NO.104-556, at 7（1996）. reprinted in 1996 U.S.C.C.A.N. 1074, 1080.

标权本身的性质及其市场中的作用有关，但借此加强商标权刑事保护的倾向亦不难发现。此外，相关利益集团的立法游说活动虽不似版权领域那样频繁和喧嚣，但取得的效果却更加显著，反对之声亦更为少见。综合看来，较之于版权，美国法中对侵犯商标权犯罪的惩治呈现出"后来居上"的特点。

三　敬而远之：专利权的刑法保护

与版权和商标权不同，侵犯专利权的行为在美国至今都未被纳入刑事处罚的范畴，正如最高法院在道林案所言："尽管对此拥有无可置疑的权力……但国会并未对侵犯专利权的行为科以刑事处罚。"[①] 在美国的专利法中，仅规定对两种与专利有关的行为施以刑事处罚。

（一）虚假标记专利行为的刑罚条款

美国专利法中对虚假标记（false marking）专利的行为规定了刑事责任，对相关行为人处以 500 美元以下的罚金刑。虚假标记专利的行为主要包括以下三种情形：（1）未经专利权人同意，任何人在其所制造、使用或出售的物品上，标注、贴附，或者在与该物品有关的广告中使用专利权人的姓名或仿造的姓名、专利号或"专利"（patent）、"专利权人"（patentee）等类似字样的标记，意图伪造或仿造专利权人的标记，或意图欺骗公众使其相信该物品是经专利权人同意而制造或出售的；（2）任何人为了欺骗公众，在未取得专利权的物品上标注、贴附，或者在与该物品有关的广告中使用"专利"字样或任何含有该物已取得专利权之意的其他字样或号码；（3）任何人为了欺骗公众，在其并未申请专利，或已申请而并非在审查中时，就在物品上标注、贴附，或者在有关广告中使用"已申请专利"（patent applied for）、"专利审查中"（patent pending）字样，或任何含有已经申请专利之含义的其他字样。[②]

根据联邦巡回上诉法院的见解，对虚假标记专利行为进行规制的原因是：虚假的标记欺骗人们"相信专利权人控制的相关产品有争议……产生了向公众传递错误信息的风险……增加了公众确定专利权人是否实际控制

[①] " [d] Espite its undoubted power to do so... Congress has not provided criminal penalties for patent infringement." Dowling v. United States, 473 U. S. 207, 227 (1985).

[②] See 35 U. S. C. § 292 (a).

相关知识产权的成本"①。根据学者的看法，这种"对欺骗和假冒的强调常常使人联想到商标法中对欺骗、假冒、混淆消费者等违法行为的关注，而非任何专利法原则"。②

（二）伪造专利证书行为的刑罚条款

在美国法中，对伪造专利证书的刑罚规定如下："（1）伪造、假冒或改动专利证书；（2）明知相关专利证书系伪造、假冒或改动，故意或意图传递、声明或发布信息表明相关文件系真实的专利证书。对前述行为可并处或单处 10 年以下监禁及罚金。"③

值得注意的是，在美国迄今为止都没有一例根据该规定作出的刑事判决。④

通过对美国专利法领域刑罚条款的考察，可以发现，较之于版权和商标权，专利权领域的刑罚条款简单得多，并呈现出鲜明的特点：（1）侵犯专利权的行为一直都没有进入刑法的视野，亦即至今都未对侵犯专利权的行为科以刑事处罚；（2）相关利益集团的游说活动远没有版权和商标权领域频繁，专利权人对于通过刑法强化对专利权的保护似乎也兴趣不大；（3）与专利权有关的刑罚条款致力于对政府声誉或政府职能完整性

---

① "Into believing that a patentee controls the article in question. . . placing［the risk of error］on the public. . . and increases the cost to the public of ascertaining whether a patentee in fact controls the intellectual property." Clontech Labs. , Inc. v. Invitrogen Corp. , 406 F. 3d 1347, 1356 – 1357 （Fed. Cir. 2005）.

② "This emphasis on deception and counterfeiting is in many ways more reminiscent of trademark law and its focus on violations through deception, counterfeiting, and consumer confusion than any principle of patent law." Irina D. Manta, "The Puzzle of Criminal Sanction for Intellectual Property Infringement", *Harvard Journalof Law & Technology*, Vol. 24, No. 2, Spring 2011, p. 488.

③ "Whoever falsely makes, forges, counterfeits, or alters any letters patent granted or purporting to have been granted by the President of the United States; or Whoever passes, utters, or publishes, or attempts to pass, utter, or publish as genuine, any such letters patent, knowing the same to be forged, counterfeited or falsely altered—Shall be fined under this title or imprisoned not more than ten years, or both. " 18 U. S. C. § 497.

④ "As of this writing, no published opinions reported an applicable offense under this provision." Office of Legal Education Executive Office for United States Attorneys, *Prosecuting Intellectual Property Crimes* （Fourth Edition）, p. 299. （http：//www. justice. gov/criminal/cybercrime/docs/ccmanual. pdf）

的维护;①（4）适用相关刑罚条款作出判决并执行的实例非常少见。综合看来，美国法中对侵犯专利权的刑事保护呈现出"敬而远之"的态度。

第二节　发展：国际条约推进知识产权刑事保护的全球化

恰如学者所言，知识产权是"一种法律的想象和分类——脱离法律或法律执行不力，便不会有很多人相信它、尊重它、受它的支配"②。这就意味着知识产权具有极强的地域性特征，走出国门的知识产权将遭遇何种命运实难预料。事实上，在知识产权的早期历史中，资本主义国家根据国家主权的原则，仅保护本国国民的知识产权或者对外国人获得知识产权设置较高的门槛，这样本国国民甚至政府就可以更加廉价甚至无偿利用国外的智力创造成果，这种做法体现了知识产权制度本身的社会政策属性。③但这种策略对于拥有较多知识产权、在科技文化等方面更为发达的国家非常不利，导致其在国际贸易中受损。19世纪末，随着国际贸易的日渐繁荣，一些国家开始探索对知识产权地域性的突破，通过签订双边条约的形式互相承认对方的知识产权，使得本国的知识产权在别国获得同等保护。由于双边条约缔约成本较高而不能满足迅速扩大国际贸易的需要，各国又开始通过多边条约的形式对国际范围内的知识产权问题进行规范与协调，知识产权国际保护制度借此产生。

随着知识产权在国际贸易中的重要性进一步上升，加强知识产权保护的呼声促使侵犯知识产权行为的刑罚条款逐渐在知识产权的国际条约中得到体现，并进一步影响了一些国家的立法，很大程度上实现了知识产权刑事保护的全球化。

---

① 有法院就认为伪造专利证书罪的设置就是为了保护政府职能的完整性。"Eesigned to protect the integrity of government functions"，United States v. Cowan，116 F. 3d 1360，1363（10th Cir. 1997）.

② 冯象：《法盲与版权》，载冯象《政法笔记》，北京大学出版社2012年版，第50页。

③ 例如，有学者认为：一国"是否保护知识产权，对哪些知识赋予知识产权，如何保护知识产权，是一个国家根据现实发展状况和未来发展需要所进行的制度选择和安排"。吴汉东主编：《知识产权制度基础理论研究》，知识产权出版社2009年版，第103页。

一　TRIPS 协定中的知识产权刑事保护条款

（一）　**TRIPS 协定产生的背景**

知识产权国际保护制度产生及发展的重要原因就是在全球范围内寻求统一的知识产权标准，在德霍斯看来，这种"知识产权标准是强加给发展中国家的，是帝国主义扩张和殖民的产物"①。然而，最初的知识产权国际条约仅仅在形式上确立了知识产权标准，在实质上远不能对各国起到约束作用。缔结于 19 世纪末期的《保护工业产权巴黎公约》（*The Paris Convention for the Protection of Industrial Property*）②和《保护文学艺术作品伯尔尼公约》　（*The Berne Convention for the Protection of Literary and Artistic Works*）③致力于就特定知识产权的法律保护提供国际框架，④然而，由于并未规定对不履行条约义务的成员进行制裁的条款，亦没有相应的具有约束力的争端解决机制，⑤这些条约对于解决当时存在的知识产权标准不一致的问题收效甚微。

有鉴于此，发达国家寻求在世界知识产权组织的条约框架内确立更加明确和可执行的知识产权标准。例如，20 世纪 80 年代，《巴黎公约》的缔约国开始了对该条约的修订，发展中国家要求增加有关强制许可任何专利技术的条款，⑥而美国则断然拒绝这一建议，并声称这种规定"无异于

---

①　"Intellectual property standards were historically imposed on developing countries and others as a result of empire-building and colonization." Peter Drahos, "Developing Countries and International Intellectual Property Standard Setting", *The Journal of World Intellectual Property*, Vol. 5, No. 5, 2002, p. 766.

②　以下简称《巴黎公约》。

③　以下简称《伯尔尼公约》。

④　《巴黎公约》和《伯尔尼公约》均由世界知识产权组织（the World Intellectual Property Organization, WIPO）管理，该组织 1971 年取代了以前的国际保护知识产权联合局（the United International Bureau for the Protection of Intellectual Property）。可参见世界知识产权组织管理条约（WIPO- Administered Treaties）, World Intellectual Property Organization, http://www.wipo.int/treaties/en/。

⑤　See Daniel J. Gervais, *The TRIPS Agreement: Drafting History And Analysis*, 4th Revised edition, London: Sweet & Maxwell, 2012.

⑥　Peter Drahos, "Developing Countries and International Intellectual Property Standard-Setting", *The Journal of World Intellectual Property*, Vol. 5, No. 5, 2002, p. 769.

对美国知识产权的直接征用"①。显而易见，对于知识产权的保护，发展中国家寄希望于采取强度更低、更具灵活性的标准，而发达国家则恰恰相反。这种诉求上的根本对立使得在世界知识产权组织的框架内进一步加强知识产权保护，并在全球范围内确立一致性的知识产权标准的努力均以失败告终。

由于对世界知识产权组织及其管理的国际条约不满，美国在 20 世纪 80 年代开始改变其策略。考虑到在《关税及贸易总协定》（The General Agreement on Tariffs and Trade，GATT）中发挥着独一无二的影响力，美国开始将知识产权保护问题作为一项"与贸易有关的"议题连同其解决措施一并纳入了《关税及贸易总协定》的谈判中。1986 年 9 月，《关税及贸易总协定》的缔约国在乌拉圭的埃斯特角城会议中同意将包括假冒商品贸易在内的与贸易有关的知识产权问题作为一项议题纳入即将开启的"乌拉圭回合"的贸易谈判中，至此，知识产权被作为自由贸易的障碍堂而皇之地成为国际贸易问题的一部分。②

《关税及贸易总协定》之所以能够吸引美国等发达国家，主要基于以下几个原因：首先，加入 WTO（World Trade Organization）③ 的诱惑使得 TRIPS 协定成为发展中国家的必然选择。由于"承诺降低贸易壁垒，消除单边贸易制裁"④，发展中国家对 WTO 趋之若鹜，而以美国为首的发达国家通过 TRIPS 协定将有关知识产权的问题纳入其中，并将是否接受 TRIPS 协定作为加入 WTO 的前提条件，发展中国家在权衡利弊之后往往只能就范。其次，"乌拉圭回合"谈判的议事日程允许采用"挂钩谈判"

---

① "Amounted to little more than expropriation of U. S. intellectual property rights." Peter Drahos, "Developing Countries and International Intellectual Property Standard-Setting", *The Journal of World Intellectual Property*, Vol. 5, No. 5, 2002, p. 769.

② Peter Drahos, "Developing Countries and International Intellectual Property Standard-Setting", *The Journal of World Intellectual Property*, Vol. 5, No. 5, 2002, pp. 773-774.

③ 1986 年关税及贸易总协定"乌拉圭回合"谈判启动后，欧共体和加拿大于 1990 年分别正式提出成立世界贸易组织的议案，1994 年 4 月在摩洛哥马拉喀什举行的关税及贸易总协定部长级会议正式决定成立世界贸易组织，1996 年 1 月，世界贸易组织正式取代《关税及贸易总协定》。百度百科"世界贸易组织"词条（http://baike.baidu.com/view/3929.htm? from _ id = 1086735&type = syn&fromtitle = %EF%BC%B7%EF%BC%B4%EF%BC%AF&fr = aladdin）。

④ Paul J. Heald, "Mowing the Playing Field: Addressing Information Distortion and Asymmetry in the TRIPS Game", *Minnesota Law Review*, Vol. 88, No. 2, December 2003, p. 249.

（linkage-bargain）的方式，这与世界知识产权组织的谈判完全专注于知识产权截然不同。① 这就意味着在"乌拉圭回合"谈判中，美国等发达国家能够以知识产权为筹码，在满足药品产业及品牌产品等依赖于知识产权的行业诉求的同时，换取发展中国家在作为其经济支柱的纺织业和农业贸易方面的让步。最后，较之于联合国贸易和发展会议（the United Nations Conference on Trade and Development, UNCTAD），《关税及贸易总协定》显然对发达国家更加有利。联合国贸易和发展会议是联合国有关分析和促进贸易及知识产权的最为重要的议事机构，该议事机构的部分功能是帮助发展中国家就诸如技术转移等符合其需求的知识产权事务展开交涉，然而，发达国家的强烈反对使这些崇高动机胎死腹中。② 评论家注意到联合国贸易和发展会议"发现自己在20世纪80年代被故意边缘化（正如世界贸易组织一样）并成为由美国领导的成功转化谈判策略的受害者"③。

总而言之，虽然已有联合国和世界知识产权组织的相关框架，但由于掣肘于发展中国家的反对，发达国家通过更易操作的手段实现自己在知识产权方面的诉求成为必然选择，而关税及贸易总协定就不可避免地成为可资利用的最佳途径。

（二）前 TRIPS 协定时代国际条约中的知识产权刑事保护条款

TRIPS 协定出台之前，最重要的两个知识产权国际条约，《巴黎公约》和《伯尔尼公约》未包含任何针对侵犯知识产权行为的刑事处罚条款。然而，这些国际条约中包含了一些可由缔约国选择通过其国内的刑事立法来实现对知识产权保护的建议。例如，《巴黎公约》和④《保护奥林匹克

---

① Graham Dutfield, *Intellectual Property Rights and the Life Science Industries: A 20th Century History* (*Globalization and Law*), London: Ashgate Pub Ltd., 2003, p. 198.

② Abdulqawi A. Yusuf, "TRIPS: Background, Principles and General Provisions", in Carlos M. Correa and Abdulqawi A. Yusuf eds., *Intellectual Property and International Trade: The TRIPS Agreement* (Second Edition), Rotterdam: Kluwer Law International, 2008, p. 6.

③ Graham Dutfield, *Intellectual Property Rights and the Life Science Industries: A 20th Century History* (*Globalization and Law*), London: Ashgate Pub Ltd., 2003, p. 199.

④ 《巴黎公约》第6条之三 (1) (a) 规定："本联盟各国同意，对未经主管机关许可，而将本联盟国家的国徽、国旗和其他的国家徽记、各该国用以表明监督和保证的官方标志和检验印章以及从徽章学的观点看来的任何仿制用作商标或商标的组成部分，拒绝注册或使其注册无效，并采取适当措施禁止使用。"原文为："Paris Union countries must prohibit by appropriate measures the use, without authorization by the competent authorities, either as trademarks or as elements of trademarks,

会徽内罗毕条约》（the Nairobi Treaty on the Protection of the Olympic Symbol）① 都要求成员国应当"采取适当措施"禁止特定的使用行为，刑事处罚在理论上能够归入所谓"适当措施"的范畴，亦即在这两部条约中暗含了刑事保护的可能性。而《保护录音制品制作者防止未经许可复制其录音制品公约》（the Convention for the Protection of Producers of Phonograms against Unauthorized Duplication of their Phonograms）更是明确规定了刑事责任的适用，② 这一规定是知识产权国际条约中首次明确提及通过刑事手段保护知识产权。

另外，还有一些规定虽然未被冠以刑事处罚之名，但具有较为明显的刑罚特征。例如，《巴黎公约》第9条规定"对非法标有商标或厂商名称的商品在进口时予以扣押"③。《伯尔尼公约》亦规定："作品的侵权复制品均应予以扣押。"④ 且扣押"应根据各国法律实行"⑤。这两条关于扣押相关侵权商品的规定具有明显的刑罚特征。

综观这些有关刑事处罚条款的规定，缔约国在履行各自义务时具有相当大的灵活性，各国在选择知识产权保护方式这一问题上具有较大的自主

---

of armorial bearings, flags, and other State emblems, of the countries of the Union, official signs and hallmarks indicating control and warranty adopted by them. "

① 《内罗毕条约》第1条规定：本条约成员国"非经国际奥林匹克委员会许可，有义务拒绝以国际奥林匹克委员会宪章规定的奥林匹克会徽组成的或含有该会徽的标志作为商标注册，或使其注册无效；并应采取适当措施禁止出于商业目的以此种标志作为商标或其他标记使用"。原文为："To refuse or to invalidate the registration as a mark and to prohibit by appropriate measures the use, as a mark or other sign, for commercial purposes, of any sign consisting of or containing the Olympic symbol."

② 《保护录音制品制作者防止未经许可复制其录音制品公约》（该公约一般简称为《罗马公约》）第3条规定："各缔约国可以确定实施本公约的方式，其中应包括以下一种或一种以上的方式：通过赋予著作权或其他特别权利的保护；通过有关制止不正当竞争的法律的保护；以及通过刑事制裁的保护。"原文为："The means by which this Convention is implemented shall be a matter for the domestic law of each Contracting State and shall include one or more of the following: protection by means of the grant of a copyright or other specific right; protection by means of the law relating to unfair competition; protection by means of panel sanctions. "

③ "Seizure, on importation, etc. , of goods unlawfully bearing a mark or trademark." 《巴黎公约》第9条。

④ "Infringing copies of a work shall be liable to seizure." 《伯尔尼公约》第16条第1款。

⑤ "Shall take place in accordance with the legislation of each country." 《伯尔尼公约》第16条第3款。

性，虽然刑罚方式已被明确作为一种选择建议提供给各个缔约国，但各国并无义务将这些保护措施转变为其国内法。应当承认，这种现实与 TRIPS 协定产生之前整个知识产权国际保护制度的条约框架是一致的，但知识产权国际条约中出现了具有刑罚特征的条款甚至明确提出刑事保护的建议则是不争的事实。

（三）TRIPS 协定中的刑罚条款分析

由于将知识产权与贸易问题挂钩并纳入 WTO 的谈判框架，发达国家在知识产权保护问题上的话语权空前加强，有关知识产权的执法措施是发达国家关注的一个重要议题。事实上，缺乏有效的执法义务以及假冒商品贸易在全球范围内的激增，正是发达国家推动知识产权的一体保护并将其纳入世界贸易体系的首要原因。[①]《巴黎公约》《伯尔尼公约》以及《罗马公约》中具有刑罚特征的条款以及刑事保护建议的条款无疑是对 TRIPS 协定的有益启示。此外，美国作为 TRIPS 协定的主导者，在这一时期于其国内法中先后加强了对版权和商标权的刑事保护，无疑也将影响其对知识产权刑事保护条款的态度。

在 TRIPS 协定的最终文本中，知识产权执法单独作为一部分列出，内容多达 20 条，而有关保护知识产权的刑事程序规定则相对简单，仅有一条："各成员至少应当对以商业规模故意假冒商标或盗用版权的行为规定可适用的刑事程序与处罚措施。可采取的救济措施应包括能足以起威慑作用的监禁和（或）罚金，其处罚程度须与对严重性相当的罪行所适用的处罚水平相一致。在适当情况下，可采取的救济措施还应包括扣押、没收或销毁侵权货物和在侵权活动中使用的主要原材料与工具。对于侵犯知识产权的其他情况，尤其当此类侵权是故意的并且具有商业规模时，各成员可以规定可适用的刑事程序和处罚措施。"[②]

按照 TRIPS 协定第 41.1 条规定，[③] 包括刑事程序在内的执法措施的目

---

① Correa, *Trade Related Aspects of Intellectual Property Rights—A Commentary on the TRIPS Agreement*, London: Oxford University Press, 2007, p. 409.

② TRIPS 协定第 61 条。

③ TRIPS 协定第 41.1 条："成员应确保其国内法能提供本部分所规定的执法程序，以便能够对任何侵犯本协定所包含的知识产权的行为采取有效措施，包括及时防止侵权的救济措施，以及阻止进一步侵权的救济措施。这些程序的应用应避免对合法贸易造成障碍，并应保障其不被滥用。"

的在于及时防止、威慑侵犯知识产权的行为。这与美国加强对版权及商标权刑事保护的过程中立法机关阐释的立法理由如出一辙。

仔细分析 TRIPS 协定做出的这条有关保护知识产权刑事程序的规定，呈现出如下特点：（1）刑罚适用的对象仅限于"以商业规模故意假冒商标或盗用版权的行为"。在 TRIPS 协定磋商的过程中形成的草案曾提出应将刑罚适用于所有形式的侵犯知识产权行为中，[①] 但最终文本显然放弃了这种做法。对于其他侵犯知识产权的行为，即使其满足了故意及商业规模的要件，也仅仅对成员国给出了引入刑罚条款的建议，而未科以相应的立法义务。（2）刑罚救济措施限于"罚金"和"监禁"，且要求具体的处罚程度须与对严重性相当的罪行所适用的处罚水平相一致，这一规定虽然对成员国选择适当的救济措施提供了基本的标准，但并未就侵犯知识产权的行为给定详细而具体的刑罚制裁措施，而是要求成员国参考与相关侵犯知识产权行为的严重性相当的其他罪行所适用的刑罚准则，这无疑又为成员国的立法留下了空间。（3）规定了扣留、没收或销毁侵权货物和在侵权活动中使用的主要原材料与工具等其他刑罚措施，且施加了"仅在适当情况下"这一限制，这就意味着各个成员国在适用这些救济措施时可通过灵活掌握"适当情形"的具体内涵来决定这些刑罚措施的适用范围。

综合看来，TRIPS 协定第 61 条最重大的意义在于就"以商业规模故意假冒商标或盗用版权的行为"提供了一个国际范围内的刑事处罚最低标准，而 TRIPS 协定亦对"假冒商标货物"[②] 和"盗版货物"[③] 提供了明确的定义。

结合这一组定义，TRIPS 协定就假冒商标和盗用版权的行为提供了较为明确的刑罚标准，而留待各成员自由裁量的空间仅剩下对"故意"和"商业规模"的界定。而 TRIPS 协定的整体原则及知识产权执法部分的基

---

① TRIPS1990 年谈判草案第 24 段，转引自 Henning Grosse Ruse-Khan, *From TRIPS to ACTA: Towards a New "Gold Standard" in Criminal IP Enforcement? Max Planck Institute for Intellectual Property and Competition Law Research Paper*, No. 10-06, p. 5。

② TRIPS 协定第 51 条脚注 14（a）："假冒商标货物"系指任何下列货物（包括包装）：其未经授权而使用的商标与此类货物所适用的有效注册商标完全相同，或者该商标的主要方面无法与有效注册商标相区分，由此侵犯了该注册商标所有人依据进口国法律所享有的权利。

③ TRIPS 协定第 51 条脚注 14（b）："盗版货物"系指任何下列货物：未经权利持有人许可或未经在制造国中已正当得到权利持有人正当授权之人许可而制作的复制品，以及直接或间接用某物品制造的货物，而该物品的制造会侵犯到进口国法律保护的版权或邻接权。

本理念则对各成员进一步理解和确定"故意"及"商业规模"的内涵发挥着潜在影响。根据 TRIPS 协定第 1 条中阐释的总体性原则，各成员有权自主决定在其管辖范围内实施 TRIPS 协定的方式，[①] 而在 TRIPS 协定第 41 条有关知识产权执法的总体性要求中则明确表示对各国执法活动自主性的尊重。[②] 仅从这两条原则性的规定来看，TRIPS 协定充分尊重各成员国的立法及司法活动，赋予其在履行条约义务方面充分的自主决定权。

通过对 TRIPS 协定的产生背景以及 TRIPS 协定产生之前国际条约中的知识产权刑事保护条款的回顾，结合 TRIPS 协定中的具体规定，一个较为明确的事实是美国在 TRIPS 协定的缔结过程中发挥了主导性的作用，而其国内法中有关侵犯版权和侵犯商标权行为的刑罚条款在很大程度上转化为了 TRIPS 协定中有关知识产权执法一节中的刑事程序的内容，无论从刑罚指向的行为类型，还是刑罚的具体内容都清晰地反映出美国法的痕迹。但受制于国际条约本身的性质以及各国之间的争议，有关知识产权保护的刑罚条款仍给各成员国留下了较大的自主空间，美国在知识产权刑事保护方面的诉求并未全部实现，而这也为日后的中美 WTO 争端埋下了伏笔。

二 中美知识产权 WTO 争端中的刑事保护问题

2007 年 4 月 10 日，美国在 WTO 就中国知识产权问题启动了争端解决程序，该案在中美两国的知识产权保护乃至知识产权国际保护制度的历史发展中都具有重大影响，而两国有关知识产权刑事保护问题的争议是该案的主要议题之一。通过对该案中有关刑事保护问题的回溯及其解决过程的考察，结合该争端发生的法律和政治背景，能够对 TRIPS 协定出台之后知识产权刑事保护的全球化获得更加深刻的认识。

（一）中美知识产权 WTO 争端的背景

TRIPS 协定于 1994 年 4 月 15 日由各国代表在摩洛哥的马拉喀什签字，并于 1995 年 1 月 1 日起生效，由同时成立的世界贸易组织管理。1999 年 11 月 15 日，中美两国政府就中国加入 WTO 达成双边协议，大大

---

① TRIPS 协定第 1.1 条第 3 句："各成员国可以自主地在其域内法律制度和实践中确定实施本协议条款的恰当方式。"

② TRIPS 协定第 41.5 条："本部分的规定并不要求成员国为知识产权执法而推行一套不同于一般法律实施的司法制度，也不影响各成员执行其一般法律的能力。本部分的规定亦不要求成员国必须在知识产权执法与一般法律的执行之间分配资源。"

加快了中国加入世界贸易组织的进程。2001 年 11 月 10 日，WTO 多哈会议批准中国为正式成员，2001 年 12 月 11 日，中国正式成为世贸组织成员。加入 WTO 之后，中国要全面执行包括 TRIPS 协定在内的一系列协议。

美国在 WTO 框架内就知识产权问题向中国发难，与两国在近几十年间的经济发展、贸易往来情况密切相关，伴随着中美贸易额的逐年上涨、美国对中国贸易逆差的持续增加，① 美国开始重视知识产权保护在两国贸易中的重要作用，不断强调中国对知识产权的保护不力使得中美之间发生大量不公平贸易，而这是造成美中贸易逆差的根本原因。② 美国对中国知识产权保护状况的批判集中体现于美国贸易代表办公室（The Office of the United States Trade Representative，USTR）每年发布的特别 301 报告③中。美国于 2007 年在 WTO 启动有关中国知识产权问题的争端解决程序，因而 2006 年的特别 301 报告非常值得关注，其内容集中体现了这一时期美国对中国知识产权保护的态度。

在这份特别报告中，中国仍被列入"重点观察国名单"（Priority Watch List），在知识产权保护方面存在下述问题：④（1）侵权水平居高不下。尽管中国政府推行了许多反对盗版的活动，法院审理的知识产权案件数量也大幅上升，但中国整体盗版和假冒水平在 2005 年仍"高得离谱"（unacceptably high），侵犯知识产权的行为继续影响包括电影、音乐、录音制品、出版、商业和娱乐软件、医药、化工、信息技术、服装、运动

---

① 2007 年，中美贸易额达到 3867.5 亿美元，较 2006 年增长 12.8%，美国对中国贸易逆差为 2562.7 亿美元，增长 10.2%，这些数据均由美国商务部统计，参见《中美贸易 2007 年取得新突破》，中国驻美国大使馆经济商务参赞处网站（http：//us. mofcom. gov. cn/article/zxhz/tjsj/200802/20080205389961. shtml）。

② 参见陈福利《中美知识产权 WTO 争端研究》，知识产权出版社 2010 年版，第 54 页。

③ 美国贸易代表办公室的官方网站将特别 301 报告界定为："一份全球知识产权保护和执行情况的年度检阅，该报告反映了（美国）政府在全球范围内促进和维持知识产权保护及执行的决心"（http：//www. ustr. gov/trade-topics/intellectual-property/Special-301）。一般认为，"特别 301 报告"由美国贸易代表办公室牵头起草，汇集了美商务部、农业部、司法部、劳工部、国务院、财政部、海关等部门的意见，同时向企业、驻外使馆、贸易伙伴、国会等征求了意见，代表了美国政府的正式立场。陈福利：《中美知识产权 WTO 争端研究》，知识产权出版社 2010 年版，第 54 页。

④ See The Office of the United States Trade Representative, *2006 Special 301 Report*, http：//www. ustr. gov/archive/assets/Document_ Library/Reports_ Publications/2006/2006_ Special_ 301_ Review/asset_ upload_ file473_ 9336. pdf.

服、纺织品、消费品、电子设备、汽车配件等领域的产品、品牌及技术。来自中国的侵权产品在美国海关查获的侵权产品中所占比重从 2004 年的 63% 上升至 2005 年的 69%，这一数字是任何一个美国贸易伙伴的 10 倍以上。（2）知识产权执法不力。这是中国作为美国贸易伙伴的最大缺陷，权利人认为，中国的知识产权执法水平，特别是在地方层面，受到政府部门和机构协调不力、地方保护主义、腐败、发起刑事案件调查起诉的门槛过高、执法人员培训不足、执法程序不尽充分和透明等因素的影响。受到惯性思维的左右，中国的知识产权执法一直依赖于"没有牙齿的行政执法"（toothless administrative enforcement），刑事救济不足。中国自己提供的 2004 年的相关数据表明超过 99% 的版权和商标案件都通过行政程序解决，只有不足 1% 的案件移交给了警方处理。商标和版权产业指出，过低的行政罚款威慑力不足，结果是侵权者将行政没收与罚金视为从事经营行为的成本。（3）知识产权刑罚条款存在问题。在 2005 年的特别 301 报告中，美国曾承诺将审查中国对 2004 年 12 月发布的有关知识产权刑罚门槛司法解释①的执行是否解决了潜在的问题并在事实上震慑了假冒和盗版行为。通过对现有信息的仔细检查，美国认为刑事责任的高门槛（例如，对发起刑事诉讼施加最低价值或数量的限制）仍然是导致侵犯知识产权行为缺乏有效刑罚威慑的重要原因。通过该司法解释体现出的部分改革远远不够，刑罚门槛如此之高使得相关法律不可能作为起诉众多商业侵权者的依据，尤其是在零售领域。中国在确定侵权数额时对侵权价值而非真品价值的依赖使得情况更加糟糕。据此，中国仍然在为大量的商业侵权者提供法律上的"避风港"（safe harbor），刑事执法部门无法获得有关假冒、盗版来源的有用信息，从而庇护了大量的商业侵权行为。

　　根据美国在 2006 年特别 301 报告中的观点，中国的知识产权保护状况首先表现为现实中的侵权泛滥，并有数据资料提供佐证；究其原因，通过行政执法方式处理的侵权行为比重畸高，且行政执法效果不佳，刑事救济明显不足，这部分的例证来自中国提供的数据；进言之，刑事救济不足的原因在于立法中为刑事责任的承担设置了过高的门槛，且其中对一些关

---

　　① 2004 年 12 月 22 日，最高人民法院和最高人民检察院联合发布《关于办理侵犯知识产权刑事案件具体应用法律若干问题的解释》（法释〔2004〕19 号），对中国《刑法》规定的侵犯知识产权犯罪相关条款中的概念进行了较为详尽的解释。

键概念的界定有误，目的在于故意袒护侵权者。从这种逻辑进路出发，不难看出美国的意图：迫使中国修改《刑法》和相关司法解释，从而达到降低侵犯知识产权行为刑罚门槛、弱化甚至取消行政执法的目的，进而有力遏制侵犯知识产权的行为，从而保护美国的产业利益。这一诉求显然已超越了一般意义上的法律移植倾向，深入变革甚至重塑中国知识产权保护、执法的基本体制和基本法律层面，中国自然不愿让步。

事实上，美国在 2006 年的特别 301 报告中对这种情况已有清醒认识，明确提出："鉴于中国在解决知识产权保护和执法方面固有缺陷的有限进展，美国将进一步考虑 WTO 争端解决机制这一选择。"① 由此，WTO 争端解决机制成为美国实现自身诉求的必然选择。

（二）中美知识产权 WTO 争端中的刑事保护问题及其解决

2007 年 4 月 10 日，美国政府正式向 WTO 争端解决机构（DSB）提出要求与中国政府就知识产权保护及实施的有关措施进行磋商，② 从而拉开了中美知识产权 WTO 争端的序幕。

在这次争端中，有关中国知识产权刑事保护的问题占据了重要地位，美国延续了其在 2006 年特别 301 报告中的态度，将矛头指向中国《刑法》和相关司法解释中有关假冒和盗版等行为适用刑事程序和刑事处罚应当满足的门槛问题。

在美国的磋商请求及两次书面陈述中，对中国有关知识产权保护的刑罚门槛问题的指责集中于中国对基于 TRIPS 协定第 61 条第一句、第二句及第 41.1 条规定所应承担相关义务的违反。③

TRIPS 协定第 61 条第一句和第二句规定："各成员国至少应当对以商业规模故意假冒商标或盗用版权的行径规定可适用的刑事程序与处罚措

---

① "Faced with only limited progress by China in addressing certain deficiencies in IPR protection and enforcement, the United States will step up consideration of its WTO dispute settlement options." The Office of the United States Trade Representative, *2006 Special 301 Report*, http：//www. ustr. gov/archive/assets/Document_ Library/Reports_ Publications/2006/2006_ Special_ 301_ Review/asset_ upload_ file473_ 9336. pdf.

② Two Request for Consultation, Received on April 10, http：//www. wto. org/english/tratop_ e/dispu_ e/cases_ e.

③ China-Measures Affecting the Protection and Enforcement of Intellectual Property Rights, Request for the Establishment of a Panel by the United States, WT/DS362/7, p. 2.

施。可采取的救济措施应包括能足以起威慑作用的监禁和（或）罚金，其处罚程度须与对严重性相当的罪行所适用的处罚水平相一致。"美国在其向 WTO 专家组提供的第一次书面陈述中详细解读了 TRIPS 协定第一句的规定：（1）"应当规定"和"至少"是 TRIPS 协定第 61 条确定的最低标准；① （2）"故意假冒商标或盗版"是该条的义务客体；② （3）具有商业规模是 TRIPS 协定第 61 条的义务限定。③ 在具体的分析过程中，美国不厌其烦，援引了《牛津英语词典》④ 及 TRIPS 协定中的其他规定，⑤ 条分缕析地阐明 TRIPS 协定中有待进一步明确的相关概念的内涵，得出如下结论：（1）各成员国必须对所有具有商业规模的故意假冒商标或盗版案件规定刑事程序和处罚，无须对其他侵权行为作此规定。但仅对具有商业规模的故意假冒商标和盗版的案件中的一部分规定刑事程序和处罚，对其他部分不予规定，则没有履行 TRIPS 协定第 61 条确定的成员国义务；⑥ （2）TRIPS协定第 61 条中的"假冒商标"可被适当地理解为与有效注册的商标相同或其基本特征与有效注册的商标不能区分的商标（包括在交易过程中使用该商标的行为），⑦ "盗版"必须被理解为侵犯了著作权或邻接权（例如表演者和录音制品制作者的权利）的行为；⑧ （3）TRIPS 协定第

---

① China-Measures Affecting the Protection and Enforcement of Intellectual Property Rights, Frist submission of the United States of America, WT/DS362, p. 24.

② Ibid., p. 25.

③ Ibid., p. 27.

④ 例如，美国对"规定"（provide for）和"假冒"（counterfeit）、"规模"（scale）、"商业"（commercial）的阐释均援引了《牛津英语词典》（The New Shorter Oxford English Dictionary 4th ed.），New York：Oxford University Press Inc., 1993. 参见 China-Measures Affecting the Protection and Enforcement of Intellectual Property Rights, Frist submission of the United States of America, WT/DS362, 脚注 67、70、71、75、76、77。

⑤ 例如，美国对"假冒商标"的界定援引了 TRIPS 协定中第 15.1 条有关商标客体最低标准的规定、TRIPS 协定第 16 条有关商标应被授予的权利之规定以及 TRIPS 协定第 51 条脚注 14 中有关"冒牌货物"的界定，China-Measures Affecting the Protection and Enforcement of Intellectual Property Rights, Frist submission of the United States of America, WT/DS362, p. 25.

⑥ China-Measures Affecting the Protection and Enforcement of Intellectual Property Rights, Frist submission of the United States of America, WT/DS362, pp. 24-25.

⑦ Ibid., p. 26.

⑧ Ibid., p. 27.

61 条中的"商业规模"既涵盖侵权者出于营利目的而在市场上实施的商业行为，又包括那些达到一定程度或规模的行为，侵权者的动机或目的则在所不问。①

在明确了 TRIPS 协定中未能完全阐明的各个关键概念的内涵之后，美国将矛头指向了中国《刑法》和相关司法解释中对具有商业规模的故意假冒商标和盗版行为的刑事救济规定。具体而言，以下罪名中的刑事门槛存在问题：（1）"假冒注册商标罪"；（2）"销售假冒注册商标商品罪"；（3）"制造、销售假冒注册商标标识罪"；（4）"侵犯著作权罪"；（5）"销售侵权复制品罪"。根据中国的《刑法》和最高人民法院、最高人民检察院《关于办理侵犯知识产权刑事案件具体应用法律若干问题的解释》（以下简称《2004 年司法解释》）以及最高人民法院、最高人民检察院《关于办理侵犯知识产权刑事案件具体应用法律若干问题的解释（二）》（以下简称《2007 年司法解释》）的规定，构成这些罪名需达到"非法经营数额""违法所得""销售金额""侵权品数量"的相关数量门槛，② 而对相关数量门槛的计算方法则与美国的理解有重大分歧，③ 按照

---

① China-Measures Affecting the Protection and Enforcement of Intellectual Property Rights, Frist submission of the United States of America, WT/DS362, p. 28.

② 构成假冒商标罪须满足"非法经营额"在 50000 元以上或"违法所得"在 30000 元以上的要求；构成"销售假冒注册商标商品罪"则应满足"销售金额"在 50000 元以上的要求；构成"制造、销售假冒的注册商标商品罪"应满足"非法经营数额"在 50000 元以上或"违法所得"在 30000 元以上或"侵权品数量"在 20000 件以上的要求；构成"侵犯著作权罪"应满足"非法经营数额"在 50000 元以上，"违法所得"在 30000 元以上，"侵权品数量"在 500 张以上；构成"销售侵权复制品罪"须满足违法所得在 100000 元以上的要求。参见《刑法》第 213—218 条，《2004 年司法解释》第 1—6 条，《2007 年司法解释》第 1 条。

③ 例如，《2004 年司法解释》第 12 条规定，构成假冒注册商标罪的"非法经营数额"是指"行为人在实施侵犯知识产权行为过程中，制造、储存、运输、销售侵权产品的价值。已销售的侵权产品的价值，按照实际销售的价格计算。制造、储存、运输和未销售的侵权产品的价值，按照标价或者已经查清的侵权产品的实际销售平均价格计算。侵权产品没有标价或者无法查清其实际销售价格的，按照被侵权产品的市场中间价格计算"。美国认为这种计算方法不是采用与侵权产品相竞争的合法产品的价值，而是基于侵权品廉价出售的价格计算，这就使得在中国的知识产权侵权人可以相对从容地从事假冒商标的活动而不用担心触犯刑事法律、承担相关刑事责任。China-Measures Affecting the Protection and Enforcement of Intellectual Property Rights, Frist submission of the United States of America, WT/DS362, pp. 30-31.

这种计算方法确定的数量门槛，在实践中使得大量具有商业规模的假冒商标和盗版行为被排除在刑事程序和刑事处罚之外，而这造成了对TRIPS协定确定的"商业规模"之内涵的实质性违反。

据此，美国认为中国对许多具有商业规模的故意假冒商标和盗版的行为没有规定刑事救济，为侵犯知识产权的行为提供了"避风港"，中国的刑事门槛与其在TRIPS协定第61条第二句项下承担的"可采取的救济措施应包括能足以起威慑作用的监禁和（或）罚金……"这一义务不符。[①]

美国进一步指出，根据TRIPS协定第41.1条规定，[②] 中国应当承担在其国内法中将TRIPS协定第三部分所要求的执法程序加以体现的义务，而TRIPS协定第61条是第三部分的内容，中国未能就所有具有商业规模的故意假冒商标和盗版的行为提供刑事救济即违反了TRIPS协定第61条的规定，进而违反了TRIPS协定第41.1条为成员设定的义务。[③]

美国提交其第一次书面陈述报告之后，经过一系列激烈的开庭辩论和书面陈述，[④] 专家组于2008年11月13日向中美双方发放了本案的最终专家组报告。中美双方的几次辩论和书面报告都围绕美国在第一次书面报告中的指控展开，其核心问题在于对"商业规模"的界定，"具有商业规模"是TRIPS协定第61条第一句有关义务的主要标准，该条要求WTO成员有义务对达到"商业规模"的故意假冒和盗版的行为给予刑事处罚，但对何种故意假冒和盗版行为才构成"商业规模"，从而形成WTO成员的法定义务，则并不明确。按照美国在其指控中的逻辑进路，只有证成其有关"商业规模"既"涵盖侵权者出于营利目的而在市场上实施的商业

---

① China-Measures Affecting the Protection and Enforcement of Intellectual Property Rights, Frist submission of the United States of America, WT/DS362, p. 45.

② TRIPS协定第41.1条第一句："成员国应确保其国内法能提供本部分所规定的执法程序，以便能够对任何侵犯本协定所包含的知识产权的行为采取有效措施，包括及时防止侵权的救济措施，以及阻止进一步侵权的救济措施。"

③ China-Measures Affecting the Protection and Enforcement of Intellectual Property Rights, Frist submission of the United States of America, WT/DS362, pp. 45—46.

④ 中国于2008年3月12日提交了第一次书面陈述报告，2008年4月14—16日，专家组召集中美双方在日内瓦WTO总部举行了第一次听证会，本次听证会之后，中美两国于2008年5月27日向专家组提交了各自的第二次书面陈述报告，随后专家组又召集中美双方于2008年6月18—19日召开第二次听证会。

行为，又包括那些达到一定程度或规模的行为，侵权者的动机或目的则在所不问"① 的说法，才能推导出中国就以商业规模故意假冒商标或盗版行为规定的刑事救济门槛与 TRIPS 协定的规定不符，进而违反了 TRIPS 协定第 61 条及 41.1 条为成员设定的义务。

专家组的最终报告并未采纳美国对"商业规模"的界定，而是认为："'商业规模'是典型或通常商业活动的数量或规模。因此，'具有商业规模'的假冒商标或盗版指的是在特定市场中，针对特定产品，以典型或通常商业活动的数量或规模进行的假冒商标或盗版。这种特定市场、特定产品典型或通常商业活动的数量或规模构成了一个基准，可以用于审查第 61 条第 1 句的义务。进而，在特定市场中，什么构成针对特定商品假冒商标或盗版的商业规模，取决于在该特定市场中针对该特定商品的典型或通常数量或规模，这一数量或规模可大可小。在较长时间内，典型或通常商业活动的数量或规模，涉及其收益性。"②

专家组就"商业规模"给出的裁决答案表明，"商业规模"与某个 WTO 成员方国内市场和商业环境密切相关，在 TRIPS 协定第 61 条中不存在有关"商业规模"的绝对、单一、明确的标准内涵，亦即"商业规模"要放在不同市场中进行考量，因市场不同，其表现形式也不相同。这一论断从根本上否定了美国有关"商业规模"的说法，导致其进一步的论证毫无说服力，专家组的最终报告没有支持美国有关中国知识产权刑事保护门槛问题的指控。

（三）中美 WTO 知识产权争端中刑事保护问题的争论及影响

中美 WTO 知识产权争端中有关中国的知识产权刑事保护门槛问题的争议随着 WTO 专家组的一纸裁决而告一段落，中国现行的刑事门槛得以维系，美国旨在挑战中国基本法律的图谋以失败而告终。③

但在争端解决过程中针对核心问题"商业规模"的界定，WTO 各成员国提供了丰富的第三方意见供专家组参考，各国对"商业规模"的争论显示出国际环境下各国在知识产权保护中的政策取向和价值选择，而专

---

① China-Measures Affecting the Protection and Enforcement of Intellectual Property Rights, Frist submission of the United States of America, WT/DS362, p. 28.

② Ibid., p. 116.

③ 陈福利：《中美知识产权 WTO 争端研究》，知识产权出版社 2010 年版，第 302 页。

家组的最终裁断结果则促使以美国为首的一众发达国家在包括刑事门槛在内的知识产权保护问题上筹划新的蓝图。

WTO 专家组在对"商业规模"问题进行考察时，充分考虑了 WTO 成员方提供的如下第三方意见。

阿根廷认为："中国的措施并未违反 TRIPS 协定第 61 条的规定，因为根据 TRIPS 协定第 1.1 条的规定，中国享有以与其现有法律和管理体系相协调的方式履行有关实施规定的自由。"①

澳大利亚认为："'商业规模'涵盖了在一成员国境内，对权利所有人应有的经济利益造成不利影响的任何或相关假冒商标和盗版的行为。'规模'一词的通常含义含有进行相对性评估的意思。个案是否具有商业规模只能根据所有有关情况（包括数字技术的潜在影响），在个案中进行具体考察。这可能包括对侵权人并无经济利益的侵权活动，因为存在于数字网络中的侵权物品仍然对权利人有实质性的不利影响。"②

巴西认为："'商业规模'是对'数量'和获取经济利益的意图之结合，对它的解释必须同时考察这两个词语的意义。因此，TRIPS 协定建立了两个层面的最低标准，要求成员国至少应对涉及营利目的和大量侵权货物的故意假冒商标和侵犯版权的行为规定刑事程序和处罚。"③

---

①　"Argentina argues that China's measures do not appear to be inconsistent with Article 61 of the TRIPS Agreement, as Article 1.1 provided China with the flexibility to implement enforcement provisions in a way compatible with its existing constitutional and regulatory framework." China-Measures Affecting the Protection and Enforcement of Intellectual Property Rights, Report of the Panel, WT/DS362/R, p. 98.

②　"Australia argues that 'commercial scale' encompasses any act or series of acts of trademark counterfeiting or copyright piracy that adversely affects the financial rewards available to a right holder within a Member territory and that the ordinary meaning of the word 'scale' incorporates the notion of a comparative assessment. Whether an individual case is on a commercial scale can only be determined case-by-case, taking account of all relevant circumstances, including the potential impact of digitally-based technologies. This can include infringement activities with no financial advantage for the infringer, which nevertheless have substantial prejudicial impact on the right holder because of the availability of infringing material on digital networks." China-Measures Affecting the Protection and Enforcement of Intellectual Property Rights, Report of the Panel, WT/DS362/R, p. 98.

③　"Brazil argues that an interpretation of 'commercial scale' must give meaning to both terms in this expression, which combine 'order of magnitude' with the purpose of obtaining financial gains. Therefore, Brazil considers that Article 61 establishes a two-pronged minimum standard that requires Members to

　　加拿大认为："中国的主管部门在很多涉及故意假冒商标和盗版的案件中未能适用刑事处罚，原因在于中国的刑事门槛武断、畸高且僵化。'商业规模'这一概念包含不同要素，其所涉及的不只是工业生产，还涵盖足以构成营利或进行规模交易的故意假冒商标和盗版的案件。这一审查涉及对行为的定性，须在个案中行使自由裁量权，如果假冒产品的数量很小则可能不符合'商业规模'的定义，但故意复制数百件（正品）价值数千美元的盗版产品，无论以何种客观标准考察，都是具有商业规模的侵权行为。"①

　　欧盟认为："TRIPS 协定第 61 条单独列出了两类侵权行为，因为其特别可能侵害权利人利益，'具有商业规模'必须涵盖所有涉及交易或营利并特别可能对权利人造成侵害的活动。侵权数量的门槛本身不足以涵盖专业组织或系统性合作的各个方面，为了涵盖所有具有商业规模的侵权行为，刑事执法机关必须考虑额外因素，例如，商业组织的活动具有营利倾向。由于 TRIPS 协定第 61 条规定了相关刑事程序和处罚'应被适用'，则成员国不仅要将有关行为界定为犯罪，还需对之发起刑事诉讼程序。"②

---

provide for criminal procedures and penalties at least for willful trademark and copyright infringements that involve profit-seeking motivation and significant amounts of infringing goods. " China-Measures Affecting the Protection and Enforcement of Intellectual Property Rights, Report of the Panel, WT/DS362/R, p. 99.

①　"Canada argues that China's authorities are precluded from applying criminal sanctions in many cases of willful trademark counterfeiting or copyright piracy on a commercial scale because China's thresholds are arbitrary, too high and inflexible. The concept of 'commercial scale' includes different factors. It relates to more than just industrial production and includes cases of willful trademark counterfeiting and copyright piracy undertaken on sufficient scale to constitute the pursuit of profit or the carrying out of a business. This is a qualitative test and requires discretion in order to consider the circumstances of a given case. While negligible volumes of counterfeit would probably not qualify, the willful reproduction of hundreds of pirated copies for the equivalent value of thousands of dollars in sales revenue would, by any objective measure, be infringing on a commercial scale. " China-Measures Affecting the Protection and Enforcement of Intellectual Property Rights, Report of the Panel, WT/DS362/R, p. 99.

②　"The European Communities argues that Article 61 singles out two types of infringements because they have a particular potential of harming right holders. Therefore, 'on a commercial scale' must comprise all activities with a particular potential for harm which results from them pertaining to a business or profit generation. Quantitative thresholds alone are not enough to capture aspects of professional organization or systematic cooperation. In order to capture all infringements on a commercial scale, criminal enforcement authorities

日本认为："数量门槛能够确认许多具有'商业规模'的假冒商标行为，但是并不能涵盖因为某些额外条件而具有'商业规模'的价值低或数量小的假冒行为，例如具有专业组织分工或动辄重犯的行为。仅仅对'商业规模'的量化并不能涵盖所有具有商业规模的假冒情形，必须考虑额外的定性因素，从而考察某一行为是否具有前述专业组织分工等特点。"①

韩国认为："中国的刑事门槛任意地将某些知识产权犯罪排除于刑事处罚的可能性之外，因此违反了 TRIPS 协定。'商业规模'代表了某种程度的数量，达到相关数量是通过开展或维持规模或大或小的商业活动，以某种系统性合作的方式通过侵犯知识产权的行为获得经济利益。因此，任何人通过侵犯知识产权从事商业活动并实现经济利益，无论其涉案金额大小，都应被视为具有'商业规模'的侵犯知识产权行为。"②

墨西哥认为："'商业规模'这一概念涵盖的活动，其程度应高于并非以营利为目的的随意或偶然的侵权。在这种情况下，'规模'一词并不

---

must be able to take into account additional factors such as indications of business organization or profit orientation of an activity. The European Communities further argues that, because it provides for criminal procedures and penalties 'to be applied', the first sentence of Article 61 obliges Members not just to criminalize, but also to prosecute the activities mentioned therein." China-Measures Affecting the Protection and Enforcement of Intellectual Property Rights, Report of the Panel, WT/DS362/R, p. 99.

① "Japan argues that while quantitative thresholds could identify many instances of 'commercial scale' counterfeiting they would not capture counterfeiting activities of limited value or smaller quantities which are on a 'commercial scale' due to additional circumstances, such as their professional organization or easy repetition. Mere quantification of 'commercial scale' does not capture all instances of commercial scale counterfeiting, and additional qualitative elements need to be taken into account in order to consider such organizational characteristics of an activity." China - Measures Affecting the Protection and Enforcement of Intellectual Property Rights, Report of the Panel, WT/DS362/R, p. 99.

② "Korea argues that China's thresholds arbitrarily carve out certain IPR crimes from the possibility of criminal sanction and are therefore inconsistent with the TRIPS Agreement. 'Commercial scale' represents a level of magnitude that is realized by operating or maintaining a business activity, large or small, for the purpose of gaining financial return through IPR infringement in a somewhat systematic fashion. Therefore, anybody engaging in a business activity by infringing IPRs and realizing a financial return, regardless of the alleged amount at issue, should be regarded as violating IPRs on a 'commercial scale'." China-Measures Affecting the Protection and Enforcement of Intellectual Property Rights, Report of the Panel, WT/DS362/R, pp. 99-100.

必然限于数量条件，也可能涉及对行为的定性。小规模的活动如果构成侵权链条的一部分，也是'明显有意义的'。"①

中国台北单独关税区认为："'商业规模'是一个抽象的法律概念，涉及一国国内环境的诸多因素，例如被侵犯的权利性质、市场中的价值和价格、行为的动机和目的、侵权方式及规模、造成的损害、获得的利润、文化背景、现代科技和生活标准的提高等，都需要在个案中考察。"②

泰国认为："由于 TRIPS 协定没有对'商业规模'进行定义，这说明其本身就具有灵活性的，认识到了成员国法律体系各不相同，各个成员国可以采取其认为适当的解释方法。"③

综合考察各国提供的第三方意见，基本上可以分为针锋相对的两个派别：澳大利亚、加拿大、欧盟、墨西哥、日本、韩国等国家和地区倾向于支持美国的主张，即"商业规模"并非仅关乎数量，而是与行为性质的认定有密切关系，如果具体的行为能够定性，甚至可以不考虑数量问题，径直认定其具有"商业规模"；而巴西、泰国则认同中国的说法，表示 TRIPS 仅对假冒商标和盗版的行为规定了刑事处罚与程序的最低标准，并未设定明确且统一的标准，成员国享有进一步确立具体标准的自由。稍加

---

① "Mexico submits that the concept of 'commercial scale' encompasses activities that go beyond casual or occasional infringements that are not made for the purpose of generating revenue. In that context, the word 'scale' is not necessarily bound to conditions of magnitude, but alternatively to that of quality. Mexico further submits that small scale activity is 'clearly meaningful' as it contributes to the chain of infringement." China-Measures Affecting the Protection and Enforcement of Intellectual Property Rights, Report of the Panel, WT/DS362/R, p. 100.

② "Chinese Taipei submits that 'commercial scale' is an abstract legal concept that involves multiple factors of local circumstances, such as nature of the infringed rights, value and price in the market, motive and purpose of act, method and scale of infringement, damage caused, profit gained, cultural background, advancement of modern technology and living standards, that need to be considered on a case-by-case basis." China-Measures Affecting the Protection and Enforcement of Intellectual Property Rights, Report of the Panel, WT/DS362/R, p. 100.

③ "Thailand argues that, as there is no definition of 'commercial scale' in the TRIPS Agreement, this constitutes a built-in flexibility recognizing the different legal systems of Members. Every Member can adopt the interpretation it deems appropriate." China-Measures Affecting the Protection and Enforcement of Intellectual Property Rights, Report of the Panel, WT/DS362/R, p. 100.

分析即可发现，支持美国的第三方多为发达国家和地区，在政治、经济等方面与美国互为盟友，在知识产权保护问题上的态度也受到美国主导，因此其提供的第三方意见自然极力向美国示好；而支持中国的第三方在数量上处于绝对劣势，且与中国同为正在全力发展经济的发展中国家，与美国在知识产权保护方面的利益诉求并不一致。

回顾美国在中美 WTO 知识产权争端中的诉求，联系其国内法有关知识产权刑事保护条款的变化，可以发现美国在国际法层面意图将其国内法的规定通过国际公约演变为其他国家的国内法，甚至某些要求已然超越了其国内法对知识产权的保护强度。这种努力其实在 WTO 争端之前即已展开，1992 年 12 月美国同加拿大、墨西哥签署了《北美自由贸易协定》（North American Free Trade Agreement，NAFTA），在第 1717 条规定了知识产权的刑事保护条款，该规定与 TRIPS 协定第 61 条几乎完全一致。① 在缔结《北美自由贸易协定》之后，美国成功地将有关知识产权刑事保护的条款全盘移植到 TRIPS 协定之中，但在一众发展中国家与美国在知识产权保护方面存在较大分歧的情况下，美国在知识产权国际保护中的影响力似乎也已经发挥到了极致。面对中国等发展中国家在国际贸易中对美国产生的威胁，国内利益团体在知识产权国际保护方面的诉求促使美国寻求超

---

① North American Free Trade Agreement，"Article 1717：Criminal Procedures and Penalties 1. Each Party shall provide criminal procedures and penalties to be applied at least in cases of willful trademark counterfeiting or copyright piracy on a commercial scale. Each Party shall provide that penalties available include imprisonment or monetary fines，or both，sufficient to provide a deterrent，consistent with the level of penalties applied for crimes of a corresponding gravity. 2. Each Party shall provide that，in appropriate cases，its judicial authorities may order the seizure，forfeiture and destruction of infringing goods and of any materials and implements the predominant use of which has been in the commission of the offense. 3. A Party may provide criminal procedures and penalties to be applied in cases of infringement of intellectual property rights，other than those in paragraph 1，where they are committed willful ly and on a commercial scale."《北美自由贸易协定》第 1717 条规定："（1）各成员国至少应当对以商业规模故意假冒商标或盗版的案件规定可适用的刑事程序和处罚措施。可采取的措施应包括能足以引起威慑作用的监禁和（或）罚金，其处罚程度须与对严重性相当的罪行所适用的处罚水平相一致。应提供用于至少在蓄意假冒商标或盗版的商业规模的案件的刑事程序和处罚。（2）各成员国应规定，在适当情况下，司法机关可以责令扣押、没收和销毁侵权物品以及在侵权活动中使用的主要原材料与工具。（3）对于侵犯知识产权的其他情况，尤其当此类侵权是故意的并具有商业规模时，各成员国可以规定可适用的刑事程序和处罚措施。"

TRIPS 协定的知识产权保护和执法措施，在无力推进修改 TRIPS 协定的情况下，借助 WTO 争端解决程序，通过专家组的裁决将超 TRIPS 协定的知识产权保护和执法措施变成具有操作性的国际条约"解释"，进而发生约束中国及其他成员的效力，从而推动这些成员修改其本国或本地区相关法律，满足美国的诉求。由于美国的解释路径实在不具有说服力，专家组最终并未支持美国的指控。

虽然美国的这一如意算盘落空，但其在国际层面寻求超越 TRIPS 协定包括强化刑事保护在内的知识产权保护和执法措施的总体目标不会变化，只是其开始调整策略，不让 TRIPS 协定的框架成为束缚其手脚的牢笼，只有摆脱 WTO 的羁绊，才有可能在国际法层面获得对美国及其盟友更为有利的知识产权保护规则。因此，美国开始寻求制定新的地区性多边协定，借助经济优势和政治地位逐步推进知识产权保护和执法措施的强化，这一策略转向与美国当年抛弃世界知识产权组织的条约框架在 WTO 另起炉灶的做法如出一辙。

第三节　趋势：知识产权刑事保护的进一步加强

中美 WTO 知识产权争端随着专家组的一纸裁决而尘埃落定，美国只能转变其策略，寻求在新的多边协定中实现其超 TRIPS 协定的知识产权保护和执法措施国际化的意图。为了避免争议，最大限度地保证其诉求的实现，美国在其主导的新的与知识产权保护有关的多边协定制定及谈判过程中显得更加谨慎，从缔约国的筛选到谈判过程的秘密性以及谈判议题的针对性等方面都做了精心安排，而最终推出的相关多边协定则极好地体现了美国在国际层面加强知识产权保护和执法措施的态度与决心。

一　ACTA 中的知识产权刑事保护条款

美国在试图通过 WTO 争端解决程序实现其在国际层面加强知识产权保护和执法措施诉求的同时，也一直在推进其他地区性多边协定的制定和谈判，意图在 TRIPS 协定之外确定新的知识产权国际保护规则，反假冒贸易协定（Anti-Counterfeiting Trade Agreement，ACTA）就是这一做法的产物。ACTA 的谈判始于 2004 年 5 月举行的第一届全球反假冒会议（Global Congress on Combating Counterfeiting），经过一系列并不透明的磋商和谈判程序，由八国集团①主导的谈判方于 2010 年 12 月 3 日公布了协定的认证（verification）文本。

ACTA 共有 6 章 35 条，知识产权执法的法律框架一章是最重要的内容，该部分有关知识产权刑事保护的条款一方面具体化了 TRIPS 协定的相关规定，另一方面超越了 TRIPS 协定确立的有关标准。

（一）ACTA 对 TRIPS 协定相关规定的具体化

TRIPS 协定仅在第 61 条规定了侵犯知识产权的行为应当适用的刑事程序和处罚措施，对许多细节问题并未做出具体界定，而 ACTA 则在实质意义具体化了这些失之笼统的规定。

1. 确定"假冒商标"行为的内涵

ACTA 第 23 条第 2 款的规定："各缔约方应规定，刑事程序和刑事处罚适用于在贸易过程中达到商业规模的故意进口及在本国内使用以下标签或包装的案件：（a）未经授权而采用与其领土内注册的商标相同或无法区分的标志的标签或包装；及（b）意图在贸易过程中用于与所注册商标的货品或服务相同的货品或相关服务上的标签或包装。"②据此，在 TRIPS 协定中没有界定的"假冒商标"行为被定义为在贸易过程中使用或意图使用与注册商标相同或相近似的标签或包装的行为。

2. 明确将帮助、教唆行为列入刑罚范围

ACTA 第 23 条第 4 款规定："对于本条中规定的缔约方采取刑事程序和刑事处罚的犯罪行为，该缔约方应确保其本国法律中规定有帮

---

① 八国集团是指由英国、法国、德国、美国、日本、俄罗斯、意大利和加拿大八个国家组成的现今世界八大工业领袖国联盟。但在 2014 年，俄罗斯的会籍因克里米亚危机而被其他会员国暂时冻结。参见维基百科"八国集团"词条（http：//zh. wikipedia. org/wiki/%E5%85%AB%E5%9C%8B%E9%9B%86%E5%9C%98）。

② "Each Party shall provide for criminal procedures and penalties to be applied in cases of willful importation and domestic use, in the course of trade and on a commercial scale, of labels or packaging: （a）to which a mark has been applied without authorization which is identical to, or cannot be distinguished from, a trademark registered in its territory; and （b）which are intended to be used in the course of trade on goods or in relation to services which are identical to goods or services for which such trademark is registered. " Anti-Counterfeiting Trade Agreement ACTA Article 23：2.

助和教唆的刑事责任。"① TRIPS 协定中并未明确将相关的犯罪形态列入刑事程序及处罚的范畴，而帮助和教唆是知识产权共同侵权中常见的行为样态，在 ACTA 中将帮助和教唆行为明确列入刑罚范围显得顺理成章。

3. 明确了知识产权犯罪的主体应包括自然人和法人

ACTA 第 23 条第 5 款规定："各缔约方应视情况需要，采纳与其法律原则一致的措施，规定法人触犯本条所提及的缔约方采取刑事程序和刑事处罚的罪行须承担的责任，其中可能包括刑事责任。此责任不应影响到触犯刑法的自然人所须承担的刑事责任。"由此，在 TRIPS 协定中未被明确的犯罪主体问题得以确认。

（二） ACTA 对 TRIPS 协定有关标准的超越

ACTA 对 TRIPS 协定中相关规定的具体化主要针对刑事程序和处罚措施的细节问题，实际上属于 TRIPS 协定题中应有之义，并无太多具有争议的内容，而 ACTA 的刑事执法措施中超越 TRIPS 协定相关标准的规定实际上才是美国等缔约国力求实现的真正意图。

1. 通过对"商业规模"的界定降低刑事保护的门槛

ACTA 第 23 条第 1 款规定："各缔约方应规定刑事程序和刑事处罚，至少适用于达到商业规模的故意假冒商标或盗用版权或相关权的案件。就本节而言，达到商业规模的行为至少包括为直接或间接的经济或商业利益而实施的商业活动。"② 这一有关"商业规模"的界定，极度淡化了"规模"的要求，任何具有商业性质的行为都应当被纳入刑事程序和处罚的范畴。TRIPS 协定中未被明确的"商业规模"被重新定义，这一定义与美国在 WTO 中美知识产权争端中提及的商业规模"既涵盖侵权者出于营利目的而在市场上实施的商业行为，又包括那些达到一定程度或规模的行为，

---

① "With respect to the offences specified in this Article for which a Party provides criminal procedures and penalties, that Party shall ensure that criminal liability for aiding and abetting is available under its law." Anti-Counterfeiting Trade Agreement ACTA Article 23: 4.

② "Each Party shall provide for criminal procedures and penalties to be applied at least in cases of willful trademark counterfeiting or copyright or related rights piracy on a commercial scale. For the purposes of this Section, acts carried out on a commercial scale include at least those carried out as commercial activities for direct or indirect economic or commercial advantage." Anti-Counterfeiting Trade Agreement ACTA Article 23: 1.

侵权者的动机或目的则在所不问"① 的说法基本一致，实现了对假冒商标和盗版行为适用刑事程序和处罚措施的"零起刑点"，知识产权刑事保护的数量门槛实际上已不存在。而 ACTA 对"商业规模"的阐释也与 WTO 中美知识产权争端中专家组的最终裁决意见相悖。

此外，ACTA 脚注9标明："各缔约方应把达到商业规模的故意进口或出口假冒商标货品或盗版货品的活动作为本条规定的刑事处罚下的违法行为。缔约方可通过把达到商业规模的分销、销售或者许诺销售假冒商标或盗版货品行为规定为由刑事处罚的违法行为而体现对进、出口盗版货品或假冒商标货品的义务。"② 该脚注系对第23条第1款中"商业规模"的注释，这就意味着 ACTA 将 TRIPS 协定中未加界定的包括进口、出口、分销、销售及许诺销售在内的有关假冒商标和盗版的商业行为各个环节都纳入刑事程序和处罚的范畴，进一步说明了以美国为首的缔约国通过 ACTA 实现知识产权刑事保护"零起刑点"的意图。

2. 扩大了主管机关扣押、没收和销毁措施的适用对象

ACTA 第25条第1款规定："对于缔约方采取刑事程序和刑事处罚的第23条（刑事犯罪）第1、2、3、4款所述罪行，该缔约方应规定其主管机关有权责令扣押涉嫌假冒商标的货品和盗版货品、任何用于实施被控罪行的相关材料和工具、与被控罪行相关的文书证据、来自被控的侵权行为或直接、间接通过被控的侵权行为获得的资产。"③ 第25条第4款规定："对于缔约方采取刑事程序和刑事处罚的第23条（刑事犯罪）第1、2、3、4款所述

① China-Measures Affecting the Protection and Enforcement of Intellectual Property Rights, Frist submission of the United States of America, WT/DS362, p. 28.

② "Each Party shall treat willful importation or exportation of counterfeit trademark goods or pirated copyright goods on a commercial scale as unlawful activities subject to criminal penalties under this Article. A Party may comply with its obligation relating to importation and exportation of counterfeit trademark goods or pirated copyright goods by providing for distribution, sale or offer for sale of such goods on a commercial scale as unlawful activities subject to criminal penalties." Anti-Counterfeiting Trade Agreement ACTA Footnote 9.

③ "With respect to the offences specified in paragraphs 1, 2, 3, and 4 of Article 23 (Criminal Offences) for which a Party provides criminal procedures and penalties, that Party shall provide that its competent authorities have the authority to order the seizure of suspected counterfeit trademark goods or pirated copyright goods, any related materials and implements used in the commission of the alleged offence, documentary evidence relevant to the alleged offence, and the assets derived from, or obtained directly or indirectly through, the alleged infringing activity." Anti-Counterfeiting Trade Agreement ACTA Article 25: 1.

罪行，该缔约方应规定其主管机关有权下令没收或销毁主要用于制造假冒商标货品或盗版货品的材料和工具，以及至少就严重犯罪而言，没收或销毁来自侵权行为或通过侵权行为直接或间接获得的资产。各缔约方应确保这些材料、工具的销毁或资产的没收是在不给予侵权人任何类型的赔偿下进行的。"① 第 25 条第 5 款规定："对于缔约方采取刑事程序和刑事处罚的第 23 条（刑事犯罪）第 1、2、3、4 款所述罪行，该缔约方可规定其司法机关有权下令：（a）扣押与来自被控的侵权行为或通过被控的侵权行为直接或间接获得的资产价值相当的资产；及（b）没收与来自被控的侵权行为或通过被控的侵权行为直接或间接获得的资产价值相当的资产。"②

较之于 TRIPS 协定第 61 条规定的"在适当情况下，可采取的救济措施还应包括扣押、没收或销毁侵权货物和在侵权活动中使用的主要原材料与工具"③ 的规定，上述三款规定构建了有关扣押、没收及销毁侵权货物、用于实施侵权行为的主要材料及工具等刑事救济措施的更为完整和严密的制度体系，且增加了这些刑事措施的适用对象。就扣押而言，其对象增加了"与被控罪行相关的文书证据"；对于"来自侵权行为或通过侵权行为直接或间接获得的资产"，主管机关亦可扣押、没收或销毁，但 ACTA 并未明确"直接或间接获得的资产"这一概念的具体范畴，这就给

---

① "With respect to the offences specified in paragraphs 1, 2, 3, and 4 of Article 23 (Criminal Offences) for which a Party provides criminal procedures and penalties, that Party shall provide that its competent authorities have the authority to order the forfeiture or destruction of materials and implements predominantly used in the creation of counterfeit trademark goods or pirated copyright goods and, at least for serious offences, of the assets derived from, or obtained directly or indirectly through, the infringing activity. Each Party shall ensure that the forfeiture or destruction of such materials, implements, or assets shall occur without compensation of any sort to the infringer." Anti-Counterfeiting Trade Agreement ACTA Article 25: 4.

② "With respect to the offences specified in paragraphs 1, 2, 3, and 4 of Article 23 (Criminal Offences) for which a Party provides criminal procedures and penalties, that Party may provide that its judicial authorities have the authority to order: (a) the seizure of assets the value of which corresponds to that of the assets derived from, or obtained directly or indirectly through, the allegedly infringing activity; and (b) the forfeiture of assets the value of which corresponds to that of the assets derived from, or obtained directly or indirectly through, the infringing activity." Anti-Counterfeiting Trade Agreement ACTA Article 25: 5.

③ "In appropriate cases, remedies available shall also include the seizure, forfeiture and destruction of the infringing goods and of any materials and implements the predominant use of which has been in the commission of the offence." TRIPS 协定第 61 条第三句。

予主管机关极大的权力，使得刑事处罚的力度更强，从执法措施的角度加强了对侵犯知识产权行为的刑事保护水平。

ACTA 中有关知识产权刑事执法措施的规定具体化了 TRIPS 协定第 61 条的规定，在制度体系上显得更加严谨和规范，同时通过对"商业规模"的阐述，实现了美国在 WTO 中美知识产权争端中未能达到的诉求，使得对假冒商标和盗版行为可以适用"零起刑点"，知识产权刑事保护的数量门槛被架空。可以说，由于缔约国均为美国在政治、经济等领域的盟友，ACTA 的规定充分反映了美国在知识产权国际保护中的利益诉求。

二 TPP 与 TTIP 及 CETA 中的知识产权刑事保护条款

2011 年 10 月，ACTA 的缔约方在日本东京签署了该协定。不出意料的是，ACTA 发展中国家对 ACTA 明确表示质疑，谴责其制定过程中的不透明，更令各缔约方始料未及的是，ACTA 在发达国家，特别是在欧盟同样遭到了激烈的反对，三大欧洲议会委员会[①]对 ACTA 投出了反对票，[②] 而欧洲议会更是在 2012 年的 7 月 4 日投票否决了 ACTA，[③] 2012 年 12 月，一直以来都极力支持和推动 ACTA 的欧盟委员会在压力之下，也将 ACTA 的合法性审查从欧盟法院撤回，这就使得 ACTA 在欧盟获得批准的可能显得微乎其微。[④] 按照 ACTA 的规定，只有获得 6 个以上的缔约国批准，该协定才能生效，[⑤] 由于目前只有日本完成

---

① 即欧洲议会法规委员会（JURI）、公民自由、司法与内政事务委员会（LIBE）和工业、研究与能源委员会（ITRE）。

② 《〈反仿冒贸易协议〉遭到欧盟投票的强烈冲击》，中国保护知识产权网（http：//www. ipr. gov. cn/guojiiprarticle/guojiipr/guobiebh/zhzhishi/201206/1296663_ 1. html）。

③ 《欧盟议会否决反盗版协议》，中国保护知识产权网（http：//www. ipr. gov. cn/guojiiprarticle/guojiipr/guobiehj/gbhjnews/201207/1670025_ 1. html）。

④ 参见詹映《〈反假冒贸易协定〉（ACTA）的最近进展与未来走向》，《国际经贸探索》2014 年第 4 期。

⑤ "本协定在第六份批准书、接受书或核准书交存 30 天后，在已交存批准书、接受书或核准书的有关缔约方之间生效。" "This Agreement shall enter into force thirty days after the date of deposit of the sixth instrument of ratification, acceptance, or approval as between those Signatories that have deposited their respective instruments of ratification, acceptance, or approval." Anti‐Counterfeiting Trade Agreement ACTA Article 40：1.

了国内批准程序,① ACTA 的未来命运实难预料。虽然美国等发达国家企图通过 ACTA 加强知识产权国际保护力度的努力暂时未见成效,但其在WTO 的条约框架之外寻求超越 TRIPS 协定标准的知识产权强保护的态度并未发生变化,目前正在谈判阶段的《跨太平洋伙伴关系协定》(TPP)和《跨大西洋贸易与投资伙伴协议》(TTIP) 以及《加拿大—欧盟全面经济贸易协定》(CETA) 即是例证。

(一) TPP 中的刑事保护条款

《跨太平洋伙伴关系协定》(Trans‐Pacific Partnership Agreement,TPP)② 的谈判过程和 ACTA 非常相似,亦采取闭门谈判的方式进行秘密磋商,知识产权问题也是谈判的核心议题,谈判文本高度保密。而与ACTA 相比,TPP 的谈判国范围更加广泛,众多发展中国家参与其间,但整个谈判的议题和进程明显受到美国等发达国家的主导。由于 TPP 谈判的高度保密,目前能够获取的有关 TPP 谈判的知识产权问题的章节来自通过网络泄露的由美国提出的 TPP 知识产权章节 2011 年 2 月文本 (以下简称 TPP 草案)③。通过对该文本的分析,可以发现其中有关刑事执法措施的规定基本上以 ACTA 为范本,同时亦有一定程度的突破。

1. 通过犯罪主观要件的弱化降低刑事保护门槛

与 ACTA 一样,TPP 草案亦规定"各成员国至少应当对以商业规模故意假冒商标或盗版及侵犯相关权利的行为规定刑事程序和处罚。"④ 其中,"达到商业规模的故意盗版及侵犯相关权利的行为包括:

---

① 《日本批准〈反仿冒贸易协议〉》,中国保护知识产权网 (http://www.ipr.gov.cn/guoji‐iprarticle/guojiipr/guobiehj/gbhjnews/201209/1695357_1.html)。

② TPP 的前身是《跨太平洋战略经济伙伴关系协定》(Trans‐Pacific Strategic Economic Partnership Agreement),是由亚太经济合作会议成员国中的新西兰、新加坡、智利和文莱四国发起,从2002 年开始酝酿的一组多边关系的自由贸易协定,原名亚太自由贸易区,旨在促进亚太地区的贸易自由化,2008 年美国宣布加入 TPP 谈判,之后,澳大利亚、秘鲁、墨西哥、加拿大、日本等国相继加入。参见百度百科"跨太平洋战略经济伙伴关系协定"词条 (http://baike.baidu.com/link?url=Vom4S9Rrk4A6pjKSB‐3_ AIf9C5G4P2eNoFBze5VZQslWxi7Km0FUzz2n1GJSqNt4PfxaYrnDjcajELSS4ijI3K)。

③ Trans‐Pacific Partnership Intellectual Property Rights Chapter (Draft February 10, 2011) (http://keionline.org/sites/default/files/tpp‐10feb2011‐us‐text‐ipr‐chapter.pdf)。

④ Trans‐Pacific Partnership Intellectual Property Rights Chapter (Draft February 10, 2011) Article 15:1 (http://keionline.org/sites/default/files/tpp‐10feb2011‐us‐text‐ipr‐chapter.pdf)。

（1）不以直接或间接营利为目的，而从事的针对版权及相关权利的显著、故意侵权行为；（2）以商业利益或个人营利为目的的故意侵权行为。"① 对以商业规模故意盗版及侵犯相关权利的阐释较之于 TRIPS 协定和 ACTA 显然宽泛了许多，一方面承继了 ACTA 中对"商业规模"的界定，把具有营利意图的盗版及侵犯相关权利的行为纳入刑事处罚的范畴，另一方面对显著的侵权行为适用刑事处罚甚至不再要求侵权人具有营利的意图，这就通过弱化犯罪构成中的主观要件降低了刑事保护的门槛。

此外，TPP 草案还明确规定了："即使无故意假冒商标或著作权及相关权利盗版意图，缔约方对下列非法交易行为仍应提供刑事程序和处罚：（1）使用足以引起混淆、误认或欺骗的任何种类或性质的标签、包装等假冒商标；（2）在下列物品之上粘贴或以之为目的设计假冒或非法标识：①唱片，②计算机程序拷贝或文学作品，③电影拷贝或其他视听作品，④上述物品的相关文件或包装；（3）非法交易第（2）款中所列物品的假冒文件或包装。"② 这就意味着对假冒商标的相关行为适用刑事处罚不再要求故意这一主观要件，这是 ACTA 中没有涉及的内容，知识产权刑事保护的门槛进一步降低。

2. 刑事处罚的适用对象有所扩展

TPP 草案将侵犯电影及其他视听作品的行为单列为刑事处罚的对象，突出了对此类作品的保护："对于未经电影或其他视听作品版权及相关权利所有人的同意，故意使用或意图使用音像录制设备从公共影视展播中传送或录制电影或其他试听作品的拷贝或部分内容拷贝的行为，各成员国应规定刑事程序和处罚。"③ 这一针对电影及相关视听作品的规定延续了 ACTA 中有关电影作品的刑事保护规定，并对细节问题作了具体交代，增加其他试听作品作为兜底条款，扩大了适用的作品类型，同时增加了传送

---

① Trans-Pacific Partnership Intellectual Property Rights Chapter（Draft February 10, 2011）Article 15：1（http：//keionline.org/sites/default/files/tpp - 10feb2011 - us - text - ipr - chapter. pdf）.

② Trans-Pacific Partnership Intellectual Property Rights Chapter（Draft February 10, 2011）Article 15：2（http：//keionline.org/sites/default/files/tpp-10feb2011-us-text-ipr-chapter. pdf）.

③ Trans-Pacific Partnership Intellectual Property Rights Chapter（Draft February 10, 2011）Article 15：3（http：//keionline.org/sites/default/files/tpp-10feb2011-us-text-ipr-chapter. pdf）.

电影及视听作品拷贝这一行为类型，意图进行传送或录制的行为亦被明确纳入刑事处罚的范畴，使得该条规定在体系上更加完整、逻辑上更为严密。

TPP 中有关知识产权刑事保护的其他规定基本上延续了 ACTA 中的有关做法，可以看出，进一步降低以假冒商标和盗版为主的侵犯知识产权行为的刑事处罚门槛，加强知识产权的刑事保护依然是美国等发达国家一以贯之的诉求。

（二）TTIP 与 CETA 中的刑事保护条款

在推进 TPP 谈判的同时，美国亦在同时开展同欧盟建立自由贸易区的谈判，2013 年 2 月 13 日，欧盟同美国联合发布关于启动《跨大西洋贸易与投资伙伴协议》（Trans - Atlantic Trade and Investment Partnership，TTIP）谈判的声明，同年 3 月 12 日，欧盟委员会正式批准进行谈判，美国贸易代表于 3 月 20 日向白宫递交通知函。①

在该协议的谈判议题中，知识产权问题仍然占据了重要地位，就目前已经披露的内容来看，美国在知识产权领域希望同欧盟达成的目标与其常年来在国际层面寻求的多边协定的目标是一致的，即实现高标准的知识产权保护与执法，从而维护美国的产业利益以及其在全球知识产权问题上的领导地位。②

此外，欧盟与加拿大之间也一直在努力达成自由贸易协定，《加拿大—欧盟全面经济贸易协定》（Comprehensive Economic and Trade Agreement，CETA）于 2009 年启动，欧、加双方经过多轮谈判，已经于 2013 年 10 月 18 日达成 CETA 的原则性协定，但具体条文暂未公布。在这份原则性协定中，双方就知识产权问题达成了如下共识："CETA 将在加拿大和欧盟之间创造一个更为公平的竞争环境。该协议应引导加拿大有关药品知识产权体系的发展。该章节还包括了有关商标、外观设计、版权在

---

① European Union and United States to launch negotiations for a Transatlantic Trade and Investment Partnership（http：//trade. ec. europa. eu/doclib/press/index. cfm？id = 869）.

② 在已经透露的材料中，美国表明了其推进 TTIP 的意图在于："寻求与美国利益相符并反映美欧在知识产权保护和执法上共同的高标准目标，以维持和加强美欧在知识产权议题上的合作领导关系；寻求新的机会以加强并保护美国创作者、创新者、企业、农民和工人基于知识产权强保护和知识产权有效执法而获取的包括其在国外市场竞争能力在内的利益。"（http：//www. sice. oas. org/tpd/USA＿EU/Negotiations/03202013＿TTIP＿Notification＿Letter. PDF）

内的全面反映知识产权保护高标准的规定。"① 从这一原则性的阐释来看，加强知识产权保护仍是 CETA 的主要目标，但并未言及知识产权的刑事保护条款。在早前披露的 CETA 谈判草案中，有关知识产权的刑事程序和处罚的规定，与 ACTA 基本相同，例如 CETA 谈判草案中有关"达到商业规模的行为至少是指那些为直接或间接的经济或商业利益而实施的商业行为"具有明显的 ACTA 痕迹。② 由于在这份草案中的知识产权章节吸收了 ACTA 中的众多条款，被批评为替"ACTA 走后门"③，由于 ACTA 在欧盟遭到大规模反对并已被否决，这一批判让欧盟委员会大为紧张，表示 CETA 最终文本中的知识产权章节较之于之前披露的谈判草案已经做了重大修改，与 ACTA 存在显著区别，特别是引发不确定性与争议的相关条款，其中，具有法律约束力的 ACTA 刑罚条款已经完全从 CETA 的文本中删除。④ 由此看来，欧盟委员会试图通过自由贸易协定的方式，让"ACTA"的实质性内容在改头换面之后重新获得国际层面执行效力的种种努力已经难于实现。如果 CETA 的最终文本果真删除了 ACTA 中引发争议的相关知识产权刑事保护条款，无疑是美国等发达国家在国际范围内强

---

① "CETA will create more of a level playing field between Canada and the EU. The agreement should in particular lead to developments in the Canadian IPR system regarding pharmaceuticals. The chapter also includes provisions-amongst others-on trademarks, designs and copyrights, and overall it reflects high standards for IPR protection."

② 参见左玉茹《ACTA 后国际知识产权保护标准的变化》，《电子知识产权》2012 年第 8 期。

③ "Recent reports suggest that the EU-Canada Free Trade Agreement currently under negotiation could become an 'ACTA through the backdoor', referring to the Anti-Counterfeiting Trade Agreement which was rejected by the European Parliament on 4 July 2012." European Commission, CETA is not ACTA（http：//trade. ec. europa. eu/doclib/press/index. cfm？id＝826）.

④ "Hence, the current text of the EU-Canada FTA is very different from ACTA, especially for those ACTA sections that created most uncertainty and debate：a. Internet provisions：The ACTA provisions on the liability of internet service providers（ACTA articles 27. 3 and 27. 4）are not part of the current EU-Canada trade negotiations. The EU is proposing rules based on the EU's E-Commerce Directive from 2000. As has been the case on the EU market for over a decade, this does not require the introduction of any general monitoring requirements nor any three-strike mechanism. b. Criminal enforcement：The legally binding ACTA provisions on criminal sanctions have been entirely removed from the CETA text." European Commission, The EU'S Free Trade Agreement With Canada and its Intellectual Property Rights Provisions（http：//trade. ec. europa. eu/doclib/docs/2012/august/tradoc_ 149866. pdf）.

化知识产权刑事保护的不小挫折。由于谈判的一方主体都是欧盟，CETA对 TTIP 的谈判亦会产生重要影响，美国如何在欧盟推进知识产权刑事保护的强化值得进一步关注。

在推进 ACTA 受挫之后，美国开始尝试通过缔结自由贸易协定的方式实现在国际范围内强化知识产权刑事保护的诉求，利用其贸易优势，选择与其分歧较少的贸易伙伴，分区域缔结自由贸易协定，将知识产权规则作为综合性自由贸易协定的组成部分，以期降低对知识产权保护和执法措施的关注与诟病，逐步强化知识产权刑事保护。在 TPP 谈判中，美国一如既往地强调加强知识产权的刑事保护，TPP 草案中的知识产权刑事保护条款较之于 ACTA 呈现出更为显著的美国法的特点，且进一步降低了刑事处罚的门槛，显示出美国的前述策略颇有成效。但是欧盟成为强化知识产权刑事保护的一个变数，如果 CETA 与 TTIP 不能在知识产权刑事保护问题上取得预期成果，美国等发达国家可能会再次调整策略。但其在国际范围内强化知识产权刑事保护的总体目标不会发生变化，知识产权刑事保护的加强短期内难以逆转。

三　侵犯知识产权行为犯罪化的历史启迪

纵观美国法中知识产权刑事保护条款的演进以及国际条约中相关知识产权条款发展变化的历史，可以发现，在知识产权的发展历程中始终萦绕着这样的事实与表达：技术发展导致侵犯知识产权行为泛滥，只有加强保护才能遏制侵权，假冒和盗版导致了国际贸易的不公，产生了极大的社会危害，只有在国际范围内确立统一的知识产权保护规则才是知识产权制度构建的正途。侵犯知识产权行为入罪的历史演进亦裹挟在这些真假难辨、善恶驳杂的论调之中，为我们提供了进一步思考的素材。

（一）刑罚与遏制侵权行为

以美国版权法的发展过程为例，技术发展与强化版权保护之间呈现出密切的关联，新的复制或传播技术的出现往往意味着版权人对作品的控制能力渐次减弱，侵犯版权的行为成为普遍现象，在数字技术和互联网普及之后，侵犯版权的行为甚至在全球范围内都无从防范。在版权人看来，这种现实造成的危害是巨大的，无异于盗窃甚至抢劫财产，只有不断加强对版权的保护才能遏制日益泛滥的侵权行为，通过刑罚对版权施加保护无疑能起到极好的威慑作用。试想，通过罚金刑和自由刑的适用，侵权人的财产将被罚没、自由会被剥夺，任何人从事侵权行为之前都要掂量其行为的代价，刑罚的威慑是遏制侵权行为的利器。可见，刑事保护能够威慑侵权、遏制盗版的基本认识是推动版权刑事保护的思想根源。

在这一基本认识的驱动之下，版权人不遗余力地进行立法游说，从美国版权法刑罚条款的变化过程考察，可以发现刑罚条款最初仅适用于特定作品类型，构成犯罪要求较高，而对犯罪行为的处罚也较轻。[1] 随着技术发展导致的侵权行为的变化，经由版权人的游说，刑罚条款适用的作品类型一再扩展，直到侵犯任何类型作品的版权都可适用刑罚；[2] 构成犯罪的要求一再降低；[3] 犯罪行为可适用的罚金数量和监禁年限也水涨船高；[4] 甚至非侵权行为也进入刑法的视野，成为遏制侵权的方式之一。[5]

然而，不断强化的刑事保护却并未带来版权人预期的效果，侵犯版权的行为并未得到有效遏制，相反，在互联网领域，侵犯版权的行为大有"野火烧不尽，春风吹又生"的态势。简言之，"以促进创新和创造为根本目的的知识产权反而与互联网这一人类历史上最重大、最深刻的创新发生了激烈的冲突。"[6] 这种冲突表现为产业界步步紧逼、予取予求，全面推进和扩展、强化知识产权的刑事保护，力图全方位地威慑侵权行为；而网络技术却很快能找到应对之策，互联网上的文件共享方式不断更新，产业界大有屡战屡败、力不能逮之感。

这种现实无疑引人思考，知识产权刑事保护的不断强化是否能够遏制

---

① 1897 年，美国国会第一次在版权法中加入了刑事处罚条款，该条款仅对非法地公开表演、再现享有版权的戏剧或音乐作品的行为施以刑事处罚，其中的"犯罪意图"标准要求侵权行为人主观上须为"故意"，同时"为了营利"，且侵犯版权犯罪被划入了轻罪范畴。Act of Jan. 6, 1897, 29 Stat. 481（1897）.

② 1992 年《版权重罪法》将重罪条款的范围扩展到所有种类的作品。The Copyright Felony Act, Pub. L. No. 102-561, 106 Stat. 4233（1992）.

③ 1997 年的《反电子盗窃法》(*No Electronic Theft Act*) 实质性地弱化了构成犯罪的侵犯版权行为必须被证明"故意且意图获取商业利益或个人私利"这一标准。Pub. L. No. 105-147, 111 Stat. 2678（1997）.

④ 例如，《数字千年版权法》(*Digital Millennium Copyright Act DMCA*) 规定对相关犯罪的行为人最高可处 10 年以下监禁、100 万美元以下的罚金。17 U. S. C. § 1204.

⑤ 例如，《数字千年版权法》将规避控制访问版权作品的"技术措施"的行为规定为犯罪。17 U. S. C. § 1204.

⑥ 薛虹：《十字路口的国际知识产权法》，法律出版社 2012 年版，第 27 页。

侵权、威慑盗版和假冒？强化知识产权刑事保护的这一出发点是否可被质疑？

（二）刑罚与国际贸易政策

考察知识产权刑事保护国际化的历史，可以发现在国际范围内建立和强化知识产权刑事保护的努力始终与国际贸易存在千丝万缕的联系。

以版权为例，美国在 1790 年颁行版权法之后，对于版权的跨国保护始终采取消极态度，并不承认对别国版权产品的保护，其原因在于当时美国是版权产品的进口国，国内的文学作品等版权产品并无竞争优势，其国内出版商的主要业务就是大量印刷出版英国的文学作品以满足国内读者的需求，对外国作品的不保护政策显然促进了这一业务的利润增长。① 而在第二次世界大战之后，随着各种新兴技术的应用，美国的经济迅速增长，成为版权产品的出口国家，图书、音乐、电影、软件等行业成为美国经济的重要组成部分。据统计，1977 年版权产业所创经济总值占美国国民经济总产值的 3.73%，2001 年达到 7.75%。② 在这种产业发展的背景之下，版权产业迫切要求其他国家承认并保护其版权，以便在海外市场获取更加丰厚的商业回报。由此，美国政府开始采取积极进取的态度介入版权国际保护体系并试图主导规则制定。而在商标权领域，亦存在与版权相似的发展历程，美国等发达国家的产品在国际市场上更具品牌优势，相关商标的影响力和声誉更高，通过国际条约加强对商标权的保护能够促进其相关国际货物及服务贸易的发展，获得较高的利润回报。特别 301 报告、TRIPS协定的制定以及 ACTA 乃至 TPP、TTIP 的谈判都是这种贸易政策主导下的产物。

贸易政策的转变导致对知识产权保护强度的需求发生变化，这是美国等发达国家在自身经济发展中的实际做法，但在推进知识产权国际保护的过程中，美国等发达国家要求发展中国家达到与其贸易现实及经济发展状况不相匹配的高强度知识产权保护水准。在发达国家的说辞中，采取包括知识产权强保护在内的"好政策"及"好制度"能够促进发展中国家的

---

① See B. Zorina Khan, "Does Copyright Piracy Pay? The Effect of U. S. International Copyright Laws on the Market for Books, 1790–1920", *NBER Working Paper*, No. 10271（January 2004）（http: //www. nber. org/papers/w10271）.

② See Stephen E. Siwek, *Copyright Industries in U. S. Economy: The 2002 Report*（http: //www. iipa. com/copyright_ us_ economy. html）.

经济发展。① 然而，包括知识产权制度在内的"很多现在认为是经济发展
所必需的制度，其实大多数都是发达国家经济发展的产物，而不是它们经
济发展的原因"②。

据此，知识产权刑事保护在国际范围内不断强化的趋势体现的并非是
立法的理性选择，而是国家间政治经济实力综合比拼的后果，事实上，
"在知识产权政治中伪善是普遍的"③，强化刑事保护的动机也绝非发达国
家论证的那样高尚。

这一结论引发如下思考：如果确立并加强知识产权刑事保护的原因来
自国际层面的政治经济压力、实行相关贸易政策的需要，那么知识产权刑
事保护的合理性根基是否经得起推敲？

本章小结

《论语》中有关于"父子相隐"的故事："叶公语孔子曰：吾党有直
躬者，其父攘羊，而子证之。孔子曰：吾党之直异于是，父为子隐，子为
父隐，直在其中矣。"④ 孔子对叶公介绍的"父子相证"制度并未简单认
同或反对，而是考察"他乡之直"是否等同于"吾党之直"，"父子相证"
与"父子相隐"并无高下之分，是否适用端赖两国"直"的标准。⑤

就知识产权而言，刑事保护较之于民事保护当属"国际之轨"，来自
对盗窃有体物犯罪的比附，知识产权的特性则是"某乡之直"；国际条约
中知识产权刑事保护的义务亦属"国际之轨"，相关国家的经济发展状况
与文化制度历史则是"某乡之直"。如果使用孔子的前述方法思考知识产
权刑事保护以及制度移植、国际协调等问题，至少能获得以下启迪：知识
产权是否应当适用刑法保护应当充分考察其在权利构造、价值归宿等方面

① 参见［英］张夏准《富国陷阱》，肖炼、倪延硕等译，肖炼校对，社会科学文献出版社
2006 年版，第 1 页。

② 同上。

③ ［美］苏珊·K. 塞尔：《私权、公法——知识产权的全球化》，董刚、周超译，王传丽审
校，中国人民大学出版社 2008 年版，第 174 页。

④ 《论语·子路》。

⑤ 参见李琛《国际之轨与吾乡之直》，《电子知识产权》2005 年第 3 期。

的特点；一国在评价和引进相关知识产权制度时应当充分考虑其本国的经济发展及文化现实。

按此，一国对某种侵犯知识产权的行为是否适用刑事程序和处罚，适用罚金刑抑或自由刑，相关的罚金额度与监禁年限应如何设置，显然要充分考虑该国的经济发展状况和社会文化背景，做出适当的立法选择。然而，经济全球化的展开使得几乎没有任何国家能够与世隔绝，闭门造车地进行制度构建，但凡与对外贸易、经济利益产生瓜葛的事物，业已构筑了不容否定的"国际之轨"，知识产权国际保护规则的日渐明晰就是例证。对众多发展中国家而言，知识产权刑事保护是其意欲走出国门、参与国际竞争而不能不接的国际之轨，本土的各种特殊情况只能先抛诸脑后。在这种情形之下，"某乡之直"根本无法与"国际之轨"相提并论，知识产权领域的法律殖民似乎不可避免，知识产权刑事保护的理念和规则亦能够在各国开疆拓土。由此，国际公约演变为国内立法成为知识产权领域的普遍现象，较之于更加符合历史潮流和国家利益的"国际之轨"，"某乡之直"显然不值一提，这一思想认识在学术界亦颇有市场，由此产生的一个现象就是："知识产权刑法保护的正当性则通常作为一个理所当然的命题被有意或者无意地忽视了。"[1]

这一学术现状引发如下思考：侵犯知识产权行为的犯罪化并非当然命题，其正当性前提值得进一步考问。

---

[1] 黄洪波：《中国知识产权刑法保护理论研究》，中国社会科学出版社 2012 年版，第 29 页。

第三章

侵犯知识产权行为犯罪化的理论批判

通过对侵犯知识产权行为犯罪化的历史演进展开的考察，可以发现作为一类近代以来才逐渐显现并在立法中获得认可的民事权利，对知识产权的法律保护即知识产权的救济方式也发生了深刻的变化。以美国法及知识产权国际条约的不断演进为对象进行的探究，大体上勾勒出了在全球范围内侵犯知识产权行为的入罪及相关行为刑事处罚不断加强的图景，并呈现为前后相继并互有交叉的两个现象：一方面受益于知识产权保护的知识产品在市场经济中日益发挥着重要的作用，其经济价值也得到广泛认可，而知识产权的对象，即信息本身的特点及技术的不断发展使得实施侵犯知识产权行为更加便利。这被认为对权利人及社会发展造成了极大的不利影响，而普通的民事保护不足以遏制这些侵权行为，侵犯知识产权行为的入罪显得顺理成章。另一方面，知识产权与社会经济发展特别是国际贸易之间的密切关系使得知识产权法领域的国际协调及法律移植更加普遍且无法抗拒，知识产权的刑事保护成为这一动态过程的重要组成部分，原本在以美国为主的发达国家中逐步确立的知识产权刑事保护规则，通过知识产权国际条约的缔结在包括我国在内的诸多发展中国家中得到确立，侵犯知识产权行为的入罪在国际政治经济一体化的进程中成为自然而然的选择。这种在实然意义上的阐释从历史背景及社会发展的角度出发，使得知识产权的刑事救济似乎成为必然的制度选择，但却遮蔽了颇为重要的理论前提：侵犯知识产权行为的入罪是否能够在法理意义上获得充分的说明与支撑。按此，有必要通过对刑法中有关入罪的理论进行梳理，明确有关行为受到刑法调整，即入罪的标准应当如何把握这一前提，进一步确定判断某一行为入罪的方法与步骤，借此对侵犯知识产权行为进行检讨，明确知识产权侵权是否应当入罪或入罪的理由与依据及论证是否充分、合理，从而在应然意义上探讨侵犯知识产权行为的入罪问题。

第一节　侵犯知识产权行为犯罪化的论证理路

对于某一行为是否应当受到刑法调整，亦即相关行为的犯罪化论证，涉及刑法中有关犯罪本质的界说。但学界有关犯罪本质的论说并不统一，任何一种单一的理论都不足以完满地实现对犯罪本质的阐释。因此，对犯罪本质理论进行有效的归纳和整理，从更加多元的角度认识犯罪本质，将有可能整合出相关行为是否应纳入刑法调整的标准以及方法，从而获得侵犯知识产权行为犯罪化的论证理路。

一　前提：犯罪本质的界说

根据法理学的基本理念，在法的体系中，概念的特点及功能在于确定相关事件、行为、物品的自然性质、社会性质以及法律性质，从而提供进一步认识与评价法律事实的基本结构，离开这一基本结构，理论探讨和制度构建等问题均无法展开。① 在刑法领域，犯罪这一概念毫无疑问是进行理论探讨与展开制度实践的原点，对"犯罪是什么"这一根本问题的回应是确定刑法调整对象、划定刑法边界的前提。

对于"犯罪是什么"这一问题的回应，从形式层面切入，亦即通过对法律文本中的刑事法律制度进行归纳之后，整理出一般意义上的犯罪概念。而这一思路亦通过不同的角度得以实现：其一，从违法性出发，将犯罪界定为违反禁止性或强制性规范（刑事实体法）的行为。其二，从行为的法律后果出发，认为犯罪系属依法应当受到刑罚制裁的行为。德国刑法学者宾丁（Binding）即将犯罪概括为违反刑罚制裁法律的行为。② 其三，从行为的违法性与法律后果的双重角度出发，将犯罪界定为违反刑事实体法并应受刑罚制裁的行为。其四，从成立犯罪的角度出发，认为满足犯罪构成要件、具备违法性及有责性的行为系属犯罪。其五，从诉讼程序

---

① 参见张文显《法学基本范畴研究》，中国政法大学出版社 1993 年版，第 59 页。

② 转引自朱铁军《刑民实体关系论》，博士学位论文，华东政法大学，2009 年。

出发，认为犯罪系指能够引起刑事诉讼程序进行审理的行为。从形式层面对"犯罪是什么"这一问题的解答，更多地表现为对刑事立法文本中犯罪特征的归纳，属于从实然意义上对犯罪概念进行的认知和界定，是对已有法律的解释或概括。但从这一角度出发显然不足以揭示某一行为在满足何种条件下将受到刑法的调整，即何为判定相关行为入罪的标准。为此，必须从应然意义上寻求对犯罪概念的界定，这就与仅从形式意义上进行的探讨判然有别，有关犯罪本质的理论即是对这一思路的践行。正是基于实然与应然、形式与实质的基本区分，在应然意义上寻求实质层面对犯罪本质的探讨将成为某一行为犯罪化论证的前提。

二 基点：法益概念与伤害原则的整合

（一）法益侵害说的价值与缺陷

对于实质意义上犯罪概念的追求表明刑法中的定义仅仅是刑法所禁止的行为，并未揭示犯罪自身的本质。由此，意大利学者加罗法洛提出了自然犯罪的概念。所谓自然，具有非形式的意思，它是人类社会中某种独立于特定时代环境和法律制定者特定观念的存在物；而所谓的自然犯罪，则是指那些在所有的文明社会中都会被视为犯罪，并且都会遭到惩罚的行为。[①] 这种认识旨在摆脱政治因素对犯罪概念及刑法的影响，力图构建纯粹形而上学意义上的犯罪概念。但法律本身具有的第二性特点决定了追求形而上学意义上的犯罪概念非但不切实际而且毫无意义，因而有关犯罪本质的讨论实际上仍然应当基于社会、政治、经济等因素做出。

在这一前提之下，贝卡利亚提出了著名的论断，即对社会的危害是衡量犯罪的真正标尺。[②] 但贝卡利亚笔下的社会颇为抽象，它指向自由的人们达成的契约，这在其对《论犯罪与刑罚》一书所做的介绍中即有体现："神明启迪、自然法则和社会的人拟协约，这三者是产生调整人类行为的道德原则和政治原则的源泉。就其目标的主导地位来说，前者与后二者之间是不可比拟的。然而，这三者同样都在开创世俗生活的幸福。研究后者的关系并不等于把前二者置之度外。相反，在堕落的人脑中，神明启迪和自然法则——尽管这二者是神圣和不可改变的——早已被虚伪的宗教和无

---

① 参见谢勇《犯罪研究导论》，湖南出版社 1992 年版，第 29 页。

② 参见 [意] 切萨雷·贝卡利亚《论犯罪与刑罚》，黄风译，北京大学出版社 2008 年版，第 22 页。

数随意的善恶概念所亵渎了，因此，看来需要单独地研究根据共同需要及功利加以表述或设想的纯人类协约的产物。"① 这就说明贝卡利亚的社会危害性理论基于一种社会学的分析而提出，立足于想象和解释，缺乏实证性，亦即"社会危害性"并不属于严格意义上的法学语言。

对此，伴随着法律实证主义的兴起，建立实证性刑法体系的努力使得将"社会危害性"转换为更为严谨的法律术语成为必然选择。费尔巴哈（Feuerbach）即从这一目的出发，认为犯罪的本质在于对主观权利（subjective right）的侵害，犯罪人实施犯罪并不仅仅违反了法律，亦侵犯了相关受害者的权利，侵害说较之于社会危害性理论虽然更为具体且基于权利这一法律术语进行论证，但这一观点遭到了比恩巴姆（Birnbaum）的批判。他认为这种犯罪本质论过于狭隘，一方面由于大量的刑事立法并不关注侵犯个人权利的行为，无法从权利的角度获得解释，而且从权利的角度考察，这些行为较之于侵犯权利的行为并非更加轻微的犯罪；另一方面，从权利侵害的角度可以解释盗窃、杀人等传统犯罪，却无法涵盖"反伦理和反宗教行为"等颇为常见的罪名，事实上，费氏本人亦不否定存在每个人都承认并未侵犯任何人权利的一些反伦理及反宗教行为系属犯罪，但这就与其犯罪是侵犯个人权利的观点明显不符，对此，费氏只是简单地将此类行为纳入"广义的犯罪"（crimes in the broad sense）之中，并冠之以"违警罪"（police offenses）。② 为了回应费尔巴哈权利侵害论的缺陷，比恩巴姆将 rechte（相当于英语中的 right，即权

---

① 参见［意］切萨雷·贝卡利亚《论犯罪与刑罚》，黄风译，北京大学出版社 2008 年版，第 2—3 页。

② "In that article, Birnbaum attacked Feuerbach's view of crime as a violation of 'subjective right' According to Feuerbach, in committing a crime the offender did not just violate 'the law,' or 'a statute,' but the rights of her individual victim. Birnbaum pointed out that this view of crime was much too narrow, as it could not account for a great many criminal statutes which did not concern themselves with violations of individual rights at all, and yet were not considered to be any less criminal as a result. Feuerbach's cramped view of crime might work for traditional crimes like murder and theft, but it did not have room for such familiar crimes as 'unethical and irreligious acts.' Birnbaum had a point. In fact, Feuerbach himself had never denied that crimes against morality and religion were crimes, even though everyone agreed they did not violate anyone's individual rights and therefore did not fit Feuerbach's definition of crimes as violations of individual rights. Instead he had, with some embarrassment, simply categorized them as 'crimes in the broad sense' and labelled them 'police offenses.'" Markus Dirk Dubber, "Theories Crime and Punishment in German Criminal Law", *American Journal of Comparative Law*, Vol. 53, No. 3, Summer 2005, p. 687.

利）与 guter（相当于英语中的 good，即利益）结合在一起，创设了法益
（rechtsgut，相当于英语中的 legal good）的概念，并认为法益恰恰不是权
利，而是以国家强制力保护的个人或集体享有的、在自然意义上能够伤害
的实体利益。① 这就保留了犯罪本质论说中的实证色彩，又避免了费氏的
狭隘视野，然而，比恩巴姆似乎专注于锤炼概念的语言精确性，而忽略了
或者说未能考虑到对国家刑罚权的限制是界定犯罪本质的重要目标，其有
关法益的理念容易成为刑罚权扩张的修辞。② 在 19 世纪后期，比恩巴姆提
出的法益概念受到宾丁（Binding）的关注，此时法益的理念被用以将刑
罚的范畴从对个人权利的保护扩张到对公共利益、社会利益甚至国家自身
的保护。"法益"（legal good）亦进一步转化为"法的利益"（interest of
the law），刑法从手段成为目的，如果认为犯罪行为侵犯了某种权利的话，
那一定不是个人权利而只能是国家权利。③ 宾丁进一步将法益界定为"任
何被立法机关认为有价值的东西以及必须通过规范加以确认的其免受侵扰
的保持力"④。就此，宾丁明确将法益与规范联系在一起，且规范较之于

---

① 李海东：《刑法原理入门（犯罪论基础）》，法律出版社 1998 年版，第 13 页。

② 参见美国学者 Markus Dirk Dubber 的相关评述，原文为："Birnbaum clearly did a much better job capturing the nature of crime as a matter of positive law. Instead of a violation of individual rights (Rechte)，a crime was now to be regarded as a violation of or a threat to goods (Guter) protected by the state. But whatever Birnbaum's definition of crime gained in accuracy，it lost in critical purchase. Eventually the notion of legal good，rather than limiting the power of the state to criminalize，turned into a convenient trope for its expansion."Markus Dirk Dubber，"Theories Crime and Punishment in German Criminal Law"，*American Journal of Comparative Law*，Vol. 53，No. 3，Summer 2005，p. 687。

③ See "By the late 19th century，when Birnbaum's discovery of the legal good was rediscovered by the committed positivist architects of the new national German criminal law，Karl Binding chief among them，the point of the legal good was to justify the expansion of criminal law beyond the protection of individual rightsto the protection of communal goods，societal interests，and eventually the state itself. Legal goods became 'interests of the law'，transforming law from a means to an end in itself. If crime was thought to violate any right，itwas not the rights of individuals but the state's right to obedience." Markus Dirk Dubber，"Theories Crime and Punishment in German Criminal Law"，*American Journal of Comparative Law*，Vol. 53，No. 3，Summer 2005，pp. 687–688.

④ "anything that the legislature considers valuable and the undisturbed retention of which it therefore must ensure through norms." Karl Binding，Handbuch des Strafrechts，Vol. 1，at 169 (Leipzig 1885). Quoted from Markus Dirk Dubber，Markus Dirk Dubber，"Theories Crime and Punishment in German Criminal Law"，*American Journal of Comparative Law*，Vol. 53，No. 3，Summer 2005，p. 688.

法益处于优位。按照论者的解说，在宾丁看来，规范基于立法者的意志而制定，其本身具有一定的完整性和体系性，行为人以侵害法益为中介达到了违反规范的结果，犯罪在实质上侵害了法益，在形式上违反了规范，但是这对于规范本身权威并未削弱，因为规范先于法益而存在，受制于立法机关"主观上的决定"①。

至此，法益的概念逐渐清晰起来，其更富实证色彩的论说在一定程度上埋葬了失之笼统的社会危害说，使得刑法的核心价值从对社会秩序的维护转向对法益的保护，而法益所具备的实体性内涵无疑为犯罪的本质界说给定了一个较为明确的物质性底线，曾经在刑法及犯罪概念中扮演重要角色的道德已然没有容身之地，这对于认识犯罪本质无疑具有重要意义。然而，由于法益概念的初衷就是为刑罚的正当化提供解释依据，但法益本身却隐匿在刑事实体法的规定之中，没有明确的内涵，如此一来，法益对刑罚权的限制就无从实现，而以犯罪的本质内涵限制刑罚权显然是界说犯罪本质的重要目标。此外，作为被法律保护的利益，法益本身难以划分刑法与民法的调整范围，民法无疑也要保护法益，有学者认为可以对法益进行分类，应当根据"法益的社会重要性"（The societal importance of a good or interest）考量其是否应当受到刑法保护。② 然而，法益的重要性如何进行区别和分类进而确定民法与刑法的界限，显然又是一个难题。综合看来，通过法益概念很难完成对犯罪本质的界定。

（二）伤害原则的价值与缺陷

通过对法益的概念以及基于这一概念衍生出的有关犯罪本质的法益侵

---

① 参见丁泽芸《刑法法益学说略论》，载北京大学《刑事法学要论》编辑组主编《刑事法学要论：跨世纪的回顾与前瞻》，法律出版社 1998 年版，第 281 页。

② 参见西班牙学者 Santiago Mir Puig 的论述，原文为："The societal importance of a good or interest that is deemed worthy of protection by the criminal law must be proportional with the gravity of the sanctions employed by the criminal law. In my opinion, a penalty as severe as punishment should only be administered when an equally severe infraction has been committed. Consequently, the criminal law should not be used to penalize the infraction of any legal norm. Only those prohibitions and mandates that are fundamental to the preservation of social life should be considered crimes that trigger the imposition of punishment." Santiago Mir Puig, "Legal Goods Protected by the Law and Legal Goods Protected by the Criminal Law As Limits to the State's Power to Criminalize Conduct", *New Criminal Law Review*, Vol. 11, No. 3, Summer 2008, p. 413。

害说进行的一番回顾与检讨，可以发现其主要缺陷在于无法对刑罚权进行有效的限制，这在现代民主社会中是无法接受的。因此，如何限制刑罚权成为确定犯罪本质的重要目标。就刑罚权而言，其实质是国家对个人自由的限制，而密尔早已提出限制他人自由的基础是伤害原则："在文明社会，权力施加于个人且违背其意愿的唯一正当用途是阻止对他人的伤害。"① 但是，对于如何判断伤害，密尔仅仅将其概括为侵害了他人的权利和利益，并认为这也是社会和个人之间的分界，但这种解释并不能对伤害获得更加清晰的判断，有关"伤害"内涵的模糊性也成为密尔的伤害原则受到激烈批判的原因。② 密尔的伤害原则启发了后世的刑法学者，费因伯格即将之引入刑法领域："刑法正当化的一个重要根据是其能够预防或者减少行为给第三人造成的伤害，且这种方法成本最低、效果最明显。"③ 但是，费因伯格依然未给出更加明确的方法或标准确定伤害的内涵和外延。这就使得其与法益的概念一样，对刑罚权的限制事实上仍然不能发挥更加积极的效应，甚至有学者提出了一种颇具讽刺意味的观点："伤害原则之所以能成为划分刑法边界的根本原则，其实与其内涵和外延的模糊性有着密切的关系，因为人们可以将自己不喜欢的任何东西放进这个口袋之中。"④ 对此，伤害原则与犯罪的本质，亦即伤害原则与某一行为的犯罪化或非犯罪化之间的关系显然需要更加清晰的判断。对此，刑法学界提出了以下不同的认识：（1）等同说，该观点将伤害原则等同于犯罪的本质，即认为某一行为只要符合伤害原则的要求，即满足入罪的门槛，应当作为犯罪处理。⑤ 按照这种认识，由于民法上的侵权行为也符合伤害原则，刑法实际上将侵权法规制的诸多民事侵权行为也纳入其边界之

---

① "the only purpose for which power can be rightfully exercised over any member of a civilized community, against his will, is to prevent harm to others." ［英］约翰·斯图尔特：《论自由》，强梅梅导读，中国人民大学出版社 2013 年版，第 11 页。

② ［英］约翰·斯图尔特：《论自由》，强梅梅导读，中国人民大学出版社 2013 年版，第 11 页。

③ J. Feinberg, *Harm to Others*, London: Oxford University Press, 1986, p. 4.

④ Jonathan Herring, *Great Debates: Criminal Law*, London: Oxford University Press, 2009, p. 2.

⑤ See D. Dripps, "The Liberal Critique of Harm Principle", *Criminal Justice Ethics*, Vol. 17, No. 2, Summer 1998, p. 3.

内，显然与刑法理论和制度不符。（2）推定说。这种说法认为符合伤害原则的行为在原则上可以推定为犯罪，如果没有充分的否定性事由，犯罪即告成立。英国学者安德鲁·范·赫西（Andrew von Hirsch）即持有这种观点。① 但这一观点对伤害的内涵做出了一定的限缩，要求相关行为的行为人具有恶意或故意，② 这又使得伤害原则的内涵发生了变化，不再具有统一的指向。（3）必要根据说。这种观点认为伤害原则是确定相关行为是否入罪的必要非充分条件，亦即伤害原则仅是确立某一行为是否入罪的根据之一，但仅满足伤害原则的要求并不能径行将某一行为犯罪化。③ （4）过滤说。这种观点认为相关行为纳入刑法调整或者被犯罪化必须经由伤害原则加以检验，不符合伤害原则的行为将被排除在刑法的视野之外。④ 该种说法无疑更为讨巧，但实际上根本没有对符合伤害原则的行为在满足何种条件时应当被犯罪化这一尖锐问题做出回应。综合看来，等同说与推定说并不足取，而必要根据说与过滤说具有相似性，实际上都认为伤害原则是犯罪化的一个必要条件，只是从不同的角度表明了伤害原则对某一行为犯罪化的限制。因此，可以看到，某一行为如果满足了伤害原则，仅能说明该行为具备被犯罪化的可能性，但伤害原则本身并非证立相关行为犯罪化的充分条件，仅凭伤害原则仍然不足以划定刑法与侵权法的界限。这就说明，伤害原则与法益侵害说一样，都无法成为确定犯罪本质的概念内涵。

（三）对法益侵害说与伤害原则的整合

法益侵害说与伤害原则都无法独自承担起有关犯罪本质的界定，而二者具备各自的价值，法益概念指明刑法规制的犯罪行为侵害的是被法律保护的各种生活利益，指向的是犯罪的对象范畴；而伤害原则显然从行为对他人自由及权利的干涉角度入手，指向犯罪行为本身的特点与性质，这就

---

① See A. von Hisrch，"The Offense Principle in Criminal Law：Affront to Sensibility or Wrongdoing?" *Kings College Law Journal*，Vol. 11，No. 1，2000，p. 79.

② See Albin Eser，"The Principle of 'Harm' in the Concept of Crime：A Comparative Analysis of the Criminally Protected Legal Interests"，*Duquesne University Law Review*，Vol. 4，No. 3，1965－1966，pp. 345－418.

③ J. Feinberg，*Harm to Others*，London：Oxford University Press，1986，p. 26.

④ See Nicola Lacey，"Book Review：Answering for Crime：Responsibility and Liability in the Criminal Law，by R. A. Duff"，*New Criminal Law Review*，Vol. 12，Winter 2009，pp. 122－128.

为二者的整合提供了空间，即如果以法益取代伤害原则中的权利及自由，无疑能更好地反映犯罪的本质内涵。德国学者阿尔宾·艾瑟尔（Albin Eser）即致力于将伤害原则与法益概念相融合。在他看来，将法益融入伤害原则之后，法益实际上由两部分构成，其一是物质载体，体现为个人、国家或社会的各种利益及其关系，其二则是其精神构成，即其与宪法存在着密切的联系……前者体现在实证法中，为法益的表现形式，而后者才能对立法者产生约束力，如此一来，法益便以行为指向的、为法律所保护的对象融入伤害原则之中，两者的结合体构成行为入罪的基点。[1]

法益与伤害原则结合的最大意义在于可以在很大程度上实现对刑罚权的限制，即通过对立法权的限制，一些纯属道德争议的行为将被排除在犯罪行为之外。但是，二者结合之后仍然难以解决刑法与侵权法的界分问题，刑法与侵权法都致力于避免伤害行为并保护法益。因此，融入了法益概念的伤害原则对于某种侵害了法益的行为在何种情况下仅由侵权法调整即可，在何种情况下刑法能够介入这一实质性的问题，仍然无法做出有效的回应。

三　甄别：刑法谦抑性的实现

将法益概念与伤害原则整合在一起之后，无疑将道德排斥在了犯罪的本质界说之外，这对于限制刑罚权在立法中的不当扩张具有重要意义，已然确定了考察相关行为是否入罪的基点。然而，对于符合伤害原则的侵害法益行为在何种情况下将进入刑法的视野则需要进一步的甄别。

（一）刑法的谦抑性及其意义

在近代的西方社会，受到启蒙思想与人文主义的浸润，刑法领域亦产生了不小的变化，格劳秀斯、霍布斯、狄德罗、爱尔维修、孟德斯鸠以及卢梭等人通过自然法和社会契约论的观念，阐明了刑法与宗教分离、罪刑法定、罪刑相适应等理念，对刑法理论的革新影响深远。[2] 刑法对社会生活以及个人行为介入的限度受到关注，据此，日本学者提出

---

[1]　See Albin Eser, "The Principle of 'Harm' in the Concept of Crime: A Comparative Analysis of the Criminally Protected Legal Interests", *Duquesne University Law Review*, Vol. 4, No. 3, 1965-1966, pp. 345-418.

[2]　参见马克昌主编《近代西方刑法学说史略》，中国检察出版社1996年版，第2—6页。

了"刑法谦抑"的概念，并从不同的角度进行了阐述。大塚仁指出：
"要以人道主义为基础，慎重地，而且谦虚地适用刑法。刑法不应以一
切违法行为、一切有责行为为当然对象，只限于在必要的不得已的范围
内才应该使用刑罚。"① 小暮得雄也认为："因为难以否认刑罚具有残酷
的本质，那么对其适用的范围就应尽量加以限制。另外在纯化刑法的内
容的同时，还应将刑法的内容限制在必要且合理的最小范围之内。"② 大
谷实亦从正面界定了刑法的谦抑原则："所谓谦抑原则是指刑罚不应将
所有的违法行为都作为其对象，而应将不得已才使用的刑罚的场合作为
其对象的原则。"③

　　如此看来，刑法的谦抑性主要指向刑法介入生活的有限性、调整手段
的最后性、刑罚适用的宽容性。刑法的谦抑性内涵中传递出刑法的最后手
段性表明就某一具体的行为而言，通过何种方式衡量出某一行为应属刑法
还是民法抑或其他法律进行调整，即是在伤害原则与法益概念进行融合之
后能否对某一行为犯罪化的甄别过程。在理论上主要的甄别方法有功利主
义和道义论。

（二）功利主义的利与弊

　　功利主义是哲学上的一种重要学说，主要为边沁、密尔等人倡导，
认为幸福或绝大多数人最大的福利是衡量至善和道德的基本标准。④
在功利主义看来，能够带来最大幸福的行为才具有伦理上的正当性，
对行为结果的评价决定了该行为本身的意义。将功利主义的思想观念
引入刑法之后，对于符合伤害原则同时又侵害了法益的行为应当适用
侵权法还是刑法进行调整，无疑取决于哪种法律能够使得所保护的利
益产生的幸福最大化，更进一步而论，相关行为犯罪化的判定标准主
要有两个：（1）经济效益，比较侵权法与刑法调整某一行为的收益
率；⑤（2）威慑力，当民事责任的威慑力不足以遏制侵权行为时使用

---

① ［日］大塚仁：《刑法概说》，冯军译，中国人民大学出版社 2003 年版，第 24 页。

② 参见李海东主编《日本刑事法学者》（下），法律出版社 1998 年版，第 224 页。

③ ［日］大谷实：《刑法总论》，黎宏译，法律出版社 2003 年版，第 4 页。

④ 参见 ［美］梯利《西方哲学史》，伍德增补，商务印书馆 1997 年版，第 242 页。

⑤ See Backer, Gary S., "Crime and Punishment: An Economic Approach", *Journal of Political Economy*, Vol. 76, 1968, pp. 169-217.

刑罚进行弥补。[①]

可以看到，由于刑法的谦抑原则对犯罪化的限制主要体现在刑法的"最后手段性"这一特点，功利主义的内涵明确指向了最后的手段性，通过经济收益的衡量，显然将获得更为有效的评判依据。然而，功利主义在实现刑法谦抑性的过程中亦有其自身缺陷：（1）恰如功利这一措辞彰显的含义一样，由于将伦理问题全部化约为经济利益的衡量，必然导致以更大的经济效益牺牲或湮没个人的权利，以之为据对某一行为进行的犯罪化与否的甄别可能会与人们的道德直觉产生冲突；（2）功利主义能够发挥效用的前提是实现对经济效益较为精准的评估，但将某种行为犯罪化所取得的经济效益是否高于通过侵权法对这一行为的调整实际上很难评估，通由功利主义获得将某一行为犯罪化之后具有更高经济效益的结论只能是一种理论上的假设。

（三）道义论的得与失

功利主义将个人置于整个社会或国家的整体之中进行经济效益的衡量，而道义论崇尚个人权利至上的信条，并以此为出发点限制国家权力对个人的干涉。诺奇克从道义论出发，阐述了将某一行为犯罪化的条件："如果某些伤害是无法赔偿的，它们就不能实行只要给予赔偿就被允许的政策……在那些能够加以赔偿的行为中，有一些会产生出恐惧。我们恐惧那些将发生在我们身上的行为，即使我们知道，我们将会因为它们而得到充分的赔偿。Y溜到某人的房间，被折断了胳膊，然后索取了2000美元作为伤害的赔偿，X听说了此事后也许会认为：'发生在Y身上的事情多么幸运，为了得到2000美元折断一个人胳膊，这是值得的，这完全弥补了所受到的伤害。'但是如果有人来到X的面前，对他说：'我可能在下个月折断你的胳膊，如果我这样做了，我将给你2000美元作为赔偿；尽管如果我决定不折断它了，我将不会给你任何东西。'X会琢磨出这是他的好运吗？相反他是不是会忧心忡忡地四处走动，身后一有动静就会吓一跳，神经兮兮地预期，什么时候痛苦将会突然地降临到他的身上？一种制度如果只要事后受害者得到了赔偿就允许袭击发生，那么它就会使人忧心

---

① See Bowles, Roger, Michael G. Faure, Nuno Garoupa, "The Scope of Criminal Law and Criminal Sanctions: An Economic View and Policy Implications", *Journal of Law and Society*, Vol. 35, No. 3, September 2008, pp. 389-416.

忡忡，害怕袭击、突然攻击和伤害。这为禁止袭击提供了一个理由吗？为什么袭击者不可以在付给受害者的赔偿中不仅包括袭击所产生的后果，而且也包括受害者在等待这种或那种袭击时所感到的所有恐惧？但是，生活在只要给予赔偿就允许袭击的普遍制度中，一个受害者的恐惧不是由这个袭击他的具体的人引起的。这样，为什么这个袭击者应该对他的恐惧给予赔偿？谁来赔偿其他所有忧心忡忡的人所感到的恐惧，而这些人只是碰巧没有遭受到袭击？某些事情使我们感到恐惧，即使我们知道，如果这些事情发生了或对我们做了，我们将会得到充分的赔偿。为了避免这样的普遍忧虑和恐惧，这些行为被禁止，被加以惩罚。"① 显然，在诺奇克看来，将某一行为犯罪化的情形有两种：（1）该行为造成的伤害无法赔偿；（2）该行为会产生普遍的恐惧。这两个条件往往是统一的，即一般而言产生普遍恐惧的伤害行为大多是无法赔偿的。

通过道义论的认识，普遍恐惧将作为判定某一侵害法益的伤害行为是否应被犯罪化的标准，但普遍恐惧虽然在措辞上使用了"普遍"这一修饰用语，力图摆脱其具有的主观色彩，但由于无法抽象出一个普遍的人格主体，所谓的普遍恐惧依然只能是一种主观心理状态的表征，这将带来极大的不确定性，使得刑罚权的扩张具有了较大的空间。

（四）行为与结果：道义论与功利主义的取舍

重新审视道义论和功利主义的主要内涵，可以发现道义论指向对行为本身的评价，而功利主义侧重于对行为产生的结果进行评价，在刑法学界，二者分别被冠之以行为无价值论与结果无价值论。②

由于法益概念和伤害原则结合之后依然无法对某一行为是否犯罪化进行判定，而对刑法谦抑性的实现将弥合这一缺陷，比较功利主义及道义论在实现刑法谦抑性的过程中发生的作用，能够得出如下认识：（1）刑法的谦抑性强调的是通过"最后的手段"这一基本理念对刑罚权进行限制，从而实现对刑法与其他法律特定是侵权法之间的划界，最后手段性表明只

---

① ［美］罗伯特·诺奇克：《无政府、国家和乌托邦》，姚大志译，中国社会科学出版社2008年版，第78—79。

② "行为无价值论是指行为由于违反了社会伦理规范，就必须要受到否定性的评价，以显示行为本身不值一提，不值得他人学习、效仿；结果无价值是指行为在造成法益侵害或者引起危险时，才给予否定性评价，以凸显被侵害的法益（结果）自身的重要性。"周光权：《行为无价值论之提倡》，《比较法研究》2003年第5期。

有在其他方式无法控制相关行为时，刑法才有介入其中进行调整的余地，某一行为最终被犯罪化正是对各种手段控制该行为的效果进行比较之后做出的选择。在实现刑法谦抑性这一目标上，功利主义更加可取。（2）功利主义与道义论之间既有冲突又有相似之处。就刑法保护的法益类型而言，一般可将其划分为人身性法益与非人身性法益，非人身性法益主要指财产性法益，功利主义受到诟病的原因往往在于其对侵害人身性法益的伤害行为进行的纯粹功利性的衡量可能与一般的道德直觉不符，而道义论的理念在人身性法益的保护问题上更易被接受。如果仅就财产性法益而言，并无道义论适用的空间。①

如此看来，如果仅就财产性法益的保护问题而言，从功利主义出发对行为的结果进行的判定将更有助于实现刑法的谦抑性。

（五）加害人的污名标签：刑法与行政法的界限

前述有关功利主义与道义论之间的比较及取舍主要是为了实现刑法的谦抑性原则而对刑法与民法（主要是侵权法）进行界分，从而确定对某一行为犯罪化应当遵循的最后手段性的要求。然而，在现代法律制度的构造中，对法益的保护并非仅由民法和刑法来实现，行政法亦时常发挥着重要的作用，就我国而言，这种情况体现得更加显著。按此，在实现刑法谦抑性的过程中，不应忽略对行政法与刑法之间如何界分这一重要问题的探讨。

一般而言，行政处罚与刑罚之间最大的区别在于刑罚可以剥夺行为人的人身自由，其原因主要在于行政处罚的证明标准较刑事责任的证明标准要低得多，在刑法中，定罪必要达到排除合理怀疑的证明程度，且须遵循无罪推定的基本原则，这种高标准的证明要求可以最大限度地降低错误成本，从而为公权力剥夺个人的自由乃至生命这些最重要的公民权利提供依据。但在各国的法律实践中，由于历史传统等因素的影响，并未完全遵照上述理念进行制度安排，在我国，行政处罚实际上就包含了可以限制人身自由的行政拘留在内。目前看来，我国的行政处罚在很长一段时间内仍将包括行政拘留、行政罚款等措施，而在其他一些国家中，行政拘留等行政责任实际上通过刑法上的轻罪或违警罪来实现。在明确了这一前提之后，

---

① See Larry A. Alexander, "Deontology at the Threshold", *San Diego Law Review*, Vol. 37, No. 4, Fall 2000, pp. 893-912.

行政法与刑法之间的区分，特别是这一问题在我国法律制度语境之下的解读，也就有了更加明确的指向性。

虽然以行政拘留为表征的行政责任在一定程度上也能对行为人的人身自由进行限制乃至剥夺，但一方面行政拘留的时限较短，与刑罚不可同日而语；另一方面，刑罚带给行为人的影响与行政责任亦有天壤之别。有学者从经济学与社会学的角度阐释了刑罚带给犯罪人的深刻影响："被判有罪的行为人不但承受了公共惩罚，同时也受到污名（stigma）的影响，这一影响即是其他人不愿与其发生经济往来和社会交往。定罪将会传达出有关犯罪人的有用信息，这些信息使得污名化（stigmatization）成为去除了道德考量的刑事司法制度中一项重要的正当功能。"[1] 显然，污名属于刑罚应有的功能之一，对于威慑犯罪能够产生一定的积极作用，但是由于污名带给犯罪人的社会影响非常显著，增加了其再次融入社会生活的难度，再次犯罪的可能性也可能相应提高，此外，如果被贴上犯罪标签的人太多，借由污名实现的社会效果也会相应减弱，污名本身应当发挥的功能必然受到影响。与刑罚相比，虽然行政拘留也能对行为人的人身自由进行限制，但是受到行政拘留等行政处罚的行为人一般而言并不会背负污名的标签，或者这种污名受到的社会苛责程度与刑罚存在本质性的区别。按此，对某种行为的加害人是否需要施加污名进行责难，就成为确定该行为应由行政法抑或刑法进行调整的重要依据。在确定相应行为是否应当通过污名进行责难时，应当充分考量该行为所具有的社会可非难性，亦即是否在社会中大多数人都倾向于认为该行为不具有正当性。[2] 此外，还必须考量通过刑法是否能达到控制相关不当行为的目的，否则以污名对该行为进行责难的理由并不充分。

---

[1] "A convicted criminal suffers not only from public penalties but from stigma, the reluctance of others to interact with him economically and socially. Conviction can convey useful information about the convicted, which makes stigmatization an important and legitimate function of the criminal justice system quite apart from moral considerations." Eric Rasmusen, "Stigma and Self-fulling Expectations of Criminality", *Journal of Law & Economy*, Vol. 39, 1996, p. 519.

[2] See John C. Coffee, Jr. "Does 'Unlawful' Mean 'Criminal'?: Reflections on the Disappearing Tort/Crime Distinction in American Law", *Boston University Law Review*, Vol. 71, No. 2, March 1991, pp. 193-246.

四　检讨侵犯知识产权行为犯罪化的逻辑进路

通过对犯罪本质理论的阐释与整合，得以形成以下结论：侵害他人法益并触犯了伤害原则是成立犯罪的必要条件，但仅满足这一要求并不足以证成相关行为的犯罪化，为了准确界定侵权法与刑法之间的界限，必须借助于功利主义对行为的结果进行评价，只有在民法不足以控制这类行为或者无法有效救济该行为造成的损害时刑法才具有调整该行为的空间，此外，是否必须通过刑罚的污名标签对行为人进行责难是界分刑法与行政法调整范围的重要标准，另外，刑罚是否能达到控制不当行为的目的或效果则是从另一个面向论证相关行为入罪的重要标准。

前述结论即是在理论上检讨某一行为是否应当入罪的基本思路。将这一思路套用在侵犯知识产权行为之上，必须首先明确几个前提：（1）进行检讨的侵犯知识产权行为系一种有关财产权的侵权行为，虽然在立法中知识产权中的版权被认为具有人格财产一体性，但本书坚持认为知识产权系属纯粹的财产权，且在我国《刑法》有关侵犯知识产权犯罪的条款中并不涉及版权中的人身权，故将知识产权作为纯粹的财产权展开进一步的讨论并无不妥；（2）我国《刑法》中的侵犯知识产权犯罪指向的行为与民法上的侵犯知识产权行为在内涵和外延上均有区别，因此对侵犯知识产权行为入罪进行的理论检讨不会局限于民法中的侵权行为，而是针对立法中有关侵犯知识产权犯罪的规定做出；（3）对侵犯知识产权犯罪入罪的理论检讨系从应然意义上进行的，并且结合了本书中已经概括出的有关侵犯知识产权行为的判定标准。

基于上述前提，对侵犯知识产权行为入罪的现实进行理论检讨的逻辑进路得以形成：首先，考察侵犯知识产权行为是否系属对他人法益的侵害并且满足了伤害原则；其次，探究通过民法是否足以控制侵犯知识产权行为或有效救济其造成的损害，如果得出否定答案，则进一步探究刑罚是否能够达到控制侵犯知识产权行为的目的；最后，考量是否必须对侵犯知识产权行为施加污名标签。

第二节　法益侵害与伤害原则的难题

正如前文所述，对某一行为是否应当犯罪化的论证以法益侵害和伤害原则为起点，申言之，即考察相关行为是否对他人的法益进行了侵害并且满足了伤害原则，侵犯知识产权行为犯罪化的理论检讨亦据此展开。

一　知识产权的权利特征与法益侵害

（一）刑法中侵犯知识产权犯罪侵害的法益

由于侵害法益是某一行为犯罪化的必要非充分条件，因此虽然侵害法益的行为并不一定都是犯罪行为，但任何犯罪行为都应当是侵害法益的行为。就此而论，我国《刑法》中规定的侵犯知识产权犯罪亦是侵害法益的行为，按照《刑法》的章节设置，侵犯知识产权犯罪被置于"破坏社会主义市场经济秩序罪"之中，这意味着在立法者看来，侵犯知识产权犯罪侵害的法益应当是国家的社会主义市场经济秩序，知识产权作为一种财产权，侵犯这种财产权的犯罪却未被纳入侵犯财产罪的序列之中，其原因主要在于历史上我国引入知识产权制度时面临的争议，将知识产权与社会经济管理秩序挂钩在很大程度上避免了有关这种新型私人财产权的争议。但是，知识产权所具有的财产权性质已是不争的事实，虽然立法中确认版权具有人身权内容，但在《刑法》中规定的诸项知识产权犯罪并不涉及版权中的人身权，据此，《刑法》中设置的侵犯知识产权犯罪不可能与知识产权的财产权特性无涉，因为即便认为设置侵犯知识产权犯罪的初衷在于维护社会主义经济秩序，但对这一法益的保护显然是在承认知识产权的财产权性质并对之进行保护的基础之上展开的，就此而言，得出侵犯知识产权犯罪侵害了知识产权的财产权法益这一结论应当是没有疑问的。退一步而论，即使侵犯知识产权罪保护的法益并非单纯的知识产权财产权，但至少也将其涵盖在内。例如，有刑法学者从犯罪构成的角度论证了假冒注册商标罪侵犯的客体是复杂客体，其主要客体是国家对商标的管理秩序，次要客体是他人注册商标的专用权，其论证思路如下："我国商标专用权实行注册保护制度，亦即，经国家商标局核准注册的商标为注册商标；商标注册人享有商标专用权，受法律保护。实行注册商标专用权的保护，是促进生产、经营者保证商品质量和服务质量，维护商标信誉、保障消费者和生产、经营者利益的需要……假冒他人注册商标，不仅侵犯了他人注册商标专用权，更严重的是扰乱了国家对商标的管理秩序。"① 由此，侵犯

---

① 龚培华：《侵犯知识产权犯罪构成与证明》，法律出版社 2004 年版，第 85 页。

知识产权犯罪虽然被认为更多地致力于对社会主义市场经济秩序的维护，但其前提是对知识产权人享有的知识产权财产权的保护，相关行为对知识产权这一法益的侵害是侵犯知识产权行为犯罪化论证的前提。

（二）知识产权的权利特点

知识产权的权利对象是信息，而信息具有非物质性的特点，这就决定了知识产权的本质特征在于权利对象的非物质性。这一特征决定了知识产权的权能较之于有形财产权具有重大区别，有形财产具有清晰的物理外观，其权利边界一般而言也没有争议，非物质性决定了对知识产权对象无法进行物理意义上的占有和公示，而是可以附着于多种载体，并可被共享和复制，因而对知识产权的保护尤其依靠法律的强制力。非物质性特征决定了对作为知识产权保护对象的信息进行确定离不开语言描述，而哲学家早已言明：语言并不能为事实做主！赵汀阳就论证了语言哲学的无力，在他看来："语言哲学对各种哲学问题的分析基本上都是画饼充饥模式，大概相当于说，问题 p 本身是不可能得到解决的，但我们可以把 p 另外表达为我们能够解决的 p'，而既然 p' 是语言可以解决的，那么就总算是解决了某个问题。这类似于说，虽然纸上的饼不能吃，但我们好歹总算有了个饼……从意识拯救世界，到语言拯救世界，哲学的这个演变过程看起来似乎顺理成章，捷报频传，可是哲学问题仍然没有结果，我们始终只看到结果的预告。假定哲学原来在研究世界时试图断言：'x 是如此这般的'，由于世界的超越性使得这样的断言无法得证，于是改变策略说成：'在意识中，x 是如此这般的'，可是意识的主观性无法保证这样断言的确定意义，于是又改变策略说成：'在某种语言 L 中，x 是如此这般的。'不难看出，这样一个演变过程并没有真的解决问题，尽管问题的表达方式变了，但其中的核心困难是同构的，我们仍然不知道 x 是不是这样的。这种演变有些类似于对于同一件事情我们不断地说'或者说，也可以说，换句话说……'可是问题总是卷土重来，因为从来就没有被解决。"①

作为知识产权的对象，信息既不是物质，也不是能量，② 这一方面解构了世界是由物质与能量构成的固有说法；另一方面将哲学对世界的认识

---

① 赵汀阳：《第一哲学的支点》，生活·读书·新知三联书店 2013 年版，第 71—72 页。

② 原文为："Information is information, not matter or energy." ［美］N. 维纳：《控制论》，郝季仁译，科学出版社 1962 年版，第 133 页。

推及到了信息，因而，关于知识产权对象的认识某种程度上亦具有强烈的哲学意味。有学者即通过史料的爬梳，指出知识产权领域诸多已成定论的制度概念是如何形成的："为说服国家与社会支持并接受知识产权诸制度，商人运用种种措辞策略，在话语上建构浪漫作者观念、浪漫发明人观念及浪漫消费者观念。经由立法及法院的合理化努力，上述种种浪漫观念已逐渐深入人心并成为版权、专利与商标等制度的正当性基础。"① 这种历史事实无疑印证了赵汀阳的洞见，再将视线投向业已形成的有关知识产权权利对象的解说，无疑会发现其更加依赖于语言的解说与阐释。以版权为例，其保护对象是独创性表达，② 对独创性表达的界定依赖于对独创性与思想/表达二分法的进一步阐明，然而，论者早已指出：思想/表达二分法是"版权法学界创造的一个神话。事实上，思想与表达都是符号性、隐喻性的，它们各自指涉那些版权法应当保护和不应当保护的对象。而这恰恰是版权法需要确定的范围。因此，思想/表达二分法与版权法应当保护的对象/不应当保护的对象就构成了一种循环论证"③。此外，"独创性是被认为建构的，所以不仅在不同的法域存在差异，而且在一个理论体系内部也未必总能保护逻辑上的一致"④。在专利法和商标法领域，专利权与商标权的保护对象也离不开进一步的解释，这也是侵犯专利权判定中等同原则及商标权侵权判定中出现混淆标准的原因。

由此看来，知识产权权利对象的非物质性导致必须依赖于语言的阐释才能对之进行界定，这就意味着通过权利对象确定的权利边界本身具有较强的主观色彩。从这一特性出发，依赖于话语构建加以界定的知识产权权利对象与作为物质财产权的另一重大区别得以进一步显现：知识产权属于被假设有效的权利，亦即知识产权具有不确定性。就版权而言，虽然自作品创作完成之日起自动取得版权，但这种版权的取得显然是一种假设，其权利边界依赖于独创性的识别，而独创性本身难以把握。对于专利权和商标权而言，其权利必须经由专利审查机关或商标审

---

① 黄海峰：《知识产权的话语与现实——版权、专利与商标史论》，华中科技大学出版社2011年版，第2页。

② 何怀文：《著作权侵权的判定规则研究》，知识产权出版社2012年版，第19页。

③ 李雨峰：《思想/表达二分法检讨》，载李晟执行主编《北大法律评论》第8卷第2辑，北京大学出版社2007年版，第450页。

④ 李琛：《著作权基本理论批判》，知识产权出版社2013年版，第136页。

查机关的确认，而这一确认也只是对专利权与商标权的一种假设，因而存在着专利权和商标权的无效宣告程序。综合看来，知识产权被假设为有效这一重大特征带来了一种理论上的必然推断：任何一项知识产权都存在被否定的可能性。

（三）法益侵害的难题

按照法益侵害说的基本论点，犯罪必须是侵害了法益的行为，对于知识产权而言，由于其存在着被否定的可能性，如果某一知识产权被否定，则意味着这一权利自始即不存在，不存在的权利自然也就没有需要进行保护的法益，由此而言，将侵犯知识产权行为进行犯罪化在法益侵害这一问题上即面临着极大的风险。试想，如果针对某一侵犯知识产权的行为对行为人做出有罪判决，使其身陷囹圄，而事后这一知识产权的效力被否定，那么行为人已经承担的丧失人身自由之痛苦根本无法进行补救。虽然任何刑事司法制度中都难以避免错案的发生，甚至有时在犯罪嫌疑人被判处死刑并执行完毕之后发现其并非真正的犯罪实施者；然而，这种情况的出现主要是由于在证据的认定与取舍上出现问题，系在锁定犯罪行为人这一环节发生的纰漏，相关行为犯罪化所要保护的法益本身是确定的。而知识产权的特性却导致对侵犯知识产权行为犯罪化所要保护的知识产权这一法益本身极大的不确定性。可见，侵犯知识产权行为的犯罪化在法益侵害这一基本问题上就面临着难以逾越的障碍。

我国《刑法》中的侵犯知识产权犯罪所指向的行为并非均是侵犯知识产权行为，假冒专利罪所规制的假冒专利行为就并不是民法意义上的侵犯专利权行为，因此这一罪名所要保护的法益也就区别于其他的侵犯知识产权罪。然而，这一罪名被置于"侵犯知识产权犯罪"序列之中的事实，至少说明立法者曾经认为该行为系属对专利权的侵犯。事实上，我国《刑法》的立法者一度将"假冒专利"等同于"侵犯专利权"，在司法实践中亦将假冒专利的行为归纳为下述情形："未经专利权人许可，制造、使用、销售其享有专利权的产品；未经专利权人许可，使用其专利方法；未经专利权人许可，在所制造、出售的商品上标注、缀附专利权人的姓名、专利名称和专利号；未经专利权人许可，在有关商品广告中冒用专利权人的姓名、专利名称和专利号；以及其他冒充他人专利产品的行为。"① 这

---

① 龚培华：《侵犯知识产权犯罪构成与证明》，法律出版社 2004 年版，第 103 页。

种理解显然导致了刑事判决中对基本问题的认识出现了偏差。因此，在《专利法》的修订过程中，明确了假冒专利的行为类型，将其与侵犯专利权的行为区别开来，从 2010 年修订的《专利法实施细则》来看，假冒专利的行为主要指向两种情形："假冒他人专利的行为"与"冒充专利的行为"。① 立法者对二者做出了较为明确的区分。②

据此来看，假冒他人专利的行为与冒充专利的行为指向的是不同的法益，前者仍然是对专利权的保护，而后者则是对市场秩序或者说专利授权管理秩序的维护。就前者而言，由于专利权本身存在被宣告无效的可能，这一行为的犯罪化面临的论证法益侵害的障碍一如前述；对于后者，则需要注意到专利授予行为本身的性质，学界普遍认为专利权是先在的财产

---

① 我国《专利法实施细则》（2010 年修订）第 84 条规定："下列行为属于专利法第六十三条规定的假冒专利的行为：（一）在未被授予专利权的产品或者其包装上标注专利标识，专利权被宣告无效后或者终止后继续在产品或者其包装上标注专利标识，或者未经许可在产品或者产品包装上标注他人的专利号；（二）销售第（一）项所述产品；（三）在产品说明书等材料中将未被授予专利权的技术或者设计称为专利技术或者专利设计，将专利申请称为专利，或者未经许可使用他人的专利号，使公众将所涉及的技术或者设计误认为是专利技术或者专利设计；（四）伪造或者变造专利证书、专利文件或者专利申请文件；（五）其他使公众混淆，将未被授予专利权的技术或者设计误认为是专利技术或者专利设计的行为。专利权终止前依法在专利产品、依照专利方法直接获得的产品或者其包装上标注专利标识，在专利权终止后许诺销售、销售该产品的，不属于假冒专利行为。销售不知道是假冒专利的产品，并且能够证明该产品合法来源的，由管理专利工作的部门责令停止销售，但免除罚款的处罚。"

② "从本质上看，假冒他人专利行为与冒充行为都是作假欺骗的行为，即冒用专利号或者专利标记，借用专利的名义欺骗公众，属于损害公共利益、扰乱正常市场秩序的违法行为。从形式上看，两者的区别主要在于：假冒他人专利行为冒用的是他人已经取得、实际存在的专利；冒充专利行为冒用的是实际不存在的专利。实践中，由于我国的专利申请量和授权量巨大，即使行为人按照专利编号的规则随便杜撰一个专利号，也有可能与实际存在的某个专利号相同。因此，究竟是构成'假冒他人专利'还是'冒充专利'，有时与行为人的主观意愿无关，完全由偶然因素决定。从法律责任上看，两者的区别主要在于：假冒他人专利行为有可能同时构成侵犯他人专利权的行为，此外也侵犯了该专利权人的标记权，行为人还要承担相应的民事侵权责任。但是，从欺骗公众、扰乱市场秩序的角度来看，冒充专利行为的社会危害性不亚于假冒他人专利。所以，从行政管理和行政处罚的角度而言，两者没有区分的必要，应归为一类，等同对待。"国家知识产权局条法司主编：《〈专利法〉第三次修改导读》，知识产权出版社 2009 年版，第 79—80 页。

权，行政程序仅仅是对已有权利的承认和声明。① 如果秉持这一认识，显然基于专利授权行为的管理秩序亦构建在专利权之上，必然受到专利权不确定性的影响，从专利管理秩序的角度出发对冒充专利的行为所要保护的法益进行论证也存在着与假冒他人专利行为类似的问题。如果认为行政权在专利权取得过程中占据主导地位，专利权的性质将会发生相应的变化，但是专利权不确定性这一特点却不会发生改变，这意味着论及冒充专利行为所要保护的法益仍然无法回避专利权本身可能被宣告无效的事实，这必然影响到对专利行政管理秩序本身的评价。因此，无论假冒他人专利的行为抑或冒充专利的行为的犯罪化都在法益侵害这一基本问题上面临障碍。

综合看来，《刑法》中的侵犯知识产权犯罪所规制的行为在其犯罪化论证的过程中对于法益侵害这一基本问题的回应面临着极大的困难，原因在于知识产权一种被假定有效的权利，这是由其权利对象的非物质性特点决定的。

二　侵犯知识产权行为的特质与伤害原则

（一）侵害有形财产的行为及其造成的伤害

知识产权作为一类特殊的权利，由于版权中具有人身权内容，并不被认为是一种纯粹的财产权，但一则理论上有大量关于知识产权系属纯粹财产权的论述，二则侵犯知识产权犯罪中与版权的人身权无涉，因而将侵犯知识产权犯罪与侵犯有形的物质财产权犯罪之间进行类比就没有了障碍。

在我国的《刑法》中，专门设置了"侵犯财产罪"一章，主要包括以下罪名：抢劫罪、盗窃罪、诈骗罪、抢夺罪、聚众哄抢罪、侵占罪、职务侵占罪、挪用资金罪、挪用特定款物罪、欺诈勒索罪、故意毁损财物罪、破坏生产经营罪。② 从该章规定的罪名考察，可以发现这些罪名规制的行为均指向对有形财产权的侵害。以满足伤害原则是构成犯罪的必要非充分条件这一前提出发，"侵犯财产罪"一章指向的抢劫、盗窃等行为显然被认为对他人造成了伤害，这些伤害则具体表现为对财产所有人有关有

---

① 例如，有学者指出："专利权是无形财产权，同时也是专利权人对发明创造的垄断权。这种私人财产权的确立，使知识成为稀缺性的资源，需要一定的公示方式表征其权利状况，即需要一定的权利外观。"邱曼丽、哈斯：《专利证书（专利登记簿副本）在专利权属纠纷中证明力的探讨》，《知识产权》2009 年第 3 期。

② 参见我国《刑法》第 263—276 条。

形的物质财产所有权的侵害。对于所有权，论者从不吝惜对其重大价值与现实意义进行褒扬，日本学者加藤雅信通过对所有权产生的社会构造进行的分析得出了所有权的首要功能在于使用权能的私人独占，这对生产资料与非生产资料同样适用。[①] 可见，实现财产权的前提在于对作为财产权对象的有体物进行私人独占，如果丧失了这种私人独占，财产权的功能根本无法实现。侵犯财产罪指向的诸多行为，其行为人在本质上即是意图使财产所有人丧失这种私人独占，而且相关行为在客观上均具有使财产所有人丧失这种私人独占的可能性。从伤害原则出发，盗窃、抢劫等行为侵犯了他人的财产利益，而利益无疑是有价值的东西，财产利益的价值就更加重要，这种价值显然能够满足人们的诸多需求，而这些需要往往呈现为主观心理上的状态，就此而论，犯罪行为的受害人才能准确衡量行为对其造成的伤害。这种推断虽然符合直观的感受，但在法律层面探讨伤害问题，则需要将主观感受进行客观化处理，在刑法中尤其需要如此，例如，对于买卖毒品的行为如果仅从交易双方的心理状态考察其造成的伤害，很可能得出该行为不具有伤害性的结论。因此，对于伤害的认定应当从法律上拟制的一般人或普通人的角度出发。在明确了这一前提之后，对于侵犯财产罪所指向的行为造成的伤害将获得更为深刻的认识，就盗窃、抢劫等行为而言，从社会公众或普通人的角度出发，显然对享有物质财产权的所有人造成了伤害，使得财产所有人丧失了对物质财产的私人独占或极有可能丧失这种独占，财产权的功能及价值也就无从实现。综合看来，盗窃、抢劫等侵害物质财产权的行为之所以能够满足伤害原则并最终被犯罪化，正是因为此类行为使得物质财产的所有权人丧失了对其财产的私人独占或客观上具有丧失这种私人独占的可能性。

（二）侵犯知识产权行为的特质

在英美法系的财产法理论中，明确了所有权的内容，即"财产权并没有规定我们因对物的所有而应承担义务，这些义务属于债法（尤其是侵权行为法）和公法的内容。财产法则只赋予我们对物的法律权力。物的价值来源于我们能够对物做些什么。正是我们能够对物做些什么的综合构成了所有权的内容。其主要内容是：（a）对物的实际使用权；（b）获取物之收益的权利，不论该种收益表现为金钱、实物，还是劳务；（c）实施管

---

① ［日］加藤雅信：《"所有权"的诞生》，郑芙蓉译，法律出版社 2012 年版，第 145 页。

理的权力，包括转让物的权力"①。不难发现，英美法系的财产法理论对所有权内容的阐述与大陆法系中物权法中有关物权权能的论述颇为相似，虽然其中没有论及占有这一物权的基本权能，但论者仍然强调："当发生权属争议时，谁对物享有产权的问题则只有通过对簿公堂来解决，在这种诉讼中，尽管原告的目标往往仅在于取得对该物的占有，但他却必须尽力证明产权成立的要件——即直接占有权的存在。"② 由此看来，英美法系的财产法理论依然强调占有是实现所有权内容的前提，而且侵权诉讼中的首要目标就是回复对物这一财产权对象的占有。可见，占有是实现有形的物质财产权内容的前提，而最严重的侵犯物质财产权的情形无疑是使得财产所有权人丧失对物的占有。

　　明确了这一前提之后，重新考察知识产权的权利内容及侵权行为的特质将显得有的放矢。知识产权的权利对象与有形的物质财产权具有显著的区别，信息的非物质性特点决定了知识产权的对象根本无法进行物理意义上的占有，较之于物质财产权，知识产权的权利内容中并不存在所谓占有之说，事实上任何人都不可能对知识产权的权利对象进行占有。无法对知识产权的权利对象进行真正的现实占有这一特点决定了侵犯知识产权行为亦呈现出独有的特质，即无论侵权行为的性质和手段有多么严重，一般而言，侵权行为并不会导致知识产权权利对象发生物理层面的损耗或灭失，侵犯知识产权行为造成的结果通常只能是对收益权这一权能的侵害，亦即侵权行为使得知识产权人丧失了原本应由其获取的那一部分经济利益。这一结论的得出深刻地根植于知识产权的权利对象信息在传递的过程中能够保持其同型结构不发生变化这一常识，通过对生活事实的检验亦可验证这一结论。例如将某一享有版权的音乐作品上传至互联网中供网络用户下载的行为，已然侵犯了信息网络传播权，但该音乐作品本身在成千上万次的下载过程中本身没有发生任何变化，没有损耗，更不会灭失。在更加极端的例子中，假如某人盗窃某著名绘画作品的原件并将其付之一炬，除了该份原件之外没有任何复制品，此种情况下似乎应当认定行为人侵犯了版权并在事实上造成了作品本身的灭失，但事实上这一行为侵犯的仍然是承载

---

　　① ［英］F. H. 劳森、B. 拉登：《财产法》，施天涛、梅慎实、孔祥俊译，中国大百科全书出版社 1998 年版，第 8 页。

　　② 同上。

绘画作品的原件的物权，并未侵犯版权。

　　由此可见，较之于有形的物质财产权，侵犯知识产权行为的一个重要特质就是其并未对知识产权的权利对象本身造成任何损耗或导致其灭失，相反，侵犯知识产权行为本身只会固定或再现权利对象，其造成的后果一般而言都呈现为经济利益上的损失。

（三）伤害原则的难题

　　在明确了侵犯知识产权行为较之于侵犯有形的物质财产权具有的特质之后，考察侵犯知识产权行为是否能够满足伤害原则成为论证侵犯知识产权行为犯罪化的必要步骤。

　　侵犯知识产权行为以向他人再现权利对象的信息中意义的方式进行了传播，而这一行为原本属于知识产权权利人的权利范畴，这种行为显然伤害了权利人，对权利人而言，其享有的自主决定权及收益权受到了侵犯。然而，侵犯知识产权行为在伤害程度上较之于盗窃、抢劫等侵犯物质财产权的行为显然不能同日而语，究其原因仍然在于侵犯知识产权行为并不会影响权利人继续实现其知识产权的权利内容，也就是说已然发生的侵犯知识产权行为仅仅可能造成权利人失去其本应取得的经济利益，对于权利人继续实现其知识产权的使用、收益、处分等权能不会产生实质性的影响，而盗窃、抢劫等行为一旦发生则阻断或者大大影响了物质财产权所有人实现其物质财产权的使用、收益、处分等权能。质言之，侵犯知识产权行为造成的伤害指向已经发生的可能的知识产权收益权的损失，而盗窃、抢劫等侵犯物质财产权的行为则更多地导致未来将要失去的有关物质财产权的所有权能。这样看来，侵犯知识产权行为对权利人造成的伤害要小得多。

　　当然，侵犯知识产权行为造成权利人丧失其本应取得的经济收益，而经济收益的损失仍然是一种伤害，并不能断然认为这种伤害就能够成为否定侵犯知识产权行为犯罪化的理由。由此，有必要考察侵犯知识产权行为造成的所谓经济利益的损失究竟应当如何衡量。在权利人看来，所有的盗版和假冒行为都造成了其相应经济利益的损失。[①] 然而，论者敏锐地指

---

　　① 例如，根据美国国际贸易委员会（United States International Trade Commission，USITC）的统计，仅 2009 年，美国的版权和软件产业就因中国的侵犯知识产权行为损失了 480 亿美元，这直接或间接造成 210 万个工作岗位的流失，美国的企业为应对前述侵权行为额外支出了 5 亿美元的成本。冯象：《知识产权的终结——"中国模式"之外的挑战》，李一达译，《文化纵横》2012 年第 6 期。

出："学者们对这些被用作贸易谈判和市场准入斗争策略的索赔要求不屑一顾，认为它们纯粹是由国内政治或选民政治驱动，数据之含混无法指明任何真实的趋势。毕竟，这些要求都立足于一个荒谬的假设——中国（及其他发展中国家）的用户和消费者能够并愿意以美国市场上适用的同等价格购买软件、电影、音乐和电子游戏以及其他版权材料。"[1] 这就揭示出了这样一个让知识产权的权利人无法接受的现实：即便没有盗版或假冒产品，消费者也并不必然会购买正品，事实上价格因素很多时候决定了购买的意愿。在劳伦斯·莱斯格看来，"那些只愿意花费 50 美分买盗版 CD 的人，根本就不会去花 15 美元购买正版的 CD"[2]。同样的道理，那些只愿意花费几十元人民币购买仿冒的阿迪达斯、耐克球鞋的人，根本就不会去花上千元人民币购买正品的阿迪达斯、耐克球鞋。可见，盗版、仿冒等侵权行为固然给侵权人带来了丰厚的经济回报，但没有这些侵权行为，相应的经济收益在事实上是否必然能够产生并且归入权利人的腰包显然存有疑问。如此一来，前述有关侵犯知识产权行为对权利人造成的伤害使得其丧失了原本应当取得的经济利益这一结论是否能够成立就面临着不小的挑战。进一步而论，侵犯知识产权行为是否能够满足伤害原则的要求进而被犯罪化就不是一个能够断然给出肯定回答的问题。

可见，由于知识产权权利对象的非物质性，导致任何人实际上无法对其进行占有，而侵犯知识产权行为并不会造成权利对象本身的损毁或灭失，因而其后果往往呈现为权利人本应取得的经济利益的损失，侵权行为对权利人造成的伤害也指向相应经济利益的损失，但是受到价格等因素的影响，消费者对侵权产品的青睐并不必然能够置换为其对非侵权产品的购买欲望，亦即侵权人获利并不必然等同于权利人应得的经济收益，这就进一步减损了侵权行为可能给知识产权的权利人带来的伤害，从而使得侵犯知识产权行为是否能够满足伤害原则的要求进而被犯罪化这一论证进路遭遇不小的难题。

---

① 冯象：《知识产权的终结——"中国模式"之外的挑战》，李一达译，《文化纵横》2012 年第 6 期。

② ［美］劳伦斯·莱斯格：《免费文化》，王师译，中信出版社 2009 年版，第 44 页。

第三节　最后手段性论证的困境

在对侵犯知识产权行为侵害法益及是否满足伤害原则的问题进行一番检讨之后，可以发现论证侵犯知识产权行为是否侵害了法益并满足伤害原则的要求存在不小的难度，但由于论证过程中必然存在的不周延性及理论本身的缺陷，并不能据此中断侵犯知识产权行为入罪的理论检讨并径行得出侵犯知识产权行为不应入罪的结论。根据前述归纳出的论证某一行为犯罪化的逻辑思路，为了准确界定侵权法与刑法之间的界限，必须借助于功利主义对行为的结果进行评价，只有在民法不足以控制这类行为或者无法有效救济该行为造成的损害时刑法才具有调整该行为的空间，因此必须通过最后手段性的论证对侵犯知识产权行为的入罪展开进一步检讨。

一　民法对侵犯知识产权行为的控制

（一）侵犯知识产权行为频发的动因

民法的初衷在于确定出私人或私人群体之间的活动范围，从而保障个人的自由和权利，防止社会冲突，按照法家学者管仲的说法，即是"定分止争"①。然而，"天下熙熙，皆为利来，天下攘攘，皆为利往"②，民法在应然意义上确定了财产的归属和权利的配置，但对于利益的追求却使得侵权行为的发生无法避免，因此，民法通过侵权行为法为民事主体提供救济。由此看来，侵权行为实际上是对法律这一行为规则的违反，而对于侵权行为的救济致力于恢复原有的私法秩序，在整个侵权行为的发展脉络中，呈现出"确定行为规则—违反行为规则—损害民事主体利益—形成社会冲突—提供民事救济—回复私法秩序"这一逻辑顺序。

具体到侵犯知识产权行为，利益的争夺仍然是市场主体实施侵权行为的根本动因。知识产权权利人在一定期限和地域范围内就其知识产权指向的权利对象享有生产和销售的专有权利，从而获得相应的经济收益。从市

---

① 语出《管子·七臣七主》，原文为："法者所以兴功惧暴也，律者所以定分止争也，令者所以令人知事也。"

② 司马迁：《史记·货殖列传》。

场交易的角度考察，知识产权的权利人因为其投入的智慧、劳动、资金，从而对特定的信息享有知识产权，基于这种信息而产生的知识产品的制造、销售及收益权自然归属于权利人所有；在权利人之外，其他人如果想利用这种已然受到知识产权保护的信息就必须征得权利人的同意并支付费用，除此之外，通过各种合法的途径回避知识产权的阻断成为另一种选择。而这两种方式都必须付出相当的交易成本，如果能以极低的成本甚至不用支付成本即能使用受到知识产权保护的信息，自然是一种相当经济且便利的方式。由此，通过实施侵权行为使交易成本降到最低成为某些市场主体的选择。

获取经济利益是发生侵犯知识产权行为的动因，但侵犯知识产权行为的泛滥则源于其权利对象的非物质性。信息具有可复制性，能够在不同的载体中再现，这就决定了侵犯知识产权行为较之于有形的物质财产权更加多样和频繁，凡是能够利用相应的信息获取经济收益的行为方式，都可以成为侵权的表现形式，很多情况下，权利人自己尚未发现或意识到的使用其享有知识产权的信息并获取收益的方式却首先以侵权行为的形式呈现出来。这种情况在版权法中体现得非常明显，由于技术的发展，作品的形式更加多样，利用作品的方式也更为灵活。按照学者的归纳，从20世纪70年代开始，数字技术的发展为版权法带来了深刻的变化："首先是计算机软件作品被纳入著作权的体系之中。美国最先向各国提出以著作权法保护计算机软件的要求，德国的马克斯·普朗克研究所这个与知识产权密切相关的机构首先予以理论上的支持，菲律宾在1974年率先在著作权法中保护计算机软件，这是数字技术在作品类型上对传统著作权法的进一步扩张。其次是作品权利项目的不断扩张，数字技术下的临时复制、信息网络传播等权利纳入了著作权法。最后，作品的传播途径发生巨大变革。诞生于20世纪80年代的多媒体与计算机网络技术，给传统著作权人的传播渠道带来了全面的冲击。因为在理论上，每一个在线的网民（net citizen）都可能同时成为作品的传播者和接受者，而他既可能是传统著作权法中的著作权持有人，也可能是传统著作权人的竞争者，还有可能是版权作品的消费者。"[1]

---

[1]　梁志文：《数字著作权论——以〈信息网络传播权保护条例〉为中心》，知识产权出版社2007年版，第2—3页。

　　显而易见的是，技术的不断发展在带给权利人更加丰富的权利内容的同时，亦便利了侵权行为实施，侵犯知识产权行为的泛滥便成为不可逆转的趋势。在权利人看来，这形同掠夺，如何控制侵犯知识产权行为成为一项重要课题。① 因此，在权利人的鼓噪声中，侵犯知识产权行为的频发、易发、多发对权利人带来了巨大的损失，而法律必须发挥其应有的功效，致力于有效控制侵权行为。

（二）民法对侵犯知识产权行为的控制及效果

　　作为一项民事权利，在受到侵犯之后，民法将首先为权利人提供救济，从控制侵权行为的角度而言，民法是第一道防线，如果通过民法的救济方式就能有效地控制侵犯知识产权行为，则刑法的介入就并非必需，这也是刑法的谦抑性原则所要求的。

　　在知识产权的权利人看来，目前频繁发生的侵权行为已然达到了"失控"的程度。按此，必须首先明确"失控"与"受控"之间的界限，亦即侵犯知识产权行为的量化在达致何种节点之后可以称为"失控"？从这一角度考察，虽然以美国为首的发达国家知识产权权利人提出了貌似精准的数据，对诸种侵权事实及其损失后果言之凿凿，但相应数据的发布者要么是发达国家的研究机构，要么是发达国家资助的国际组织，而且对于数据的来源并没有提供详细的说明。这就不免带来一种强加于人的感觉，相关数据的说服力自然也大打折扣。另外，许多在权利人口中当属侵权行为的现象实际上亦有不小的争议，原因在于侵犯知识产权行为应当是以再现权利对象的信息中意义的方式传播信息的行为，除此之外的许多行为并不能当然纳入侵犯知识产权行为的范畴，这就使得很多受到诟病的行为原本就应当归属于合理使用的领域。事实上，所谓侵犯知识产权行为已达"失控"的论调，主要是基于两个面向的比较得出的结论：一种是基于时间因素展开，以当下的侵权行为现实同过去的侵权行为状况进行比对，由于技术的发展，利用信息的方式更加多样化，自然能够得出侵权行为愈发

---

　　① 有学者对此问题进行了较为精辟的归纳：知识产权是"权利人实在的利益，是许可费、是市场占有比例。因此，尽管美国国际贸易委员会（USITC）所谓美国的版权和软件产业因中国的侵犯知识产权行为损失了 480 亿美元的数据并不靠谱，但对于微软、IBM、苹果等公司来说，其知识产权利益却是实在的，它们对总统和议员们的支持也是实在的，总统、议员们要想在位子上继续坐下去，就不能停留在把知识产权制度推向国际，而要努力把知识产权利益收回国内。"张志成：《终结还是强化？——评冯象："知识产权的终结"》，《文化纵横》2012 年第 5 期。

严重的结论；另一种基于同物质财产权之间的比较展开，由于知识产权权利对象为非物质性的信息，能够在不同的载体中进行传播而保持其同型结构不发生变化，而对物质财产权的侵害一般而言必须基于对物质财产的占有才能进行，侵犯知识产权行为的发生较之于物质财产权自然更加频繁。尽管如此，盗版、假冒等侵权行为的大量发生却也是不争的事实，至于是否应属"失控"，却是一个不无争议的问题。

　　由此看来，试图通过数据统计的方式或简单的对比得出侵犯知识产权行为"失控"的结论在事实上并不可能也不具有说服力。可见，在实践层面寻求确定侵犯知识产权行为失控与受控之间的界限这一做法并不可行，只有暂时搁置这一问题，探讨通过民法对侵犯知识产权行为进行控制的可能性及其效果。对于侵权行为，民法的控制一方面在于确定权利的归属及权利的边界，这种控制可称为事前控制；另一方面在于发生侵权行为之后提供的救济，从侵权人的角度而言，即侵权之后其将要承担的民事责任，这一控制即事后控制。从事前控制的角度而言，必须重视知识产权在权利对象方面的特殊性，较为准确地厘定知识产权的权利边界，确立判定侵权的规则。然而，这种事前控制的方式在现实中被化约为知识产权权利边界的一再扩张，侵权行为的判定标准日趋宽泛，这就使得越来越多的行为方式被纳入侵权的范畴，而知识产权与有形财产权之间的区别则被有意无意地忽略甚至无视。① 这就造成了一种颇为讽刺的现实：一方面知识产权的权利内容更加丰富和多样，权利边界不断扩展，侵犯知识产权行为的发生却更加频繁。如果仅从控制侵权行为的角度来说，知识产权的非理性扩张实际上不但无助于遏制侵权行为，实际上成为导致侵权行为大量发生的原因之一，这一后果的发生与权利人的积极作为不无关系，可以毫不夸张地说，权利人口中所谓的"失控"是其积极开拓知识产权疆域的副产品。再将视线投向事后控制，在发生侵权行为之后，侵权人可能因为权利人提起的民事诉讼而最终承担停止侵权、赔偿损失等民事责任，但从权利人的角度而言，是否发起民事诉讼、能否锁定具体的侵权行为人、能否获

① 美国学者莱斯格已然指出这种现实带来的弊病："把知识产权当作普通财产看待，就会带来错误。在我们的思维定式下，知识产权法所保护的权利的性质被简单化了，知识产权被等同于汽车、房屋等普通财产，于是，就有了永无休止的加强知识产权保护的呼声，而反对之声却难得一闻。"［美］劳伦斯·莱斯格：《思想的未来》，李旭译，袁泳审校，中信出版社 2004 年版，第244 页。

取及固定侵权的证据、证明侵权的事实、侵权人是否有赔偿能力等因素都会对侵权人最终是否承担以及承担何种程度的民事责任产生影响。在权利人看来，由于难以锁定侵权人、取证成本高、难以证明具体的损害数额等问题，使得知识产权的民事诉讼面临着成本高、周期长的特点，从而使得侵权成本很低，客观上导致了侵权行为的大量发生，有失控之嫌。然而，民事权利及民事诉讼的本质就是需要权利人的积极作为来维护自己的权利，知识产权民事诉讼成本高、周期长的特点是由知识产权的权利特征所决定的，与知识产权诉讼或者说民事权利的保护方式没有关系，认为民事责任不足以控制侵权行为的发生显然有推卸本应由权利人承担的诉讼成本及维权责任的嫌疑。

综合看来，关于侵犯知识产权行为"受控"与"失控"之间难以确定一个可以量化的明确界限，侵权行为"失控"的结论值得怀疑。而权利人对知识产权权利范畴的积极拓展在一定程度上导致了侵权行为的数量大为拓展，通过民法进行的事前控制不够有力的原因与权利人自身不无关系，而有关民法对侵权行为的事后控制不力导致侵权行为失控的论调更有无视民事权利及民事责任固有特点的嫌疑。

二 民法对知识产权的救济效果

按照前述业已归纳出的将某一行为犯罪化的论证路径，民法无法有效救济该行为造成的损害是将相关行为犯罪化的重要前提。按此，有必要通过对侵犯知识产权行为对权利人造成的损害进行探讨，结合民法提供的救济方式，从而评估民法救济侵犯知识产权行为的效果，最终得出民法是否能够有效救济侵犯知识产权行为造成的损害的判断。

(一) 侵犯知识产权行为造成的损害

在探讨侵权行为对权利人造成的损害之前，有必要再次明确知识产权的本质功能。虽然都被归属于"财产权"序列，但知识产权与物质财产权之间仍存在不小的差别。物质财产的物理结构及其物质性外观决定了其在占有、使用、收益及消费等方面具备经济学上所称的资源之稀缺性和竞争性，这就决定了物质财产权制度侧重于通过对这种稀缺性与竞争性的确认和维护，创立一种独占性的具有支配力的权利类型，应当说这一财产权的特性与有体物本身的特性是符合的，不但能够激发人的劳动热情和投资积极性，亦能使市场交易的展开拥有清晰明确的资源配置这一前提，通过对有体物的生产、交换、消费、流转，最大限度地发挥物的使用价值。侵犯物质财产权的行为无疑对所有权人造成了极大的损害，使得其基于对有体物的所有权而享有的占有、使用、收益、处分等权能无从实现。而盗窃、抢劫等行为由于直接导致所有权人丧失了对物的占有，更进一步破坏了国家的财产权秩序，打破了有体物所有权体系的自然事实状态，不但对权利人造成了损害，其行为方式的隐蔽性或暴力性更是对国家的财产权秩序造成了极大的妨碍，此外，这种行为本身对权利人及社会公众在心理上造成的恐惧感亦是损害之一种。由此看来，盗窃、抢劫等行为造成的损害并不局限于权利人的经济损失，还包括行为本身对权利人及社会公众产生的恐惧感、对社会及国家财产权秩序的损害，这也是民法不足以对此类行为提供充分救济的原因。

与有体物不同，信息没有物理外观，并不具备稀缺性与竞争性，无法进行占有，对信息提供保护的知识产权是人为创造的一种法律上的独占性权利，并非对自然事实的法律确认。基于这种人为设定的独占性，权利人既可以自己使用其享有知识产权的信息，亦能许可他人使用并收取相应的费用。正是因为这种人为设定的特点，知识产权的本质功能在于恰当地分配利益，创作者、使用者、消费者、社会公众的利益都需要考虑在内，这与物质财产权对有体物所有人独占性支配地位的绝对保护具有显著区别。知识产权的设立并非基于自然事实，较之于物质财产权，知识产权具有相当的不确定性，这种不确定性反映在侵权行为中即是侵权行为对权利人造成的损害往往无法量化。而信息的非物质性决定了侵犯知识产权行为不会使信息本身发生损耗，更不会灭失。综合看来，侵犯知识产权行为对权利人造成的损害一方面在于侵害了权利人行使其权利的自由，即对不特定的对象发放或不发放使用许可的自由决定权受到侵犯；另一方面在于经济收益的损失，而这种损失应属损害的主要方面。

除了对权利人造成的损失，连篇累牍的文献与数据列举了侵犯知识产权行为的频繁发生造成的其他严重损害。例如，欧盟委员会就指出了全球假冒商品贸易发展的最新趋势：（1）假冒商品的激增威胁到了公共安全和公众健康；（2）假冒商品更多地集中于家用领域而非奢侈品；（3）假冒的复杂高新技术产品数量大增；（4）假冒商品的产量已达工业化规模；（5）假冒商品的高品质导致没有技术专家的协助不可能将之鉴别出来。① 这些论述集中于对盗版作品及假冒商标的商品在对权利人带来损失的同时，损害了公众的健康、危及公共安全，民法对这些损害并不能提供充足的救济。然而，将这些损害归罪于知识产权的侵权行为却多少有些似是而非。就盗版作品而言，在权利人的经济损失之外刻意强调其产生的其他危害多少有些牵强，事实上，价格低廉的盗版作品甚至在很大程度上对文化知识的传播及社会观念的普及起到了积极作用，例如美国就曾从大量盗印外国著作中获益良多，而近代中国有关版权保护的争议中，时任清廷管学大臣张百熙的见解亦说明了盗印外国著作对教育、学术等社会事业的重大意义："闻现议美国商议有索取洋文版权一条，各国必将援请'利益均沾'。如此，则各国书籍，中国译印，种种为难。现在中国振兴教育，研究学问，势必广译东西书，方足以开民智。各国既深望中国维新变化，相期共达文明，今日中国，学堂甫立，才有萌芽，无端一线生机，又被遏绝，何异劝人培养，而先绝咨粮……"② 虽然这一论述具有较强的时代背景，但盗版本身可能具有的积极效用却不容否认。在更为极端的论述中，甚至有学者认为人类的文明史就是一部盗版史。③ 对于假冒商品而言，假冒的药品、食品等商品固然可能对公众健康产生巨大的危害，但这种危害并非来源于侵犯知识产权行为本身，而是制造、生产相应产品的行为在质量等方面不合国家标准或规范所致，《刑法》中业已通过生产、销售伪劣产品罪，生产、销售假药罪，生产、销售劣药罪，生产、销售不符合卫生标准的食品罪等罪名对此类行为进行惩处。须知，商标虽然在使用过程中通过商誉的积累足以发挥质量担保的功能，但商标本身与商品质量

---

① Commission of the European Communities, Communication From the Commission to the Council, The European Parliament and the European Economic and Social Committee on a Customs Response to Latest Trends in Counterfeiting and Piracy, Brussels, 11.10.2005, p. 5.

② 该文节选自时任管学大臣的张百熙为反对中日建立版权保护双边同盟而向两江总督刘坤一、湖广总督张之洞、办理商约大臣吕海寰、会办商约大臣盛宣怀力陈版权保护可能为中国带来弊害的电文。李雨峰：《枪口下的法律：中国版权史研究》，知识产权出版社 2006 年版，第 97 页。

③ 美国学者莱斯格认为："如果'盗版'意味着不经允许而擅自使用他人的作品，如果'有价值便有权利'的信条正确无误，那么整个人类的文明史就是一部盗版的历史。今天，电影、唱片、广播、有线电视等这些'大媒体'的每一个重要组成部分都脱胎于所谓的'盗版'。"［美］劳伦斯·莱斯格：《思想的未来》，李旭译，袁泳审校，中信出版社 2004 年版，第 35 页。

无涉，所谓的驰名商标三鹿奶粉涉及三聚氰胺事件即为明证。[①] 将公众健康等问题归咎于侵犯商标权的做法显然有"欲加之罪，何患无辞"的嫌疑。

可见，侵犯知识产权行为造成的损害实际上仍然集中于其对权利人造成的损害，所谓公共安全、公众健康等损害后果并不能当然归属于侵犯知识产权行为。

（二）民法对知识产权救济的效果

如前所述，虽然危害公共安全、危及公众健康时常被裹挟在侵犯知识产权行为泛滥带来诸多危害的论调之中，并成为民法不能对之提供有效控制的根据，但这一指责却混淆了侵犯知识产权行为与其他非法行为的界限和区别，无视盗版等行为本身可能具有的积极效用，人为地扩展了侵犯知识产权行为带来的损害范畴。事实上，侵犯知识产权行为产生的损害主要呈现为其对权利人造成的损害，一方面侵犯了权利人是否发放使用许可的自由，另一方面影响了权利人的经济收益。

在我国的知识产权单行法中，仅有《著作权法》明确规定了侵犯著作权应当承担的民事责任为：停止侵害、消除影响、赔礼道歉、赔偿损失。[②] 在《专利法》和《商标法》中，并未明确提及侵犯专利权与商标权应当承担的民事责任类型，但在有关专利权及商标权保护的条文中，表明了侵权人应当承担停止侵害与赔偿损失这两种民事责任的意涵，但均未涉及消除影响与赔礼道歉的责任形式。[③] 由于信息的非物质性特点，其本身并没有明确的物理外观，因此排除妨碍、消除危险、返还财产、恢复原状等责任形式实际上没有意义也无从实现，侵犯知识产权的民事责任形式自然将之排除在外。在《著作权法》中强调侵犯著作权应当承担消除影响与赔礼道歉的民事责任，则是由于立法上认为著作权具有人身财产一体性，正是著作权中的人身权内容支持了消除影响与赔礼道歉成为侵犯版权行为应当承担的民事责任形式。

按照本书对知识产权当属纯粹财产权的界定，停止侵害与赔偿损失成

---

① 参见百度百科"三鹿奶粉事件"词条（http://baike. baidu. com/view/2805883. htm? fromtitle＝％E4％B8％89％E9％B9％BF％E5％A5％B6％E7％B2％89％E4％BA％8B％E4％BB％B6&fr＝ aladdin）。

② 参见《著作权法》第47条。

③ 参见《专利法》第60条、第65条；《商标法》第60条、第63条。

为侵犯知识产权行为民事责任的主要形式，应当说，这两种责任形式在理论上已经足以对权利人受到的经济损失提供较为充分的救济，停止侵害阻断了侵权行为继续对权利人经济收益产生影响的可能，损害赔偿则对业已产生的权利人经济损失进行补偿。虽然在具体的知识产权诉讼中可能因为权利人不能证明其所受损失导致适用法定赔偿之后可能不足以补偿权利人受到的损失，但这与知识产权本身的特性有关，并非民法提供的救济方式存在问题。至于权利人发放使用许可的自由受到的侵害如何提供救济的问题，一方面损害赔偿可在一定程度上提供救济，另一方面由于这一损害后果主要是精神层面的，不妨参照侵害人身权的民事责任，将赔礼道歉与消除影响的民事责任施加于侵犯知识产权行为，补偿权利人的心理损伤。

由此看来，对于权利人因为侵犯知识产权行为遭受的损害，停止侵权与赔偿损失能够补偿权利人受到的经济利益的损失，而通过消除影响、赔礼道歉等民事责任的适用亦能够对权利人发放使用许可的自由受到的侵害提供救济。可见，对于侵犯知识产权行为造成的损害，民法已经提供了较为充分的救济。

三　刑罚对侵犯知识产权行为的控制

前述论证已然在很大程度上动摇了民法对侵犯知识产权行为控制不力的说法，而在厘清侵犯知识产权行为造成的损害仍主要集中于其对权利人造成的损害这一事实之后，民法实际上能够提供较为充分的救济。但为了体现刑法的谦抑性，使得对刑法最后手段性的论证更为周延，从正面探讨民法对侵犯知识产权行为的控制及其效果以及民法对知识产权提供的救济之后，仍有必要从反面考察刑罚是否能够有效控制侵犯知识产权行为。

（一）刑罚对不法行为控制效果的评判因素

刑罚是刑法规范所明确规定的法律制裁手段，系属犯罪行为最重要的法律效果。对某一行为而言，如果在立法上被犯罪化，行为人可能承担的刑事责任即表现为刑罚。从法律制裁的角度而言，刑罚最为严厉，现代社会中刑罚类型主要包括自由刑、罚金刑及生命刑，分别以剥夺犯罪行为人的自由、财产、生命为内涵。按照刑法学家的解说，"刑罚乃用以公正地报应犯罪，衡平犯罪恶害的法律手段，它具有社会伦理的非价内涵，而作为对于行为人的一种伦理的非价判断，或作为社会对于犯罪行为的一种具有社会伦理性的谴责或非难……刑罚不应只是充当法律制裁的手段，而且亦应是具有社会伦理性的教育手段。一方面，通过刑事司法的公开审判，科处行为人与其罪责相当的公正刑罚，满足社会大众对于正义感的需求，并增强民众的法律意识；另一方面，则妥善运用刑罚的执行，从事受刑人再社会化的工作，以减低行为人的再犯率。"① 由此可见，刑罚的目的或功能呈现为两个面向，一是报应，二是预防，报应致力评判已然发生的犯罪行为，意图通过施加于犯罪行为人的痛苦，使其为相应的犯罪行为承担应有的代价，在一定程度上平衡犯罪行为业已造成的恶害；预防则强调前瞻尚未发生的犯罪行为，试图以刑罚的手段，预防犯罪行为人再次犯罪，同时以刑罚威慑社会公众，降低其模仿犯罪的危险。

从维护社会秩序、控制不法行为的角度而言，刑罚的预防功能显然发挥着更为重要的作用，通过对某一行为施加刑罚是否能够在较大程度上预防相应的不法行为能够说明刑罚是否对这一不法行为实现了较好的控制。在刑法中存在一般预防理论与特别预防理论的区分，德国学者费尔巴哈阐明了一般预防理论的要旨："因为任何一种的法律破坏，皆显示出与国家目的相左的事实，所以，国家有权力而且负有义务加以制止。这种制止的工作只能经由强制作为来达成。单凭在生理上的强制，并不足以达成这个目的。因此，尚需加以心理上的强制，因为所有的犯罪行为都有其出于满足欲望的心理因素所造成的本能冲动，而这个满足欲望的本能冲动，可以经由心理的强制来加以排除。也即是让社会大众知道，犯罪行为无可避免地带来痛苦，而这种痛苦，还比不以犯罪行为而致本能冲动未能满足时的痛苦还要大。一个正常的人都会衡量计算这两个不同痛苦的程度，必须忍受本能冲动未能满足的痛苦，而不至于受到较高程度或分量的刑罚痛苦。换言之，在'两害相权取其轻'的理性思考与权衡之下，产生遏阻犯罪的功能。因此，刑罚对于具有犯罪倾向的人，就在这种痛苦程度的比较上产生心理的强制作用。这种构想可以经由刑罚的犯罪威吓与刑事司法的执行刑罚，而使其具体实现。"② 费尔巴哈将刑罚预防功能的发挥建立在人类对利弊的理性衡量之上，但犯罪行为的做出却往往并非来自理智上的考虑，况且哲学家早已指明生活的悖论状态："即使生活之道是显而易见的真理，或者是几乎人人同意的真理，但却很少有人知而为之，人们甚至明

---

① 林山田：《刑法通论》（下册），北京大学出版社 2012 年版，第 265 页。

② 同上书，第 288 页。

知故犯，故意选择错误，即使其行为后果适得其反，人们仍如飞蛾扑火前赴后继地自取灭亡……这种怪事意味着，知道并不必然导致行道。"① 这就表明试图以刑事威吓达到心理强制的效果并不可靠，刑罚的预防目的也无从实现。此外，由于缺乏确定刑罚程度的标准，且过分迷恋严刑重罚的效果，这种观点极易造成对刑罚威吓功能的过分强调，从而产生暴虐的刑罚态度与政策。可见，一般预防理论存在着较为严重的缺陷。

与一般预防理论不同，特别预防理论强调犯罪行为人的再社会化，刑罚应努力促成犯罪行为人再度适应社会共同生活。根据德国学者冯·李斯特（Von Liszt）的说法，"犯罪是一个自然而必需的疾病过程，也是行为人本性与外界环境交互影响下的产物。因此，为了能够预防犯罪，应该探索犯罪原因，并进而针对其原因来矫治行为人；同时，由于这些原因亦可能是未来犯罪的原因，故也可就这些原因来预防未来的犯罪……由于刑罚系抗制犯罪的工具，故必须经常注意刑罚对于各种不同类型的行为人所产生的效果，所以，刑罚应该个别化。对于不同类型的行为人应施予不同的刑罚，方能达成预防的目的。"② 按照这种观点，刑罚的必要性及种类、程度、方式等问题均由行为人的矫治需要性与矫治可能性决定，这不但可能与社会大众的正义感知相冲突，同时对行为人的进一步分类以确定矫治需要性与矫治可能性的过程充满不确定性，不具有可行性，另外，这种做法很可能违背罪刑法定与无罪推定的基本要求。因此，特别预防理论亦有不小的问题。

通过对一般预防理论与特别预防理论的探讨，可以发现刑罚固然具有威吓犯罪和矫治犯罪行为人的功用，但威吓作用的发挥并不仅仅取决于刑罚的种类和程度，矫治犯罪行为人亦需以侵害法益的程度相适应，过分夸张或单方面强调严刑重罚或刑罚的个别化并不能起到预防犯罪的效果，反而可能产生副作用并导致相关的刑罚政策与基本的刑法理念相冲突。因此，刑罚是否在很大程度上能够对某种不法行为起到预防作用，应当综合考虑影响刑罚威吓作用和矫治功能的其他因素。就威吓功能的发挥而言，刑事追诉与刑事审判的确实性和必然性是重要原因。这就要求国家拥有较

---

① 赵汀阳：《第一哲学的支点》，生活·读书·新知三联书店 2013 年版，第 107 页。

② V. Liszt, aaO. S. 163, Bd. 2, S. 290; Exner, Kriminologie, 3. Aufl. 1949, S. 181. 转引自林山田《刑法通论》（下册），北京大学出版社 2012 年版，第 297 页。

为强力的刑事司法机构，能够以合乎宪法与刑事诉讼法的内涵与旨趣的方法，对犯罪进行有效的刑事追诉、审判与执行，将犯罪黑数①压到最低限度，使每个具有犯罪倾向或犯罪意图的行为人预感到"法网恢恢，疏而不漏"，意识到其犯罪行为将不可避免地引致刑事追诉、审判与执行，行为人对于"被抓"的恐惧在一定程度上甚至大于"被处罚"。就矫治功能的发挥而言，对犯罪行为人的个别矫治必须与罪刑法定原则相一致，并符合大众的正义感观，其后才能根据不同的犯罪类型与犯罪人个体情形来考虑行为人的矫治与再社会化问题。

综合看来，刑罚对某一不法行为是否能起到较好的预防及控制作用，应当通过对以下因素的考量进行判断：对不法行为施加刑罚的种类及程度、对不法行为进行刑事追诉与刑事审判的确实性和必然性、刑罚与相关行为的法益侵害程度的匹配程度。

（二）刑罚控制侵犯知识产权行为的效果

通过对刑罚预防功能在理论上进行的检讨与整合，刑罚对某一不法行为控制效果的评判因素得以显现，依据这些因素，结合侵犯知识产权行为的特点，能够对刑罚控制侵犯知识产权行为的效果进行初步评判。

首先，对于侵犯知识产权行为施加的刑罚种类与程度进行考察，可以发现，我国《刑法》中规定的侵犯知识产权罪的刑罚种类主要包括拘役、有期徒刑和罚金，即刑罚种类以自由刑和财产刑为主，其中自由刑的最高刑期为七年的有期徒刑，② 罚金数额一般在违法所得的一倍以上五倍以下，或者按照非法经营数额的50%以上一倍以下确定。③ 由于侵犯知识产权行为造成的损害一般而言仅涉及对权利人造成的损害，前述规定的刑罚

---

① "犯罪黑数"是指所有未经发觉或未受到刑事追诉或处罚而不在犯罪统计上出现的犯罪未知数。因为不是所有发生的犯罪行为全为人所知，也不是所有为人所知的犯罪行为，都会报案；也不是所有都报了案的刑事案件，刑事司法机关全数可以侦破；在所有已侦破的刑事案件中，也并非全数可以起诉或者判刑，故最后呈现在犯罪统计上的犯罪数，只是实际真正犯罪数的一部分而已。不同的犯罪呈现出高低不同的犯罪黑数，例如杀人罪有较低的犯罪黑数，而贪污罪或全罪犯罪则有较高的犯罪黑数。参见林山田、林东茂、林灿璋《犯罪学》，三民书局2007年版，第161页。

② 参见《刑法》第213—220条。

③ 参见《最高人民法院、最高人民检察院关于办理侵犯知识产权刑事案件具体应用法律若干问题的解释（二）》（法释〔2007〕6号）第4条。

种类与程度已经不可谓不严厉，而严厉的刑罚是否能够起到应有的预防作用一直饱受质疑，因此这种较为严厉的刑罚能否预防侵犯知识产权行为值得怀疑，那种简单地认为加重刑罚就能控制侵权行为的想法自然不具有说服力。

其次，需要考察对侵犯知识产权行为进行刑事追诉的确实性与必然性。对这一问题的探讨自然离不开侵犯知识产权行为的特点及其对犯罪黑数产生的影响。由于知识产权的对象，即信息具有非物质性的特点，侵权行为本身不会导致信息的毁损或灭失。这就导致侵犯知识产权犯罪通常呈现出这样的特点："不造成知识产权载体的任何破坏，甚至未使其发生丝毫改变，作案后可以不留痕迹，这使得整个侵犯知识产权的过程更加隐秘。知识产权可以脱离所有者存在的特性，使得侵权行为可以跨地域实施，作案区域跳跃隐蔽，行为与结果之间的因果关系被再次割裂。同时，因知识产权的高科技特性使得证据难以收集，以及执法人员、被害人的保护知识产权意识不强等原因，知识产权案件发案数极为有限。"[①] 这说明较之于普通的物质财产，对侵犯知识产权行为进行刑事追诉的确实性与必然性不可同日而语，而在网络时代，这一情况将更加严重。此外，在我国执法环境中，还存在着较为特殊的针对侵犯知识产权行为的运动式执法现象，即当面临较为严重的外部压力或基于某种经济形势的需要，抑或在各地方需要呈现出良好的市场形象时，往往会在短期内强化对侵权行为的查处力度，对知识产权犯罪行为人科处的刑罚也更为严厉。这种情况无疑影响了对侵犯知识产权行为进行刑事追诉的确定性与必然性。由此看来，对侵犯知识产权行为进行刑事追诉的确定性与必然性并不高，犯罪黑数短期内难以降低。

最后，需衡量刑罚与侵犯知识产权行为对法益的侵害程度是否相一致或者具有对称性。根据之前对侵犯知识产权行为造成的损害进行的论证，一方面是经济利益的损失，另一方面是权利人发放使用许可的自由受到的侵害，可见，侵犯知识产权行为侵害的法益主要是私人性的财产性法益。由此，再考察《刑法》中侵犯知识产权犯罪的刑罚种类及程度，可以发现，相应的刑罚与侵犯知识产权行为的法益侵害程度并不匹配，这一现实

---

① 高晓莹：《知识产权犯罪研究——主要从犯罪学视角》，博士学位论文，中国政法大学，2009 年，第 30 页。

与《刑法》中将侵犯知识产权行为侵害的法益归类于社会主义市场经济秩序有较大的关系。应当说，在更加充分、理性地认识侵犯知识产权行为造成的损害及其法益侵害程度的基础上，可以得出现有的针对侵犯知识产权行为的刑罚过高的认识。

综合看来，由于侵犯知识产权行为造成的损害指向权利人经济利益与发放使用许可的自由受到的侵害，该行为侵害的法益主要是私人性的财产性法益，《刑法》中确定的侵犯知识产权犯罪的刑罚种类及程度已颇为严厉，与侵犯知识产权行为造成的法益侵害度并不匹配。此外，由于知识产权的权利对象是非物质性的信息，导致对侵权行为进行刑事追诉的确实性与必然性受到极大影响，侵犯知识产权行为的犯罪黑数畸高。结合这些情形，不难发现，通过刑罚控制侵犯知识产权行为的效果并不理想。

由此可见，按照刑法谦抑性的要求，只有在民法不足以控制这类行为或者无法有效救济该行为造成的损害时刑法才具有调整该行为的空间。然而，通过对知识产权权利对象非物质性的认识及其对侵权行为造成影响的分析，将会发现侵犯知识产权行为造成的损害主要是私人性的财产性权益受损，通过民法提供的救济方式已足以对权利人提供较为充分的救济，从控制侵权行为的角度出发，一方面民法对侵权行为控制不力的指责不能得到确证，另一方面以刑法控制侵权行为的效果也并不理想。如此一来，在最后手段性这一环节的论证中，依然无法得出侵犯知识产权行为应予犯罪化的结论。

第四节　道德评价的无力

刑法的谦抑性主要针对刑法在调整某一行为时应当充分考虑其他法律提供的救济方式是否已足以对权利人提供较为充分的救济并能发挥较好的控制效果，这一过程致力于在刑法与民法之间进行有效划分。在此之外，某一行为是否应当犯罪化还需考量对此类行为的加害人是否需要施加污名进行责难，这即是确定该行为应由行政法抑或刑法进行调整的重要依据。就侵犯知识产权行为而言，明确了民法与刑法进行调整的不同效果之后，应当通过对此类行为的加害人是否需要施加污名进行责难的考察，明晰刑法与行政法对侵犯知识产权行为进行调整的不同效果。在确定是否应当通过污名对之进行责难时，应当充分考量侵权行为所具有的社会可非难性，亦即是否在社会中大多数人都倾向于认为该行为不具有正当性。侵犯知识产权行为的社会效应与道德评价是衡量这一问题的两个重要方面。

一　侵犯知识产权行为的社会效应

按照通常的理解，侵权行为必然产生较为消极的社会效应，然而，由于知识产权权利对象的特殊性，信息本身的传播有可能发挥积极的效用。按此，侵犯知识产权行为究竟将产生怎样的社会效应需要进行更加深入的分析。

（一）侵犯知识产权行为的负面效应

按照刑法学者的解说，侵犯知识产权犯罪行为危害深远：涉案金额大，严重损及权利人的合法权利，破坏了公平竞争秩序、抑制创造力、破坏经济运行、抑制生产力，造成我国投资环境的恶化、影响我国泱泱大国的国际形象，挑战法律尊严、打破了司法权威形象，扰乱了社会稳定而祥和的顺畅秩序。① 更有学者在全球化视野下描述了侵犯知识产权犯罪的发展趋势："自20世纪以来越来越多的人窥见知识财产蕴含的巨大财富之后，侵犯知识产权犯罪活动发展到了猖獗泛滥的地步，成为一种国际化、专业化、隐蔽化的涉及产、供、销、运输、储运、进出口、市场分销体系的产业化犯罪活动，不但使知识产权权利人蒙受了巨大的经济损失，也严重侵犯消费者的利益，甚至威胁到了他们的生命和财产安全。"②

这些论调一方面致力于论证侵犯知识产权行为产生的危害不仅局限于对权利人合法权利的损害；另一方面则将侵犯知识产权行为与有组织犯罪联系在一起，进一步阐发在国际范围内产生的巨大危害。事实上，侵犯知识产权行为产生的危害无一不是通过权利人之口阐发的。以版权为例，"盗版"（piracy）一词本身就是人为制造的一种具有强烈隐喻意味的修辞。通过学者对史料的爬梳，早在前安妮法时期，"盗版"一词就被广泛使用，用以描述未经授权印制书籍的行为。阿德里安·约翰斯（Adrian Johns）将"盗版"追溯至在英国王政复辟（1660年）之后将牛津大学出

---

① 参见龚培华《侵犯知识产权犯罪构成与证明》，法律出版社2004年版，第19—22页。

② 王志广：《中国知识产权刑事保护研究》（理论卷），中国人民公安大学出版社2007年版，第130页。

版社重整旗鼓的牛津主教约翰·费尔（John Fell）未经授权而印制书籍的行为。约翰斯在其著作《书的本质》（*The Nature of the Book*）中，深入研究了英格兰的图书出版活动，认为"盗版"在 17 世纪具有技术性意义："盗版者是指未经授权而印制登记于印刷与出版行会的属于他人书籍的人。"在这之后，"盗版很快代表着在更大范围内对来自印刷行业文明的可感知的侵犯"①。可见，将原本意指"海盗行为"的"piracy"一词用于形容未经授权的非法印制书籍的行为，无疑增加了其指向的行为所具有的消极色彩，美国唱片业协会（The Recording Industry Association of America，RIAA）将盗版一词的修辞功效发挥到了极致："过去在北非海岸，而当下在互联网——现在的盗版者没有海盗那些作为身份象征的骷髅旗、火炮和匕首。人们不知道他们在哪儿，也无法做出提前防范……如今的盗版者不会在公海活动，而是出现在互联网、非法光盘制造工厂、销售中心乃至街道上。"②　在权利人孜孜不倦地鼓吹之下，"piracy"一词几乎已经无法指称其原有的内涵"海盗行为"，而明确指向了盗版行为，甚至不得不创设新的单词"maritime piracy"来描述海盗行为。③　使用"盗版"一词的用意及其产生的效果由此可见一斑，侵犯知识产权的行为同海盗这样的人类公敌画上等号，其危害自然不言自明。近年来，又不断有一种将盗版行为与有组织犯罪联系起来的宣传手法。微软公司即宣称，制作假冒软件的盗版活动是"由亚洲犯罪集团资助和控制的，并与欧洲假冒行业和毒品贸易有直接关联"；同时，"假冒行业还与新纳粹和支持恐怖活动的准军事团伙

---

①　"It is worth noting that during this pre-Statute of Anne period, 'piracy' was widely used to describe unauthorized printing of books. Adrian Johns traces 'piracy' as a description of unauthorized copying to John Fell, the Bishop of Oxford who resuscitated the fledgling Oxford University Press after the Restoration. According to Johns's exhaustive study of book publishing in England, The Nature of the Book, piracy had a 'technical meaning' in the seventeenth century: 'a pirate was someone who indulged in the unauthorized reprinting of a title recognized to belong to someone else by the formal conventions of the printing and bookselling community.' Beyond this technical meaning, piracy 'soon came to stand for a wide range of perceived transgressions of civility emanating from print's practitioners.'" see Justin Hughes, "Copyright and Incomplete Historiographies: of Piracy, Propertization, and Thomas Jefferson", *Southern California Law Review*, Vol. 79, No. 5, July 1993, p. 1009.

②　参见美国唱片业协会网站（http://www.riaa.com/issues/piracy/default.asp）。

③　Phillip A. Buhler, "New Struggle with an Old Menace: towards a Revised Definition of Maritime Piracy", *Currents: International Trade Law Journal*, Vol. 8, No. 2, Winter 1999, p. 70.

有瓜葛。"① 更有所谓国际组织指责"盗版业资助阿富汗、车臣等恐怖主义活动"②。显而易见，将侵犯知识产权行为同恐怖活动、毒品犯罪等在全球范围内饱受指责的有组织犯罪联系起来，无疑更能说明其危害之大。

　　然而，种种侵犯知识产权行为危害之巨的鼓噪之声却无不来自权利人及其掌控的利益集团，论者也已指明其行动的逻辑与目标："以知识产权为借口，这种人为制造的产品稀有成了貌似合法的现象，又通过严厉打击镇压的手段，在全社会强制执行。为了迫使地方、全国乃至全球的各执政当局加大对各种假冒产品侵权行为的刑事制裁，将假冒产品完全归为国际犯罪组织所为，甚至在 2001 年以后，称恐怖分子在假冒产品国际贸易中占 10%的份额，将其精心制造的产品稀有的假象顺理成章地说成是合法保护。知识经济行业（制造业、文化产业、软件业、化学农产品工业）的游说者们借这种骇人听闻的说法混淆公共当局及国际组织加强对假冒产品的法律制裁。"③

　　这一现实无疑印证了德霍斯的洞见："抽象物所有权基础之上的威胁权力是从属于法律的一种权力形式。正如我们所指出的，正式法律设立了抽象物。在某种意义上，这使其成为一种脆弱的权力形式，因为它依赖于对法律规范的接受，以及支持这些规范的实施机制的效能。但正因为威胁权力依赖于法律，所以可能很难承认它是一种威胁权力。与法律密不可分的威胁权力也许是一个社会打算确立和发展的最危险的权力，因为其合法性来自法律本身。由于在抽象物基础上产生的威胁权力与财产机制相联系，因此这样做就更加危险。此外，由于财产权在自由主义意识形态中具有十分重要的地位，这种威胁权力将更有可能会不受批判地被接受，视为自然，或甚至不被视为威胁权力。法律的权威似乎掩盖了这种威胁权力。"④

　　可见，侵犯知识产权行为产生的所谓巨大危害绝大部分都来自权利人

---

① ［澳］彼得·达沃豪斯、约翰·布雷斯韦特：《信息封建主义》，刘雪涛译，知识产权出版社 2005 年版，第 29 页。

② ［澳］普拉蒂普·N. 托马斯、简·瑟韦斯主编：《亚洲知识产权与传播》，高蕊译，清华大学出版社 2009 年版，第 131 页。

③ ［法］蒲吉兰：《21 世纪的黑金》，贾春娟、李玉平、苏启运译，社会科学文献出版社 2006 年版，第 163 页。

④ ［澳］彼得·德霍斯：《知识财产法哲学》，周林译，商务印书馆 2008 年版，第 174 页。

及其利益集团有意为之，其中难免有夸张的嫌疑。

（二）侵犯知识产权行为的正面效应

曾有论者指出，"犯罪"是社会内在机理不畅的释放过程，在某种意义上具有维护整个社会机体正常的新陈代谢功能。[①] 而知识产权的权利对象本就是非物质性的信息，侵权行为本身虽导致权利人的利益受损，但在客观上却达到了传播信息的功效，具有一定的正面效应。

由于信息具有非物质性，基于信息的产品在生产、制造、销售、使用的过程中不会对原有信息产生消耗，也没有降低原有信息的价值，相反，极有可能会增加信息的市场供应，而信息将能够在更大范围内传播，从而发挥更为积极的社会效应。

首先，以版权为例，盗版书籍固然属于侵权行为，[②] 且往往存在着文字错误、印刷不清、纸张粗劣等问题，但作为购买盗版书籍的消费者，却不影响其通过阅读盗版书籍而获取作品，相应的文化知识得以传播。事实上，虽然盗版行为损害了版权人的权利，但因盗版而产生的由侵权行为人获取的利益或许本身并不能当然划归为版权人的应得利益，原因在于购买盗版书籍的消费者基于价格等因素的考量，即便在没有盗版书籍的情况下，亦有可能不会购买正版的书籍。在盗版的音乐作品、电影作品、计算机软件中亦存在着相似的情形。在许多更为极端的例子中，盗版作品的传播甚至有可能增加权利人的收益，原因在于最初通过盗版作品接触到原有作品的消费者，在阅读了相应的盗版书籍、欣赏了盗版音乐、观看了盗版电影、使用了盗版软件之后，被其中的作品内容而吸引，转而购买正版作品收藏或获取更为愉悦的视听享受。以香港电影《大话西游》为例，在上映时票房惨淡，而后在大学生之间通过盗版光盘及网络的形式流传，由于被认为颇有后现代主义风格，影片获得了极佳的口碑，这一方面增加了该影片正版光盘的销售量，另一方面使得该片主创人员的知名度与美誉度大为提升，无形中为其新的作品增加了潜在的消费群体，如今，《大话西游》重返银幕，网友高呼"要去影院还那些年欠星爷的电影票"，全国票房三天进账 1310 万元，盗版在其中

---

① 参见梁根林《刑事政策：立场与范畴》，法律出版社 2005 年版，第 7 页。

② 盗版书籍的行为是否一定侵犯了版权，不能一概而论，对于盗版已经进入共有领域的作品，其侵犯的可能并非版权，而是出版者的姓名权或违反了国家有关出版物的管理规范。

发挥的功效足见一斑。①

就专利而言，表现为技术抄袭或模仿的侵犯专利权行为虽然在法律上受到苛责，但在生活的伦理中模仿却是人存在的必需，在技术发展的过程中，模仿往往是必需乃至必要的做法，具体呈现为侵权行为的抄袭乃至模仿对技术的传播及发展起到了至关重要的作用。纵观人类的发展史，论者即以自问自答的方式传达了这一事实："创新实际上来自何方？除了过去的几个完全与世隔绝的社会外，对所有社会来说，许多或大多数技术都不是当地发明的，而是从其他社会借来的。当地发明与借用技术的相对重要性，主要取决于两个因素：发明某个技术的容易程度以及某个社会与其他社会的接近程度。"② 可见，侵犯专利权行为在客观上具有传播技术、促进技术创新的功效，更有可能在社会中产生更大范围的积极效应。

对于商标而言，最受诟病的无疑是假冒商标的行为，但假冒行为可能产生的积极效应与盗版行为颇有类似之处。假冒商标的行为固然侵犯了商标权人的权利，但侵权行为人因假冒商标的行为获取的利益却并不能当然归属于商标权人。对于购买假冒商标商品的消费者而言，基于价格等因素的考量，如果没有假冒商标的商品，消费者极有可能并不会选择正牌的商品，以奢侈品为例，其高昂的价格已经基本上确定了其固定的消费群体，消费者购买假冒的奢侈品往往是属于知假买假的情形，且按照其本身的购买能力，根本不会选择购买正牌的奢侈品。如果从品牌知名度的角度考量，价格低廉的假冒商品在市场上的销售客观上增加了相关商标的知名度，能够吸引潜在的消费群体。有学者通过调查报告的形式阐明了这种看似出乎意料的事实："奢侈品市场在客户群、价格和质量上划分为两个市场，所以不存在假冒产品给奢侈品企业造成的损失。仿冒产品不仅没有损害品牌的形象，反倒扩大了品牌在低收入客户中的影响，进而增加了品牌的声誉，巩固了品牌的未来市场。如果消费者是自愿购买假冒产品，也就是说，假冒产品市场满足了低收入者对低档次产品的需求，而品牌企业是不会迎合这种需求的……假冒产品不仅没有破坏，相反却促进了品牌产品

---

① 《〈大话西游〉老片重映，各地票房悬殊》（http：//culture. gmw. cn/newspaper/2014-10/29/content_ 101709734. htm）。

② ［美］贾雷德·戴蒙德：《枪炮、病菌与钢铁——人类社会的命运》，谢延光译，上海世纪出版集团 2006 年版，第 261 页。

市场的发展。"① 对于耐克、阿迪达斯这些全球知名的运动品牌，进入中国市场之后，由于价格相对较高，具有较为单一且固定的消费群体，西部地区、农村地区消费者往往是通过假冒商品认识了阿迪达斯、耐克这样的运动品牌，当其具有一定的消费实力之后，很有可能会转向购买正品，从而增加权利人的营销收入。由此可见，假冒商品在传播品牌知名度的过程中起到了一定且积极的作用。

综合看来，由于知识产权的权利对象是具有非物质性的信息，这就决定了针对某一特定信息而实施的侵犯知识产权行为较之于有形的物质财产更加频繁、更加多样，但这种侵权行为本身不会妨碍权利人对该信息的使用，也不会造成信息本身的损耗甚至灭失。相反，以再现权利对象的信息中同型结构或意义的形式实施的侵权行为在客观上增进了相应信息的传播，极有可能发挥积极的效用。对权利人而言，侵权行为增加了其权利对象、作品、技术方案、商标等信息的传播范围，使得潜在的消费群体知晓、认可了相关的信息，权利人的经济收益也可能借此水涨船高。另外，就整个社会而言，信息的传播便利了知识的普及和技术的推广应用，特别是在经济落后地区更能产生极为现实的社会效应。

二 侵犯知识产权行为的道德评价

在对侵犯知识产权行为的社会效应进行一番较为深入的分析之后，可以看到，一方面大量见诸报端、罄竹难书的侵犯知识产权行为危害之巨基本上来自权利人的鼓吹和相关利益集团的修辞，其中大量的数据难以确证，将侵犯知识产权行为与恐怖活动等有组织犯罪联系起来更显牵强。另一方面，侵犯知识产权行为虽然在法理层面应受到否定，但基于信息本身的特点，侵权行为在客观上传播了信息，不但有助于扩展权利人的潜在消费群体，更能促进知识的增益与技术的推广。可见，侵犯知识产权行为的社会效应颇为复杂，以此为出发点探讨侵犯知识产权行为的道德评价将能够获得是否应对侵权行为人施加污名标签加以责难的结论。

（一）侵犯知识产权行为的道德非难

对于知识产权的本质，有学者提出了如下洞见："单从字面粉饰的角

① ［法］蒲吉兰：《21 世纪的黑金》，贾春娟、李玉平、苏启运译，社会科学文献出版社 2006 年版，第 20 页。

度看，知识产权似乎是一种与人们探求、获取、拥有知识的全部过程联系在一起的自然权利，谁贬低、削弱甚至否定知识产权，就好像是对知识工作者的一种纯粹的自然权利的贬低甚至剥夺。但是，如果你仔细探究一下知识产权的来源、发展演化过程、实际内容和本质，就会发现，这显然是一种误解。知识产权绝不是一种纯粹的自然权利，它只是特定法律制度下的一种特殊权利，它绝不是也绝不可能真正、全面、公正地捍卫知识工作者探求、获取、拥有知识的权利，也不可能像人们通常认为的那样成为激励知识创新和发展的真正源泉。"①

这一见解虽然颇为残酷，但却道出了知识产权制度中长期存在的话语和现实相互分离的真实情景，对此，已有论者通过史料的爬梳给出了恰当的归纳："商人始终是知识产权制度产生与发展一如既往的推动者，也是知识产权保护的最大受益者，而所谓创造者包括作者与发明人多是充任此种制度设计的媒介和附带受益人。"② 具体到对侵犯知识产权行为的道德评价，实际上同样存在着这样的特点。在商人的话语逻辑中，知识产权具有人权属性，亦即创造者对其智力创造成果享有的权利是受到国际社会普遍承认的基本人权。在阐发这一前提之后，努力将知识产权纳入财产权的序列是一个重要的步骤，于是，有关财产权的经典理论被反复引证于知识产权，启蒙思想家的言论似乎早已预见性地将知识产权考虑在内，他们笔下的财产权已然与知识产权密切相关，知识产权的重大意义借财产或财产权之名大为彰显。如此一来，知识产权被贴上了人权与财产权的标签，而启蒙思想家早就把财产权置于天赋人权的话语框架之内，人权因此成为超越时空的普遍且不可剥夺的永恒权利，财产权成为实现人权、维护人权的重要保障，人权与财产权得以在利己主义的大旗下紧密结合：天赋人权就是利己主义的权利，就是私有财产神圣不可侵犯的权利。③ 将知识产权与财产权及人权联系起来，其用意无外乎通过财产权与人权这种几乎不容置疑的强势话语向世人昭示：作为人权的知识产权并非国家特许，而是与生俱来；知识产权乃是普世性权利，超越时空限制；保护知识产权即是保护

---

① 周翼：《挑战知识产权——自由软件运动的经济学研究》，上海世纪出版集团、格致出版社、上海人民出版社 2010 年版，第 1 页。

② 黄海峰：《知识产权的话语与现实——版权、专利与商标史论》，华中科技大学出版社 2011 年版，第 1 页。

③ 参见郑杭生等主编《人权史话》，北京出版社 1994 年版，第 96 页。

人权和财产。

经由此番论证，商人口中念兹在兹的创造者占据了天然的道德优位，侵犯知识产权行为就是对财产和人权的侵犯，是对创造者的掠夺和践踏，再加上商人费尽周章罗列出的种种数据，侵犯知识产权行为不但侵犯人权和财产，更对经济衰退、高失业率、恐怖活动、公众健康等社会问题"贡献"了不小的力量，在道德层面如何评价也就不言自明。按照这些被不断罗列出的数据与产生的重大危害，侵犯知识产权行为不但与盗窃、抢劫等传统上就一直受到社会公众谴责的行为别无二致，甚至极有可能超越这些行为，更应当受到质疑与非难。

然而，这一论证逻辑却经不起推敲。首先，知识产权的人权属性虽然在国际社会普遍得到认可，但商人对知识产权人权属性的解读却有意进行了裁剪。事实上，在国际公约及各国立法之中，知识产权的人权属性一直都包含了两个面向：其一是创造者对自己的智力创造成果享有权利，其二是社会公众分享智力创造活动所带来利益的权利。① 商人在其话语体系中有意忽略了社会公众对智力创造活动的利益分享权这一重要的知识产权人权内涵。可见，从知识产权的人权属性出发进行的论证在一开始就朝着既定的方向开拓，自然能够取得商人期待的结论。

不难看到，同侵犯知识产权行为产生的负面社会效应一样，其遭受的道德非难同样来自权利人，即控制着大量知识产权并以之作为重要资产的商人，他们将创造者奉上不容置疑的道德制高点，努力将诸多危害归咎于侵犯知识产权行为，使其受到更加严苛的道德非难，但这种态度与努力却决然不能代表为数众多的社会公众，他们用自己的行动表明了其道德立场。

（二）社会公众对侵犯知识产权行为的道德评价

对于侵犯知识产权行为的道德评价，决定了是否应当通过刑罚对相关行为人施加污名标签，只有相关行为受到社会公众的普遍非难的情况下，以污名标签对行为人进行责难才具有充分的理由。按此，应当充分考量社会公众的道德评价。

---

① 《世界人权宣言》第27条："（一）人人有权自由参加社会的文化生活，享受艺术，并分享科学进步及其产生的福利。（二）人人对由于他所创作的任何科学、文学或美术作品而产生的精神的和物质的利益，有享受保护的权利。"

　　与商人及其勾画出的创造者群体不同，社会公众对侵犯知识产权行为所持的道德态度却相当暧昧。在相当一部分人看来，如果侵犯知识产权行为在道德方面应该受到谴责与非难，那么前提是承认知识产权以及相应的侵权规则，但这一前提却并不牢靠，在很多人看来，知识产权远没有人们鼓吹的那样高贵和神圣，美国人约什·罗切斯特的观点颇具代表性："对于这个问题的道德讨论，源自这样一种基本立场：承认知识产权，也承认未经同意擅自取用就属于偷窃。我曾听过某些律师的论证，他们试图说明知识产权是莫须有的东西。版权是一种被授予的特权（granted privilege），而不是某种财产权。严格执行版权法是一回事，而媒体行业的说客与公司头头们自认为他们拥有所谓的'财产权'而把老百姓骗过来辩论，则是另一回事。不过这整个事态的基础，是从商业利益出发而达成的政治协议。如果从这件事情的处理中获利的人数超过吃亏（利益受损）的人数，那么一切都还好。不过如果这种所谓的福利只是法律造成的幻象，那么是否可以适用非暴力反抗以及与之相关的那一套道德规范？歌手们是从演唱会中赚钱，而不是从唱片上赚钱。没有哪个道具设计人员会因为他参与的没有什么技术含量、只有汽车追逐的烂片在互联网上被下载，而失去工作。"①

　　这就说明虽然商人极力将知识产权与财产权画上等号，试图说服人们将侵犯知识产权行为与盗窃、抢劫等行为等量齐观，甚至不惜为此将恐怖活动、公众健康等重大危害与侵犯知识产权行为联系在一起，但是在社会公众看来，知识产权显然与传统的物质财产权有别，侵犯知识产权行为也无法与盗窃、抢劫等行为画上等号。在美国学者 Moohr 看来，适用于刑法中用以评价某一行为的"抽象的道德准则概念，至少应该受到社会观念的约束"②，这就要求评价知识产权的道德准则应当接受社会观念的影响乃至约束。然而，在网上下载一首未经版权人许可的 MP3 格式的音乐与在音像制品店偷盗一张 CD 的行为在社会大众的认识中是存在根本差别的，

---

　　①　［美］约翰·冈茨、杰克·罗切斯特：《数字时代，盗版无罪？》，周晓琪译，法律出版社2008 年版，第 177—178 页。

　　②　"Abstract notions of morality are necessarily constrained by community views at a minimum because of pragmatic concerns about enforcement." Moohr, "The Crime of Copyright Infringement：An Inquiry Based on Morality, Harm, and Criminal Theory", *Boston University Law Review*, Vol. 83, No. 4, October 2003, p. 782.

前者并不被认为违背了道德准则，而后者则显然是不道德的。这无疑表明虽然社会公众也许并不知晓所谓知识产权保护对象是非物质性的信息这一特点及其对知识产权行使、保护等规则产生的影响，但仅仅通过其直观感受亦足以断定侵犯知识产权行为与侵犯物质财产权的行为判然有别。

这种心理状态直接转变成了行动，论者即认为侵犯知识产权行为的大量发生显然与这种道德理念有关："人们都把盗窃他人财物视为一种应当受到谴责和惩罚的行为，使之成为跨越时空的普遍道德。但是，对于假冒、盗版等侵犯知识产权的行为，人们却表现出了难以置信漠然乃至纵容的态度，如果假冒、盗版者能够做到让人们以便宜的价格买到与真品一样的软件和衣服，人们并不会认为这种行为有悖道德。人们总认为微软公司财大气粗，比尔·盖茨是天下第一富翁，他的钱都是'剥削'大家的，那么盗版就是大家分享先进技术和占富人们的便宜，甚至会产生一种劫富济贫的冲动，盗版者甚至成了佐罗一样的侠义英雄。中国经济景气监测中心的一次调查显示，近8成的居民消费者在使用盗版软件和音像制品……在人们这种对假冒、盗版品趋之若鹜，社会缺乏对假冒、盗版行为进行谴责的文化氛围中，人们心安理得地购买盗版软件，客观上形成了一个全球性的巨大的假冒、盗版品消费市场。这个市场之大，无所不包，无处不在。"① 显而易见，论者将这种现象归因于人们的知识产权观念与态度落后于时代发展所致，然而，包括美国这样的发达国家在内的人们都对假冒和盗版产品欣然接受的现实引人思考，难道全球的普罗大众都持有一种落后的知识产权观念和畸形的知识产权道德观？

哲学家对法律与道德的关系提出了更为深入的认识："法律的一个根本性质是把原来对犯罪的民间或私人的处理变成由国家和政府机构来执行的处理，就是说，国家代理了对犯罪的处理。这样有利于更加公正地解决问题。但是这里又有一个问题：人们交出代理权不仅是看中法律能够建立起程序上的形式性公正，而且希望法律能够保持判决结果的实质性公正。显然，人们事实上对法律的程序公正方面比较满意（当然不是绝对满意），而对判决结果方面则往往不满意。这意味着现代法律或多或少忘记

---

① 王志广：《中国知识产权刑事保护研究》（理论卷），中国人民公安大学出版社2007年版，第147—148页。

了反映人类的道德直观。"① 按此，将侵犯知识产权行为犯罪化的做法显然与人们的道德直观产生了直接的冲突。

不难发现，社会群体对侵犯知识产权行为的道德评价分成了旗帜鲜明的两个阵营，商人及其代言的创造者群体着力刻画知识产权的人权和财产权属性，力陈侵犯知识产权行为造成的损害及产生的巨大社会危害，力图说明其在道德上的可非难性。与之相反，普通的社会公众虽时常被动或主动地接受知识产权神圣不可侵犯的理念，大量消费盗版、假冒产品的行为却充分体现出其对侵犯知识产权行为进行道德评价时的暧昧与漠然。有鉴于此，通过刑罚对侵犯知识产权行为的行为人施加污名标签进行责难的理由并不充分。

本章小结

对侵犯知识产权行为入罪历史进行的考察引发了诸多理论上的疑惑，为此，通过对刑法中有关犯罪本质理论的深入探析和有效整合，对侵犯知识产权行为是否应当入罪进行理论检讨的逻辑进路得以形成：首先，考察侵犯知识产权行为是否系属对他人法益的侵害并且满足了伤害原则；其次，探究通过民法是否足以控制侵犯知识产权行为或有效救济其造成的损害，如果得出否定答案，则进一步探究刑罚是否能够对侵犯知识产权行为产生较为有效的控制作用；最后，则需要考量对侵犯知识产权行为施加污名标签是否必要。

遵循这一思路，结合知识产权的本质特征以及据此产生并进一步呈现出的侵犯知识产权行为的特质，对前述各个方面逐一进行讨论与论证之后，可以发现，侵犯知识产权行为虽然确实侵害了他人法益，但知识产权本身系属被假定为有效的权利，这意味着其法益具有不确定性，这为法益侵害这一条件的成就造成了不小的障碍。此外，由于知识产权权利对象的非物质性，侵权人获利并不必然等同于权利人应得的经济收益，这就进一步减损了侵权行为可能给知识产权的权利人带来的伤害，从而使得侵犯知识产权行为是否能够满足伤害原则的要求存在疑问。侵犯知识产权行为造

---

① 赵汀阳：《论可能生活》，中国人民大学出版社 2010 年版，第 232—233 页。

成的损害主要是私人性的财产性权益受损，通过民法提供的救济方式已足以对权利人提供较为充分的救济，从控制侵权行为的角度出发，一方面民法对侵权行为控制不力的指责不能得到确证，另一方面以刑法控制侵权行为的效果也并不理想。如此一来，在最后手段性这一环节的论证中，依然无法有力支撑应将侵犯知识产权行为犯罪化的结论。而社会公众在道德层面的复杂心态更进一步减弱了侵犯知识产权行为的可非难性，使得通过刑罚对侵权行为人施加污名标签进行责难的做法成为无源之水。由此可见，将侵犯知识产权行为犯罪化面临着诸多理论上的障碍与问题。

第四章

侵犯知识产权行为非罪化的学理证成

在完成对侵犯知识产权行为犯罪化的理论批判之后，并不能借此证成侵犯知识产权行为的非罪化这一命题。对犯罪化的反驳主要是从应然意义上对侵犯知识产权行为是否满足犯罪本质要求进行的论证，而对非罪化的证立则需要从相关刑罚是否应当适用于侵犯知识产权行为进行推演。按此，需要考量现有的刑罚种类与侵犯知识产权行为之间的关系，证明侵犯知识产权行为与特定种类的刑罚之间不能实现契合或对称。由于当前侵犯知识产权犯罪的刑罚主要分为自由刑与罚金刑两类，本章的论述将分别针对这两类刑罚与知识产权特性、侵犯知识产权行为的特质之间具备的关系而展开，从而说明侵犯知识产权行为造成的危害与自由刑不相对称，与罚金刑不能契合，以此证立侵犯知识产权行为应当非罪化的结论。而通过对侵犯知识产权犯罪的刑罚效果进行的评判，则将进一步佐证非罪化的结论。

第一节　侵犯知识产权行为不适用自由刑的证成

自由刑在侵犯知识产权犯罪的刑罚类别中占据了重要位置，从目前我国《刑法》的规定考察，侵犯知识产权犯罪承担的自由刑主要包括拘役、管制和有期徒刑，法定最高刑为七年的有期徒刑。自由刑是对犯罪行为人人身自由的剥夺，其严厉程度在现代刑罚制度中仅次于死刑，厘清自由刑的适用条件及作用之后，通过对知识产权公共产品属性的阐明，侵犯知识产权行为的危害性与自由刑之间的不对称性将进一步凸显。

一　自由刑的适用条件

（一）自由刑在刑罚体系中的地位

按照刑法的基本理念，使犯罪人承受一定剥夺性痛苦，是刑罚的惩罚性质及内在属性，[①] 进一步来说，刑罚是通过使犯罪人承受一定痛苦的方式对其犯罪行为进行的报应，体现出国家对犯罪行为的否定性评价以及社会对犯罪人的谴责，也是刑法这一强制手段的外在表现。

但是，在特定社会条件下受到普遍认可的一般价值观念决定了剥夺性痛苦的衡量标准。亦即，在某一社会条件下，人们认为具有剥夺性痛苦或者痛苦程度较为强烈的某些措施，在另一社会条件下，则可能不被认为痛苦强烈，甚至不被认为是一种剥夺性痛苦，因而一个国家不同历史时期的刑罚体系、种类以及各种犯罪的法定刑，都不是立法者随心所欲的创作，而是在特定的政治经济文化背景之下受到社会价值观念影响而产生的。[②] 这就意味着在不同的历史时期或地域范畴，对刑罚的轻重或犯罪人因此承受的剥夺性痛苦的衡量可能产生截然不同的效果。一般认为，不同的国家在不同的时期会根据其社会中的一般价值观念，确定经由刑罚而剥夺犯罪行为人具有的或可能具有的利益，从而对犯罪行为人产生剥夺性痛苦的切身感受，进而达到刑罚预期的惩罚效果。

这样一来，对刑法历史发展中各个刑罚种类的内涵将获得更为清晰的认识。纵观刑法的历史，刑罚种类主要包括生命刑、身体刑、自由刑、财产刑、资格刑，但不同的历史时期，各个刑罚的地位与作用不尽相同。奴隶社会时期，奴隶本身没有人身自由也没有财产，生命与身体是其仅有的利益，对生命的剥夺与对身体的摧残是奴隶所能感受到的剥夺性痛苦，因此，当时的刑罚种类主要局限于生命刑与身体刑。而在封建社会，农民享有了一定的人身自由与财产，剥夺自由与剥夺财产对其具有明显的惩罚性质，但由于并不享有政治权利等资格，所以资格刑对于农民没有意义。到了资本主义社会，人们对自由的珍视、对财产的追求空前强化，而资本主

---

① 在贝卡利亚看来，"需要有些易感触的力量来阻止个人专横的心灵把社会的法律重新沦入古时的混乱之中。这种易感触的力量，就是对触犯法律者所规定的刑罚"。［意］切萨雷·贝卡利亚：《论犯罪与刑罚》，黄风译，北京大学出版社 2008 年版，第 7 页。

② 参见张明楷《刑法格言的展开》，北京大学出版社 2013 年版，第 495 页。

义民主的发展也使得政治权利成为一种较为现实的利益，自由刑、财产刑以及资格刑的地位水涨船高，由于对自由、财产、资格的剥夺的痛苦感更为强烈，这些刑罚的作用也就越来越大。而在当代社会，以市场经济为基础制度，财产往往成为个人行使权利的前提，财产刑的惩罚作用也就愈加显著，甚至成为刑罚体系的中心。

在资本主义社会发展的早期，适逢人们对中世纪时期盛行的滥用生命刑、身体刑的厌恶乃至痛恨，罪刑擅断主义、酷刑威吓主义以及对违背宗教道德规范的行为进行的迫害成为欧洲大陆刑法改革大加批判的对象，①自由刑被作为一种替代选择避免了对犯罪人大量适用死刑及身体刑的做法，成为彼时刑罚体系的核心。由于社会本身的发展和自由、财产等利益形式在社会生活中发生的变化，在当代刑罚体系中，自由刑已经不再独享核心地位。在现代社会，特别是针对危害性相对较小的犯罪行为，财产刑已然成为最重要的刑罚手段。当然，对于社会危害性显著的犯罪行为，自由刑在绝大多数国家仍然发挥着不可替代的重要作用。

（二）自由刑的作用及缺陷

对自由刑发挥了何种作用的探讨离不开一般意义上对刑罚正当化根据的研究。刑法理论中，对刑罚理念的认识存在着绝对主义与相对主义的分野，其基本观念可以分别用两句刑法格言加以概括："因为有犯罪而科处刑罚"以及"为了没有犯罪而科处刑罚"。绝对主义的刑罚理念认为刑罚在于恢复正义，其正当化根据在于作为道义的必然性的报应；相对主义刑罚理念认为刑罚是实现某种目的的手段，其正当化根据在于刑罚的合目的性与有效性。倡导统合绝对主义与相对主义的学者则认为刑罚的正当化根据在于正义性与合目的性，并将之概括为："因为有犯罪并为了没有犯罪而科处刑罚"，从而形成了并合主义的刑罚理念。②

不难发现，根据并合主义，刑罚的正当性实际上被分解为两个方面：一是通过对犯罪人的惩罚实现对已然发生的犯罪进行报应；二是从刑罚的效果出发反推刑罚的限度。因此，刑罚的目的或作用实际上与刑罚的正当性成为无法分离的问题，亦即，为报应犯罪、预防犯罪而施加刑罚，与此

---

① 参见黄风《贝卡利亚及其刑法思想》，载［意］切萨雷·贝卡利亚《论犯罪与刑罚》，黄风译，北京大学出版社 2008 年版，第 115 页。

② 张明楷：《刑法格言的展开》，北京大学出版社 2013 年版，第 460 页。

同时，施加刑罚又具有报应犯罪、预防犯罪的功效。

具体到自由刑，就报应犯罪的功效而言，这种刑罚措施致力于通过对犯罪人自由的剥夺，使其承担与其行为所侵犯的法益大致相当的代价，即在满足罪刑相适应的前提下得到惩罚。就预防功能而言，自由刑的初衷是通过将犯罪人限制在一定封闭空间内的做法对其进行教育和改善，使其在重返社会之后，不致再度犯罪而危害社会。然而，刑法学者早已指出自由刑在本质上具有的缺陷：（1）受刑人欠缺受教育意愿。剥夺受刑人的自由之后，将其监禁在强调纪律与服从的监狱中，进行具有强制性与压迫性的教育，使得受刑人难有接受教育的自由意愿，而且容易产生抗拒心理。（2）切断具有社会化功能的人际关系。受刑人脱离原有生活环境，所有的具有社会化功能的人际关系被切断，对受刑人的再社会化没有帮助。（3）受刑人的监狱化。不同犯罪类型或经历的犯罪人监禁在人满为患的监狱中，可能扩充受刑人的犯罪社会关系，交换犯罪信息、互授犯罪技术，使得监狱不但难以实现矫治及教化的功能，反而成为培养犯罪的温床。（4）刑罚成本高。为执行自由刑，需要花费预算建造监狱，同时需要维持监狱的运营，不但要保证监狱的安全，同时要实现矫治犯罪人的功能，纳税人为此支付高昂代价。①

正因为自由刑存在的上述缺陷，使得其预想中的通过监禁来矫治、改造犯罪人的效果常有可能落空，且自由刑的执行往往需要较高的社会成本。因此，自由刑的实质性作用往往体现于其对既有犯罪事实的惩罚，即报应功能的发挥，联系到自由刑在当代刑罚体系中的地位，在何种情形之下或满足何种条件时应当适用自由刑自然成为需要重点讨论的问题。

（三）自由刑的适用条件

罪刑相适应的思想一直以来在刑法理论及实践中都占据重要地位，这种理念与朴素的"因果报应"等善恶观念是一致的。② 因此，罪刑相适应的"最原始的观念是以罪犯治人之道还治罪犯之身，而且无论在什么地方，一想到古老的惩罚，总有这样一种古朴的思想在重申：杀人者偿命，

---

① 参见林山田《刑法通论》（下册），北京大学出版社 2012 年版，第 314—315 页。

② 正如学者所言："'善有善报，恶有恶报'有着大量的经验基础，尤其是在谈到现实报应的时候更是如此。从经验看，一个人很自然地会以恩惠报答恩惠，以怨仇回敬怨仇。这符合一般的人性，也构成了大多数人类社会的文化。"盛洪：《道德·功利及其他》，《读书》1998 年第 7 期。

伤人者受鞭笞"①。在我国的《刑法》中，也确立了罪刑相适应的基本原则。②

不难看出，罪刑相适应来源于人们对公平正义的基本感观：对相同的事情相同对待，对不同的事情不同对待，就刑罚而言，一种罪行如果与其所应承担的刑罚不匹配或不对称，自然会与普通大众的正义感产生冲突。因此，犯罪是刑罚的前提，刑罚是犯罪的后果，犯罪不仅决定了行为人应当被科处刑罚，而且决定了行为人应当承受与其犯罪行为相适应的刑罚。根据这一基本理念，刑罚体系与犯罪种类一样，呈现出由轻到重的阶梯式排列方式。

这就决定了罪刑相适应的实现首先是刑事立法层面的问题，亦即刑罚的规定应当适应不法行为的程度。③ 不法行为的程度通过其侵犯法益的程度进行衡量，而刑罚是对犯罪人利益的剥夺，因此，对于立法层面罪刑相适应的考量，其实质在于对不法行为侵犯法益的程度与相应刑罚剥夺的犯罪人利益进行的比对。如果不法行为对法益的侵害程度小于刑罚剥夺的犯罪人利益，则显然出现了轻罪重罚的情形，从而对潜在的犯罪人提供一种不当的诱因：与其犯轻罪不如犯重罪。④ 如果不法行为对法益的侵害程度大于刑罚剥夺的犯罪人利益，又会出现重罪轻罚的状况，无法安抚被害人，使得社会公众产生刑罚不公的印象，刑罚预防功能的发挥也受到阻碍。可见，不法行为侵犯法益的程度与相应刑罚剥夺的犯罪人利益之间是否大致匹配，是衡量某一罪名设置中的罪刑是否相适应的判断标准。

要在立法层面实现严格意义上的罪刑相适应则相对困难，原因在于利益毕竟失之抽象，试图在立法层面对抽象的利益进行定量式的比对难度颇大，况且各种利益之间究竟如何排列价值等级往往不无疑问。当然，存在困难并不意味着无法操作，如果纯粹将罪刑相适应的实现交诸刑事审判与刑罚执行阶段，则刑事立法存在着虚无化的危险。事实上，对于各种利益之间的价值排序，虽然很难在不同的社会主体之间形成普遍共识，但刑罚

---

① ［英］哈特：《惩罚与责任》，王勇等译，华夏出版社1989年版，第154页。
② 《刑法》第5条："刑罚的轻重，应当与犯罪分子所犯罪刑和承担的刑事责任相适应。"
③ 张明楷：《刑法格言的展开》，北京大学出版社2013年版，第93页。
④ 参见［英］哈特《惩罚与责任》，王勇等译，华夏出版社1989年版，第156页。

的轻重总是对特定社会历史时期一般性的价值观念所进行的反馈。因此，至少对待刑罚的态度上，就不同刑罚种类剥夺的犯罪人利益而论，已经形成了生命>自由>财产的价值排列。但就犯罪行为侵犯的法益而言，与刑罚剥夺的犯罪人利益并非严格的对应关系，例如，侵犯财产性法益的行为可能承担被剥夺财产、自由乃至生命的刑罚，究竟承担何种刑罚，以及在具体的刑罚种类下法定刑的幅度如何确定，则需要考量具体行为对相应财产性法益的侵害程度。以我国《刑法》中规定的"集资诈骗罪"① 和 "非法吸收公众存款罪"② 为例，前者的法定刑之所以高于后者，原因就在于集资诈骗的行为表现为永久性地侵害了财产，而非法吸收公众存款的行为只是暂时性地侵害了他人的财产，二者在侵害财产性法益的程度上明显不同，各自的刑罚自然应当体现出相应的区别。

　　对于同样的行为，由于其具体的表现形式中侵犯法益程度的区别，在刑罚轻重上亦会有所体现。以盗窃罪为例，《刑法》中规定的刑罚根据相关盗窃行为侵害财产性法益的程度呈现出递进式的排列方式，"数额较大或多次盗窃""数额巨大或有其他严重情节""数额特别巨大或者有其他特别严重情节"都是用来衡量法益侵害程度的标准，以之确定自由刑的法定刑范畴，而对于"盗窃金融机构，数额特别巨大"及"盗窃珍贵文物，情节严重"的盗窃行为则因为在侵犯财产性法益之外又侵犯了国家金融秩序与国家文物管理秩序这样更高位阶的法益，使得对之规定的刑罚种类突破了自由刑而上升为生命刑。③

---

　　① 《刑法》第 192 条："以非法占有为目的，使用诈骗方法非法集资，数额较大的，处五年以下有期徒刑或者拘役，并处二万元以上二十万元以下罚金；数额巨大或者有其他严重情节的，处五年以上十年以下有期徒刑，并处五万元以上五十万元以下罚金；数额特别巨大或者有其他特别严重情节的，处十年以上有期徒刑或者无期徒刑，并处五万元以上五十万元以下罚金或者没收财产。"

　　② 《刑法》第 176 条第 1 款："非法吸收公众存款或者变相吸收公众存款，扰乱金融秩序的，处三年以下有期徒刑或者拘役，并处或者单处二万元以上二十万元以下罚金；数额巨大或者有其他严重情节的，处三年以上十年以下有期徒刑，并处五万元以上五十万元以下罚金。"

　　③ 《刑法》第 264 条："盗窃公私财物，数额较大或者多次盗窃的，处三年以下有期徒刑、拘役或者管制，并处或者单处罚金；数额巨大或者有其他严重情节的，处三年以上十年以下有期徒刑，并处罚金；数额特别巨大或者有其他特别严重情节的，处十年以上有期徒刑或者无期徒刑，并处罚金或者没收财产；有下列情形之一的，处无期徒刑或者死刑，并处没收财产：（一）盗窃金融机构，数额特别巨大的；（二）盗窃珍贵文物，情节严重的。"

由此，对于自由刑，虽然无法提出一般意义上的适用条件，但仅就侵犯财产犯罪而言，相关不法行为对财产性法益的侵害程度以及在侵害财产性法益之外是否侵犯了其他更高位阶的法益，是确定具体的刑罚与犯罪行为是否相适应的基本方法。

二　知识产权的特点

近代民法在大陆法系诸国的兴起虽然始于 19 世纪的《法国民法典》，但民法的基本理念以及制度构造则肇始于古罗马时期，可谓历史久远，但直到《德国民法典》形成备受推崇的民法理论体系时，知识产权都没有进入民法的视野。在英美法系财产法理论的发展过程中亦重复了同样的故事，财产法体系中长期没有知识产权的位置。事实上，考察历史即可发现，知识产权起源于封建特权，在知识产权发展的早期历史中，与民事权利以及财产权之间并无关涉，例如，版权起源于出版商的印刷特权，而专利权来自商人的垄断特权，商标权更是兴起于假冒之诉，知识产权一直以来都被排斥在民事权利特权是私权的谱系之外，知识产权的私权身份得到确认的时间非常短暂。由于传统的民法理论体系是以有体物的所有权为中心而展开，知识产权的出现给民法的制度体系带来了不小的冲击。因此，对知识产权的深入认识是考察侵犯知识产权的犯罪行为侵害法益程度的起点。

(一) 权利对象的非物质性

根据学者的认识："作为现实生活与法律制度的连接点，权利对象对相关制度设计具有根本性的影响。"① 由此，对知识产权对象的认识和把握成为理解知识产权这一概念的起点。在知识产权法学界，虽然对知识产权涵盖的权利类型已基本没有争议，一致认为知识产权法主要由三大部分组成：著作权法、专利法和商标法。② 但对于如何给定一个恰当

---

① 张玉敏主编：《知识产权法学》，法律出版社 2011 年版，第 6 页。

② 在中外各种知识产权法教材中，均以著作权法、专利法和商标法为其主要内容。如，刘春田主编：《知识产权法》，中国人民大学出版社 2014 年版；吴汉东主编：《知识产权法学》，北京大学出版社 2014 年版；郑成思主编：《知识产权法》，法律出版社 1997 年版；张玉敏主编：《知识产权法学》，法律出版社 2011 年版。William Cornish, David Llewelyn, *Intellectual Property: Patents, Copyright, Trade Marks and Allied Rights*, Fifth Edition, Sweet & Maxwell, 2003.

的知识产权概念则众说纷纭，相关探讨集中于对知识产权权利对象的概括和归纳，主要观点有智力成果说①、无形财产说②、信息说③、知识说④以及符号说⑤。这些对权利对象的概括与归纳虽然从不同的角度出发并冠以不同的称谓，但其对知识产权权利对象的一个基本认识是趋向一致的，即知识产权的权利对象具有非物质性。这也正是知识产权区别于物权的根本原因。

　　作为近现代民法渊源的罗马法，其私权体系中的财产权制度以"物"为基础，其对象主要是有体的物质对象（有体物），也包括无体的制度产品（无体物）。⑥但罗马法所谓"无体物"理论的本意是将特殊的权利视为权利标的意义之物件，即以主观拟制之物为权利之对象。⑦这与对知识产权对象的认识和理解完全不可同日而语，事实上，对于如何把握不具有物质形态的但又并非主观拟制的客体物诸如技术、知识的法律性质，是否可将其与有体物等量齐观，连黑格尔都颇感不解。⑧在制度层面，法国曾以传统的所有权制度来概括和规制知识产权的对象，并试图以无形财产的

---

① 郑成思教授等学者持这一观点，认为"《建立世界知识产权组织公约》在第2条集中了各国真正专家们多年讨论的结果而给知识产权下的定义（即发明、发现、作品、商标、商号、反不正当竞争等'一切'智力创作活动所产生的权利），确实是经过深思熟虑的"。郑成思：《再论知识产权的概念》，《知识产权》1997年第1期。

② 吴汉东教授等学者持此观点，认为"知识产权是人们对于自己的智力活动创造的成果和经营管理活动中的标记、信誉依法享有的一种无形财产权"。吴汉东主编：《知识产权制度基础理论研究》，知识产权出版社2009年版，第13页。

③ 张玉敏教授等学者支持这一认识，认为"知识产权是民事主体所享有的支配创造性智力成果、商业标志以及其他具有商业价值的信息并排斥他人干涉的权利"。张玉敏：《知识产权的概念和法律特征》，《现代法学》2001年第5期。

④ 刘春田教授持这一看法，认为"知识产权的对象属于专有知识"。刘春田：《知识财产权解析》，《中国社会科学》2003年第4期。

⑤ 李琛教授提出这种看法，认为"知识产权的对象是符号组合"。李琛：《论知识产权法的体系化》，北京大学出版社2005年版，第132页。

⑥ 参见陈朝璧《罗马法原理》，法律出版社2006年版，第84页。

⑦ 参见吴汉东主编《知识产权制度基础理论研究》，知识产权出版社2009年版，第24页。

⑧ 黑格尔表示，智力成果虽然可以像有体物那样进行交易并缔结契约，但它又属于个人精神的产物，所以理智上对于它的法律性质感到困惑。参见吕世伦《黑格尔法律思想研究》，中国人民公安大学出版社1989年版，第32页。

概念将知识产权的对象涵盖在内。① 但这一做法仍然没有脱离罗马法中有关无形财产的窠臼，笼统地将知识产权划入无形财产的范畴，对于在所谓无形财产体系中占据重要地位的知识产权对象的把握停留在表面，实际上拒绝进一步关切和探讨知识产权对象的特点。当然，法国民法虽未能实现对知识产权对象的深入认识，但在客观上确认了知识产权的财产地位，甚至有学者认为"所有权的'硬'概念已经被知识产权的'软'概念所摧毁"②。在英美法系国家，则尝试以罗马法中的"抽象物"概念涵摄知识产权，德霍斯认为，"在知识财产的范围内使用'抽象物'一词，并不意味着在实体上承认这种抽象物的存在……知识财产制度可以否认抽象物的真实存在，但仍然保留这一范畴作为一种方便的假设，用来确定行为者之间的关系"③。这就说明英美法系国家对知识产权对象的理解也囿于形而上学领域，无意对知识产权对象进一步探究。

虽然大陆法系与英美法系各国对知识产权对象的把握具有极强的工具化色彩，但其将知识产权纳入传统财产权体系的努力却消解了财产权的内涵，借此，财产的非物质化、抽象化得以实现。由此，知识产权对象的本质特征反而通过这种方式得到了阐明：非物质性。而知识产权最为显著的特征自然就是其权利对象的非物质性。非物质性决定了就知识产权对象无法进行物理意义上的占有和公示，而是可以附着于多种载体，并可被共享和复制，因而对知识产权的保护尤其依靠法律的强制力，这就决定了知识产权的侵权行为具有不同于传统民法上侵权行为的特质。

（二）权利对象的实证难题

根据论者的观点，"在体系化的过程之中，抽象概念的形成离不开经验观察。找寻一个直观的对象作为蓝本，是思维的本能依赖"④。在知识

---

① 法国民法沿袭罗马法的传统，将财产划分为有形财产与无形财产，而无形财产不仅包括版权、发明专利、工业设计、商标权，还包括民事主体就营业资产、客户、营业所、商业名称以及在现代社会具有重要价值的商业信息等享有的权利。参见尹田《物权法理论评析与思考》，中国人民大学出版社 2004 年版，第 16 页。

② M. A. Hermitte：《非法律技术中的"软"概念的意义：知识产权的典型》，转引自尹田《物权法理论评析与思考》，中国人民大学出版社 2004 年版，第 16 页。

③ ［澳］彼得·德霍斯：《知识财产法哲学》，周林译，商务印书馆 2008 年版，第 164—165 页。

④ 李琛：《论知识产权法的体系化》，北京大学出版社 2005 年版，第 69 页。

产权领域，由于权利对象的非物质性，使得其缺乏可以用感官直接获得的经验性的、事实性的素材。因而，在有形财产权领域根本不会发生权利对象是否存在的疑问和争议，通过观察即可得到答案，但在知识产权侵权案件中，由于无法通过感官确证，相关存在形式是否构成"作品""发明""商标"，则往往成为必须首先解决的问题。贝勒斯据此认为"知识产权的中心问题是什么可以获得专利权或著作权"①。权利对象是知识产权法中最基础的概念，其他相关制度都建基于这一概念之上，侵犯知识产权行为的判定规则亦不例外。在具体的侵权案件中，确定权利对象成为法官的首要任务，但完成这一任务却往往面临重重困难，恰如学者所言，在版权法中，作品是什么属于看似简单实则很难回答的问题；② 在认定专利范围时，"可以清楚地看到在比较过程的每一个环节上，都存在诸多的不确定性"③；商标法领域中什么是商标，什么是商标权则极易引起重大争议。④这种情况在知识产权侵权判定中导致的结果就是权利对象这一本应属于事实判断的问题面临着无法回避的障碍。

（三）权利束的高度离散

根据学者的介绍，"经济学产权理论的基本命题是：产权是一束权利，即产权界定了产权所有者对资产使用、资产带来的收入、资产转移诸方面的控制权"⑤。在物权法领域，这一命题表现为物权的占有、使用、收益、处分的权能，而在知识产权领域，相关权能则复杂得多，⑥ 权能的确定在物权法中的意义是如果权利人的"占有、使用、收益、处分"的权能被侵害，则侵权行为即告成立，亦即具体的权利束是通往侵权判定的一条捷径。然而，这条捷径在面对知识产权时则产生了诸多疑惑。首先，各项权

---

① ［美］迈克尔·D. 贝勒斯：《法律的原则———一个规范的分析》，张文显等译，中国大百科全书出版社 1996 年版，第 112 页。

② 参见金渝林《论版权理论中的作品概念》，《中国人民大学学报》1994 年第 3 期。

③ 崔国斌：《专利技术的等同比较》，载郑胜利主编《北大知识产权评论》（第 1 卷），法律出版社 2002 年版，第 52—53 页。

④ 参见刘春田《商标与商标权辨析》，《知识产权》1998 年第 1 期。

⑤ 周雪光：《"关系产权"：产权制度的一个社会学解释》，《社会学研究》2005 年第 2 期。

⑥ "在某项知识产权的概括名义下，各项权能相互独立、内容各异。这些丰富多彩的权能共同组成了具有最大包容性的某一知识产权。"吴汉东：《科技、经济、法律协调机制中的知识产权法》，《法学研究》2001 年第 6 期。

能不具有普适性，例如在版权法领域中，一些权能仅仅适用于特定的作品类型，而对于其他类型的作品则毫无意义，例如美术作品的权能就不包括翻译权、广播权；其次，不同的权能涵摄的行为范畴有别，较为典型的是商标权的权能，其禁止权涵摄的行为范畴较之于专用权则大为扩展，使得从权利人的专用权范围无法推知义务人的义务范围；最后，主观因素成为侵权行为的判定要件，在专利法领域，侵犯专利权的制造权、使用权须满足"为生产经营目的"①的主观要件，然而，民法上侵权行为的成立无须考察行为人的主观因素。

不难发现，由于权利对象具有的非物质性这一本质属性，知识产权较之于物质财产权，其权利对象本身存在实证难题，由此带来了权利本身的不确定性，而其权能结构又呈现为高度分散与多样化的束状结构，这对侵犯知识产权行为及其产生的危害将产生重大影响，进而决定着侵犯知识产权的犯罪行为是否能够满足自由刑的适用条件。

三　侵犯知识产权行为与自由刑的不对称性

（一）侵犯知识产权行为侵害的法益类别

按照我国《刑法》的规定，侵犯知识产权犯罪被安排在"破坏社会主义市场经济秩序罪"一章的序列之中，这清晰地体现出了立法层面对侵犯知识产权行为的认识：这种行为之所以受到刑法调整，原因正在于其对社会主义市场经济秩序造成的侵害。按照刑法理论中的构成要件学说，学界普遍认为侵犯知识产权犯罪的客体是所谓复杂客体，即国家对知识产权的管理制度和知识产权权利人的合法权益。此处的知识产权管理制度即是社会主义市场经济秩序的外化形式。②然而，这种认识并不能得到相应知

---

① 《专利法》第11条第1款："发明和实用新型专利权被授予后，除本法另有规定的以外，任何单位或者个人未经专利权人许可，都不得实施其专利，即不得为生产经营目的制造、使用、许诺销售、销售、进口其专利产品，或者使用其专利方法以及使用、许诺销售、销售、进口依照该专利方法直接获得的产品。"

② 按照刑法学者的理解，"知识产权管理制度是确认和保护科学技术和文化艺术创造成果的基本法律制度，它所调整的是国家在管理和保护知识产权活动中所形成的社会主义社会关系，其宗旨在于保护知识产权人的合法权益，即权利人对自己创造和拥有的知识产权这种无形财产所享有的占有、使用、收益和处分的权益，以推动科学技术和文化事业的不断进步"。程宗璋：《破坏社会主义市场经济秩序罪的客体新探》，《武汉公安干部学院学报》2000年第2期。

识产权部门法的佐证，事实上，一直以来，仅有《商标法》的法律条文中一直强调商标的"管理"，① 在《著作权法》及《专利法》有关立法宗旨的表述中，② 都没有对著作权即专利权进行管理的措辞，反而特别强调对著作权及专利权的保护，其中虽然不乏与"社会主义"有关的措辞，但更多是作为一种政治正确的宣誓性"僵尸法条"。③

此外，对列入"破坏社会主义市场经济秩序罪"一章中的其余犯罪行为进行一番检视，不难发现，生产、销售伪劣商品罪，走私罪，妨害对公司、企业的管理秩序罪，破坏金融管理秩序罪，金融诈骗罪，危害税收征管罪，以及扰乱市场秩序罪等犯罪行为的犯罪客体都具有较为明确的指向，且一般而言属于市场经济秩序中较为重要的制度内涵。反观侵犯知识产权犯罪行为，基于知识产权的私权属性，侵犯知识产权的行为仍然系属对私权的侵犯，联系到知识产权权利内容主要表现为财产权的事实，对知识产权的侵犯就法益类型而言事实上与侵犯财产罪并无大的区别，对于侵犯知识产权犯罪的行为侵犯了国家知识产权管理制度进而应当作为破坏社会主义市场经济秩序罪的一种所展开的论证实际上亦可适用于侵犯财产的犯罪行为，因此，对社会主义市场经济秩序这一概念不能无限推演，否则，几乎所有的犯罪行为

---

① 1982 年《商标法》第 1 条规定："为了加强商标管理，保护商标专用权，促使生产者保证商品质量和维护商标信誉，以保障消费者的利益，促进社会主义商品经济的发展，特制定本法。"2001 年《商标法》对之进行了细微调整："为了加强商标管理，保护商标专用权，促使生产、经营者保证商品和服务质量，维护商标信誉，以保障消费者和生产、经营者的利益，促进社会主义市场经济的发展，特制定本法。"在 2013 年《商标法》的修订中，该条规定没有变化，依然突出了商标法对于商标管理的关注。

② 1990 年《著作权法》第 1 条规定："为保护文学、艺术和科学作品作者的著作权，以及与著作权有关的权益，鼓励有益于社会主义精神文明、物质文明建设的作品的创作和传播，促进社会主义文化和科学事业的发展与繁荣，根据宪法制定本法。"在 2001 年和 2010 年两次《著作权法》修订中，该条内容没有变化。1984 年《专利法》规定："为了保护发明创造专利权，鼓励发明创造，有利于发明创造的推广应用，促进科学技术的发展，适应社会主义现代化建设的需要，特制定本法。"2008 年《专利法》修订时，将该条内容调整为："为了保护专利权人的合法权益，鼓励发明创造，推动发明创造的应用，提高创新能力，促进科学技术进步和经济社会发展，制定本法。"这一调整直接删除了此前有关社会主义现代化建设的表述。

③ 对"僵尸法条"这一措辞的使用借鉴了葛云松的说法，他将法律之中不具有法律性质的"法律条文"称为"僵尸法条"，并将其进一步分为照抄型、废话型、无厘头型。参见葛云松《物权法的扯淡与认真——评〈物权法草案〉第四、五章》，《中外法学》2006 年第 1 期。

事实上都可能造成了对社会主义市场经济秩序的侵害。

实际上，学者已经通过史料的爬梳说明了我国在改革开放之后进行的知识产权法律移植曾经面临的论证难题，即知识产权并不是以财产权的形态进入法律的视野，而是带着维护市场经济秩序的任务降生的："1982年的商标法和1984年专利法一样，在一定程度上不只是确立了私有财产权，同时也冲淡了这些权利，尽管这些权利被创立并且被广为宣传……1982年商标法确实为'商标专用权'提供了保护，但之所以如此，在很大程度上是因为商标权被认为可以促进'社会主义上经济的发展'。在'文化大革命'后法律改革的初期，中国没有足够的用以界定、组织新兴市场力量的正式法律架构。这种法律架构在短期内也不可能建成，因为那些混杂着政治困扰的问题使立法工作面临着巨大的挑战。例如，在相当程度上仍然是以强大而市场反应迟缓的国有企业为主体的经济制度下，如何禁止阻碍竞争和其他不公平的贸易行为？至少在某些中国领导人看来，商标法可以为尚不成熟的市场充当维持秩序的临时手段。"① 可见，在社会主义市场经济秩序这样具有鲜明时代背景的强势话语庇护之下，知识产权才得以顺利分娩，《刑法》将侵犯知识产权犯罪置于"破坏社会主义市场经济秩序罪"中也显得顺理成章。

然而，从知识产权的性质出发，可以发现侵犯知识产权的犯罪行为侵害的法益并不应当将社会主义市场经济秩序容纳在内，而应指向知识产权的财产性法益。

（二）侵犯知识产权行为侵害法益的程度

对于侵犯财产罪而言，学界普遍认为此类犯罪的对象包括有体物与无体物，② 但无体物范畴明确排除了知识产权，仅包括有管理可能性的无体物，③ 例如，按照我国《刑法》第265条的规定，通信线路、电信号码等无体物被纳入了盗窃罪的对象范围。④

侵犯财产罪的犯罪客体即是此类犯罪行为侵害的法益，对这一问题，

---

① ［美］安守廉：《窃书为雅罪——中华文化中的知识产权法》，李琛译，法律出版社2010年版，第80页。

② 参见张明楷《刑法学》（下），法律出版社1997年版，第759页。

③ 参见刘明祥《论侵犯财产罪的对象》，《法律科学》1996年第6期。

④ 《刑法》第265条："以牟利为目的，盗接他人通信线路、复制他人电信号码或者明知是盗接、复制的电信设备、设施而使用的，依照本法第二百六十四条的规定定罪处罚。"

我国传统的刑法学理论将之笼统地概括为"公私财产所有权"①，这种观点被称为财产犯罪客体的"本权说"。来自日本的"占有说"重视对事实上的占有状态进行保护，② 被认为能够克服本权说对财产法益保护过于狭窄的问题，有利于维护财产秩序。张明楷教授整合了"本权说"与"占有说"的基本理念，对侵犯财产罪的客体提出了新的认识："财产犯的客体首先是财产所有权及其他本权，其次是需要通过法定程序恢复应有状态的占有；但在相对于本权者的情况下，如果这种占有没有与本权者相对抗的合理理由，相对于本权者恢复权利的行为而言，则不是财产犯的客体。"③ 不难发现，对于侵犯财产罪客体的讨论仍然是以物权为基本出发点展开的，所有权、占有实际上都是来自民事法律保护有体物而产生的概念。④

基于这种认识，对于侵犯财产罪的分类实际上也是通过对物权中相关概念的进一步理解与分析而进行的，学者将侵犯财产罪分为取得罪（取得财物的犯罪）与毁弃罪（毁坏财物的犯罪）两大类型，对取得财物的犯罪又可依据是否转移占有而进一步划分为转移占有的犯罪（如盗窃、诈骗、抢夺、抢劫等犯罪）与不转移占有的犯罪（如侵占罪）。⑤ 根据这种分类，相应的犯罪行为在侵犯法益的程度上存在差别。对取得财物的犯罪

---

① 参见高铭暄《中国刑法学》，中国人民大学出版社 1989 年版，第 500 页；另见苏惠渔《刑法学》，中国政法大学出版社 1994 年版，第 564 页；何秉松《刑法教科书》，中国法制出版社 1995 年版，第 707 页。

② 占有说于"第二次世界大战"之后逐渐在日本刑法中占据通说地位，《日本刑法典》采纳了占有说的理念，在第 242 条规定："虽然是自己的财物，但由他人占有或者基于公务机关的命令由他人看守时，就本章犯罪，视为他人的财物。"《日本刑法典》，张明楷译，法律出版社 2006 年版，第 90 页。

③ 张明楷：《侵犯财产罪的疑难问题》，载游伟主编《华东刑事司法评论》（第 6 卷），法律出版社 2004 年版，第 86 页。

④ 当然，刑法与民法中对于所有权及占有的理解可能存在一些差别，这可能会影响到相关行为的定性问题，例如，民法上的占有要求"为了自己的意思"，而盗窃罪的占有则无此要求；民法上的占有包括代理占有、间接占有、占有改定等观念性占有，而盗窃罪的占有则不包括观念性占有。对于这一问题的进一步讨论，可参见［日］佐伯仁志、道垣内弘人《刑法与民法的对话》，于改之、张小宁译，北京大学出版社 2012 年版，第 182—208 页。

⑤ 参见张明楷《侵犯财产罪的疑难问题》，载游伟主编《华东刑事司法评论》（第 6 卷），法律出版社 2004 年版，第 84 页。

而言，转移占有的犯罪显然比不转移占有的犯罪在侵犯法益的程度上更加严重，这进一步体现为相应犯罪行为承担的刑罚轻重程度的明显不同。①而转移占有的取得财物型犯罪较之于毁坏财物的犯罪，其侵犯法益的程度也更高，原因在于毁坏财物的犯罪行为是对有体物本身造成的毁损，只对相关物品实现其权能产生了一定的影响，例如可能会对某物的使用、收益产生不利影响，进而妨碍对其进一步地处分，但毕竟该物本身尚处于所有人或合法占有者的掌控之下，而转移占有以取得财物型的犯罪则直接使得或意图使权利人丧失对相应有体物的掌握，进一步而言，这种行为造成的后果是所有人或合法占有者基于这种物品所享有的一切权能都将无从实现，因而对之施加的刑罚也就更为严厉。

　　具体到侵犯知识产权犯罪行为，传统的刑法理论一直将知识产权管理制度与知识产权人的合法权益视为侵犯知识产权犯罪的客体。但基于前述论证，所谓知识产权管理制度应当被排除在侵犯知识产权犯罪的客体范畴之外，还原知识产权的私权本质，因而侵犯知识产权犯罪的客体可以简单地界定为知识产权人的合法权益，由此，似乎可以直接将关于有体物的财产犯罪理论套用在知识产权之上。然而，基于对知识产权特点的把握和认识，在套用既有的财产犯罪客体的理论时，将会出现如下问题：现有的关于财产犯罪的分类很难对侵犯知识产权犯罪进行定性并将之纳入某一类别之中。试想，侵犯知识产权的行为并未导致占有的转移，原因在于知识产权权利对象的非物质性决定了无法对之进行占有，而由于知识产权的权能呈现为束状结构，侵犯知识产权的行为往往只是对某种知识产权的一项或几项权能的侵害，而任何侵犯知识产权行为事实上都没有造成权利对象本身的毁损。如此一来，侵犯知识产权犯罪既不属于取得财物的犯罪，又不能纳入毁坏财物犯罪的类型之中。

　　由此，对于侵犯知识产权犯罪的客体，虽然可以笼统地概括为"知识产权人的合法权益"，但却无助于进一步分析其侵害法益的程度，但通过对侵犯财产罪项下两类犯罪行为侵害法益程度进行的简要

---

　　①　根据我国《刑法》规定，侵占罪的法定刑较之于盗窃、诈骗等转移占有的犯罪行为要低得多，且属于告诉才处理的犯罪类型。《刑法》第270条："将代为保管的他人财物非法占为己有，数额较大，拒不退还的，处二年以下有期徒刑、拘役或者罚金；数额巨大或者有其他严重情节的，处二年以上五年以下有期徒刑，并处罚金。将他人的遗忘物或者埋藏物非法占为己有，数额较大，拒不交出的，依照前款的规定处罚。本条罪，告诉的才处理。"

分析，同时比对知识产权的特点，不难发现，侵犯知识产权犯罪侵害的法益程度远远低于现有的侵犯财产罪中的犯罪行为所造成的法益侵害。

（三）侵犯知识产权行为造成的法益侵害与自由刑所剥夺利益之间的比对

按照哲学家的理解，"全部伦理学问题都起源于人的自由……自由是人必须具备的性质，所谓人的存在就是自由的存在。自由和存在一样都是各种价值的前提，所以人们一直把剥夺生命或自由当成是最严重的惩罚——剥夺生命就是不让活，而剥夺自由就是不让生活……自由本身不是价值，但却是价值的前提，是各种价值的必要条件，所以比价值更重要"[①]。由此可见，自由在个人生活中的重要性，因此，以剥夺犯罪人自由为表象的自由刑的实施，必然要求相关犯罪行为侵害的法益达到了相当严重的程度。

就侵犯财产罪而言，其侵害的法益是财产所有权及其他本权以及对财产的合法占有，将财产与自由之间进行比对本身显得难度颇高，自由刑的机理实际上是以犯罪人的自由抵偿其对法益造成的侵害，虽然于法理层面没有释明，但实质上采纳了自由与财产之间存在某种可以换算的比例关系的认识。此外，联系到近代西方社会刑罚变革的历史，自由刑能够获得重视并开始广泛适用的重要原因是其具有改造受刑人，使之社会化的功用，这在一定程度上抵消或遮蔽了自由与财产之间进行量化比较的难度。近代自由刑产生于十六七世纪的西方，资本主义生产方式的变革导致众多无产者流浪街头，违法犯罪行为大量发生，对社会治安造成较大威胁，收容、治理流浪者的矫正机构出现了，1550 年英国伦敦设立了矫正院，1595 年荷兰阿姆斯特丹也建立了著名的矫正院和妇女防治所，该工作场所标语为："勿怕，吾并非对汝恶行加以报复，而是将汝导于善。吾手虽严，但吾心仍亲切。"这些矫正机构重视对犯罪人的精神感化与职业指导，并非以惩罚、报复为出发点。[②]这就说明自由刑的正当性证成与其实现犯罪人"再社会化"的功能具有重要关联，而在矫正功能发挥的过程中，由于与社会的隔离，犯罪人的人身危险性也受到严密的控制，消除再犯的可能性

---

① 赵汀阳：《论可能生活》，中国人民大学出版社 2010 年版，第 108 页。
② 参见陈兴良《刑法哲学》，中国政法大学出版社 2000 年版，第 478 页。

也大为提高。

因此，不难发现，由于受到矫正犯罪、消除社会危险性、威慑潜在犯罪人等刑罚功能的注解，加之自由与财产之间难以进行实质性的比较，在自由刑剥夺的自由与犯罪人侵害的法益之间实际上并不存在严格的等价对应关系，对于许多适用自由刑的犯罪而言，极有可能出现的情形就是因为犯罪剥夺的自由这种利益大于犯罪人侵害的财产性法益这种利益。这就进一步增加了对刑法条文中规定的某种犯罪承担的自由刑剥夺的自由这种利益与犯罪行为侵害的法益之间进行比对，以确定刑罚是否适当的难度。

就侵犯知识产权犯罪而言，一种可行的方法是假定我国《刑法》中有关侵犯财产罪中法定刑，特别是自由刑的设置大体实现了罪刑相适应。确定这一前提之后，首先比对侵犯知识产权犯罪与侵犯财产罪在法益侵害程度上的不同，而后比对侵犯知识产权犯罪与侵害财产罪规定的自由刑之间的区别，从而判断《刑法》中对侵犯知识产权犯罪规定的自由刑是否适当。遵照这一比对方法，仅需选择侵犯财产罪中法定刑设置最低的犯罪类型与侵犯知识产权犯罪中法定刑设置最高的犯罪类型，比对这两种犯罪行为侵犯法益的程度。

考察我国《刑法》"侵犯财产罪"一章中的诸种罪名，在排除告诉才处理的"侵占罪"之后，在法定刑最低，即承担刑罚为"三年以下有期徒刑、拘役或者管制，并处或者单处罚金"的犯罪行为中选择"盗窃罪"中"盗窃公私财物，数额较大或者多次盗窃的"这一犯罪行为。考察《刑法》中"侵犯知识产权犯罪"一节中的诸种罪名，在法定刑最高，即承担刑罚为"三年以上七年以下有期徒刑，并处罚金"的犯罪行为中选择"假冒注册商标罪"中"未经注册商标所有人许可，在同一种商品上使用与其注册商标相同的商标，情节特别严重的"这一犯罪行为。根据相关司法解释的进一步阐述，盗窃公私财物数额较大是指"盗窃公私财物价值一千元至三千元以上"，① 此外，在满足一些特殊情形时，对数额较大

_____

① 《最高人民法院、最高人民检察院关于办理盗窃刑事案件适用法律若干问题的解释》（法释〔2013〕8号）第1条第1款：盗窃公私财物价值一千元至三千元以上、三万元至十万元以上、三十万元至五十万元以上的，应当分别认定为《刑法》第二百六十四条规定的"数额较大""数额巨大""数额特别巨大"。

的标准可以按照该规定的 50% 确定。① 而多次盗窃是指"二年内盗窃三次以上"。② 假冒注册商标罪中的情节特别严重是指："1. 非法经营数额在二十五万元以上或者违法所得数额在十五万元以上的；2. 假冒两种以上注册商标，非法经营数额在十五万元以上或者违法所得数额在十万元以上的；3. 其他情节特别严重的情形。"③

如果仅从这两种犯罪行为涉及的财物数额进行判断，显然将得出"情节特别严重的假冒注册商标罪"对法益的侵害程度远远大于"盗窃公私财物，数额较大或者多次盗窃的"犯罪行为这一结论。然而，稍加注意即可发现，这两种犯罪行为之间存在一个显著的区别：盗窃罪中的犯罪人因盗窃获得的利益与被害人受到的利益损失是等同的，而在假冒注册商标罪中，犯罪人因假冒注册商标获得的利益与受害人受到的利益损失之间却并不一致。这是由知识产权的特性所决定的，知识产权具有非物质性，市场中的知识产权对象必须附着于相应的载体才能成为商品出售，以商标为例，只有使用于商品之上，才能发挥作用，而具体的商标在商品中所占的价值比重如何衡量至今都没有明确的标准可做参考，而假冒注册商标行为的非法经营额或违法所得的计算显然没有考虑到这一问题，导致其得出的数额并非单纯的假冒注册商标行为所致。此外，即便假定能够衡量出商标在商品价值中所占比重，但犯罪人因假冒注册商标行为所获经济收益并不

---

① 《最高人民法院、最高人民检察院关于办理盗窃刑事案件适用法律若干问题的解释》（法释〔2013〕8 号）第 2 条：盗窃公私财物，具有下列情形之一的，"数额较大"的标准可以按照前条规定标准的百分之五十确定：（一）曾因盗窃受过刑事处罚的；（二）一年内曾因盗窃受过行政处罚的；（三）组织、控制未成年人盗窃的；（四）自然灾害、事故灾害、社会安全事件等突发事件期间，在事件发生地盗窃的；（五）盗窃残疾人、孤寡老人、丧失劳动能力人的财物的；（六）在医院盗窃病人或者其亲友财物的；（七）盗窃救灾、抢险、防汛、优抚、扶贫、移民、救济款物的；（八）因盗窃造成严重后果的。

② 《最高人民法院、最高人民检察院关于办理盗窃刑事案件适用法律若干问题的解释》（法释〔2013〕8 号）第 3 条第 1 款：二年内盗窃三次以上的，应当认定为"多次盗窃"。

③ 《最高人民法院、最高人民检察院关于办理侵犯知识产权刑事案件具体应用法律若干问题的解释》（法释〔2004〕19 号）第一条第二款："具有下列情形之一的，属于刑法第二百一十三条规定的'情节特别严重'，应当以假冒注册商标罪判处三年以上七年以下有期徒刑，并处罚金：（一）非法经营数额在二十五万元以上或者违法所得数额在十五万元以上的；（二）假冒两种以上注册商标，非法经营数额在十五万元以上或者违法所得数额在十万元以上的；（三）其他情节特别严重的情形。"

等同于商标权人的损失，原因在于对购买假冒商标商品的消费者而言，基于价格等因素的考量，如果没有假冒商标的商品，消费者极有可能并不会选择正牌的商品，以奢侈品为例，其高昂的价格已经基本确定了其固定的消费群体，消费者购买假冒的奢侈品往往是属于知假买假的情形，且按照其本身的购买能力，根本不会选择购买正牌的奢侈品。由此，一个显见的结论得以证成：犯罪人因假冒注册商标获得的利益与受害人受到的利益损失之间并不一致，在盗窃罪中通过被害人受到的利益损失进行的法益侵害程度的衡量在假冒注册商标罪中直接转变为通过侵权人所获利益对法益侵害程度进行衡量。

　　根据刑法学者的观点，这种做法并不可取："既然刑法的目的是保护法益，犯罪的本质是侵犯法益，那么，犯罪人主观上对利益的追求、客观上获得的利益，就不是重要问题。即定罪与量刑，从根本上考虑的是行为对法益的侵犯程度与责任程度，而不是行为人是否获得利益以及获得利益的多少。"① 如此看来，我国《刑法》中通过犯罪人获得利益的多少来考量对假冒注册商标行为的定罪量刑问题，仍然是采用了物质财产权的思维方式，径行将犯罪人所获利益与受害人的利益损失画上了等号，再行衡量其侵犯法益的程度。由此，假冒注册商标罪侵犯法益的程度仍应当按照受害人的利益损失进行判断，考察知识产权的本质特性将会发现由于权利对象的非物质性，任何人事实上都无法对知识产权的权利对象进行真正的现实占有，这就导致无论侵权行为的性质和手段有多么严重，一般而言侵权行为并不会导致知识产权权利对象发生物理层面的损耗或灭失，侵犯知识产权行为造成的结果通常只能是对收益权这一权能的侵害，亦即侵权行为使得知识产权人丧失了原本应由其获取的那一部分经济利益。假冒注册商标的行为亦具有这种特点，侵权行为不会造成商标这一权利对象的损耗或灭失，不会妨碍商标权权能的发挥，侵权人即便获益再多，也不会改变这一事实，这就与盗窃行为直接导致的受害人丧失对物的占有进而妨碍物权权能的发挥存在天壤之别。简言之，"情节特别严重的假冒注册商标罪"对法益的侵害程度远远小于"盗窃公私财物，数额较大或者多次盗窃的"犯罪行为对法益的侵害程度，按此，相应的刑罚也应当更轻，对于"情节特别严重的假冒注册商标罪"指向的犯罪行为所科处的刑罚不应当重于

---

① 张明楷：《刑法格言的展开》，北京大学出版社 2013 年版，第 142 页。

"盗窃公私财物，数额较大或者多次盗窃的"犯罪行为，亦即其法定刑中的自由刑应当远远低于"三年以下有期徒刑、拘役或者管制"。

在自由刑的论证中，一个重要依据即是其能够发挥矫治功能，有助于受刑人的再社会化，然而，根据德国犯罪学家利普曼的认识，将犯人投入监狱，损害他们的身心健康，使其身心都不能适应社会，反倒成为比以前更加危险的亡命之徒，相对比，给罪犯以更大的自由反而会有更大价值。① 这就说明自由刑的矫治功能并不明显或者说更多呈现为一种理论假设。综合考量侵犯知识产权行为侵害法益的程度与自由刑剥夺的利益之间存在的不对称性，加之自由刑本身在矫治功能方面受到的质疑，② 将得出侵犯知识产权行为不应适用自由刑的结论。

第二节　侵犯知识产权行为不适用罚金刑的证成

罚金刑是自由刑之外侵犯知识产权犯罪应当承担的刑罚种类，通过对罚金刑适用条件的厘清，在阐明知识产权权利特征及侵犯知识产权行为特质的基础上，联系刑法的谦抑原则，将会发现罚金刑与侵犯知识产权行为造成的损害之间并不对称，而罚金刑的功能通过惩罚性赔偿可以替代，从而证成侵犯知识产权行为不适用罚金刑的结论。

一　罚金刑的适用条件

（一）罚金刑在刑罚体系中的地位

从古代社会的罚金刑考察，其往往是社会等级制度在刑法制度中的体现，针对同样的行为，施害人或受害人身份不同，施害人被科处的罚金甚至刑罚都存在较大差别，实际上是对特权阶层免受身体刑的一种工具，《摩奴法典》就是极好的例证。该法典第 8 卷第 267 条规定："刹帝利辱骂婆罗门应处一百钵那罚金；吠舍处一百五十或二百，首陀罗处体刑。"第 268 条规定："婆罗门辱骂武士种姓的人处五十钵那罚金，辱骂商人处

---

① 参见翟中东主编《行刑社会化框架下的思考》，群众出版社 2005 年版，第 203 页。

② 有论者提出了自由刑应当废除的理论主张，并进行了较为充分的论证。参见龙腾云《刑罚进化研究》，法律出版社 2014 年版，第 223—229 页。

二十五；辱骂首陀罗处十二。"第 337 条规定："首陀罗不论偷何物，其罚金应比寻常处分重八倍；吠舍重十六倍；刹帝利重三十二倍。"① 正因如此，在我国 1979 年《刑法》的起草过程中，有人主张取消罚金刑，并提出这样的认识："资本主义国家和旧中国的刑法规定罚金作为一种刑罚，是剥夺人民的一种手段，同时对资本家有利，有钱可以赎罪，我们社会主义国家不能采用。"②

罚金刑真正得到认可并广泛适用是在 21 世纪之后，这主要取决于以下几个原因：（1）社会关系商品化在刑法中的体现。在商品经济高度发达的资本主义社会，社会关系普遍被商品化，而对利益的侵犯，特别是对财产利益的侵犯，自然可以用金钱来衡量，罚金成为一种重要的刑罚方法。（2）刑罚轻缓化的体现。一般认为，刑罚轻缓化是刑法整体趋轻的一种趋势，轻缓化代表了刑罚发展的方向，是刑罚合理化和科学化的体现。③ 这表明刑事处罚的程度由重到轻，是历史发展的进步表现与必然结果，④ 而罚金显然被认为是一种较之于生命刑、身体刑、自由刑在带给受刑人痛苦程度上都更小的刑罚类型。（3）犯罪形态的变化引致刑罚的革新。随着科技发展与社会进步，生产过程的复杂化导致过失犯罪的比例大为上升；而国家对经济的干预及影响力的上升导致经济领域的犯罪现象成为重要问题；由于公司大力发展及其在社会日常生活中扮演的角色更加重要，法人犯罪的情形也大量出现。显然，对于过失犯罪、经济犯罪与法人犯罪而言，罚金是一种与其犯罪本质、侵害法益的类型及程度最为适应的刑罚方法。因而罚金刑受到关注并扩大适用范围，是历史对罚金刑的主动选择。⑤

不难看到，曾经被誉为"近代刑罚之花"的自由刑在历史的发展中暴露了其存在的弊害，而罚金刑在社会生活中体现出其独有的优势与适应

① 《摩奴法典》，［法］迭朗善译，马香雪转译，商务印书馆 1982 年版，第 195 页。
② 高铭暄：《中华人民共和国刑法的孕育和诞生》，法律出版社 1981 年版，第 62 页。
③ 赵志华：《论刑罚轻缓化的实现途径》，人民法院出版社 2012 年版，第 22 页。
④ 德国学者洪堡即认为："刑罚的完善总是——不言而喻，这是指在同样有效的情况下——随着刑罚的宽大程度一起并进。因为不仅各种宽大的刑法本身是较少的弊端，它们也以最符合人的尊严的方式引导着人离开犯罪行为。"［德］威廉·冯·洪堡：《论国家的作用》，林荣远、冯兴元译，中国社会科学出版社 1998 年版，第 144 页。
⑤ 参见房清侠《刑罚变革探索》，法律出版社 2013 年版，第 122 页。

性，在刑罚体系中开始占据重要地位。根据论者的归纳，目前，西方许多国家逐渐由以自由刑为中心的刑罚体系转变为以自由刑和财产刑为中心、以生命刑为例外的刑罚体系。限制死刑、改进自由刑、扩大罚金刑已成为世界刑罚轻缓化、人道化、文明化、现代化的主要标志和内容。而我国刑罚的发展与变革必将遵循而且正在体现这一发展规律：死刑在逐渐地限制，自由刑在不断地改进，罚金刑在不断地扩大，刑罚体系也在逐渐由以自由刑、生命刑为中心向以自由刑、生命刑、财产刑为中心的多元化刑罚体系转化，罚金刑在这一变革中，发挥着越来越重要的作用，扮演着日趋重要的角色。①

（二）罚金刑的作用与缺陷

罚金是指剥夺受刑人一定数额金钱的财产，这与剥夺人身自由的自由刑相比，刑罚痛苦的程度显然更低，故刑法效果往往受到怀疑。但在刑法学者看来，金钱在现代资本主义社会中，亦是另一种形态的自由，只要罚金的数额能够提高到足以使受刑人有所感痛的程度，则罚金刑已然能够发挥其刑罚功能。此外，罚金具有匿名性，受刑人虽然受到罚金的处罚，但较少为人所知。不像自由刑那样存在使受刑人监狱化的风险，可以完全避免在监狱执行刑罚衍生的不良后果，且罚金是刑罚成本最低的一种刑罚手段。②

可见，按照刑罚本质的并合主义观点，刑罚的正当性被分解为两个方面：一是通过对犯罪人的惩罚实现对已然发生的犯罪进行报应；二是从刑罚的效果出发反推刑罚的限度。任何刑罚方式都不可能在满足这两个条件时表现得非常完美，事实上，有的刑罚类型能够较好地解决报应犯罪这一问题，但刑罚效果却存在疑问，而有的犯罪虽然刑罚效果能够得到保证，但在报应犯罪这一问题上却表现不佳。

罚金刑亦不能逃脱这种局限性，事实上对罚金刑的作用及缺陷展开的分析实际上都是从报应犯罪与预防犯罪这两个角度展开的。按照学者的概括，罚金刑的合理性主要表现在以下方面：（1）可以有效惩治经济犯罪。通过科处罚金刑可以让犯罪人失去其犯罪所得，又丧失继续实施犯罪的资本，从而有效预防犯罪。（2）有效惩治法人犯罪。由于法人属于法律拟

---

① 王琼：《罚金刑实证研究》，法律出版社 2009 年版，前言，第 5 页。

② 参见林山田《刑法通论》（下册），北京大学出版社 2012 年版，第 319 页。

制的产物，无法适用生命刑与自由刑，罚金的适用将有效惩治法人犯罪。
（3）罚金刑具有经济性。一者罚金刑执行成本较低，二者增加了国库收
入。（4）罚金刑具有可分性与附加性。可分性使得通过对相关犯罪行为
侵害法益程度的区分而准确裁量刑罚，有利于罪行相适应，附加性则使得
其可以依附于自由刑和生命刑，提高刑罚的惩治功能。（5）不会造成受
刑人再社会化的难题。受刑人不会脱离社会和家庭，避免了在狱中的交叉
感染，不会出现使其人身危险性增加从而再次危害社会等问题。（6）降
低错判的危害性。在罚金刑适用不当的情况下，可以通过返还罚金、赔偿
利益的方式将错判的危害性降到最低，而对生命刑与自由刑的不当适用造
成的危害则无法改变。①

　　当然，罚金刑亦存在着一些固有的缺陷，主要表现为下列问题：
（1）事实上的不平等性。由于社会发展即财富分配的不均衡，对于同样
的犯罪行为适用相同的罚金刑固然实现了形式上的平等，但却导致了实质
性的不公，原因在于富裕者和贫困者对同样数额的罚金所造成的痛苦感完
全不同。（2）执行难的问题。转移财产、逃避执行等行为常常导致罚金
刑在执行过程中出现问题，而贫困者无力负担罚金使得刑罚成为空判，削
弱了刑罚的功能。（3）可能殃及无辜。现代刑法要求罪责自负，但罚金
刑的适用可能导致对整个家庭生活产生重要影响。（4）惩罚性与矫治性
不匹配。这即是说罚金刑重罚不重教，不利于改造犯罪，发挥刑罚的矫治
功能。（5）刑罚的严肃性与权威性存疑。罚金刑容易给社会公众带来一
种"以钱赎刑""以罚代刑"的认识，影响刑罚的威慑效果。（6）容易诱
发再次犯罪。在无力支付罚金的情况下，犯罪人可能会以其他形式的犯罪
手法获得钱财支付罚金。②

　　由此看来，罚金刑在现代刑罚体系中受到青睐一方面由于其对特殊
的犯罪形态具有较强的针对性，另一方面是其较之于自由刑更加轻缓，
符合刑罚轻缓化的历史潮流。因此，自由刑的实质性作用往往体现于其
剥夺的利益与特定的犯罪行为侵害的法益程度之间能够形成较为鲜明的
对照，因此在何种情形之下或满足何种条件时应当适用罚金刑需要重点
讨论。

---

① 参见房清侠《刑罚变革探索》，法律出版社 2013 年版，第 128 页。

② 王琼：《罚金刑实证研究》，法律出版社 2009 年版，第 45—46 页。

（三）罚金刑的适用条件

需要加以说明的是，根据我国《刑法》的规定，罚金刑仍然属于附加刑，但可以单独适用，[1] 这意味着在具体的法条中罚金刑总是与作为自由刑和生命刑的主刑同时出现，但在满足一定条件的情况下，则可以对犯罪人单独科处罚金刑。因此，对罚金刑的适用条件，仍然有进行单独讨论的必要与可能。

在学者看来，罚金的使用在最初与司法资源不足存在关系，这就使得刑事犯罪时常按照民事纠纷来处理，触犯法律者不但需要承担民事赔偿，还要支付一部分金钱作为相应的国家机构维持秩序的成本。[2] 其中蕴含的法理即是，由于触犯法律者的行为导致了司法资源的启动，花费了相应的成本，这部分费用自然应由行为人来承担。事实上，罚金一直都被视为降低司法成本或者增加财政收入的重要来源，罚金刑作为支付国家司法管理、运行成本的事实在各国都普遍存在，以罚金来缓解司法机关财政压力的做法也被认为是合理的。[3] 而根据罚金刑的最新司法情况，现代罚金刑的广泛应用则主要归因于以下两个因素：（1）简化刑事程序，缓解法官的案件压力；（2）应对行政违法和轻微违法案件，避免监禁刑的不当。[4]

这些因素固然是造成罚金刑在现代社会大量适用的原因，但罚金刑的实质并没有发生变化，即罚金刑与自由刑、生命刑一样，是一种赎罪的方式。以金钱来偿付犯罪行为对法益造成的侵害，逐渐被接纳与认可，也就是说，罚金刑是被作为自由刑的一种替代方式来实现报应犯罪人的效果。但是，由于自由与金钱之间不能形成较为稳定明晰的等价关系，金钱与犯罪行为侵害的法益之间也无法进行量化的比较，所以这种替代受到较为严格的限制，这也是罚金刑被列入附加刑的重要原因。正因如此，学者认为对于罚金刑广泛适用并科、无数额限制是不能容忍的，原因在于从赎罪的

---

① 《刑法》第34条："附加刑的种类如下：（一）罚金；（二）剥夺政治权利；（三）没收财产。附加刑也可以独立适用。"

② See Israle Drapkin, *Crime and Punishment in the Ancient World*, Massachusetts：Lexington Books, 1989, pp. 68-83.

③ See Georg Rusche and Otto Kirchheimer, *Punishment and Social Structure*, New Jersey：Transaction Publisher, 2003, pp. 16-17.

④ 参见熊谋林《我国罚金刑司法再认识》，《清华法学》2013年第5期。

观念看，并科有双重处罚、不公平处罚的嫌疑，而无数额限制的罚金则有脱离罪行限度处罚的可能。① 正因如此，在国外的司法实践中，罚金主要被适用于行政违法与轻微的违法案件。② 需要说明的是，行政违法与刑事犯罪的立法模式直接影响了罚金的适用情形。具体而言，在大陆法系诸国，通常以重罪、轻罪、违警罪划分犯罪类型，在违警罪的基础上形成了行政犯与行政刑法，二者分别与刑事犯和刑事刑法相对照。③ 而我国则采用刑罚、治安处罚和行政处罚的三级法律制裁体系，各个行政机关具有广泛的处罚权，往往有权剥夺公民财产权利以及从事相应社会经济活动的权利。④ 这就决定了在我国由行政机关进行处罚的行政违法行为在大陆法系国家一般作为行政犯罪行为来处理，大陆法系国家对犯罪行为科处的罚金刑在我国实际上一般表现为对行政违法行为科处的行政罚款。这就决定了在我国这种法律制裁体系之下，罚金必须剔除原本属于行政处罚中罚款的部分。据此，学者提出了在我国扩大适用罚金刑的两种方式：一是侵入原本应属于行政处罚的范畴，将原属于行政处罚对象的行为犯罪化处理，同时尽可能采用罚金处罚；二是在原有刑罚后附加罚金规定。由于第一种方式与我国的刑事立法体例相悖，第二种做法应是罚金刑扩大适用的常态。⑤

此外，对于罚金刑的理论解说通常都基于这样一种似乎在正当性方面毫无争议的认识而展开：由于触犯法律者的行为导致了司法资源的启动，花费了相应的成本，这部分费用自然应由行为人来承担。但这却遮蔽了在现代社会一个重要的理论前提：国家在刑罚中应承担相

---

① 参见阮齐林《再论财产刑的正当理由及其改革》，《法学家》2006 年第 1 期。

② 例如，在日本，超过 90% 的罚金案件来源于简易法院所审理的交通违法、持有麻药、小额盗窃等轻微违法案件，而交通违法作为特别违法占整个刑事违法案件的 50% 以上。参见熊谋林、陈树娇《外国罚金刑实证分析：规范借鉴与罚金刑重构》，载唐清利主编《光华法学》（第 6 辑），法律出版社 2011 年版，第 115 页。

③ 参见黄明儒《行政犯比较研究——以行政犯的立法与性质为视点》，法律出版社 2004 年版，第 24 页以下。

④ 参见陈兴良《"风险刑法"与刑法风险：双重视角的考察》，《法商研究》2011 年第 4 期。

⑤ 参见高永明《罚金刑的基底性批判——罚金刑执行难的另一种解读》，《河北法学》2014 年第 10 期。

应的责任。按照社会契约论的观点，公民将自己的权利交由国家行使，以换取国家对公民合法权利的保护，从而实现公民个人与社会生活的安宁，这合乎人类的天性。基于这个前提，论者指出："犯罪的发生说明犯罪的社会原因依然存在，国家并没有运用好人民赋予的权利，履行好自己的义务。犯罪的发生使被害人合法权益遭受了侵害，国家对被害人没有尽到保护义务，对此必须承担相应的责任。"① 按此，犯罪的发生实际上是国家失责的一种体现，国家没有理由在其未能履行义务的情况下获利，而现实情况却与之相反，罚金刑的适用充实了国库，使国家获得可观的收益。在各个国家，罚金都收归国库，但其最终的去向却有较大的差别。在我国，罚金最终作为法院的"福利"发放，要么全额返还给法院作为办案经费，要么成为办案人员的福利，这就导致罚金实际上成为法院办案的"红利"，在实质意义上成为国家或办案人员个人的财产收益。在其他国家，虽然罚金在很多情况下也返还给了法院，但这种做法存在一个前提，即在这些国家拥有较为完善的刑事被害人救助制度，而罚金是刑事被害人救助资金的重要来源，亦即通过罚金最终对刑事犯罪的被害人进行救助，以此说明国家并非在罚金刑的适用中获取收益，罚金的最终受益者实际上仍是刑事犯罪的受害人。目前世界上绝大多数国家已经建立了刑事被害人救助制度，② 但我国的现实情况却并不乐观，大量的被害人无法从犯罪人处获得赔偿，③ 刑事受害人的国家补偿机制也处于缺位状态。这就带给罚金刑适用一个重要的启示：对许多并未直接侵犯国家利益的犯罪而言，罚金不能成为国家的财产，而应用于对刑事犯罪受害人的补偿，反过来说，如果刑事犯罪的受害人能够通过其他途径得到较为充分的赔偿，罚金刑的适用就存在疑问。

　　结合我国采用的刑罚、治安处罚和行政处罚的三级法律制裁体系，再联系到罚金刑本身面临的正当性解释难题，可以提出适用罚金刑的考量要

---

　　① 易琳：《从犯罪的国家责任谈制定我国刑事被害人国家补偿法的必要性》，《河北公安警察职业学院学报》2004 年第 3 期。

　　② 参见林梨红、孔繁华《社会救助法研究》，法律出版社 2008 年版，第 393 页。

　　③ 据统计，在实践中大约有 80% 的被害人无法从犯罪人处获得赔偿，参见傅剑锋《凶杀案为何余悲难平，受害者急需国家抚慰——最高检力推被害人赔偿立法》，《南方周末》2007 年 1 月 18 日。

素：（1）罚金刑应当适用于轻微的犯罪行为；（2）在行政处罚已对相应行为施加行政罚款的情形下，不宜在刑法中再行施以罚金刑；（3）对于受害人通过其他法律途径足以获得赔偿或补偿的情况下，不应轻易适用罚金刑。

二　侵犯知识产权行为的特质

通过对罚金刑的历史演进及其在现代刑法体系中的地位进行的考察，不难发现，罚金刑虽然目前在我国刑法中大量适用于各类犯罪行为，但就其本质而言，仍应属于一种对轻微的刑事犯罪行为通过以钱赎罪的方式加以惩罚，同时期望收到预防犯罪的功效，并避免受刑人的再社会化难题而展开的刑罚种类。因此，对侵犯知识产权行为是否应当适用罚金刑的考量首先面临的问题即是侵犯知识产权行为的定性问题。由于知识产权的权利对象具有非物质性的特点，导致侵犯知识产权行为呈现出与传统民法上的侵权行为不同的特质。

（一）侵权行为成本较低导致侵权频发

知识产权的对象"不能像有形物（如土地、楼房、足球明星、方便面）那样直接（或物质地）占有、适用、转让、消灭，而只能靠法律构建的人与人之间因它而起的财产和人身关系来界定它的形态"[1]。这决定了知识产权权利人对知识产权进行自力保护时处在一种相当尴尬的境地，一方面，为获取知识产权，相应的权利对象则必须公之于众；[2] 另一方面，一旦公开这些权利对象，则权利人无法从物质层面进行控制，任何人都有可能对其进行复制和传播，而这些行为极有可能落入知识产权的保护范围，构成侵权。在市场经济的竞争环境中，"经济人"是对市场主体的最佳概括，其"本质就是理性地追求排他的自身利益最大化"[3]，利益的争夺成为市场主体实施侵权行为的根本动因。对权利人而言，由于其在知识产品的创造活动中付出了资本和劳动，理应有权通过

---

① 冯象：《法盲与版权》，载冯象《政法笔记》，北京大学出版社 2012 年版，第 50 页。

② 专利权和商标权均须经过申请，获得公权力的授权或确权之后才正式生效，但作为权利对象的技术方案或商标标识本身则已然公之于众，版权虽然于作品创作完成之日即自动产生，在理论上作者可以不将其作品公之于众而不影响其对版权的享有，但这种做法非常少见，不影响此处的讨论。

③ 赵汀阳：《第一哲学的支点》，生活·读书·新知三联书店 2013 年版，第 134 页。

对其知识产权的享有和行使而在市场竞争中取得优势地位；对其他市场主体而言，如果要利用相应知识产权就必须征得权利人同意并支付费用，否则只能选择绕行，用其他方法实现其目的。较之于有体物，权利人对知识产权权利对象的控制力实在不值一提，其他市场主体能够轻松而便捷地获取这些权利对象，在经过一番利益衡量之后，通过实施侵权行为而使自己的交易成本降到最低往往成为这些"经济人"的理性选择。

随着网络技术的发展，大量的数字化作品能够被更加轻松地复制并且在全球范围内实现访问和下载，权利人根本无从控制这些复制行为，侵犯版权的行为甚至成为日常生活的一部分，用冯象的话说就是："公开且免费地获取'盗版'已是'我们每日的面饼'（《马太福音》）。"① 而诸多假冒商品充斥市场也说明了侵犯商标权行为的肆无忌惮，专利技术方案、设计方案的公开性质使得侵犯专利权而生产相关专利产品的行为也能轻易实现。可见，与有体物相比，侵犯知识产权行为实施成本低廉、实施方式较为简单，因而侵权行为多发、频发，权利人难于防范，这种情况在网络技术进一步发展的情况下，有更加严重的趋势。

（二）难以锁定侵权行为人

知识产权与技术的关联一直以来都非常紧密，在版权法领域，这种特点更为显著，版权本身就是随着印刷术的采用而出现的，② 印刷术发明之前，版税根本无由实施。③ 而后，平版印刷术、摄影术、胶片、声录技术、平版胶印复制技术在丰富了作品的同时也使得作品的传播方式更加多元化，侵犯版权行为的成本也得以降低。而对版权制度冲击最大的无疑是数字技术，个人计算机、多媒体技术和数据库先后发展，而在20世纪90年代之后，计算机网络技术在全球范围内普及，从而给作品的创作、传播，版权的保护和管理带来了显著变化，作品的传播更加便

① 冯象：《知识产权的终结——"中国模式"之外的挑战》，李一达译，《文化纵横》2012年第6期。

② 郑成思：《版权法》，中国人民大学出版社1990年版，第2页。

③ ［法］费夫贺、马尔坦：《印刷书的诞生》，李鸿志译，广西师范大学出版社2006年版，第153页。

捷的同时侵权行为的实现也更为高效。① 互联网在其最初设计的架构中具有极强的匿名特征，用户信息、地理信息及使用信息的获取非常困难，具体而言，没有一个简单的办法能够知悉谁在使用网络、他们来自哪里以及他们在做什么。② 由此导致锁定侵权人成为网络环境下侵犯版权行为面对的新问题。

退一步讲，即使权利人通过各种方法最终能够锁定侵权行为人，但也极有可能发现所谓的侵权人并无实际的赔偿能力，对于其主张的损害赔偿诉求根本无力满足。例如，美国唱片业协会（RIAA）③ 曾发起追踪侵犯版权行为人的活动，他们自己使用点对点技术④，发现下载大量文件的用户，然后跟他们分享一些歌曲，一旦发现某位大量上传的嫌犯，RIAA 使用文件分享服务提供的信息，判断用户的身份与 IP 地址，然后根据《数字千年版权法》（*Digital Millennium Copyright Act*，DMCA）⑤ 的规定，从 ISP⑥ 那里取得实际的用户姓名与地址，12 岁的优秀学生布莱恩娜·罗哈拉（Brianna LaHara）成为大型唱片公司与 RIAA 指控的 261 名被告中的一

① 有论者指出："在数字环境中，只要轻轻地点击和几分钱的成本，就可以对作品完成最迅速、最完美的复制，而每个网络用户对作品的复制都会带给版权人损失，将比过去任何时候的损失扩大上百倍。"李扬主编：《知识产权的合理性、危机及未来模式》，法律出版社 2003 年版，第 124 页。

② 参见［美］劳伦斯·莱斯格《代码 2.0：网络空间中的法律》，李旭、沈伟伟译，清华大学出版社 2009 年版，第 40 页。

③ 美国唱片业协会（Recording Industry Association of America，RIAA）是一个代表美国唱片业的贸易团体，成员由多家制作与发行约 90% 美国音乐唱片的私有公司实体如唱片公司与分销商组成。百度百科"美国唱片业协会"词条（http://baike.baidu.com/view/1707231.htm? from_id=4939758&type=search&fromtitle=RIAA&fr=aladdin）。

④ 点对点技术（peer-to-peer，P2P）又称对等互联网络技术，是一种网络新技术，依赖网络中参与者的计算能力和带宽，而不是把依赖都聚集在较少的几台服务器上。P2P 网络通常用于通过 Ad Hoc 连接来连接节点。这类网络可以用于多种用途，各种档案分享软件已经得到了广泛的使用。百度百科"点对点技术"词条（http://baike.baidu.com/view/451823.htm? fr=aladdin）。

⑤ Pub. L. No. 105-304, 112 Stat. 2860 (1998). (codified at 17 U. S. C. § 1201.)

⑥ ISP（Internet Service Provider），互联网服务提供商，即向广大用户综合提供互联网接入业务、信息业务和增值业务的电信运营商。百度百科"ISP"词条（http://baike.baidu.com/subview/855/5889203.htm）。

位，其母亲与原告达成了 2000 美元的和解协议。① 这种侵权人为未成年人或不具备赔偿能力的现象在网络侵权案件中并不鲜见。这就说明，在网络环境下的知识产权特别是版权侵权行为中，权利人不但难以锁定侵权行为人，即使费尽周折获得侵权人的信息，侵权人却无法满足其损害赔偿主张，这无疑对侵犯知识产权行为的责任承担及民事救济的实现增加了难度。

（三）损害赔偿额难以确定

在民法侵权行为中，损害赔偿额的确定是重要问题，而差额假说一致是贯穿损害赔偿法的核心思想之一，德国学者莫姆森（Friedrich Mommsen）将损害总结为"'损害事件发生后某人在特定时间点上的财产数量'与'如果某个损害事件不发生，该人在上述时间点上的数量'之间的差额"②。《德国民法典》并未采取差额说，而是要求加害人将受害者恢复到损害性事件没有发生时的状态，因伤害人身或者毁损物件而应赔偿损失时，债权人可以要求以金钱赔偿代替恢复原状。③ 我国《民法通则》基本上承袭了《德国民法典》的相应规定，规定"损坏国家的、集体的财产或者他人财产的，应当恢复原状或者折价赔偿"④。但是就侵犯知识产权案件而言，由于权利对象的非物质性，侵权行为对相关知识产权造成的毁损无从考证也无从量化，甚至可以认为，他人对此种知识产权权利对象的利用不会消耗权利对象本身，其价值也不会减损。⑤ 由此，对侵犯知识产权的损害赔偿只能考虑金钱赔偿，而如何确定具体的赔偿数额，在民事立法中并不明确。此时，差额说再次显示出其强大的生命力，成为确定损害赔偿额的基本理念。

具体而言，在我国的相关法律中，规定了侵犯知识产权的损害数额应

---

① 参见［美］约翰·冈茨、杰克·罗切斯特《数字时代，盗版无罪?》，周晓琪译，法律出版社 2008 年版，第 140—142 页。

② ［德］格哈德·瓦格纳：《损害赔偿法的未来——商业化、惩罚性赔偿、集体性损害》，王程芳译，熊丙万、李翀校，中国法制出版社 2012 年版，第 15 页。

③《德国民法典》249 条，参见陈卫佐译注《德国民法典》，法律出版社 2006 年版，第 83 页。

④《民法通则》第 117 条第 2 款。

⑤ 托马斯·杰斐逊（Thomas Jefferson）即认为："从我这里接受观念的人，自己受到教育，但并不有损于我；就像从我这里点亮他的蜡烛，照亮自己而并不把黑暗留给我。"胡鞍钢：《知识与发展：21 世纪新追赶战略》，北京大学出版社 2001 年版，第 5 页。

以权利人实际损失或侵权人获益来计算。① 然而，由于知识产权权利对象的非物质性，实际损失在实践中如何计算仍是难题，就侵犯商标权案件而言，虽然我国最高人民法院以司法解释的形式阐明"因被侵权所受到的损失，可以根据权利人因侵权所造成的商品销售减少量或者侵权商品销售量与该注册商标商品的单位利润乘积计算"②，但导致商品销量下降的原因未必全然是侵权行为，替代产品的出现、市场风险、经营不善、合理竞争等因素都可能导致销量下降。此外，对于侵权人获益的计算，也存在同样的问题，③ 即在侵权人的生产销售过程中，不可能完全依靠侵权产品本身获益，侵权人在劳动力、资金、设备、管理等方面的投入都会对其行为结果产生影响。由此可见，在侵犯知识产权案件中损害赔偿额的确定确属难题。

综合看来，侵犯知识产权行为具有侵权成本较低导致侵权频发、难以锁定侵权行为人、损害赔偿额难以确定等特质，这些特质产生如下难题：如何在法律层面提供更为有力的方式以锁定侵权行为人并遏制侵权行为，并且能够让权利人获得足额的损害赔偿。

---

① 我国《著作权法》第 49 条第 1 款："侵犯著作权或有关权利的，应当按照权利人的实际损失给予赔偿，实际损失难以计算的，可以按照侵权人的违法所得给予赔偿。此外，赔偿数额还应当包括权利人为制止侵权行为所支付的合理开支。"《专利法》第 65 条第 1 款："侵犯专利权的赔偿数额按照权利人因被侵权所受到的实际损失确定；实际损失难以确定的，可以按照侵权人因侵权所获得的利益确定。权利人的损失或者侵权人获得的利益难以确定的，参照该专利许可使用费的倍数合理确定。赔偿数额还应当包括权利人为制止侵权行为所支付的合理开支。"《商标法》第 63 条第 1 款："侵犯商标专用权的赔偿数额，按照权利人因被侵权所受到的实际损失确定；实际损失难以确定的，可以按照侵权人因侵权所获得的利益确定；权利人的损失或者侵权人获得的利益难以确定的，参照该商标许可使用费的倍数合理确定。对恶意侵犯商标专用权，情节严重的，可以在按照上述方法确定数额的一倍以上三倍以下确定赔偿数额。赔偿数额应当包括权利人为制止侵权行为所支付的合理开支。"

② 参见《最高人民法院关于审理商标民事纠纷案件适用法律若干问题的解释》（法释〔2002〕32 号）第 15 条。

③ 以专利权为例，《最高人民法院关于审理专利纠纷案件适用法律问题的若干规定》（法释〔2001〕21 号）第 20 条第 2 款规定，侵权人因侵权所获得的利益可以根据该侵权产品在市场上销售的总数乘以每件侵权产品的合理利润所得之积计算。侵权人因侵权所获得的利益一般按照侵权人的营业利润计算，对于完全以侵权为业的侵权人，可以依照销售利润计算。其中，营业利润等于销售利润减去管理部门的管理费用，销售利润等于生产利润（销售总额减去生产成本后的利润）减去销售成本的利润。

三 罚金刑的重叠性与可替代性

侵犯知识产权行为的前述特点对于知识产权法律保护制度的构建产生了较大影响，事实上，包括罚金刑在内的刑罚亦受到这种特质的影响，而通过对现有的知识产权法律保护制度的认识，将明确下述问题：（1）除开刑罚，现有的知识产权法律保护方式是否足以锁定侵权行为人并遏制侵权行为；（2）侵犯知识产权行为受害人获得足额赔偿的法律途径有哪些？这两个问题可进一步凝练为：（1）侵犯知识产权行为的行政处罚与罚金刑之间是否存在着重叠？（2）侵犯知识产权行为的受害人是否能够通过其他法律途径获得充足赔偿？

（一）侵犯知识产权行为的行政处罚与罚金刑的重叠

我国《刑法》将"侵犯知识产权罪"一节置于"破坏社会主义市场经济秩序罪"之下，这种立法安排表明侵犯知识产权罪着重于对市场经济秩序的控制，而参照《治安管理处罚法》的措辞，应当承担行政责任的侵犯知识产权行为应为"侵犯知识产权，破坏社会主义市场经济秩序，具有社会危害性，依照《中华人民共和国刑法》的规定尚不构成犯罪的行为"。按此，对社会主义市场经济秩序的破坏成为对相关侵犯知识产权行为科以行政责任的依据。

在我国的法律制度中，并未专门针对知识产权设立类似于《治安管理处罚法》的行政处罚法律法规，而是直接在各个单行法中规定相应的行政责任，法律条文中使用的措辞亦呈现出如下责任体系：侵犯知识产权行为按照行为性质及损害后果的程度不同须承担相应的民事责任、行政责任与刑事责任。例如我国《著作权法》第 48 条明确规定对特定类型的侵犯知识产权行为，按照行为的性质、情节及后果，除了承担民事责任以外，还需承担相应的行政责任甚至刑事责任，其使用的措辞体现出层层推进的法律责任体系。① 这一规定的思路是：损害公共利益导致行政责任，损害公共利益同时情节严重，行政责任加重，构成犯罪，则承担刑事责任。此

---

① 我国《著作权法》第 48 条："有下列侵权行为的，应当根据情况，承担停止侵害、消除影响、赔礼道歉、赔偿损失等民事责任；同时损害公共利益的，可以由著作权行政管理部门责令停止侵权行为，没收违法所得，没收、销毁侵权复制品，并可处以罚款；情节严重的，著作权行政管理部门还可以没收主要用于制作侵权复制品的材料、工具、设备等；构成犯罪的，依法追究刑事责任。"

外，我国的知识产权部门法中也强调了法律本身与社会主义市场经济之间的密切联系，① 这体现出在单行法中通过行政部门的作用保护知识产权从而维护社会主义市场经济秩序的理念，使得行政机关对于查处侵犯知识产权行为具有较为广泛的权限，事实上，其积极开展的各类执法活动往往能够实现快速锁定侵权行为人的目标。

与此同时，行政处罚在我国侵犯知识产权行为的法律规制中占据重要地位。仅从罚款的额度上衡量，其严厉程度与《刑法》中规定的对相应罪行科处的罚金不相上下，甚至存在超越罚金刑严苛程度的可能。

侵犯商标权行为的行政处罚即存在这种情形。按照《商标法》第60条第2款规定，行政机关对违法经营额在5万元以上的商标权侵权行为，可处违法经营额5倍以下的罚款，没有违法经营额或者违法经营额不足5万元的，可以处25万元以下的罚款。在我国《刑法》及相关的司法解释中，明确了非法经营数额达5万元是构成假冒注册商标罪，销售假冒注册商标的商品罪，非法制造、销售非法制造的注册商标标识罪的条件之一。② 对于罚金刑的适用标准，司法解释规定："对于侵犯知识产权犯罪的，人民法院应当综合考虑犯罪的违法所得、非法经营数额、给权利人造成的损失、社会危害性等情节，依法判处罚金。罚金数额一般在违法所得的一倍以上五倍以下，或者按照非法经营数额的50%以上一倍以下确定。"③ 按此，《刑法》中对罚金的计算既可以违法所得为标准，亦可以非法经营数额为标准，若采用非法经营额标准，则罚金数额限定在50%到一倍之间，而《商标法》规定的行政罚款则罚款直接以非法经营数额作为计算标准，且罚款数额在5倍以下，这就极有可能造成不构成犯罪的侵权行为承担的行政罚款重于构成犯罪的侵权行为承担

---

① 例如《商标法》第1条明确规定："为了加强商标管理，保护商标专用权，促使生产、经营者保证商品和服务质量，维护商标信誉，以保障消费者和生产、经营者的利益，促进社会主义市场经济的发展，特制定本法"；《专利法》第1条亦规定："为了保护专利权人的合法权益，鼓励发明创造，推动发明创造的应用，提高创新能力，促进科学技术进步和经济社会发展，制定本法。"

② 参见《刑法》第213—215条；《最高人民法院、最高人民检察院关于办理侵犯知识产权刑事案件具体应用法律若干问题的解释》（法释〔2004〕19号）第1—3条。

③ 《最高人民法院、最高人民检察院关于办理侵犯知识产权刑事案件具体应用法律若干问题的解释（二）》（法释〔2007〕6号）第4条。

的罚金刑。而对侵犯著作权行为的行政处罚也存在类似状况。①

由此，不难发现，知识产权侵权行为的行政处罚对于锁定侵权行为人并遏制侵权行为能够发挥较好的功效，而行政处罚与罚金刑之间存在着明显的重叠，甚至行政处罚在严苛程度上有存在超越罚金刑的可能。事实上，亦有刑法学者对行政处罚的功效表示认可，并提出："刑法的制裁重点只能放在急需处理又危害极大的'自然犯'一方，而对经济领域内大量涌现的不法行为则更多只能依靠行政机关予以分流。"② 按此，在行政处罚普遍适用于侵犯知识产权行为的前提下，罚金刑的适用无论从理论层面还是从效用层面都不尽恰当。

（二）知识产权保护的司法调控

知识产权侵权行为的行政处罚在一定程度上与对侵犯知识产权犯罪的罚金刑存在着重叠关系，一方面行政处罚在发现侵权行为、锁定侵权行为人等方面能够发挥较为积极的作用，另一方面从国家层面施加的罚款通过行政处罚的方式已然实现，这至少说明将罚金刑适用于侵犯知识产权行为并不适当。而前述对罚金刑的探讨中有一个重要结论就是对许多并未直接侵犯国家利益的犯罪而言，罚金不能成为国家的财产，而应用于对刑事犯罪受害人的补偿，反过来说，如果刑事犯罪的受害人能够通过其他途径得到较为充分的赔偿，罚金刑的适用就存在疑问。由于侵犯知识产权犯罪侵害的法益并不包括国家利益，因此其受害人能否通过其他途径得到较为充分的赔偿就成为衡量罚金刑是否适当的一个重要条件。由于知识产权的特点导致侵权行为的损害赔偿额难以确定，使得权利人时常抱怨其在民事诉讼中无法得到足额的赔偿，这表现为在知识侵权诉讼中大量适用法定赔偿。

---

① 按照《著作权法》《著作权法实施条例》《著作权行政处罚实施办法》的规定，对于同时损害社会公共利益的著作权侵权行为，著作权行政管理部门可以处非法经营额3倍以下的罚款；非法经营额难以计算的，可以处10万元以下的罚款。而司法解释规定："对于侵犯知识产权犯罪的，人民法院应当综合考虑犯罪的违法所得、非法经营数额、给权利人造成的损失、社会危害性等情节，依法判处罚金。罚金数额一般在违法所得的一倍以上五倍以下，或者按照非法经营数额的50%以上一倍以下确定。"这意味着对著作权侵权行为施加的行政处罚存在超过侵犯著作权犯罪而承担的刑事罚金。

② 冯亚东：《罪刑关系的反思与重构——兼谈罚金刑在中国现阶段之适用》，《中国社会科学》2006年第5期。

侵犯知识产权案件中，由于权利对象的非物质性，权利人在具体的侵权案件中就其损害数额往往难以确定较为精确的答案，在单行法中，已确定根据权利人实际损失或侵权人获益来确定损害赔偿数额的方法。但这两种方法本身存有争议，不但无法精确衡量出权利人所受损害，而且对权利人而言往往也无力举证说明。由此，立法上确立了法定赔偿制度，① 根据美国法官 Gertner 的观点，法定赔偿"是由国会特别授权的，即使在缺少原告所受损失或者被告非法获利的证据时，也可以获得这种赔偿"②。这种说法实际上已然道明了法定赔偿就其性质而言已不是被告侵权行为对原告造成损害的衡量，实际上是在能够确认侵权事实但无法确证损失额的情况下给予原告的一种补偿，主要意图在于威慑被告的侵权行为，即以立法的方式明确告知潜在的侵权人，虽然由于知识产权的特殊性可能导致侵权所致损失额无法精确计算，但侵权人仍需向权利人支付补偿。由此可见，法定赔偿突破了传统民法中的侵权行为损害赔偿理念，即"受害者应当得到完全补偿，但另一方面所获得的补偿不能多于他的损失"③。因为适用法定赔偿在一些情况下可能导致受害者并未得到完全补偿，在另外一些情境中又可能导致其所获补偿远远多于其损失。而学者亦对我国的法定赔偿多有诟病，认为：规定过于简单和抽象，造成法官自由裁量权过大；没有规定赔偿的计赔单位，存在浪费司法资源的隐患；没有明确权利人的举证责任，使得判决成为法官的"独角戏"。④ 但是，遗憾

---

① 我国《著作权法》第 49 条第 2 款："权利人的实际损失或者侵权人的违法所得不能确定的，由人民法院根据侵权行为的情节，判决给予五十万元以下的赔偿。"《专利法》第 65 条第 2 款："权利人的损失、侵权人获得的利益和专利许可使用费均难以确定的，人民法院可以根据专利权的类型、侵权行为的性质和情节等因素，确定给予一万元以上一百万元以下的赔偿。"《商标法》第 63 条第 3 款："权利人因被侵权所受到的实际损失、侵权人因侵权所获得的利益、注册商标许可使用费难以确定的，由人民法院根据侵权行为的情节判决给予三百万元以下的赔偿。"

② "Statutory damages are damages specially authorized by Congress that may be obtained even in the absence of evidence of the harm suffered by the plaintiff or the profit reaped by the defendant." Sony Bmg Music Entertainment；Warner Bros. Records Inc.；Atlantic Recording Corp.；Arista Records LLC；and UMG Recordings, Inc. v. Joel Tenenbaum，721 F. Supp. 2d 85；2010 U. S. Dist.

③ ［德］格哈德·瓦格纳：《损害赔偿法的未来——商业化、惩罚性赔偿、集体性损害》，王程芳译，熊丙万、李翀校，中国法制出版社 2012 年版，第 18 页。

④ 参见张春艳《我国知识产权法定赔偿制度之反思与完善》，《法学杂志》2011 年第 5 期。

的是，在归纳出这些问题的同时，学者提出的完善措施却显得无的放矢，其核心观点集中于法官应参考诸多因素确定损害额、明确权利人举证责任等方面，① 然而，法定赔偿制度的出现正是因为这些问题难于解决的无奈之举，如此论证显然无助于问题的解决。实际上，法定赔偿与知识产权权利对象的非物质性具有密切关系，仍然不可避免法官的自由裁量问题。

由于知识产权权利对象的非物质性特征，其权利范围、保护对象、保护强度等问题虽然在立法文本中有趋向一致的阐述，但仍难以回避其"司法合成物"② 的特性，就侵犯知识产权案件而言，法官的自由裁量权较之于一般的民事侵权案件更加丰富，权限也更大，这就意味着通过司法对侵权行为的判定及损害赔偿等问题进行调控不但在事实上具有较强的可行性，亦是知识产权的特性赋予司法的重要任务。

（三）惩罚性赔偿对罚金刑的替代效应

从知识产权的发展历史考察，法院在知识产权法的概念塑造、规则形成的过程中一直发挥着重要的甚至往往是决定性的作用。依美国法官卡多佐的看法，"法律概念和公式都有一个从先例到先例的成长过程。或许，一个决定的深意在最初确实是含糊不清的，但是通过在案件中的具体运用和人们对它的评论与阐释，其所内含的精髓便会被抽取出来成为一个规则或原则，并由此成为法律渊源和法律判断的起点。一条新的前进路线又由此开辟出来，而它也将成为一个新的进程中的衡量标准"③。知识产权领域的惩罚性赔偿即是例证。

惩罚性赔偿（punitive damages）源于英美法系，《牛津法律大辞典》认为它不仅是对原告的补偿，亦是对故意加害者的惩罚，④ 而《布莱克法律辞典》的阐释更加详尽：惩罚性赔偿是指"被告人出于鲁莽、恶意或欺诈而行为时，由法院判决的实际损害之外的损害赔偿金；此外，惩罚性

---

① 参见张春艳《我国知识产权法定赔偿制度之反思与完善》，《法学杂志》2011 年第 5 期。

② ［澳］彼得·德霍斯：《知识财产法哲学》，周林译，商务印书馆 2008 年版，第 167 页。

③ ［美］卡多佐：《司法过程的性质及法律的成长》，张维编译，北京出版集团公司、北京出版社 2012 年版，第 22 页。

④ 参见［英］戴维·M. 沃克《牛津法律大辞典》，李双元等译，法律出版社 2003 年版，第 1158 页。

赔偿的目的在于惩罚作恶者或向他人提供示范"①。显而易见，惩罚性赔偿是与补偿性赔偿（compensatory damages）相对应的一种损害赔偿形式，按照美国联邦最高法院的理解，后者的目的在于补偿原告因被告的不法行为所遭受的具体损失；而前者则被认为具有"准刑罚"（quasi-criminal）特点，以"私人罚金"（private fines）的方式惩罚被告并且威慑未来的不法行为。陪审团对于原告所受损害程度的评估在本质上是一种事实判断，而惩罚性赔偿则体现出其对相关行为的道德责难。②

这说明惩罚性赔偿在美国的法律实践中一直都具有准刑罚性的特点，亦即通过对相关行为道德非难性的考察并以惩罚性的损害赔偿实现对原告的权利救济并通过惩罚产生威慑的功效。然而，对侵权行为法的历史稍加考察就可发现，民事上的侵权责任与刑罚之间的区分是侵权行为法现代化的重要标志。③ 这就是说，在公私法日渐成熟、分野之后的现代社会，惩罚并不属于民法的关照范畴，大陆法系诸国实践了这一认识，明确了公私法的区分，"像惩罚性赔偿这样在性质上介于刑事与民事责任之间，难以厘清的法律工具，很自然地在此后很长时间内都不曾存在于大陆法的体系结构之中"④。

由此可见，惩罚性赔偿本身具有较强的刑罚色彩，在公私法二分化的背景下身份暧昧，难于定位，在讲求体系性与逻辑化的大陆法系中遭到摒弃。与此同时，注重实用性的英美法系有时并不在意法律门类上的精细划

---

① "Damages award in addition to actual damages when the defendant acted with recklessness, malice, or deceit; specif., damages assessed by way of penalizing the wrongdoer or making an example to others." Bryan A. Garner, *Black's Law Dictionary*, Ninth Edition, London: Thomson West, 2009, p. 448.

② "Although compensatory damages and punitive damages are typically awarded at the same time by the same decisionmaker, they serve distinct purposes. The former are intended to redress the concrete loss that the plaintiff has suffered by reason of the defendant's wrongful conduct. The latter, which have been described as 'quasi-criminal', operate as 'private fines' intended to punish the defendant and to deter future wrongdoing. A jury's assessment of the extent of a plaintiff's injuries is essentially a factual determination, whereas its imposition of punitive damages is an expression of its moral condemnation." Cooper Indus. v. Leatherman Tool, 532 U. S. 424, 432, 121 S. Ct. 1678, 1683 (2001).

③ 耶林的概括颇为有力："在现代世界中，惩罚的概念一步步从民法的领域缩回到刑法的领域中去，而在法律文明的低级阶段，惩罚的概念渗透进了法律的各个部分。"［德］鲁道夫·冯·耶林：《罗马私法中的过错要素》，柯伟才译，中国法制出版社2009年版，第5页。

④ 余艺：《惩罚性赔偿研究》，博士学位论文，西南政法大学，2008年。

分，对于公私法的分门别类也不苛求。按照学者的考证，中世纪的英国拒绝拥有强大的检察机关，认为它会影响到人们的自由权利和普通法规则的形成，因而鼓励人们积极诉讼以制止不法行为，惩罚性赔偿即成为发挥鼓励诉讼功能的制度产品。① 可见，法律理念及司法制度的差别使得英国保留了惩罚性赔偿制度，在一定程度上替代刑法规制特殊的不法行为。受到英国的影响，美国亦发展出了惩罚性赔偿制度，② 到 19 世纪中后期，惩罚性赔偿在美国法中已得到确立，联邦最高法院在 Day v. Woodworth 案中宣称，惩罚性赔偿在一个多世纪以来都受到司法判决的持续支持。③ 进入 20 世纪之后，惩罚性赔偿制度在美国得到广泛适用。④ 按照论者的解说，惩罚性赔偿在美国的广泛适用，不仅受其法律价值取向、法律传统的影响，而且与美国固有的陪审制度、民事诉讼制度、律师制度具有密切关系，进一步而言，陪审制度体现出普通公民对正义观念的理解，陪审团成员可能基于对某一行为的厌恶而做出高额赔偿的认定；美国的民事诉讼实际上是一项重要的法律实施机制，由原告充当"私人总检察官"以民事诉讼的方式执行行政法规，以高额赔偿金刺激人们对违法行为的监控，惩罚性赔偿在某种意义上充当了社会控制工具；律师代理中盛行的"风险代理"刺激原告提起诉讼并追求高额赔偿。⑤

恰如美国的司法实践表明的那样，惩罚性赔偿无论在确立还是最终数额的确定上都更多地加入了各种价值判断的因素，想要以一个普遍适

① Frank McLynn, *Crime and Punishment in Eighteenth Century England*, The Routledge Press, 1989. 参见陈年冰《我国惩罚性赔偿制度研究》，博士学位论文，山东大学，第 43 页。

② 早期的美国法院主要将惩罚性赔偿适用于诽谤、诱奸、恶意攻击、私通、诬告、不法侵占住宅、占有私人文件、非法拘禁等使受害人遭受名誉损失及精神痛苦的案件。参见王利明《惩罚性赔偿研究》，《中国社会科学》2000 年第 4 期。

③ "By the mid-nineteenth century, punitive damages had become an established fixture in American law. In Day v. Woodworth, n28 the Supreme Court asserted, without citation (and with some exaggeration), that the doctrine was supported by 'repeated judicial decisions for more than a century'." David G. Owen, "A Punitive Damages Overview: Functions, Problems and Reform", *Villanova Law Review*, Vol. 39, No. 2, 1994, p. 369.

④ 进入 20 世纪以后，惩罚性赔偿广泛适用于侵权法、合同法、财产法、劳工法以及家庭法，赔偿金的数额也直线上升，美国联邦大多数州的法律都认可惩罚性赔偿的地位。参见张新宝、李倩《惩罚性赔偿的立法选择》，《清华法学》2009 年第 4 期。

⑤ 张新宝、李倩：《惩罚性赔偿的立法选择》，《清华法学》2009 年第 4 期。

用的标准来确定惩罚性赔偿的数额是不现实的，只能通过对各种相关因素的综合考虑使惩罚性赔偿在合理限度内充分发挥其作用。① 美国统一州法委员会起草的《惩罚性赔偿示范法》（*Model Punitive Damages Act 1996*）给出了适用惩罚性赔偿的条件：（1）被告被认定应对其侵害行为负责，而相应的州法律规定对此类侵害行为可适用惩罚性赔偿；（2）原告通过确实充分的证据证明被告在实施造成损害的侵害行为时怀有恶意或有意识地、公然无视他人权益，并且（3）该惩罚性赔偿对于惩罚被告的行为或威慑类似情形下被告实施相同行为确有必要。② 可见，被告在实施侵权行为中的故意仍然是适用惩罚性赔偿最重要的条件，但故意侵权本身不易确定，美国联邦巡回上诉法院在 1987 年的 Rite-Hite Corp. v. Kelley Company, Inc. 案中指出："侵权中的'故意'，就像生活所展示的那样，不是一个是或不是的问题，而是一个程度的问题。一般认为，侵权的范围从不知或偶然开始，一直到刻意、无所顾忌或者无视专利权人的法律权利。判定侵权中的故意，一方面是对侵权行为给予经济上的威慑，另一方面是成为补偿受害人经济损失的依据……在侵权行为中，'故意'反映的是罪过的门槛。故意本身，或者与特定案件的其他要素一道，成了法院评估专利侵权后果的依据。"③ 经过司法实践中的不断归纳和整理，美国联邦巡回上诉法院在 2007 年的 Seagate Technology 一案中确定了"无所顾忌"（reckless）的标准用以判定专利侵权中的故

---

① 参见朱凯《惩罚性赔偿制度在侵权法中的基础及其适用》，《中国法学》2003 年第 3 期。

② Model Punitive Damages Act（1996），Drafted by the national conference of commissioners on uniform state laws, Section 5, Liability for Punitive Damages（http：//www. uniformlaws. org/shared/docs/punitive%20damages/mpda_ final_ 96. pdf）.

③ 原文为："'willfulness' in infringement, as in life, is not an all-or-nothing trait, but one of degree. It recognizes that infringement may range from unknowing, or accidental, to deliberate, or reckless, disregard of a patentee's legal rights. The role of a finding of 'willfulness' in the law of infringement is partly as a deterrent—an economic deterrent to the tort of infringement—and partly as a basis for making economically whole one who has been wronged, for example by assessment of attorney fees under 35 U. S. C. § 285. The term 'willfulness' thus reflects a threshold of culpability in the act of infringement that, alone or with other considerations of the particular case, contributes to the court's assessment of the consequences of patent infringement." Rite-Hite Corp. v. Kelley Company, Inc. , 819 F. 2d 1120（Fed. Cir. 1987）.

意："在民法中，无所顾忌通常是指某人在明知或应知其行为面临着不合理的高度损害风险时依然鲁莽行事。因此，为了确立故意侵权，专利权人应当以清楚而有说服力的证据说明，侵权人在具有很高的客观可能性的情形下，仍然从事相关行为构成了对有效专利权的侵犯。被控侵权人的主观状态与这种客观的要求无关。如果这个客观标准的门槛得以满足，专利权人还必须说明，被控侵权人知道或者应当知道这种客观的危险性（通过侵权诉讼的案卷加以确定）。"① 可见，美国的司法实践中对故意侵犯专利权的界定仍然是从客观行为中推知主观故意，对于故意的认定要求颇高且相当谨慎。而在商标权领域，美国联邦最高法院在 Copper Industries，Inc. v. Leatherman Tool Group，Inc. 一案中提出："法院在评估惩罚性赔偿时应当按照正当程序考虑三个标准：（1）被告行为的错误程度或者可受指责性；（2）原告受到的伤害（或者潜在伤害）与判给惩罚性赔偿之间的差距；（3）陪审团所裁定的惩罚性损害赔偿与类似案件中规定的给予的民事处罚之间的差异。"② 不难看出，侵权故意仍然是商标案件中适用惩罚性赔偿的先决条件，且同样体现出对于惩罚性赔偿适用的谨慎态度。综合看来，美国在司法实践中对侵犯知识产权案件中惩罚性赔偿的适用呈现出如下特点：侵权故意的证明是前提条件，通过对侵权故意认定的谨慎与克制防止惩罚性赔偿的不当适用。

---

① 原文为："the civil law generally calls a person reckless who acts in the face of an unjustifiably high risk of harm that is either known or so obvious that it should be known. Accordingly, to establish willful infringement, a patentee must show by clear and convincing evidence that the infringer acted despite an objectively high likelihood that its actions constituted infringement of a valid patent. The state of mind of the accused infringer is not relevant to this objective inquiry. If this threshold objective standard is satisfied, the patentee must also demonstrate that this objectively-defined risk (determined by the record developed in the infringement proceeding) was either known or so obvious that it should have been known to the accused infringer." In re Seagate Technology, 497 F. 3d 1360 (Fed. Cir. 2007)。

② 原文为："The United States Supreme Court has instructed courts evaluating a punitive damages award's consistency with due process to consider three criteria：（1）the degree or reprehensibility of the defendant's misconduct，（2）the disparity between the harm (or potential harm) suffered by the plaintiff and the punitive damages award，and （3）the difference between the punitive damages awarded by the jury and the civil penalties authorized or imposed in comparable cases." Copper Industries, Inc. v. Leatherman Tool Group, Inc., 532 U. S. 424 (2001)。

在我国的知识产权部门法中，《商标法》已明确引入了惩罚性赔偿，① 可以预见的是，惩罚性赔偿将在侵犯商标权行为的民事诉讼中发挥重要作用，为权利人提供更加充分的赔偿，相信惩罚性赔偿进入《著作权法》与《专利法》也只是时间问题。在惩罚性赔偿能够充分补偿侵权行为受害者的前提下，在很大程度上替代了罚金刑可能对侵犯知识产权犯罪的受害人进行补偿的功能。

通过对罚金刑在现代刑罚体系中的地位、作用及缺陷进行的考量，罚金刑适用的条件得以明确，而侵犯知识产权行为具有不同于一般民事侵权行为的特点，这一方面导致发现侵权行为、锁定侵权行为人存在难度，且侵权行为的发生也更为频繁；另一方面使得侵犯知识产权诉讼中损害赔偿的数额难以确定，权利人往往得不到充足的赔偿，这种情况成为法定刑适用的重要原因。但在我国的知识产权法律保护制度中，行政处罚与罚金刑存在着一定程度上的重叠，而惩罚性赔偿能够替代罚金刑的部分功效，这就使得侵犯知识产权行为不应适用罚金刑这一论题得到了证明。

第三节 侵犯知识产权犯罪的刑罚效果

得出侵犯知识产权行为应当非罪化的结论之后，有必要探究侵犯知识产权犯罪在发现、遏制侵犯知识产权行为等方面发挥的效用，从而进一步佐证侵犯知识产权行为非罪化的理论结果。对侵犯知识产权犯罪中存在的犯罪黑数问题进行的分析、刑罚在预防侵犯知识产权犯罪行为中发挥的功效进行的评判将再次涉及知识产权的特点对其法律保护以及制度实践产生的影响，从而在反面印证非罪化的结论。在此基础之上，结合当前刑法基本理念与发展趋势，将为侵犯知识产权行为非罪化的结论增添更具说服力的理论素材。

---

① 我国《商标法》第 63 条第 1 款规定："侵犯商标专用权的赔偿数额，按照权利人因被侵权所受到的实际损失确定；实际损失难以确定的，可以按照侵权人因侵权所获得的利益确定；权利人的损失或者侵权人获得的利益难以确定的，参照该商标许可使用费的倍数合理确定。对恶意侵犯商标专用权，情节严重的，可以在按照上述方法确定数额的一倍以上三倍以下确定赔偿数额。赔偿数额应当包括权利人为制止侵权行为所支付的合理开支。"

一　犯罪黑数问题

（一）犯罪黑数及其控制

按照并合主义的刑法目的理论，刑罚一方面要满足社会公众对报应正义的需求及心理预期，另一方面则要发挥预防犯罪的功效。按此，刑罚的必然性成为重要问题，也就是说，在刑法规定的犯罪行为发生后犯罪嫌疑人受到刑事追诉的可能性是刑罚得以发挥其预防犯罪、威慑犯罪这一预期效应的重要前提。如果在发生犯罪行为之后，只有少部分犯罪嫌疑人经过刑事追诉受到处罚，刑罚无异于形同虚设，不可避免的结果是犯罪行为的大量发生。[①]

刑罚的必然性在实现过程中往往并不顺利，这就导致犯罪黑数问题的出现，所谓犯罪黑数，系指所有未经发觉或未受到刑事追诉或处罚而不在犯罪统计上出现的犯罪未知数。[②]显然，按照刑罚必然性的要求，犯罪黑数的出现有悖于刑罚的功能与价值，但不可否认的是，在任何社会条件下，犯罪黑数在不同的犯罪类型中都会存在，其区别仅在于犯罪黑数的高低，按照阿伦特的认识，对刑事犯罪行为人逍遥法外的概率进行的衡量相当于从事一项全国性的试验，以便找出在一个特定社会中，实际上存在多少潜在的罪犯，而这一试验的结论往往令人沮丧：在法律和社会纵容的情况下，人们会干出最恶劣的罪行，而在正常环境下，他们或许会想象但绝不可能真的考虑实行。[③]根据这一结论，阿伦特进一步将犯罪黑数问题的解决引向了警察权及司法权的有效运行，但却得出了更加令人担忧的结果："人们一定会问，如果警力恢复到一个合理的水平，也就是，60%—70%的罪犯都将通过逮捕以及公正的审判而被清除，那么又会发生什么情

---

① 贝卡利亚亦强调了刑罚必然性的重要意义："对于犯罪最强有力的约束力量不是刑罚的严酷性，而是刑罚的必定性，这种必定性要求司法官员谨遵职守，法官铁面无私、严肃认真，而这一切只有在宽和的法制条件下才能成为有益的美德。即使刑罚是有节制的，它的确定性也比联系着一线不受处罚希望的可怕刑罚所造成的恐惧更令人印象深刻。因为，即使是最小的恶果，一旦成了确定的，就总令人心悸。"［意］切萨雷·贝卡利亚：《论犯罪与刑罚》，黄风译，北京大学出版社 2008 年版，第 62 页。

② 参见林山田、林东茂、林灿章《犯罪学》，三民书局 2007 年版，第 161 页。

③ 参见［美］汉娜·阿伦特《共和的危机》，郑辟瑞译，上海世纪出版集团、上海人民出版社 2013 年版，第 53 页。

况呢？这将意味着，已经不堪重负的法院会崩溃，而严重超载的监狱系统则会面临相当可怕的后果，对此还会有什么疑问呢？在当前情况下，令人震惊的不只是警察无能本身，而且，试图从根本上矫正这种状况，反而会给司法系统中其他同样重要的部门带来灾难。"①

由此，虽然刑罚的必然性对于实现刑罚的目的具有重要意义，但犯罪黑数问题却并不能完全杜绝，相反，如果力图通过加强警力、强化司法的方式积极逮捕罪犯、极力消除犯罪现象，虽然可能在很大程度上实现刑罚的必然性，但一方面社会成本极高，另一方面极有可能出现奥威尔笔下的警察帝国，进一步引向专制和独裁的集权社会："思想警察无处不在，老大哥在处处监视你的一言一行，甚至监视你的面部表情；垄断了真理的独裁政权用改变历史的方式让你接受现实，从而也控制了你的未来……"②

因此，犯罪黑数的问题既无法避免，亦属于刑罚制度下的正常现象，问题在于，犯罪黑数应当控制在一个较为合理的限度之内，如果某种类型的犯罪行为的犯罪黑数偏高，则说明对此类犯罪的刑罚效果存在疑问。

（二）侵犯知识产权犯罪的犯罪黑数畸高

在我国的制度环境之中，侵犯知识产权行为的大量发生乃至泛滥似乎是一个不言自明的问题，这不但与各种来源于官方的统计数字相一致，亦合乎公众的普遍感受，似乎侵犯知识产权犯罪的犯罪黑数畸高就显得顺理成章。

有论者即指出：侵犯知识产权的行为"不造成知识产权载体的任何破坏，甚至未使其发生丝毫改变，作案后可以不留痕迹，这使得整个侵犯知识产权的过程更加隐秘。知识产权可以脱离所有者存在的特性，使得侵权行为可以跨地域实施，作案区域跳跃隐蔽，行为与结果之间的因果关系被再次割裂。同时，因知识产权的高科技特性使得证据难以收集，以及执法人员、被害人的保护知识产权意识不强等原因，知识产权案件发案数极为有限。"③

---

① 参见［美］汉娜·阿伦特《共和的危机》，郑辟瑞译，上海世纪出版集团、上海人民出版社2013年版，第54页。

② 杨恒均：《我们离1984有多远——读龙应台的〈野火集〉让我悲喜交加》，载《家国天下》，世界知识出版社2010年版，第53页。

③ 高晓莹：《知识产权犯罪研究——主要从犯罪学视角》，博士学位论文，中国政法大学，2009年，第30页。

这种认识显然基于知识产权的本质特点及侵犯知识产权行为的特质归纳得出，在现实中亦得到肯认。这说明较之于普通的物质财产，对侵犯知识产权行为进行刑事追诉的确实性与必然性不可同日而语，而在网络时代，这一情况更加严重。①

此外，在我国执法环境中，还存在着较为特殊的针对侵犯知识产权行为的运动式执法现象，即当面临较为严重的外部压力或基于某种经济形势的需要，抑或在各地方需要呈现出良好的市场形象时，往往会在短期内强化对侵犯知识产权行为的查处力度，对知识产权犯罪行为人科处的刑罚也更为严厉，侵犯知识产权犯罪的犯罪黑数相对也就会发生变化，2010 年上海世博会期间展开的打假行动②及其取得的成果③即是例证。

类似这样的定期或不定期"严打"，在侵犯知识产权犯罪领域非常普遍，这一方面说明举行世博会这样的大型活动时确实可能出现侵犯知识产权犯罪短期内集中发生的情形，另一方面也表明犯罪黑数会有相应的变化。但"严打"显然并非侵犯知识产权犯罪侦查工作的常态，因而只能

---

① 在学者看来，"刑法所保护的所有权益中，网络犯罪对于知识产权刑法保护的冲击可谓最为明显，这是由于网络和知识产权之间具有天然的契合性，网络和计算机技术使知识产权卸下了物质载体的'枷锁'迎来了全面的发展"。于志强：《我国网络知识产权犯罪制裁体系检视与未来建构》，《中国法学》2014 年第 3 期。

② 在 2010 年上海世博会期间，公安部经济犯罪侦查局即表示，各级公安机关将进一步加大对侵犯知识产权犯罪活动的打击力度，严查侵犯世博会知识产权及上海和周边地区的侵犯知识产权犯罪案件，为上海世博会营造良好的知识产权保护环境，并要求各级公安机关经侦部门充分运用企业举报、群众投诉、媒体披露、部门通报等各种措施，特别要注意发挥知识产权权利人的积极性，广辟线索来源。要坚持"精确打击"的方针，根据线索制订侦查方案，及时查明制假、售假团伙架构、经营网络和作案规律，固定证据、查封赃物、冻结赃款，严惩首要分子和幕后组织者、策划者。对于跨地区、跨国境的案件，要以"全程打击"为策略，联合研究制订工作方案，实施专案侦查或跨区联动，彻底摧毁产、储、运、销的犯罪产业链条。对制假、售假窝点较为集中的重点地区，要适时组织开展破案战役，肃清当地主要犯罪团伙及其生产销售网络。《公安部要求世博期间严打侵犯知识产权犯罪》，新华网，2010 年 4 月 13 日（http：//news. xinhuanet. com/legal/2010-04/13/c_ 1229891. htm）。

③ 根据世博会期间公安部的总体要求，全国公安机关认真贯彻公安部部署，以多种措施严厉打击涉及世博的侵犯知识产权犯罪，为上海世博会营造良好的市场环境，截至 2010 年 4 月 15 日，全国已立案 294 起，抓获犯罪嫌疑人 529 人，缴获假冒盗版商 420 万件，涉案总价值 1.9 亿元。《各地警方多措并举，严打涉世博知识产权犯罪》，新华网，2010 年 5 月 4 日（http：//news. xinhuanet. com/legal/2010-05/04/c_ 1273277. htm）。

进一步加剧对侵犯知识产权犯罪进行刑事追诉的不确定性，对犯罪黑数并不会产生实质性的影响，反而更有可能滋生一种侥幸心理，即只要能够躲避"严打"，即可逃避刑罚。由此看来，对侵犯知识产权行为进行刑事追诉的确定性与必然性并不高，犯罪黑数短期内难以降低。

(三) 犯罪黑数问题的影响

如前所述，某种类型的犯罪如果出现犯罪黑数偏高的情况，则表明刑罚的效果存在疑问，面对这种难题，继续强化警力配置、丰富案件侦查手段似乎是解决问题的最重要思路。①

然而，这种思路至少存在着以下问题或风险：（1）强化警力配置的做法与侵犯知识产权犯罪行为侵害法益的程度不相匹配。由于对侵犯知识产权犯罪的犯罪黑数偏高的结论都是基于对侵犯知识产权犯罪与侵犯财产罪之间进行的比对得出的结论，论者自然而然地认为侵犯知识产权犯罪在警力配置等方面应当与侵犯财产罪得到同样的待遇。例如，有论者通过对侵犯知识产权犯罪在知识产权违法案件中所占比例与侵犯财产犯罪与涉财产违法案件的比例之间存在的差距得出对知识产权的违法行为没有给予和侵犯财产的违法行为一样的打击力度的认识，进而认为知识产权刑事保护未达到应有力度，导致知识产权违法行为屡增不减，并造成破坏市场秩序的严重后果。② 然而，这种比对多少显得有些无的放矢，知识产权与传统的财产权存在重大区别，其侵害法益的程度也不尽相同，这在法定刑的配置中已经有所体现，对侵犯知识产权犯罪的侦查及追诉配置的警力必然应当与其侵犯法益的程度相匹配，不能在忽视知识产权本质特征及侵犯知识产权犯罪行为侵害法益程度的前提下，通过与侵犯财产罪之间的简单比对

---

① 参见万金东、张士清《警务管理视角下的侵犯知识产权犯罪防治》，《中国警察学院学报》2013 年第 4 期。另见董邦俊《论侵犯知识产权犯罪案件侦查》，《中国人民公安大学学报》（社会科学版）2013 年第 6 期；赵斌、曹文智《浅议侵犯知识产权犯罪侦查》，《中国人民公安大学学报》2005 年第 2 期；李豪《侵犯知识产权犯罪追诉乏力现象之研究》，硕士学位论文，湘潭大学，2006 年。

② 参见李豪《侵犯知识产权犯罪追诉乏力现象之研究》，硕士学位论文，湘潭大学，2006年，第 7—9 页。该文作者通过对 1998—2003 年知识产权犯罪案件及知识产权违法案件、侵犯财产犯罪案件、涉财产违法案件进行的数量统计分析，计算出知识产权犯罪案件数在知识产权违法行为总数中占比为 0.58%，而侵犯财产罪案件数在涉财产违法行为总数中占比为 4.46%，这一比例的重大差别被认为是知识产权犯罪化率偏低，对之进行的刑事保护不足的证据。

就追求所谓的一致性。（2）强化警力配置的做法存在着侵犯隐私、妨碍言论自由等潜在风险。知识产权权利对象的非物质性决定了其传播过程中的特殊性，特别是在网络环境下，对作品等知识产权对象的使用行为更为便捷，相应的侵权行为也更易实施。由此，如果要通过强化警力配置以及增加侦查机关在侦查、追诉侵犯知识产权犯罪行为中的调查取证权限，则极易导致公权力对个人隐私的不当侵犯，而这与侵犯知识产权行为侵害法益的程度并不匹配，须知，侵犯知识产权犯罪行为仅是对知识产权这种私人财产权益产生的侵害。例如，旨在加强知识产权保护的《反仿冒贸易协定》（ACTA）就因为其强化知识产权执法措施的做法引发侵犯个人隐私即妨碍言论自由的担忧在欧洲议会遭到否决。[①]

可见，试图通过强化警力配置或增加侦查机关权限的方式来提高侵犯知识产权犯罪行为被追诉的可能性，一方面与侵犯知识产权犯罪的法益侵害程度不匹配；另一方面存在着侵犯隐私、妨碍言论自由的风险，况且这种做法能否有效降低犯罪黑数尚存疑问。因此，侵犯知识产权犯罪的犯罪黑数畸高与知识产权的本质特点是一致的，这说明了刑罚的效果不佳，亦从反面印证了侵犯知识产权行为应当非罪化的结论。

二　刑罚预防犯罪的效果问题

（一）刑罚预防效果的评判方法

由于预防犯罪行为的发生是刑罚的重要本质，这表明刑罚在实现报应犯罪这一正义要求的同时，亦需考虑到对犯罪行为的预防，亦即刑罚不仅要向后看，更要向前看。[②] 而刑罚在预防犯罪方面是否发挥了积极的效应就成为评判刑罚是否适当甚至必要的重要因素。

论者曾经提出了在一般意义上衡量刑罚效果的标志，而预防犯罪的效果又可以划分为总体效果、个别预防的效果与一般预防的效果，相应的衡量标志也有差别：（1）刑罚的总体效果应以犯罪率与社会安全感为衡量标志。犯罪率是指特定地区在特定时间内发生的刑事案件数量与每万人之

[①]　《欧洲议会否决反盗版协议》，中国保护知识产权网（http：//www.ipr.gov.cn/guojiiprarticle/guojiipr/guobiehj/gbhjnews/201207/1670025_ 1.html）。

[②]　刑法学者即指出："法律不做出任何无益的命令，在追求正义的同时，我们也必须追求功利。犯罪行为固然是犯罪人实施的，但是，理想的是根除恶行本身而不是根除实施恶行的人。"张明楷：《刑法格言的展开》，北京大学出版社2013年版，第474页。

间的比率，这一比率则可以进一步作为判断社会安全感的标准，犯罪率与公民的社会安全感成反比关系。（2）累犯率是衡量个别预防的标志。在服刑期间或者刑罚执行完毕（或赦免）之后三年内又犯新罪的犯罪人可称为累犯，累犯的出现意味着个别预防的部分失效，其数量的多寡是对刑罚个别预防效果的反映，这一衡量标准进一步体现为累犯率，即平均每一百个个别预防对象中所出现的累犯量。（3）初犯率是衡量一般预防效果的标志。此处的初犯与前述的累犯相对应，其对象范畴不但包括第一次受刑的犯罪人，亦包括距离前次刑罚执行完毕已逾三年的犯罪人。[1]

　　由于本书并非在总体上探求刑罚的预防效果，因此刑罚的总体效果及其衡量标志并非本书的关注对象。刑罚在个别预防以及一般预防中发挥的效果如何进行衡量与评判是本书关注的重点，具体到侵犯知识产权犯罪这一问题，显然累犯率与初犯率是衡量刑罚在预防侵犯知识产权犯罪方面发挥效果的最佳标准。然而，由于相关数据统计并未提供如此精细化的分类，意图通过累犯率与初犯率来衡量侵犯知识产权犯罪的刑罚效果并不现实，对此，只能退而求其次，寻求其他较为现实的评判方法。通过对官方公布的近年来侵犯知识产权刑事案件的统计数字进行分析，对不同年份之间侵犯知识产权刑事案件在收案数量、审结案件数量、生效判决人数等方面的数据进行列举，以求归纳出侵犯知识产权犯罪的变化趋势。当然，这种变化趋势无法全面真实地反映并衡量刑罚的预防效果，特别是无从体现刑罚对侵犯知识产权犯罪行为的特别预防效果，但至少可以作为一种数据不足情况下的替代方法，对侵犯知识产权犯罪在一般预防中发挥的效果进行大致评判。

（二）侵犯知识产权犯罪案件的数量变化

　　按照前述总结出的评判侵犯知识产权犯罪刑罚效果的方法，表4-1将根据最高人民法院公布的权威司法数据，呈现出2009—2016年侵犯知识产权犯罪案件的数量变化，该表格主要包括侵犯知识产权刑事案件的收案数量、审结案件数量、生效判决人数。需要说明的是，在最高人民法院发布的数据中，知识产权刑事案件包括三类，分别为侵犯知识产权罪案件、涉及侵犯知识产权的生产、销售伪劣商品罪案件以及涉及侵犯知识产权的非法经营罪案件，按照本书的论题，表4-1呈现的数据仅为侵犯知识产权

---

[1]　参见邱兴隆《刑罚效果衡量初论》，《政法学刊》1989年第1期。

罪案件。

表 4-1　　　　侵犯知识产权犯罪案件情况简况 （2009—2016 年）①

类别 年份	侵犯知识产权犯罪 收案数量 （件）	侵犯知识产权犯罪 审结案件数量 （件）	侵犯知识产权犯罪 生效判决人数 （人）
2009		1007	1605
2010	1294	1254	1966
2011	3134	2967	5384
2012	7840	7684	
2013	5021	4957	6866
2014	5242	5103	6959
2015	4913	4856	6402
2016	3799	3903	5167

通过表 4-1 反馈的信息可以发现，2009—2016 年，可以简单地划分为两个阶段，而相关数据的变化在这两个阶段有较为显著的差别。2009—2012 年，侵犯知识产权犯罪的收案数量、审结案件数量以及生效判决人数都呈现出上升趋势，特别是在 2012 年，相关数据的上升幅度在 50% 以上。2013 年则呈现出较大幅度的下降，2014 年之后，收案数量、审结案件数量以及生效判决人数等方面都呈现出逐年下降的趋势。

（三）侵犯知识产权犯罪的刑罚效果评判

通过对侵犯知识产权犯罪案件的数据进行简单统计，可以发现近年来，我国侵犯知识产权犯罪的刑事案件的变化趋势在两个阶段之间有截然不同的表现。

2009—2012 年，侵犯知识产权犯罪的收案数量逐年攀升，而 2013 年，相应数据出现了下降的情形，对此，最高人民法院认为："人民法院充分发挥刑事审判职能，积极配合打击侵犯知识产权和制售假冒伪劣商品专项行动，有效惩治和震慑了侵犯知识产权犯罪行为，人民法院受理的侵

---

① 该表根据最高人民法院发布的知识产权司法保护状况中的数据整理得出。参见《中国法院知识产权司法保护状况 （2009 年）》《中国法院知识产权司法保护状况 （2010 年）》《中国法院知识产权司法保护状况 （2011 年）》《中国法院知识产权司法保护状况 （2012 年）》《中国法院知识产权司法保护状况 （2013 年）》《中国法院知识产权司法保护状况 （2014 年）》《中国法院知识产权司法保护状况 （2015 年）》《中国法院知识产权司法保护状况 （2016 年）》。

犯知识产权犯罪案件在近五年来首次出现下降趋势。"① 这一论断说明在最高人民法院看来，知识产权的刑事审判对侵犯知识产权的犯罪行为发挥了较为积极的预防效应，从而产生了侵犯知识产权犯罪案件在近五年来首次下降的状况。

这一结论的得出存在以下两个方面的问题，导致其说服力并不充分：（1）仅从 2013 年的数据推断刑罚的效果并不理想，原因在于一个较长的历史时期内，某个年份的数据可能受到诸种不确定因素的影响，出现临时性的变化或异常，而刑罚作用的发挥应当在一个较长的时间范围内进行衡量，只有连续几年出现侵犯知识产权犯罪案件持续下降的趋势，才能得出更加确定的结论；（2）从 2009 年到 2012 年的数据进行判断，侵犯知识产权犯罪案件量的不断上升是一个显见的事实，由此得出刑罚对知识产权犯罪行为的预防效果并不理想似乎是更加可信的结论，即便存在 2013 年出现下降趋势的现实，但就 2013 年之前 5 年的整体趋势进行衡量，这一结论也更具说服力。

由于受限于数据统计资料方面的缺陷，对刑罚在预防知识产权犯罪行为方面是否发挥了较为充分的预防效果这一问题的评估不尽严谨，其结论也存在诸多可疑之处。然而，仅仅通过对近年来我国侵犯知识产权犯罪案件的数量变化进行的考量可知，刑罚对于预防知识产权犯罪行为并未发挥预想中的效果，考虑到连年来持续进行的针对侵犯知识产权行为的"严打"行动，② 侵犯知识产权犯罪案件持续上升的趋势更进一步表明刑罚对于遏制侵犯知识产权的行为并没有产生较强的效果。

本章小结

在现代社会，刑罚从来都不是治理社会的最佳方式，其适用条件受到

---

① 《中国法院知识产权司法保护状况（2013 年）》。

② 自 2011 年起，公安部针对知识产权犯罪，连续开展了"亮剑""破案会战""云端行动"等多次专项打击行动，累计破案 12.7 万余起。《公安部通报近期打击侵犯知识产权犯罪工作情况》，公安部网站，2014 年 9 月 19 日发布（http://www.mps.gov.cn/n16/n1252/n1642/n1987/4267275.html）。

越来越多的限制，刑法从诞生之日起就存在着天然的缺陷。① 现代刑法的发展理念早已抛弃了工具主义思想，对刑罚的认识也摆脱了报应主义的窠臼，刑罚的预防功能得到了重视，犯罪人的再社会化成为重要问题，在此基础之上，自由刑的适用出现了进一步趋于严格的迹象，行刑社会化的思想受到追捧，刑罚轻缓化成为一种世界性的发展潮流。与此同时，刑法的谦抑性进一步推进了刑罚在社会生活面前保持最大限度的克制。然而，刑法的现代化以及刑罚的轻缓化趋势却对知识产权视而不见，连篇累牍的著作都在探讨对侵犯知识产权犯罪行为刑事保护的强化。但是，知识产权毕竟属于一种不同于传统财产权的新兴权利类型，如果简单地套用传统财产权的法律保护理念及制度，不但在法理层面无法自圆其说，在制度实践中亦收效甚微，甚至与社会公众的普遍认识产生冲突。简言之，知识产权权利对象的非物质性特征导致侵犯知识产权行为对法益的侵害程度与传统的物质财产权不可同日而语，刑罚与这种法益侵害程度并不匹配。具体到我国的制度环境，行政处罚以及惩罚性赔偿足以替代刑罚的效用。

虽然现代刑法的思想与理念在我国已经产生了较为积极的影响，但在论者看来，我国的刑法还在走持续功能化的老路子。② 这种情形在侵犯知

---

① 论者早已阐明刑罚的天然缺陷："一个明显的结论是，惩罚是同人类天性禀赋不相容的一种不得已的痛苦行为，它的实施是由人类中占据统治地位的腐败和无知所暂时强加给我们的。最荒谬的莫过于把惩罚看成是进步的源泉。它对于培养优良品质的贡献正同赛马场看守人对竞赛速度的贡献一样。除非在千钧一发的关头，再也没有什么事情比乞灵于惩罚更为非正义的了。真正的政治家将会竭力把强制限制在最小的范围之内并且不断寻求减少使用它的机会，而不是增加强制的机会并且把它当作挽救一切道德败坏的药方。在一切情况下，可以得到认可的为之辩解的理由只有一个，那就是放过罪犯会对公共安宁构成十分明显的危害。"［英］威廉·葛德文：《政治正义论》，何慕李译，商务印书馆1980年版，第560页。

② 学者如此概括我国刑法功能化的表现："只要任何一种社会利益需要支持，或者任何一种国家利益受到威胁需要排除，被功能化的刑法都是一件廉价的、几乎随时可以投入使用的全能武器。而其投入的目的仅仅是防止不希望的行为方式；其目标指向只是行为控制……这种立法取向，往往无视刑法的'补充性法益保护'的手段特征，以及刑法为公民创造自由空间的内在价值，忽视检验确立新的犯罪构成要件的绝对必要性，忘记刑法只是所有社会控制手段中之一种（而不是唯一的一种！），是不可轻易首先使用的极端手段的特征，把刑法完全变成了为社会政策保驾护航的工具，导致刑法无节制的膨胀。"樊文：《惩罚主义在我国刑法上的持续发展——兼评〈刑法修正案（八）〉涉及总则部分的修法》，载戴玉忠、刘明祥主编《刑罚改革问题研究》，中国人民公安大学出版社2013年版，第68页。

识产权犯罪的理论阐释及制度演进中体现得非常明显，通过加强刑罚遏制侵权行为的理念成为一种不容置疑的选择。

在对侵犯知识产权行为犯罪化的历史演进展开的考察中，已经阐明了美国法的全球化及知识产权的国际化进程在我国确立侵犯知识产权犯罪及其刑罚中起到的关键作用，而在刑罚正当性的论述中，TRIPS 协定中的有关规定往往成为展开进一步讨论的前提和基点，甚至成为理所当然的理论依据。如果单纯从条约义务的履行，以及参与国际竞争的角度而言，这种论证似乎并无不当。但从学术研究以及理论解说的层面来说，这种论证却没有说服力，包括 TRIPS 协定在内的诸多知识产权国际协定的合理性并非不可置疑，现有的知识产权国际保护的制度格局也绝非天然正当，知识产权研究应当摆脱国际条约的限制，在更加深入的层面认识知识产权问题。

侵犯知识产权行为非罪化的命题是从应然意义对知识产权法律保护制度展开的研究，力图在深刻认识知识产权本质属性的基础上，结合刑法中的犯罪本质理论以及刑罚理论对侵犯知识产权行为是否应当受到刑法规制进行的理论探讨，而非罪化的结论恰是与刑罚的轻缓化以及刑法谦抑性的理念相一致的，这一理论命题既是对现有侵犯知识产权犯罪研究进路的反叛，亦是在信守刑法基本理念与刑罚本质属性范畴内展开的有益探索。

第五章

侵犯知识产权行为非罪化的制度影响

在深入认识知识产权本质特征、把握侵犯知识产权行为重要特点的基础上，整合刑法理论中有关犯罪本质的讨论与阐释，通过对立法中侵犯知识产权行为入罪的制度现实展开的理论检讨，可以发现在对侵犯知识产权行为进行犯罪化论证的各个环节，都面临着诸多无法克服的问题与障碍。在此基础上，从刑罚角度展开的论证则进一步揭示了自由刑与侵犯知识产权行为之间的不对称性及罚金刑的可替代性。由此，侵犯知识产权行为非罪化这一命题获得证立，但与此同时，进一步的问题也随之而来：将刑事责任排除在侵犯知识产权行为的法律责任体系之外，如何使知识产权的保护水平不受影响？这即是侵犯知识产权行为非罪化之后产生的制度影响，其中心问题在于知识产权法律救济规则的调整乃至重构。

为此，必须通过对历史背景的深入考察，检讨现有的理论解说，探察知识产权制度产生的真实原因，重新认识知识产权的制度功能，并以此为基础探讨知识产权法律救济规则的未来体系。

第一节　知识产权制度功能的重新认识

在有关知识产权制度功能的通常解说中，充斥着知识产权能够鼓励创造的高贵说辞，而包括法律救济规则在内的诸多知识产权制度的组成部分均以此为基础进行合理性论证，相关制度的完善与改造亦以此为前提展开。然而，在论者看来，"我们现在接受的、习惯的，所有常识性的、天经地义的、不言自明的东西，很可能都是后来才逐渐地被历史确立起来、建设起来的，它本来不应当有免于'审查'的豁免权，但是当它成为'常识'的时代，大家都不审查它的合理性和合法性"①。在有关知识产权的阐释，特别是知识产权制度功能的解说中，就充分呈现出前述特点。对知识产权制度功能的准确定位与恰当认识是重新思考知识产权法律救济规则体系的前提，通过对历史的回溯与梳理，将澄清制度功能并非价值诠释而是事实描述这一基本问题，以此检视鼓励创造这一观点，将从不同的侧面获得有关知识产权制度功能的全新认识。

一　知识产权制度功能的通常解说

在有关知识产权的诸种解说中，鼓励创造一直被奉为知识产权的正当性基础与最重要的制度功能，论者同时提供了丰富的历史事实佐证这一论断。首先，有关知识产权法的起源，被认为是从特权向私权进步，并逐步彰显作者、发明人利益主张的过程。例如，论者认为英国 1710 年《安妮法》确认了作者的版权主体地位，② 创造者的利益从此之后逐渐成为法律保护的重心，知识产权从特权演进为私权。其次，作者、发明人群体在主体意识、权利观念方面的觉醒成为知识产权制度产生的重要力量。启蒙思想的观点及学说被大量引用，用以给定知识产权的哲学根据。③ 更有学者从反面给出了版权之于作者的重大意义："著作人权利得以在整个欧洲立足，即因 18 世纪末到 20 世纪初，功能相近的法条慢慢地在各地通过并逐渐普及。此后作家更有立场守护自己的权益……作家这种职业，就是这样一点一滴地建立起来的。他们历经缓慢的演变，终于认清自己有权从著作中得利、有权支配自己的智能财产，同时也让外界承认这些权利。"④ 最后，知识产权在鼓励创造方面的功能与价值已经在全球范围内得到认可，

---

① 葛兆光：《思想史研究课堂讲录》，生活·读书·新知三联书店 2005 年版，第 52 页。

② Craig W. Dallon, "The Problem with Congress and Copyright Law: Forgetting the Past and Ignoring the Public Interest", *Santa Clara Law Review*, Vol. 44, No. 2, 2004, p. 407.

③ 例如，有论者对洛克的财产权理论之于版权的重要意义大加赞赏："洛克的财产权原理给版权原理提供了一个自然权利的基础，这种自然权利把作者——或者受让作品加以出版的印刷、售书商——正当化为作品中财产的合法所有人。" See David Saunders, Authorship and Copyright, Routledge, 1992, p. 30. 转引自李雨峰《版权：一种历史视野》，《科技与法律》2005 年第 2 期。

④ ［法］费夫贺、马尔坦：《印刷书的诞生》，李鸿志译，广西师范大学出版社 2006 年版，第 159 页。

成为一种普世的权利类型。① 亦有学者热情讴歌专利权的重要意义："正因为深信发明创造能促进社会前进，美国宪法的英明制订者们把它写进了这部光辉文献，以使栽玫瑰者得鲜花。"②

在这一创造者逻辑的支撑之下，知识产权与物质财产的规制出现了同构性的趋势，有学者对之进行了归纳与整理："这种同构性的表现之一，是在产权的界定上也存在类似的层次。根据物质产权的私有程度不同，可以将物质产权分为完全私人拥有、某机构拥有、相关机构共同拥有、一国政府拥有和完全的公共产权等不同层次。对知识产权也可以进行类似的划分……这种同构性的表现之二，是在物质财产的产权关系中所奉行的基本规则，包括不准偷盗或者侵权、不准在合同中实行欺诈、个体在行使自身权利时不能违背公共利益，对知识产权依然适用……这种同构性的表现之三，是知识产权规则和物质产权规则一样，得到了越来越广泛的认同和遵守。人们对知识产权资产的尊重，最初是通过法律的形式来强制性地实现的。随着立法和执法越来越严格，这一强制约束力的力度也越来越强，侵犯知识产权资产的赔偿可能会付出巨大代价。在这种强制约束力的推动下，知识产权规则越来越受到人们的重视和遵守，成为商业活动中不可忽视的'铁律'。而且，对知识产权资产的尊重，开始进入人们的道德领域。"③

可见，知识产权是因为其具有鼓励创造的功用而获得正当性依据，并且事实上发挥着鼓励创造的功能，这是其与物质财产之间存在的重要区别。事实上，物质财产的正当性及其功能等问题早已不在讨论和争议的范畴之内，意味着人们已经普遍接受和认可了物质财产，而知识产权的正当性及其功能仍是没有定论的议题，即便认可鼓励创造说具有正当性和充分的解释力，知识产权应当与物质财产有所区别应为知识产权原有内涵的题

---

① 美洲自由贸易国家法律中心断言："由发展中国家成长起来的工业化国家的历史表明，保护知识产权是促进经济发展和出口增长，促进新技术、艺术和文化传播的最有力的工具之一。" National Law Center for Inter-American Free Trade, 1997, *Strong Intellectual Property Protection Benefits the Developing Countries* (http: //www. natlaw. com/natlaw-world/document/mexico/strong-intellectual-property-protection-benefits-developing-countries).

② [美] P. D. 罗森堡：《专利法基础》，郑成思译，对外贸易出版社 1982 年版，第 1 页。

③ 参见吴欣望《知识产权——经济、规则与政策》，经济科学出版社 2007 年版，第 30—32 页。

中之义，而两者同构性的现实却一再将这种区别减弱甚至消解，鼓励创造的理念在制度层面直接被等同置换为对知识产权的内容扩张与强化保护，这就不得不引人思考，是不是对知识产权的认识和理解从一开始就出现了偏差？

　　然而，在鼓励创造说的指引之下，这种对知识产权发展历史的描摹似乎在理论高度与经验层面都经得起推敲和检验，但过于精致且没有瑕疵的论证难免给人一种循环论证的怀疑：究竟是先确定了"鼓励创造"这一基点，从而围绕"鼓励创造"寻求历史证据甚至裁剪、建构史实，使之完全符合"鼓励创造"的鹄的，从而在逻辑与事实层面互为因果，甚至混淆因果；还是通过史料的爬梳、琐碎的追寻，一步一步地推论、印证，从而得出知识产权鼓励创造这一结论？

二　知识产权制度历史的不同视角与细节

　　对鼓励创造说及其指引之下形成的所谓历史事实之间可能存在循环论证的怀疑自然引致对知识产权制度历史进行客观描述与全面呈现的努力。然而，史家早有论断："我们怎么样才能够把历史中的主观因素去掉，使史学变成和其他科学如物理、化学一样。这是一个很高贵的理想，很高贵的梦。"[①]　由此可见，追求客观陈述某个历史事实几乎是不可能完成的任务，人总是受到种种因素的影响，难免对史料有种种取舍和解读，正因如此，以下说法才更见透彻："史学家本身就是史学上的一个很重要的因素。而且史学家写史本身就是一个史实。"[②]

　　有鉴于此，对知识产权制度历史的解说必然无法寻求完全客观的再现，只能通过对基于其他视角阐释的历史事实对知识产权的制度发展及其正当性、功能等问题获得更为全面的认识。这就意味着这些论述对同一历史事实做出的解说极有可能与基于鼓励创造说而进行的通常解说完全不同。

　　首先，对于知识产权法的起源，有不同的看法。对于普遍被认可为世界上第一部版权法的英国1710年《安妮法》，论者提出质疑："即使《安妮法》首次确认了作者制定法版权主体地位，也难以被视为'第一部版

---

①　余英时：《史学、史家与时代》，广西师范大学出版社2004年版，第79页。

②　同上书，第92页。

权法'。因为《安妮法》还不是一部版权法——版权观念在当时还不存在。版权的对象——法律上的作品还没有诞生……'《安妮法》是世界上第一部版权法'的论断不过是后人将自己的版权观念强加给《安妮法》的结果。"① 更有学者提出："虽然知识产权法偶尔也被人认为是一个永恒的、近乎本质主义的概念，但对于 19 世纪下半叶所出现的知识产权法正史来说，其大部分却是以狂热方式写就的；也就是说，人们假定该法律的特定领域都可以追溯到某个孤立的时刻或者事件。它反映了法律日益增强的自我指涉特征以及法律实证主义愈来愈大的影响力，从而，人们常常把知识产权的根基追溯到法律（立法）渊源上去……由于将知识产权法领域追溯到孤立的法律事件这样的趋势，知识产权法的历史通常就从 1624年（《垄断法》）或者 1710 年（《安妮女王法》）直接跳到了 20 世纪，而在此进程中只是伴有偶尔的迂回。"② 这一洞见无疑表明知识产权法起源于鼓励创造的诉求这种说法非常牵强，很难说早期的知识产权法成文化的过程是在鼓励创造这一理念的指引之下完成的。其次，作者、发明人群体在主体意识、权利观念方面的觉醒成为知识产权制度产生的重要力量这一似乎毫无争议的论断可能与史实不符。例如，对于《安妮法》，有学者即认为它实际上是一部贸易规制法，③ 而保护作者、鼓励创作、促进知识不过是书商公会为自己的垄断地位寻求法律支持时的借口。由此可见，与其说作者、发明人群体的主体意识及权利观念来自其自身的觉醒，毋宁说是商人在实现其自身利益的过程中偶然而又必然地带动和引领的，作为一个独立的群体，作者和发明人在知识产权制度发展的早期只是一群乌合之众，难以形成统一的理念并转化成集体行动，奢望其在彼时能够为自己都尚不确定的权利而奔走疾呼、促成立法似乎并不现实。应当说，对作者及发明人群体的主体意识及权利觉醒很可能来源于后世对近代私法中的人是

①　易健雄：《技术发展与版权扩张》，法律出版社 2009 年版，第 46—47 页。

②　［澳］布拉德·谢尔曼、［英］莱昂内尔·本特利：《现代知识产权法的演进：英国的历程（1760—1911）》，金海军译，北京大学出版社 2006 年版，第 246—249 页。

③　原文为 "The Statute of Anne differed from the Star Chamber Decrees, Ordinances of the Interregnum, and the Licensing Act in that it was neither a censorship law nor defined by efforts to impose censorship-it was a trade regulation law." Craig W. Dallon, "The Problem with Congress and Copyright Law: Forgetting the Past and Ignoring the Public Interest", *Santa Clara Law Review*, Vol. 44, No. 2, 2004, p. 402。

"不考虑知识社会及经济方面的力量之差异的抽象的人；并且，在其背后的是在理性意思方面强而智的人像"① 这一假想。最后，从经验层面对知识产权在鼓励创造、促进发展中功能的引证则极有可能是一种倒果为因的游说策略。② 以这种思路为出发点，知识产权与科技进步、经济发展的关系被简化为正比例关系，知识产权的保护水平直接决定了国际贸易与经济发展的速度，许多发达国家即在国际条约中要求发展中国家在知识产权保护层面达到与其相当的标准。但是，论者尖锐地指出："按当今发展中国家被要求达到的标准，当今发达国家（在它们自己还是发展中国家的时候）的知识产权制度曾经是多么不完善。严重侵犯知识产权的行为在当时最发达的当今发达国家里也曾泛滥成灾，特别是对外国人知识产权的保护更成为问题。这种情况一直持续到 19 世纪后期，甚至更晚。"③ 不难发现，知识产权在鼓励创造方面是否真正发挥了相当的功效从经验层面无法提供确实的证据，在国际条约的缔结过程中只能看到掌握话语权的发达国家频繁使用这种说辞以实现其既定目标的做法。

正是看到知识产权鼓励创造并非天经地义的事实，而是人为构建的话语逻辑，因此鼓励创造并不能简单地被置换为加强知识产权保护，知识产权与物质财产在规则层面趋于同构性的现实已引起了相当的反思："将知识产权与物质财产权等同起来，就忽视了在前者的领域中比在后者的领域中包含着更大的政府因素，至少是在一个成熟社会中，几乎所有的物质财产均归私人所有，从而几乎所有涉及此类财产的交易都属私人性质。而政府则通过授予专利、著作权和商标，持续地牵涉到知识产权的创设中。"④

---

① 例如，经济学家不厌其烦地阐释专利对于创新活动的重大意义："在市场经济框架中，促进创新的一个重要条件是建立专利制度和保护知识产权的其他手段。如果在加大基础的公共投资的同时建立有效的市场机制，确保在技术层面上能对发明和其他形式的知识产权进行市场交易，那么创新活动就能达到最大化。" [日] 星野英一：《私法中的人》，王闯译，中国法制出版社 2004 年版，第 8 页。

② 林毅夫：《序言：市场、国家和社区三位一体与经济发展》，载 [日] 速水佑次郎《发展经济学：从贫困到富裕》，李周译，社会科学文献出版社 2003 年版，第 12 页。

③ [英] 张夏准：《富国陷阱》，肖炼、倪延硕等译，肖炼校，社会科学文献出版社 2006 年版，第 97 页。

④ [美] 威廉·M. 兰德斯、理查德·A. 波斯纳：《知识产权法的经济结构》，金海军译，北京大学出版社 2005 年版，第 525 页。

甚至连哈耶克这样堪称狂热的财产捍卫者都强调知识产权与物质财产权的区分："（对知识产权）盲目地套用那种针对有形物而发展起来的财产权概念，已然在很大程度上助长了垄断的发展……如果我们想使竞争在这些领域中发挥作用，那么我们就必须进行彻底的改革。"[①]

不同的视角呈现出截然不同的知识产权制度历史，而这些历史与鼓励创造说可谓格格不入，据此，鼓励创造作为知识产权的正当性基础与制度功能在理论与经验层面并不能得到完美的支持与印证。更加丰富的视角与论证思路无疑将推进对知识产权及其制度功能的重新认识。

三　知识产权制度功能的重新认识

基于不同的价值导向进行的历史阐释呈现出了更加丰富的知识产权制度发展历程，一直以来都作为基本信条被反复提及的鼓励创造说面临着无法自圆其说的危险。然而，批判乃至否定某种学说固然容易，但却要证立一种新的学说却相当困难。如若抛开鼓励创造说的窠臼，尝试重认识知识产权制度功能则并不简单。所幸论者已给出有益提示："一切认识、知识均可溯源于比较。"[②] 为此，不得不将目光再次投向历史，在之前列举的种种有关知识产权制度发展的史料与论述中，论者讨论的对象无一例外，均指向西欧社会或以之为背景展开，然而，在中国古代的历史中，曾经出现过许多与知识产权保护有关的蛛丝马迹，且就印刷术等促成知识产权制度产生的基础性因素而论，古代中国亦同样具备，甚至早于西欧社会，何以没有像西欧社会那样产生知识产权制度？[③] 这种横向的历史比较极有可能呈现出知识产权制度产生的真正原因，并借此获知有关知识产权制度功能的恰当解释。

---

① ［英］F. A. 冯·哈耶克：《个人主义与经济秩序》，邓正来译，生活·读书·新知三联书店 2003 年版，第 167 页。

② 语出 18 世纪德国早期浪漫主义诗人诺瓦里斯（Novalis），转引自［德］K. 茨威格特、H. 克茨《比较法总论》，潘汉典、米健、高鸿钧、贺卫方译，法律出版社 2003 年版，"德文第二版序"第 1 页。

③ 李雨峰曾提出"作为最早发明印刷技术的文明古国，中国为何没有自发性产生版权制度"的追问，并列举了李约瑟对中国为何没有发生工业革命与刘茂林对中国为何没有产生版权法的疑问。笔者将这一问题扩展至整个知识产权制度。参见李雨峰《枪口下的法律：中国版权史研究》，知识产权出版社 2006 年版，第 61 页。

（一）　中国古代社会的知识产权制度萌芽及历史背景

对于版权，学者普遍认为中国古代版权保护的萌芽出现在宋代，郑成思先生即列举了两则佐证宋代曾出现版权观念的史料：一则为宋代段昌武《丛桂毛诗集解》三十卷前的在国子监登记的"禁止翻版公据"："先叔以毛氏诗口讲指画，笔以成编。本之以东莱诗记，参以晦庵师传，以至近世诸儒。一话一言，苟是发明，率以录焉……先叔刻制穷经，平生精力，毕于此书。倘或其他书肆侍利翻版，则必窜易首尾，增损意义……今备牒两浙福建路运司备词约束，乞给据为照……如有不遵约束违戾之人，仰执此经所属陈乞，坠板劈毁，断罪施行。"①另一则为宋代祝穆编写的《方舆胜览》自序后的"两浙转运司录白"：该书编写人"一生灯窗辛勤所就，非其他剽窃编类者比"，而"近日书市有一等嗜利之徒，不能自出己见编辑，专一翻版"，故由"两浙转运使司、浙东提举司给榜禁戢翻刊"，如遇有人翻版营利，则祝氏有权"陈告、追人、毁版、断冶施行，庶杜翻刊之患"②。这些史料说明在宋代已经出现了对创作者出版权进行保护的观念和做法，并且尝试对"翻版"等侵权行为追究责任。

就商标权而言，诸多学者亦认可使用商标使消费者区分商品来源的做法仍然始于宋代。据称，北宋时期，山东济南有一家专造功夫细针的刘家针铺，门前有一石兔，针铺以石兔作为其生产的"功夫针"商标，商标的主体是一个持药杵的"白兔"图形，图形两侧印有"认门前白兔儿"为记的说明，上面印有"济南刘家功夫针铺"名称，下面刻有"收买上等钢条，造功夫细针，不误宅院使用，客转与贩，有加饶，请认白"的广告用语。③根据史料的记载及出土的文物，早在战国时期生产的铜器上就标注了制作者的身份与名称，但这种标注在当时是一种强制性的要求，接近于一种义务，并非用于区别商品来源，因此很难称为商标。而在我国古代的商业活动中，虽然很多店铺会有自己独特的字号与招幌，但由于没有大规模的商品流动，顾客对商品来源的识别依赖于固定的销售地点，认店购物而非认牌购物是主流的消费情形。宋代用于"功夫针"上的"白兔"标识，与提供商品的"刘家功夫针铺"是分别存在的，即消费者既可以

---

① 转引自郑成思《知识产权论》，法律出版社 2007 年版，第 12 页。

② 同上书，第 13 页。

③ 参见黄晖《商标法》，法律出版社 2003 年版，第 1 页。

认店购物，但通过商品上的标识也能认牌购物。正是在这个意义上，宋代的"白兔"标识被认为是实实在在的商标。①

与版权和商标权不同，专利二字虽然取自《国语》，但其含义却指向对利益的独占，并无英文"patent"中的"公开"之意。在古代中国，虽有盐铁专营等垄断经营的特权，但却一直未出现像英王爱德华三世于1331年授予约翰·肯普（John Kempe）在织布及染布方面的垄断权或者1421年意大利佛罗伦萨的建筑师布鲁内莱西（Brunelleschi）为运输大理石而发明的"带吊机的驳船"获得为期3年的垄断权②这种逐渐接近现代专利的做法。直到1859年，太平天国的洪仁玕才在其《资政新篇》中提出了建立专利制度的建议，但彼时西欧诸国已经建立其专利制度，这一倡议纯粹属于对已有制度的借鉴。

宋代是一个颇具标志性的历史时期，何以在此时出现了知识产权制度发展的萌芽状态值得进一步思考。为此，必须对宋代的社会经济发展状况有所了解，历史学家对此早有定论。③联系版权与商标权保护的雏形出现在宋代的历史事实，不难发现，正是商业贸易的发展改变了传统的生活方式与交易模式，从而催生了这种利益诉求，孕育了对印刷作品及商标寻求保护的理念与做法。

然而，兴起于宋代的"商业革命"却没有取得进一步的发展，对此史家有其理解："中国的商业革命是在一个高度组织化、官僚化的帝国里发生的，这一帝国能够适应经济的发展并从中汲取新的力量。与之不同，欧洲封建社会的社会政治制度面对经济的变革束手无策而因此崩溃，并且

---

① 参见郑成思《知识产权论》，法律出版社2007年版，第5—6页。

② 曹博：《专利许可的困境与出路》，硕士学位论文，西南政法大学，2012年，第3页。

③ 费正清认为："自中唐到宋末（8—13世纪）期间，中国是世界上最先进的社会。物质上的进步可自一系列惊人的发明知其端倪：印刷的书本、算盘、钞票和信用票据、火药、水泵、运河船闸、不漏水的船舱，以及航海罗盘，更不用说较早时期发明的陶瓷器、漆器、丝棉织物，以及像宋代绘画之类的艺术品了。这些都是一个生气勃勃的社会在其历史兴盛时期的产品，远比欧洲先进。宋代的城市文化反映出农业、工艺、商业和技术的进步，并且在哲学和施政方法方面也有与之相应的进展。最重要的事实是兴起了国内外的私人贸易，这确实是一场'商业革命'，使南宋政府更加依赖于贸易税收。"［美］费正清：《美国与中国》，张理京译，世界知识出版社1999年版，第30页。

导致了一场根本性的变革。"① 这种文化向度的解释说明了古代中国社会的特质及其对商业革命具有的控制力，具有相当的说服力。事实上，正是因为古代中国社会的这种特质，宋代的商业革命在明代和清代通过自上而下的政策调整而中断了，史家从制度、经济、意识形态、战略等方面阐述了流行于明代的反商业思潮："制度方面的根源可以追溯到中国上古'中原'地区的地理环境。当时中国的势力局限于内陆地区，官僚阶级最初是从征收赋税者发展而来的，他们扶植农业，并依靠农产品来维持个人及国家的生活。在这种农业官僚社会里，商人的地位低于官吏并且为后者所利用。由于中国一向自给自足，故经济方面的重点也是放在国内而非国外的商业发展上。但是，为什么在经过唐、宋、元时期的商业发展后，明清两代却退回到古代的重农传统中去了呢？……'文化中心主义思想'可能是其中一个原因，尤其是理学思想（如继承古代轻视商业的传统）更是束缚了商业的发展。外贸方面的事务由大太监来经管，这就使得士大夫们更为憎恶商业。另外，明代政府致力于防止蒙古人复辟，可能也牵制了商业的发展。"②

诸多因素的综合作用，导致在宋代盛极一时的商业革命没有能够进一步发展，而有关版权与商标权保护的制度萌芽也就没有了进一步生根发芽并产生现代知识产权制度的土壤与条件。

（二）古代中西方社会中的商人阶层及其作用

与古代中国的社会特质相适应，在商品经济中起到重要作用的商人阶层亦有其自身特点。横向比较与考察西欧社会知识产权制度从萌芽到进一步发展成型的历史进程，可以发现，宋代是否形成了一个具有相对明确的身份意味及行动意识的商人阶层相当可疑，且宋代的商人与历史同期西欧社会的商人存在重大区别。自宋代以后，与西欧社会相比，商人更是陷入了沉寂，模糊化的身份认同与社会定位甚至使得商人本身出现"去商业化"的趋势，这对于知识产权制度的产生与发展都有不小的影响。

按照韦伯的认识，西欧近代资本主义的兴起，除了经济本身的因素之外，还有一层文化背景，即所谓"新教伦理"或"入世苦行"（inner-

---

① ［美］费正清：《中国：传统与变迁》，张沛、张源、顾思兼译，吉林出版集团有限责任公司 2008 年版，第 107 页。

② 同上书，第 154 页。

worldly asceticism），这一文化因素进一步蜕变为"资本主义精神"，包括了勤、俭、诚实、有信用等美德，但更重要的是人的一生必须不断地以钱生钱，而且人生便是以赚钱为目的；不过赚钱既不是为了个人的享受，也不是为了满足任何其他世俗的愿望，这种特殊的精神是"超越而又绝对非理性的"（transcendental and absolutely irrational），但更奇妙的则是在这种精神的支配之下，人必须用一切最理性的方法来实现这一"非理性的"目的。① 这种资本主义精神浸润在商人的大脑与血液中转化成其自然而然的理性行动：古登堡发明的印刷机使得作品成为商品且出版商品的行为蕴含着潜在的丰厚经济收益，商人在追逐、维护、稳固其出版利益的过程中努力使作品成为私产；新产品、新技术在市场中获得的巨大收益诱惑并推动着商人将技术变成私产；运输技术的发展使得商品流动的范围大为扩展，商标在市场中起到的识别来源及吸引消费者的作用则鼓动了有利可图的假冒与仿冒行为，激发了商人寻求保护，并将商标变成私产的冲动。在商人发现利益空间、投入资本获取利益，继而进一步加大投资、维护其既得利益的过程中，通过法律确认这种既有的利益格局是一种现实而可靠的选择，而初始的权利归属并不是商人关注的焦点，因为法谚有云："合意创立法律"，合同就是当事人之间的法律，这使得商人能够通过交易取得权利或相应的许可，而拥有资本的一方在交易谈判中总是处于相对的强势地位，这使得初始的权利归属并不影响商人获取其经济利益。正因如此，商人才会在立法进程中将作者、发明人等主体推向前台。英国 1710 年《安妮法》及 1624 年《垄断法》实际上都是对已有的交易模式与商业实践的确认。论者认为《安妮法》"承认作者利益不是立法者突发奇想的鼓励性政策，而是市场自然形成的结果。把作者作为权利的源头，是最好的一种确权方式，否则同一作品被不同的出版商复制时无从解决产权的纠纷"②。

与西欧社会商人阶层这种逐利的本性及其种种做法不同，古代中国的商人对于自身的定位则颇有些尴尬、无奈甚至暧昧。由于在官方的话语体系中，商人的社会地位一直受到压制，使得其一方面努力包藏和掩饰自己的逐利取向，一方面极力攀附士人阶层。自宋代以后，由于商品

---

① 参见余英时《士与中国文化》，上海人民出版社 2003 年版，第 398 页。
② 李琛：《著作权基本理论批判》，知识产权出版社 2013 年版，第 28 页。

经济的发展，所谓士农工商的社会阶层秩序虽仍属主流话语，但士商之间的界限早已不再泾渭分明，甚至出现了许多士商不分的论著。明代的归有光通过实例佐证士商混同的观点："新安程君少而客于吴，吴之士大夫皆喜与之游……古者四民异业，至于后世而士与农商常相混……程氏……子孙繁衍，散居海宁、黔、歙间，无虑数千家，并以读书为业。君岂非所谓士而商者欤？然君为人恂恂，慕义无穷，所至乐与士大夫交，岂非所谓商而士者欤？"① 商人自己也乐于接受这种说法并尝试做更加深入的解读，明代的李梦阳在其著作中引用了商人王现（文显）的类似看法："文显尝训诸子曰：夫商与士，异术而同心。故善商者处财货之场而修高明之行，是故虽利而不污。善士者引先王之经，而绝货利之径，是故必名而有成。故利以义制，名以清修，各守其业。天之鉴也如此，则子孙必昌，身安而家肥矣。"② 这种历史发展的趋势在改变商人地位的同时也阻断了商人发展成为更具独立性和行动力的统一阶层，更进一步说，商人在不自觉之间已经悄然被士"规训"了，自然而然地接受了传统的儒家伦理、宗教道德及官僚阶层的文化及意识形态熏陶，正因如此，余英时才能得出其对中国古代商人的认识："把商人看成只知'孳孳为利'，毫不受宗教道德观念约束的一群'俗物'，在大量的文献面前是站不住脚的。"③ 商人与士的混同某种程度上导致商人本身的"去商业化"，中国古代的商人也就失去了蜕变为韦伯口中具备"资本主义精神"这一类商人阶层的机会。

与此同时，虽然宋代的商品经济取得重大发展，但彼时的中国仍是一个农业社会，识文断字之人毕竟不多，文字作品更多通过官方渠道流通，无法形成一个有利可图的图书市场，无法提供巨大的利益刺激，商人自然也没有寻求将作品私产化的冲动。而就技术而言，中国古代社会对于工商业活动中的技术一直持否定态度，将之视为"奇技淫巧"④，认为其于国于民都弊大于害。《管子》中即提到："若民有淫行邪性，树为淫词，作

---

① 归有光：《白庵程翁八十寿序》，见《震川先生集》卷十三。转引自余英时《士与中国文化》，上海人民出版社 2003 年版，第 457 页。

② 李梦阳：《明故王文显墓志铭》，见《空同先生集》卷四十四。转引自余英时《士与中国文化》，上海人民出版社 2003 年版，第 458 页。

③ 余英时：《士与中国文化》，上海人民出版社 2003 年版，第 483 页。

④ 语出《书·泰誓下》："（商王）作奇技淫巧，以悦妇人。"

为淫巧，以上诡君上而下惑百姓，移国动众，以害民务者，其刑死、流。"① 古代中国的技术发展更多都投向了农业领域，而一些新奇的技术与事物主要是服务于权贵阶层，断绝了将技术揽为私产的可能，无法形成与新产品、新技术有关的利益市场，因此宋代虽然出现了许多新的技术，但根本没有出现专利保护的萌芽。

（三）　知识产权制度功能的澄清

通过对西欧社会知识产权制度发展的历史背景与中国古代社会出现的制度萌芽却未能孕育出知识产权制度的历史现实进行的比较，无疑印证了赵汀阳的说法："规范是必要的，但在本质上没有什么道德光辉可言……虽然规范总是一方面保护了某些利益而同时却限制了另一些利益，但在本质上，规范是为了保护某些利益才不得不去限制另一些利益的，而且被保护的利益相对而言总是更为重要一些，至少人们以为它们更重要一些。但无论加以什么样的粉饰，规范终归是'唯利是图'的……如何才能形成一条规范，这是一个只能在实践中被解决的问题，通常被认为是'社会博弈'的结果。"②

这就是说，知识产权制度作为法律规范仍然是"唯利是图"的，是对已有的社会生活、交易方式及利益格局的确认，强大的利益诉求与社会的认可是形成这一制度的重要原因。比较知识产权制度得以确立的西欧社会与宋代之后的中国古代社会，社会生活与交易方式存在着重大区别，虽然宋代的商品经济已有大规模的发展并在经济数据中表现不俗，但仍属古代商业的发展模式，所谓的"资本主义萌芽"毕竟只是萌芽，与彼时西欧社会逐渐发展成型的近代资本主义有本质区别，无怪乎史家认为"西方近代工业革命以后所出现的资本主义则是一种特殊的历史经验，是由许多个别历史因素的特殊组合而造成的。这样的资本主义在整个人类历史上只有一个例子，而且也只能发生一次"。③ 在古代的中国社会，针对作品、发明这些可能产生权利的事物，既没有强大的利益诉求，更缺乏广泛的社会认可，知识产权制度

---

① 转引自滕新才、荣挺进译注《管子白话今译》，中国书店 1994 年版，第 90 页。

② 赵汀阳：《论可能生活》，中国人民大学出版社 2010 年版，第 31 页。

③ 余英时：《士与中国文化》，上海人民出版社 2003 年版，第 398 页。

无由产生。①

由此可见，鼓励创造并非知识产权制度产生的原因，仅有可能是知识产权制度产生的某种影响或效用，知识产权制度的产生源于对已有的交易模式与利益格局的确认。如此一来，知识产权最重要的制度功能也就进一步得到阐明：为作品、发明、商标这些信息提供市场化的制度环境，在不同的社会主体之间分配基于这些信息产生的利益。

第二节　知识产权救济的深入解析

作为知识产权制度中的重要组成部分，如何正确、理性地认识权利救济规则所能发挥的效用，直接影响了权利救济规则的确立与完善。按照法律经济学的认识，法律过程的实际意义只能是利益分配，② 权利的实现过程就是利益的分配过程，权利救济则是回复利益分配格局的一种方式，更进一步体现为权利实现的途径之一。因此，通过对知识产权的权利实现与权利救济之间的关系进行深入的探究，从而准确认识权利救济在其中所能发挥的作用，将有助于实现对知识产权法律救济规则的重构。

一　鼓励创造说之下知识产权救济的误区

明确知识产权的制度功能对于知识产权的救济具有重要意义，对于制度功能的不同认识将会导致对知识产权保护所能发挥效用的程度与方式产生不同的理解。

（一）鼓励创造说之下知识产权救济规则的完善逻辑

有学者依照鼓励创造说阐释知识产权的制度功能："智慧财产权系无体财产权，具有诸如灯塔、军队等公共财产（public goods）之本质，即非对立性（non-rivalrous）及非排他性（non-excludable），换言之，甲使用智慧财产权标的物并不会减损该标的物或排斥其他人享有该标的物。然

---

① 正因如此，李琛的洞见就显得颇为可贵："知识产权只有在资本大量吸收知识的近代化产业结构中才有存在的必要，如果缺乏这种产业结构，就不会有相应的权利要求。"李琛：《关于"中国古代因何无版权"研究的几点反思》，《法学家》2010 年第 1 期。

② 参见凌斌《法治的代价：法律经济学原理批判》，法律出版社 2012 年版，第 60 页。

而，公共财产的缺点是因为不需要付费，因此，会有搭便车（free-rider）之投机者出现，故容易被过度使用（overuse），从而导致市场失灵（market failure）现象。一旦市场失灵，则将无私人厂商愿意投入相关投资，相关的投资不足（underinvestment），长久以往将导致智慧财产权标的物供给不足。因此，智慧财产权法体系的设计目的在于解决因为其无体财产特性之公共财产本质，借由提供诱因（incentives），以人为设计的权利，鼓励智能财产之创造、散布与使用。"① 按照这种认识，为了避免市场失灵导致的投资不足及知识产权标的物的供给不足，提供人为设计的权利作为足够的诱因就是知识产权制度的必然选择。法谚有云，"没有救济就没有权利"，因而在确立了知识产权之后，必须要提供相应的救济。按照鼓励创造说的逻辑进路，只有提供完整、充足的救济，才能实现鼓励创造的制度功能，而所谓完整、充足的救济则呈现为对知识产权保护的不断加强。

然而，通过中西方知识产权发展历史的考察，已经能够得到知识产权制度主要由商业利益推动的结论，对这一点，秉持鼓励创造说的学者也并不否认，我国台湾学者刘孔中在遵照鼓励创造说阐明知识产权制度功能的同时，亦陈述了其背后的利益驱动力："专利法主要的推动者是技术导向的公司，而著作权法的大推手从早期的出版业者到目前握有大量内容的视听娱乐公司，商标法则是由著名（驰名）商标业者主导。"② 可见，知识产权制度的推动力是商业利益，推动知识产权保护不断加强的声音与力量也来自商业利益。然而，商业利益本身是非理性的，这在韦伯对"资本主义精神"的论述中已有体现，富兰克林的说法则进一步印证了对商业利益的追求永无止境："务必记住，时间就是金钱。一个凭劳动一天能挣十个先令的人也可以用半天时间闲坐或逛荡，尽管他只花了六便士用于娱乐和休闲，但他不应该认为那仅仅是花费；他实际上是浪费或者更确切地说是又扔掉了五先令。记住，金钱具有增值、生产的本性。钱能生钱，那生出的钱又能生出更多。五先令能变成六先令，进而能变成七先令三便士，如

---

① 刘孔中：《论智慧财产权之一般理论：有效促进公私资源交换与相互增益》，载吴敬琏、江平主编《洪范评论（第14辑）：知识产权——法律与政策的反思》，生活·读书·新知三联书店2012年版，第7—8页。

② 同上书，第27页。

此下去，甚至能变成一百英镑。钱越多，每一次就能生产得越多，就是说，利润能越来越大。"①

作为知识产权制度最重要的推动力量，商人对商业利益的追求只能导致一个结果：就是不断加强知识产权的保护，不断丰富知识产权的救济方式，使得其朝着最有利于其实现商业利益的方向发展，对于这种强化的知识产权保护是否能够起到鼓励创造甚至实现可持续性的创造，则往往并不在商人的考量范畴之内。

（二）鼓励创造说之下知识产权救济的误区

在鼓励创造说的话语逻辑之下，"知识产权立法宗旨的官方表述、商人有意识的话语选择、学术通说的理论支持，使得人们片面地强化了知识产权与创造的和谐关系"②。然而，对商业利益的追求和既得利益格局的维护使得知识产权的保护不断加强、全方位地完善与细化知识产权救济规则。但这种做法却极有可能产生负面效用，即以知识产权保护之名，行阻断创新之实。须知，新技术、新产品的出现极有可能影响甚至摧毁旧的产业，通过强化保护的方式维持原有的市场优势是商人的理性选择，由于信息的公共产品属性，对已有信息的分享、传播是生产新信息的必备条件，许多新的创造都建立在对既有信息的理解与利用的基础上，而过于强势的保护与愈加细密的救济规则将产生阻碍创新的效果。以专利为例，当意识到申请并获得专利，即便不使用也可以通过许可收费的形式获取利益，必然会有人选择这种方式囤积专利，待价而沽，更为严重的则是，在同行业中对先期技术拥有大量专利的公司为了维护其市场地位和产品优势，不会发放许可，或者以不合理的许可费要求迫使使用者知难而退，实施侵权行为将要承担的高额赔偿金也进一步阻断技术传播的可能。专利的这种效用甚至一度让行业巨头都有些束手无策，曾经担任微软公司首席技术官（Chief Technology Officer，CTO）的内森·梅尔沃德（Nathan Myhrvold）即陈述了微软公司遭遇的专利敲诈："随着微软的不断壮大，各种各样的公司开始前来造访，声称我们侵犯了他们的专利权，并且要求我们申请专利授权……当我们的律师环顾众人，问我们可以主张哪一种专利以反击这些

---

① 汪安民主编：《色情、耗费与普遍经济——乔治·巴塔耶文选》，吉林人民出版社 2011 年版，第 149 页。

② 李琛：《著作权基本理论批判》，知识产权出版社 2013 年版，第 36 页。

公司时——这是一种'确保同归于尽'（cross-license），而不至于为此支付很多费用——答案是'我们什么都没有'。所以，每次这些公司有人跑来声称我们侵犯他们的专利时，我们就要付钱，有时候 5 千万美元，有时候 1 亿美元。我们支付了很多费用，只因为其他人拥有专利而你没有。"①

　　除此之外，对于商业利益的追求使得知识产权保护及相应的救济规则完全倾向于权利人一方，而使用者与消费者的自由空间则一再受到压缩，论者已经意识到这种危险，并举出生动的例子加以说明："知识产权规则对基本权利的威胁并不那么显而易见，相反，这种威胁是建立在不断积累的限制的基础之上的——因为这些限制隐藏于技术规则制定、高深的法律学说及复杂的官僚体制背后，不容易觉察到。所有这些限制都被表面上似乎颇具说服力的理由，即保护发明家、作者的权利及促进创新的需要掩盖了。我们能感觉到这些限制，不是作为集权社会的普通个体，而是作为能时时感受到这些知识产权法决定甚至改变了人们获得、交换信息的传统方式的小团体的成员。农民们彼此遵循古老的习俗，存储、交换、交易及出售种子，却发现古老的种子交易习俗已笼罩在专利权利请求的阴影之下。农民是否可以种植包含已获得专利保护的基因的植物，成了律师们的掌中游戏。不同研究机构的研究人员只有通过缔结秘密协议才能进行交流；或者在取得知识产权律师的同意之后，才能进行交流。大学图书馆员迫于版权征集协会的诉讼威胁，而不得不从网站上抄录学生资料……世界各地的人们渐渐发现，他们每次使用某方面的信息时，都会引出向知识产权权利人支付相应费用的义务。"②

　　由此可见，依照鼓励创造说的逻辑思路与理论阐释，知识产权保护进入了一种非理性的误区：只要加强知识产权保护，就会产生对创造有利的结果。鼓励创造与加强保护更是成为一对能够互相证明的完美命题，进而成为一种接近于意识形态的话语，不容置疑。

　　在这种认识误区的引导下，知识产权救济规则的完善与调整呈现为对知识产权保护的不断加强，具体表现为加强对侵犯知识产权行为的制裁及

---

　　①　[美] 马歇尔·菲尔普斯、戴维·克兰：《烧掉舰船：微软称霸全球的知识产权战略》，谷永亮译，东方出版社 2010 年版，第 10 页。

　　②　[澳] 彼得·达沃豪斯、约翰·布雷斯韦特：《信息封建主义》，刘雪涛译，知识产权出版社 2005 年版，第 4—5 页。

惩罚力度，一方面提高民事赔偿的数额，另一方面则不断强化刑事保护，具体到我国的制度实践，还包括行政保护的强化。

二　知识产权的权利实现与权利救济

按照民法学界的通说，"权利乃享受特定利益的法律之力"①，权利的实现过程就是权利主体实现其特定利益的过程。权利通常可以通过行使而实现，权利行使即权利人为实现权利的意义而依权利的权能从事活动，权利行使有正常实现的行使，有救济意义的行使，前者为追求权利的正常实现，后者为追求恢复或弥补被损害的权利。② 知识产权作为民事权利之一种，其实现的途径仍然包括正常实现的行使与救济意义的行使。在明晰了鼓励创造说之下对知识产权保护产生的认识误区进而影响到权利救济规则的完善与调整之后，有必要更加全面地认识知识产权的权利实现，进一步考量权利救济在权利实现过程中的作用、意义及价值，从而为权利救济规则的调整确立更加理性的方向。

（一）知识产权权利实现的特殊性

正常实现的权利行使，意味着义务的履行与接纳。在物质财产权的权能类型中，占有与使用在其中占据了重要地位，物质财产权的权利实现在很大程度上表现为权利人对其财产权标的的占有与使用，由于物质财产权相对明确与清晰的外观，排除他人干涉的能力较强，正常的权利实现也较为便利。与物质财产权不同，信息无法进行占有，而使用相应的信息固然是权利人的重要权能，但通过许可使用、转让等形式对享有相应知识产权的信息进行交易往往是更为普遍的方式。以版权为例，如果权利人仅仅自己使用其作品，而不进行任何许可或转让行为，基本上不可能通过作品获得经济收益，权利人享有的仅有可能是一种精神或心理上的愉悦。

这就说明，物质财产权的利益实现主要是通过自己对标的物的使用来发挥物的使用价值，而知识产权利益的实现则更多地通过交易和许可发挥信息的交换价值与使用价值，亦即要通过他人的使用来实现知识产权。按此，社会公众对知识产权的接纳及其对相应义务的履行，是实现知识产权的重要前提。日本学者富田彻男亦认为："在竞争社会中知识产权制度作

---

① 王泽鉴：《民法总则》，北京大学出版社 2009 年版，第 68 页。

② 参见龙卫球《民法总论》，中国法制出版社 2001 年版，第 135 页。

为维持一定程度的竞争秩序的补充法制是必要的。但是也需要说明的是，知识产权制度的运用应为社会所接纳，且不产生弊端。"① 然而，现实情况却是社会公众非但不能像对待物质财产权那样形成当然的接纳，反而时常表现出对知识产权的敌对态度。这种不理解、不接纳甚至敌对态度的出现，与知识产权本身的利益结构具有天然的关联。哲学家对权利和义务有更加透彻的认识："义务是权利的条件，义务相当于成本，权利相当于收益，权利和义务的正当关系在于对称性，即权利和义务是互相蕴含的：某人 p 拥有某权利 R，当且仅当，R 承诺了与之对称的义务 O……权利和义务自有内在逻辑：只有先承诺我的义务以获得我的权利的正当性，然后才有正当理由去申请他人尊重我的权利和义务，就是说，在逻辑上，义务先于权利，只有义务才能保证权利的正当性。于是，权利与义务的正当关系是：p 所承诺的义务 pO 在先而蕴含权利 pR，因此又蕴含他人 q 尊重 pR 的义务 qO，即（pO→pR）→qO。这才是无机可乘的权利和义务结构。"②

这种权利义务结构的逻辑推演在解析知识产权时面临着不小的困难，在物质财产权制度下，每一个义务人都是潜在的权利人，这意味着在承诺义务的同时能够获取相应的权利，义务主体和权利主体在大体上能够达到对立统一的状态，因而在物质财产权的利益格局中能够形成一种相对平衡的感观，社会公众之间自然也就能够达到利益共识。然而，在知识产权制度中，大部分义务人永远都不可能成为权利主体，在其承诺义务之后，并没有蕴含相应的权利与之对应，例如，很多人终其一生都不会创作作品进而成为版权的权利人，而却一直作为版权的义务人购买、使用作品，至于专利，由于其具有相当的专业性，大部分社会公众也不会成为专利权人，就商标而论，由于主要用于生产经营活动，普通的社会主体自然也难以成为商标权人。除此之外，知识产权的权利人主体亦有内部的分化，例如，作品的创作者、投资者、传播者、集体管理组织都属于版权的权利主体，但是其各自的利益诉求往往存在着较大的冲突。可见，知识产权制度中的权利人和义务人基本上处于一种泾渭分明的对立状态，无法形成利益共

---

① ［日］富田彻男：《市场竞争中的知识产权》，廖正衡、金路、张明国、徐书绅译，商务印书馆 2000 年版，第 253 页。

② 赵汀阳：《坏世界研究：作为第一哲学的政治哲学》，中国人民大学出版社 2009 年版，第 338—339 页。

识，而且，在义务人与权利人之间、在不同类型的权利人之间存在着较为明显的利益分化。

正是这种利益分化的现实导致知识产权在社会公众中不能形成有效的理解和接纳，要求社会公众接受并履行相应的义务也就更加困难，这正是知识产权权利实现中的特殊性。

（二）反向的知识产权权利实现及其弊端

由于知识产权在权利实现的过程中无法得到社会公众的普遍接受与对相应义务的自觉履行，正向的权利行使往往不能实现权利，知识产权人的利益也得不到充分的满足。由于对义务的漠视，侵犯知识产权行为的发生自然也就更加频繁，为此，知识产权人将其注意力投向对侵权行为的制裁，力图通过损害赔偿等救济手段反向实现知识产权，获取其应得的利益。这种思路还蕴含着一个更加长远的目标：通过对知识产权救济手段的加强，社会公众将忌惮于实施知识产权行为所要承担的法律责任，从而促使其履行义务，进而更为接纳知识产权，权利人通过正常的权利行使，从正向实现知识产权就更加容易。

在这种行动策略的影响之下，知识产权的权利人借助鼓励创造说的话语逻辑推动立法上的变革。反向意义的知识产权实现，即通过权利救济实现知识产权被等同于知识产权的实现，知识产权救济与知识产权保护之间也画上了等号，只要加强知识产权保护便能够促进创新这一论断进一步演化为强化知识产权的救济就能促进创新的结论。如此一来，知识产权救济规则的变化呈现出较为一致的趋势：加大对侵权行为的惩治力度，具体措施包括提高民事赔偿额、引入惩罚性赔偿，强化刑罚与行政执法，等等。

然而，依据这种思路调整知识产权的救济规则却并不能产生权利人期待的效应，相反会产生一定的负面效应。首先，知识产权救济规则的变化模糊了商业性的侵权行为与个人使用之间的界限，使得公众的合理诉求被湮没，甚至极易导致对个人隐私的侵犯，从而引发了民众的逆反心理，导致对知识产权正当性的质疑，这在版权领域表现得最为显著。例如，总部位于比利时布鲁塞尔的"盗版国际"（Pirate Parties International）成立于2010年，是一个非营利性的非政府组织，联合了来自全球 43 个国家的"盗版党"（pirate party），倡导对数字时代人权和基本自由的保护，致力于通过改革版权及邻接权制度维护消费者与作者权益，进而捍卫信息隐私和透明以及自由地获取信息，该组织旗帜鲜明地表示："盗版"（pirate）

一词本身是一个由音乐及电影产业的代言人挪用过来指代互联网用户的称号，该词本身并不代表着任何的违法行为。① 又如，日本推出其加强版权刑事保护的修正案之后，互联网上的反对情绪非常强烈，国际匿名黑客组织甚至以袭击日本音乐版权协会网站的方式表达抗议。②

其次，知识产权救济规则的变化导致知识产权诉讼成本与执法成本大为上升，一方面占据了大量的公共资源，另一方面也不利于权利人获得相应的救济。按照论者的说法："刑事手段在侦查犯罪取证等方面确实有优势，但国家司法资源是以纳税人缴纳的税款来维持的，这就决定了国家司法资源应当使用在对整个社会公益产生损害的领域，著作权侵权的社会危害性本身受到质疑，而运用国家司法资源对之进行打击是否是使用了所有纳税人的钱而为极少数人的利益埋单呢？"③ 这就说明运用刑事手段等国家公权力来侦查侵犯知识产权行为本身就不具有合理性。此外，与侵权赔偿额不断提高相适应的是知识产权律师费、诉讼费等诉讼成本的水涨船高，知识产权进一步沦为富人的游戏，从而加剧了知识产权在不同社会主体之间的利益分化。

不难看到，通过加强对侵犯知识产权行为的制裁，使民众对可能承担法律责任产生畏惧，从而自觉履行义务，逐渐接纳知识产权的努力收效不大。依照哲学家对法家的法治主义进行的解析，"人绝没有那么容易被法律和纪律所规训，法家迷信法律足以规训人类行为，这几乎把人看成可驯

---

① "Pirate Parties International (PPI) is a not for profit international non governmental organisation with its headquarters in Brussels, Belgium. Formed in 2010 it serves as a worldwide organisation for Pirate Parties, currently representing members from 43 countries. The Pirate Parties are political incarnations of the freedom of expression movement, trying to achieve their goals by the means of the established political system rather than through activism. The PPI advocate on the international level for the promotion of the goals its members share such as protection of human rights and fundamental freedoms in the digital age, consumer and authors rights-oriented reform of copyright and related rights, support for information privacy, transparency and free access to information. The name 'Pirates' itself is a reappropriation of the title that was given to Internet users by the representatives of the music and film industries, and do not refer to any illegal activity." (http://www.pp-international.net/about)

② 《网民强烈不满日本的版权法修订》(http://www.ipr.gov.cn/guojiiprarticle/guojiipr/guobiehj/gbhjnews/201208/1692953_1.html)。

③ 张玉敏、曹博：《质疑著作权侵权入罪的合理性》，《法学杂志》2014年第2期。

服的动物。这是一切强硬派专制主义的共同认识错误"①。不幸的是，意图通过强化对侵权行为的制裁来促进社会公众对知识产权的接纳，以反向的权利救济促进正向的权利行使进而实现权利的思路，正是将社会公众看成了可以驯服的动物，犯了强硬派专制主义的认识错误，其成效如何值得怀疑。

（三）正向的知识产权权利实现途径

通过强化对侵犯知识产权行为的制裁固然能够从反面实现知识产权，矫正权利运行的异常情形，但一味地强化对知识产权的保护却也会产生不少的弊端，而寄希望于以此驯服社会公众，使之接纳知识产权从而促进正常的权利行使也并不现实。

在论者看来，"一个游戏无论多么缺德，只要其中一部分人能够通过这个游戏而获利，有人成功，有人失败，每个人就将假定自己会成为其中的幸运儿而执迷不悟地玩下去。可信即可行，制度的可信性比制度的道义性更重要、更有力、更成功。"② 然而，知识产权制度的特殊性在于对很大一部分人而言，由于其基本上没有成为知识产权权利人的可能性，自然就不会将自己假定为能够借由该制度获利的幸运儿，知识产权制度的可信性与可行性会在社会公众当中遇到不小的阻力。在官方话语和学术理论的表达中，经常会使用一种充满理想色彩的说辞，以传达出知识产权制度的实行将在更加宏观及更为长远的意义上使社会公众获得利益，即知识产权的保护将会促进社会整体的经济发展、科技进步、文化繁荣，而社会成员将从中受益，在诸多国际条约及各国立法中都反复出现这种力图间接实现利益共识的措辞。③ 然而，这种间接的利益共识却并不足以对社会公众的理念与行为产生较大的影响，一方面所谓的社会整体受益不但经常无法评估，而且并不能当然投射到每个具体的个人身上，须知，所谓理性的社会主体往往是急功近利的，影响其行为选择的不是冠冕堂皇的说教，而是实实在在的利益，通过社会整体的受益而获利对每一个活生生的社会主体无

---

① 赵汀阳：《坏世界研究：作为第一哲学的政治哲学》，中国人民大学出版社 2009 年版，第160页。

② 同上。

③ 例如，TRIPS 协定第 7 条阐释了该条约的目的："知识产权的保护和实施应有利于促进技术革新、技术转让和技术传播，有利于生产者和技术知识使用者的相互利益，保护和实施的方式应有利于社会和经济福利，并有利于权利和义务的平衡。"

异于画饼充饥。

因此，要通过正常的权利行使从正面实现知识产权，最好的做法仍然是使社会公众在知识产权制度中真正得到利益，套用一句俗语，"解铃还须系铃人"，由于知识产权的利益分化导致社会公众对知识产权的漠视与排斥，要让其改变这种态度，最好的方法无疑是实现利益的共识，因为"没有任何人会需要一种无利可图的伦理规范"，而"任何一种有效的制度都必须至少满足三个条件：（1）它是一种能够保证所有人都有所收益的分配制度，这是制度吸引力之所在。（2）它是稳定的制度。收益的稳定性使得人们愿意持续维持既定秩序。（3）它是一种尽量趋近公正原则的制度"[①]。所谓有效制度，具体到法律层面实际上就是权利能够被接纳和履行。因此，可以尝试从前述认识出发，对知识产权既有的利益格局进行改进。

首先，应当使更多的社会主体成为知识产权权利人或增加其成为权利人的可能性。虽然使所有人都成为知识产权的潜在权利人并不现实，但如果成为权利人的社会主体能够持续增加，知识产权的社会认同自然会相应提高。事实上，随着社会生活方式的变化，知识产权权利人的门槛正在逐渐降低，以版权为例，在数字技术快速发展，网络已经普及的时代，一台电脑、一根网线就足以完成作品并将其公之于众，许多音乐作品、文学作品、影视作品也正是通过这种途径进入公众的视野。在移动网络技术更加发达的情况下，创作有可能更多地通过手机、平板电脑等移动终端完成并传播，每个使用移动终端的用户都可能成为潜在的创作者。如果这一部分创作者能够从作品的传播及使用中获得相应收益，潜移默化之下，能够产生利益期待，对于版权的接受度也能得到提高。具体到专利权，当前许多行业的专利权都有一个集中化的趋势，大量的专利权掌握在行业巨头的手中，一些大型企业通过技术研发、专利交易、并购竞争企业的方式围绕某一技术形成大量专利，打造专利组合（patent portfolios）。[②] 例如，在美国，半导体和计算机产业的专利组合最为集中，IBM、Hitachi、Motorola 这样

---

① 赵汀阳：《坏世界研究：作为第一哲学的政治哲学》，中国人民大学出版社 2009 年版，第 136 页。

② 有关专利组合的进一步研究可参见 Gideon Parchomovsky, R. Polk Wagner, "Patent Portfolios", *University of Pennsylvania Law Review*, Vol. 154, No. 1, November 2005, pp. 1-78。

的行业巨头每年的专利授权量都名列前茅。① 中小企业申请专利并通过专利受益的难度都大为增加，事实上，许多中小企业具有极强的技术活力，在技术创新方面具有天然的敏感与冲动，缺乏的往往是技术转化的资金与能力，这就导致其往往会丧失申请专利的良机，甚至被迫将已获得授权的专利廉价转让。为了使更多的中小企业成为专利权的主体并真正从专利保护中受益，一方面需要政府加大对中小企业的扶持力度；另一方面需完善专利评估与出资，提供较为便利的融资平台。例如，目前我国证监会正在进行中的IPO②注册制改革③对于中小企业获得投资，改善技术转化能力具有重要意义。

其次，应当维护知识的公共领域，缓解利益矛盾。根据亚当·斯密的看法，建立和维护某些对社会有益的公共机构和公共工程的职责应由君主或国家承担，而相应的费用及成本则应由整个社会共同承担。④ 知识产权的不断发展使得知识的公共领域日渐缩小，本应作为公共财物的知识供应也相应减少。根据论者的考证，这种情况与知识产权具有较大的关联：一方面当代大学对知识产权的热衷使得大学里盛行着重商主义，保守知识秘密或为知识定价而不是传播知识成为当代大学的行动准则，知识的公共性及传播性大受影响，本应作为社会的一种重要的公共财物来源的大学筑就了知识的堡垒；另一方面，知识产权权利人一旦获得了知识产权，就不愿意放弃这些权利，知识产权被视为事物的自然规律来保护，政府和其他各

---

① Jean O. Lanjouw, Mark Schankerman, "Protecting Intellectual Property Rights: Are Small Firms Handicapped?" *Journal of Law and Economics*, Vol. 47, No. 1, April 2004, p. 39.

② 首次公开募股（Initial Public Offerings, IPO），是指一家企业或公司（股份有限公司）第一次将它的股份向公众出售（首次公开发行，指股份公司首次向社会公众公开招股的发行方式）。参见百度百科"IPO"词条（http: //baike. baidu. com/item/% E9% A6% 96% E6% AC% A1% E5% 85%AC%E5%BC%80%E5%8B%9F%E8%82%A1/52072? fromtitle = IPO&fr = aladdin）。

③ 党的十八届三中全会指出"经济体制改革是全面深化改革的重点核心问题是处理好政府和市场的关系，使市场在资源配置中起决定性作用和更好发挥政府作用，市场决定资源配置是市场经济的一般规律，健全社会主义市场经济体制必须遵循这条规律，着力解决市场体系不完善、政府干预过多和监管不到位问题"，并专门强调"健全多层次资本市场体系推进股票发行注册制改革"。关于IPO注册制改革的进一步讨论可参见刘俊海《落实十八届三中全会精神，扎实推进我国IPO注册制改革》，《法律适用》2014年第1期。

④ 参见［英］亚当·斯密《国富论》，孙善春、李春长译，中国华侨出版社2011年版，第307页。

方如果出于公益目的而希望利用知识财产的难度越来越高。① 从社会公众的角度出发，很可能认为大学的许多科研项目本就是在国家的经费支持下完成的，其成果应该回馈社会，贡献其智识成果，而不应再主张知识产权。此外，对遗传资源、动植物品种的知识产权主张及侵权控诉更加深了这种认识。为此，在公共研究机构中把握知识产权的角色，对于维护知识的公有领域，保持公共知识的供给，缓解知识产权的利益矛盾具有重要意义。英国知识产权委员会的研究提供了一定的借鉴作用，其认为在促进技术转让和应用方面，公共研究机构的知识产权可以发挥一定作用，但需遵循一定的原则：（1）寻求替代性的资金来源不应是主要目标，主要目标应该是促进技术转让；（2）应确保研究机构特别是与穷人需要有关的农业或医疗技术机构不能以获取更多的许可收入作为主要的研究目的；（3）只有在鼓励私营企业的技术开发和应用所必需的情况下才授予和许可专利；（4）慎重考虑给重大发明颁发"防御性"专利的需要，特别是当辅助技术为私人拥有，需要通过交叉许可才能获取这些技术时，"防御"专利可以用作谈判筹码；（5）应该在公共机构发展知识产权保护的专门知识和技能，一改其无此知识和技能的传统，同时不能放弃研究这一公共政策目标。②

对利益格局的调整在很大程度上能够促进社会公众对知识产权的接纳和义务的履行。但通过正常的权利行使而实现知识产权还有赖于权利人自身对其经营模式的调整，须知，"知识产权全面反映着作为技术开发—产业—消费者这种市场结构的情况"③，对知识产权义务的遵守与履行也受到变化中的产业和市场结构的影响。如果没有适当的产品和营销模式，侵权行为作为一种使用信息的方式自然会成为无奈之下的普遍选择。知识产权制度诞生的时代并无互联网，信息的传播方式也较为单一，因而商人通过信息获取知识产权保护进而进行营销的方式依然深刻地依赖于物质财产，只有通过有形的物质载体，信息才得以复制和传播，信息虽然可以共

---

① 参见［澳］彼得·达沃豪斯、约翰·布雷斯韦特《信息封建主义》，刘雪涛译，知识产权出版社 2005 年版，第 254—255 页。

② 英国知识产权委员会：《知识产权与发展政策相结合》（第三版），2003 年 12 月，第 124 页，http：//www.iprcommission.org/。

③ ［日］富田彻男：《市场竞争中的知识产权》，廖正衡、金路、张明国、徐书绅译，商务印书馆 2000 年版，第 252 页。

享，但由于必须通过有形载体进行传播，这种共享的范围与方式都受到有形财产物理边界的制约，而且往往需要技术和资金的支持，有能力公开传播信息并借此营利的社会主体相对有限，正当合法的交易行为能够较为顺利地实现，发现侵权行为也相对便利。

　　然而，互联网的出现和普及深刻地改变了原有的信息传播形态及生活方式。正如劳伦斯·莱斯格所言：在网络空间中"人们能够以前所未有的方式进行沟通和交往。网络空间造就了现实空间绝对不允许的一种社会——有自由而不混乱，有管理而无政府，有共识而无特权……网络空间生而自由，政府可以威慑，但网络行为却无法控制；法律可以通过，但其对于网络空间却没有实际意义"[1]。互联网的这种特性使得信息传播所需要的技术要求与资金支持都不复存在，信息的传播更加便捷与高效，网络空间中的信息传播也就更加频繁。以共享、开放、平等、匿名为内核的互联网改变了既有的生活方式，如果能够通过网络直接获取所需的信息，较之于通过有形载体来间接获取信息显然更有效率，传统的产业者依靠寄希望于现实世界中有形物的交易来获取经济利益，不愿意改变其营销模式，提供适合于网络空间的知识产品。网络这种新事物显然并不受传统产业，如唱片业、电影业的欢迎，这本身并不奇怪，马基雅维利早在《君主论》中就阐释了旧与新之间的隔阂乃至斗争："创新的敌人就是所有那些旧体制下的成功者。唯独那些将在新体制下成功的人在支持着创新，然而并不热心。他们的冷淡部分是因为恐惧，部分是因为普遍心存疑虑。在未得到经验证实之前，他们从不真正地信任新生事物。"[2] 没有相应的产品供应，意味着网络空间中出现了市场的真空，产品的需求与供给之间严重不平衡，侵权产品成为一种必然的替代选择。传统产业不愿意转变其经营模式，在加强侵权行为的惩罚力度等措施无法奏效的情况下，从网络服务的角度下手，力图通过切断用户互联网连接、停止域名解析等手段切断网络用户对信息的传播与分享，甚至出现了"三振出

---

① ［美］劳伦斯·莱斯格：《代码2.0：网络空间中的法律》，李旭、沈伟伟译，清华大学出版社2009年版，第2—3页。

② 同上书，第7页。

局"（three strikes）① 这种极端的技术保护措施。然而，法律规制是否能够起到作用却颇有疑问，事实上，"最早的音乐共享系统 Napster 在法律上被判死刑，互联网上的版权保护也不断加强，执法力度不断加大，但是无论怎样围追堵截、严刑峻法，网上的音乐、视频、图片、文字等文件的共享都如同蓬勃的野草，野火烧不尽，春风吹又生"②。可见，互联网带来的生活方式革新已不可逆转，固守传统的有形物市场来实现知识产权，获取经济利益并不是最佳选择。一再加强知识产权保护，甚至以切断网络连接等方式来遏制侵权行为、维护传统的经营模式，是无视市场变化与消费者需求的体现，更是助长了经营者霸权。我国台湾学者章忠信的看法颇有见地："'授权利用'系著作权法基本原则，不可推翻。不过，著作权商品之行销模式，理论上不该，事实上不能，完全掌握在著作权产业手中。法制设计上若使著作权产业可以完全掌握著作权商品之行销模式，利用人毫无撼动之余地，就是违反著作权法'均衡各方利益'之终极目标。试想，乡间居家，前溪后井，为何还用自来水？因为安全、方便，价格低于自己汲水之付出。网路非法下载，费时、费力、木马横行、难登大堂，若有合法管道，一般人多采用风险低、效益高及服务好之消费。"③ 由此可见，互联网的发展带来的网络空间中合法的知识产品供应不足是出现大量侵权行为进而阻碍知识产权人实现其权利的重要原因，为此，改变旧有的经营模式或许比强化知识产权的保护更有意义。

知识产权权利对象的特殊性决定了知识产权的实现与物质财产权有较大区别，社会公众是否能够形成相对一致的利益共识是其履行义务的前提，力图通过权利救济这种方向推进的方式驯服社会公众的效果并不明

---

① 三振出局，又称"逐级响应"（graduated response），本质上属于应对网络环境中作品非法分享行为的版权保护机制。这一版权保护机制的运行分为三步：第一步，如果网络用户非法分享作品，网络服务商（Internet Service Provider, ISP）会向该用户发出通知，对该用户进行警告；第二步，如果该用户在接到通知后再次实施非法分享行为，网络服务商会再次发出通知；第三步，如果网络用户在接到第二次通知后仍然不停止非法分享行为，那么网络服务商就有可能切断该用户的网络服务。参见陈绍玲《"三振出局"版权保护机制设计研究》，《中国版权》2014 年第4 期。

② 薛虹：《十字路口的国际知识产权法》，法律出版社 2012 年版，第 27 页。

③ 章忠信：《授权、盗版与刑罚》（http：//www. copyrightnote. org/crnote/bbs. php? board=9&act＝read&id＝81）。

显，权利救济不应在知识产权的权利实现中占据主导地位。只有通过培育更多的潜在权利人、维护知识的公有领域，才能使社会公众感受到知识产权保护带来的利益实惠，增加其对知识产权的认同与接纳，从而推进正向的权利行使而实现知识产权。此外，网络等技术的发展带来的生活方式及市场环境的变化，敦促着新的经营模式出现以提供合法的知识产品来填补市场空白。这种正向的权利行使应当成为知识产权权利实现的主要路径。

三　知识产权救济的恰当定位

由于知识产权最重要的制度功能是为作品、发明、商标这些信息提供市场化的制度环境，在不同的社会主体之间分配基于这些信息产生的利益。分配利益的过程实际上就是权利实现的过程，权利救济是对权利行使的异常情形进行的矫正，虽然属于权利实现的一种途径，但毕竟不能作为主导的权利实现方式，寄希望于以较为强势的法律规则强行改变人们的生活方式与交易习惯不但与现代社会的民主要求不符，更是罔顾知识产权制度功能的体现。知识产权救济在权利实现的过程中只能而且应该充当补充性角色，如果大部分的权利需要通过事后的权利救济才能实现，一定是由于法律对社会生活与大众选择的无视所导致的。这一看法是从学理层面进行的应然意义上的推敲，虽然看似没有破绽却也极易走向过分依赖市场的极端，法律的工具属性被忽视或遗忘了，须知，在不同的时空范畴，法律能够扮演不同的角色，知识产权问题亦不例外。因此，准确定位知识产权救济，理性认识其能够发挥的效用，对于知识产权救济规则的重构具有重大意义。这种认识从两个层面渐次展开：一是法律问题与市场问题的界限，这是在应然意义上的理论阐释；二是当代中国语境下的知识产权救济，这是从实然意义上对法律工具主义的践行。

(一)　对市场问题保持相对克制

按照苏力的看法，"任何法律的概念、原则和与之的法律实践说到底与人们的生产生活状态相联系，其作用完全是功能性的，而不是概念本身固有的"[①]。知识产权亦不例外，甚至体现得更加明显，为作品、发明、商标这些信息提供市场化的制度环境，在不同的社会主体之间分配基于这些信息产生的利益是知识产权制度产生的原因，而市场的变化自然也会改

---

① 苏力：《制度是如何形成的》，北京大学出版社 2007 年版，第 78 页。

变一些原有的利益获取途径与利益分配格局，而人是趋利避害的，往往会按照利益生活，而并不必然会依法律生活，苏力认识到了人的这种特性，给出了恰当的总结："法律适用需要法律适用之对象——即该社会的民众——的配合。人们并不是木头，消极接受法律，接受法律的打磨；他们永远都会通过自己的实际行为来修改、规避因此也是在重新塑造法律，进而改变法律运行的环境。"① 因此，对于因为技术的发展和时代的变革出现的新问题究竟应该由法律提供答案还是由市场自行解决需要更加谨慎地分辨与更为细致地考量，不当的权利救济规则非但无助于形成新的市场秩序，反而可能导致市场的失序与利益的失衡。

（二）当代中国语境下的知识产权救济

如果承认法律制度具有地方性②特征，那么知识产权问题在不同的时空维度之下自然需要不同的解答。为此，对知识产权救济规则的思考亦不应排除当代中国这一永恒的语境限制。在当代中国的知识产权保护中，仍然有一个不得不面对的基本问题：侵权行为的大量发生仍是客观事实。尽管以美国为首的发达国家对中国盗版横行、假冒泛滥的指责多少有些言过其实，而中国近年来在知识产权保护中做出的种种努力亦有目共睹，但侵权行为的大量发生仍然是不可否认的客观事实，这种现象不但已经成为一种固有的认识，甚至在中国的企业走出国门之后依然成为其无法承受之重。③ 短期之内这种情形不会因为经济的发展自然而然地得到解决，促进利益共识从而增进正向的权利实现只能作为一个长远的目标逐步实现，权利救济依然将在知识产权的权利实现中扮演重要角色。但是，如果过于倚重法律的强制力，则似乎又走向了另一个极端，近年来不断加强的知识产权保护似乎在遏制侵权行为等方面并未起到期待中的显著作用，与之相反，法定赔偿在司法实践中的大量适用与行政保护的强势介入甚至加剧了权利人维权的惰性，这进一步背离了私权的运行逻辑。由此，在法律的积

---

① 苏力：《制度是如何形成的》，北京大学出版社 2007 年版，第 76 页。

② 苏力在其著作中反复强调这一问题，在他看来："法律是实践的，是要解决问题的，是要解决我们的问题的，是要解决我们眼下的问题的。"参见苏力《送法下乡——中国基层司法制度研究》，北京大学出版社 2011 年版，第 9 页。

③ 例如，阿里在美国上市之后，目前由于假货问题可能面临集体诉讼。参见《淘宝卖假货！阿里面临美国集体诉讼，马云颇费思量》（http://www.cy177.net/html/2015/jdcj_ 0205/25766. html）。

极作为与期待市场的自我完善之间寻求较为恰当的契合应当是调整和完善知识产权救济规则的基本前提，须知，法律是平衡的艺术。

第三节　知识产权救济规则的重构

通过对知识产权制度功能的重新认识和对知识产权救济的再度解析，知识产权最重要的制度功能得以阐明：为作品、发明、商标这些信息提供市场化的制度环境，在不同的社会主体之间分配基于这些信息产生的利益。分配利益的过程即是权利实现的过程，知识产权救济是权利实现的一种方式，但毕竟属于对权利行使的异常情形进行的矫正，权利行使的正常状态或主要途径仍然应当是正向的权利行使与义务履行，单纯地加强知识产权保护并不必然会促进权利的行使及接纳，无助于实现知识产权的制度功能。然而，将视野投向当代中国这一时空环境之后，则会发现知识产权法律救济规则在较长时间内仍将在权利实现的过程中发挥重要作用，法律在知识产权保护中的工具意义不能忽视。澄清了这一重要前提之后，对知识产权救济规则的重构就显得有的放矢。为此，通过对当前颇为流行的惩罚性赔偿和饱受争议的行政保护进行的分析，将明确二者是否应当进入知识产权的救济规则体系，从而在得到侵犯知识产权行为应当非罪化的结论之后，对知识产权救济规则的调整、完善乃至重构提供一种可能的答案。

一　惩罚性赔偿的取舍

近年来，惩罚性赔偿在我国是颇受关注的一种救济形式，在知识产权领域引入惩罚性赔偿来加强知识产权保护、遏制侵权行为的观念受到推崇，① 而新近的知识产权法律修订中亦体现出了惩罚性赔偿的取向。② 为

---

① 参见易健雄、邓宏光《应在知识产权领域引入惩罚性赔偿》，《法律适用》2009 年第 4 期；庄秀峰《保护知识产权应增设惩罚性赔偿》，《法学杂志》2002 年第 5 期；温世扬、邱永清《惩罚性赔偿与知识产权保护》，《法律适用》2004 年第 12 期；钱玉文、骆福林《论我国知识产权法中的惩罚性赔偿》，《法学杂志》2009 年第 4 期；王雪峰《论知识产权侵权引入惩罚性赔偿责任制度》，《北京航空航天大学学报》（社会科学版）2006 年第 1 期。

② 2013 年修订的《商标法》体现出了惩罚性赔偿的取向，参见《商标法》（2013 年修订）第 63 条。

此，有必要通过对惩罚性赔偿的制度内涵与运行机理进行追溯和确认，从而考察侵犯知识产权行为是否与之相匹配，进而判断在知识产权救济规则体系中是否应当纳入惩罚性赔偿。

（一）惩罚性赔偿制度的内涵与机理

惩罚性赔偿（punitive damages）源于英美法系，《牛津法律大辞典》认为它不仅是对原告的补偿，亦是对故意加害者的惩罚，[①] 而《布莱克法律辞典》的阐释更加详尽：惩罚性赔偿是指"被告人出于鲁莽、恶意或欺诈而行为时，由法院判决的实际损害之外的损害赔偿金；此外，惩罚性赔偿的目的在于惩罚作恶者或向他人提供示范。"[②] 显而易见，惩罚性赔偿是与补偿性赔偿（compensatory damages）相对应的一种损害赔偿形式，按照美国联邦最高法院的理解，后者的目的在于补偿原告因被告的不法行为所遭受的具体损失；而前者则被认为具有"准刑罚"（quasi-criminal）特点，以"私人罚金"（private fines）的方式惩罚被告并且威慑未来的不法行为。陪审团对于原告所受损害程度的评估在本质上是一种事实判断，而惩罚性赔偿则体现出其对相关行为的道德责难。[③]

这就说明惩罚性赔偿在美国的法律实践中一直都具有准刑罚性的特点，亦即通过对相关行为道德非难性的考察并以惩罚性的损害赔偿实现对原告的权利救济并产生威慑的功效。然而，对侵权行为法的历史稍加考察就可发现，民事上的侵权责任与刑罚之间的区分是侵权行为法现代化的重要标志。[④] 这就是说，在公私法日渐成熟、分野之后的现代社会，惩罚并不属于民法的观照范畴，大陆法系诸国实践了这一认识，明确了公私法的区分，而"像惩罚性赔偿这样在性质上介于刑事与民事责任之间，难以厘清的法律工具，很自然地在此后很长时间内都不曾存在于大陆法的体系结构之中"[⑤]。

由此可见，惩罚性赔偿本身具有较强的刑罚色彩，在公私法二分化的

---

① 参见［英］戴维·M. 沃克《牛津法律大辞典》，李双元等译，法律出版社2003年版，第1158页。

② Bryan A. Garner, *Black's Law Dictionary*, Ninth Edition, London: Thomson West, 2009, p448.

③ Cooper Indus. v. Leatherman Tool, 532 U. S. 424, 432, 121 S. Ct. 1678, 1683 (2001).

④ 耶林的概括颇为有力："在现代世界中，惩罚的概念一步步从民法的领域缩回到刑法的领域中去，而在法律文明的低级阶段，惩罚的概念渗透进了法律的各个部分。"［德］鲁道夫·冯·耶林：《罗马私法中的过错要素》，柯伟才译，中国法制出版社2009年版，第5页。

⑤ 余艺：《惩罚性赔偿研究》，博士学位论文，西南政法大学，2008年，第34页。

背景下身份暧昧，难于定位，在讲求体系性与逻辑化的大陆法系遭到摒弃。与此同时，注重实用性的英美法系有时并不在意法律门类上的精细划分，对于公私法的分门别类也不苛求。按照学者的考证，中世纪的英国拒绝拥有强大的检察机关，认为它会影响到人们的自由权利和普通法规则的形成，因而鼓励人们积极诉讼以制止不法行为，惩罚性赔偿即成为发挥鼓励诉讼功能的制度产品。① 可见，法律理念及司法制度的差别使得英国保留了惩罚性赔偿制度，在一定程度上替代刑法规制特殊的不法行为。受到英国的影响，美国亦发展出了其惩罚性赔偿制度，② 到 19 世纪中后期，惩罚性赔偿在美国法中已得到确立，联邦最高法院在 Day v. Woodworth 案中宣称，惩罚性赔偿在一个多世纪以来都受到司法判决的持续支持。③ 进入 20 世纪之后，惩罚性赔偿制度在美国得到广泛适用。④ 按照论者的解说，惩罚性赔偿在美国的广泛适用，不仅受其法律价值取向、法律传统的影响，而且与美国固有的陪审制度、民事诉讼制度、律师制度具有密切关系，进一步而言，陪审制度体现出普通公民对正义观念的理解，陪审团成员可能基于对某一行为的厌恶而做出高额赔偿的认定；美国的民事诉讼实际上是一项重要的法律实施机制，由原告充当"私人总检察官"以民事诉讼的方式执行行政法规，以高额赔偿金刺激人们对违法行为的监控，惩罚性赔偿在某种意义上充当了社会控制工具；律师代理中盛行的"风险代理"刺激原告提起诉讼并追求高额赔偿。⑤

---

① Frank McLynn, *Crime and Punishment in Eighteenth Century England*, The Routledge Press, 1989. 参见陈年冰《我国惩罚性赔偿制度研究》，博士学位论文，山东大学，2013 年，第 43 页。

② 早期的美国法院主要将惩罚性赔偿适用于诽谤、诱奸、恶意攻击、私通、诬告、不法侵占住宅、占有私人文件、非法拘禁等使受害人遭受名誉损失及精神痛苦的案件。参见王利明《惩罚性赔偿研究》，《中国社会科学》2000 年第 4 期。

③ "By the mid-nineteenth century, punitive damages had become an established fixture in American law. In Day v. Woodworth, n28 the Supreme Court asserted, without citation (and with some exaggeration), that the doctrine was supported by 'repeated judicial decisions for more than a century'." David G. Owen, "A Punitive Damages Overview: Functions, Problems and Reform", *Villanova Law Review*, Vol. 39, No. 2, 1994, p. 369.

④ 进入 20 世纪以后，惩罚性赔偿广泛适用于侵权法、合同法、财产法、劳工法以及家庭法，赔偿金的数额也直线上升，美国联邦大多数州的法律都认可惩罚性赔偿的地位。参见张新宝、李倩《惩罚性赔偿的立法选择》，《清华法学》2009 年第 4 期，第 8 页。

⑤ 参见张新宝、李倩《惩罚性赔偿的立法选择》，《清华法学》2009 年第 4 期。

正因如此，在美国的司法实践中虽然大量适用惩罚性赔偿，但对惩罚性赔偿的性质、范围、数额、适用条件等问题并未形成一致的见解。例如，美国各州对适用惩罚性赔偿的主观要件要求并不相同，有8个州认为在行为人具有重大过失的情形下即可适用惩罚性赔偿；而有23个州要求行为人须有漠不关心、鲁莽而轻率地不尊重他人权利的主观状态；另有14个州要求行为人须具有恶意。① 这种情形进一步导致在法律文本与学说阐释中对惩罚性赔偿的界定也往往失之笼统，并不能给定较为清晰的适用范围与明确的适用条件。

（二）惩罚性赔偿进入知识产权领域的原因及阐释

通过对惩罚性赔偿在美国法律实践中的广泛适用进行的简要考察，不难发现，惩罚性赔偿最初仅适用于故意或鲁莽地造成他人精神损害等侵权行为，其后不断扩展至各种侵权行为类型之中，这与其侵权法一直以来都强调预防与威慑功能②具有重要关系，在美国的司法实践中对于惩罚性赔偿的适用相当宽泛，基本上对于被告故意实施相关行为致原告受有损害时均可在个案中由陪审团或法官酌情确定惩罚性赔偿。基于这一前提，惩罚性赔偿在美国进入知识产权领域没有任何障碍，目前，在美国的《专利法》及《商标法》中已明确规定了惩罚性赔偿制度。③ 但在立法过程中，并无太多对侵犯知识产权行为因何适用惩罚性赔偿的阐释。

---

① 参见陈聪富《侵权归责原则与损害赔偿》，北京大学出版社2005年版，第222—223页。

② "侵权责任的一般威慑力对所有的人都是一种诱因，以促进规制他们的行为符合法定标准。在这个范围内，侵权法是对刑法的补充和延伸。事实上，对侵权行为的制裁可能更具威力。允许在大多数涉及故意或鲁莽的侵权行为中适用惩罚性赔偿，目的是要强化这一功能。"参见［美］爱德华·J. 科恩卡《侵权法》（第2版）（美国法精要·影印本），法律出版社1999年版，第10页。

③ 美国《专利法》第284条规定："法院在作出有利于请求人的裁决后，应该判给请求人足以补偿所受侵害的赔偿金，无论如何，不得少于侵害人使用该项发明的合理使用费，以及法院所制定的利息和诉讼费用。陪审人员没有决定损害赔偿金时，法院应该估定之。不论由陪审人员还是由法院决定，法院都可以将损害赔偿金额增加到原决定或估定的数额的三倍……" 35 U.S.C §284. 美国1946年《商标法》（即《兰哈姆法》）第35条第2款第（1）项规定："（1）在根据上款估算赔偿金额时，如果法院认为理由充分，可以裁定为原利润或损害赔金额三倍的赔偿额（两者中取数额高者）连同合理的律师费用；此种裁定适用于任何违反本法第32条第1款（1）或者美国法典第36编第380条的情况，该违法行为包括在知道一件标志或标示为假冒标志的情况下［如本法第34条（四）定义的那样］，有意将其使用于物品的销售，提供销售、批发或者服务业上。" 15 U.S.C. § 1117.

　　但在论者看来，惩罚性赔偿匹配于知识产权制度几乎没有任何障碍。由于权利对象是信息，知识产权的保护存在如下特点：首先，权利人无法对作为知识产权对象的特定信息进行物理意义上的占有，使得知识产权的保护存在先天不足；其次，信息的传播性和可共享性使得知识产权更容易受到侵犯。由此，对知识产权的保护只能通过法律的强制性规定实现，并且只有规定比其他类型的侵权行为更严厉的责任，才能为知识产权提供充分保护。① 以此前提出发进行推论，自然将发现侵犯知识产权行为在现实中的主要特点：一方面侵权行为频繁发生并具有较强的隐蔽性，导致权利人在调查、取证等方面困难重重，增加了其维权成本；另一方面，侵权行为成本低、利润高，而侵权行为造成的权利人损失难于计算，可能导致权利人的实际损失大于其在侵权诉讼中所获赔偿。这些因素综合作用，导致权利人放弃维权，侵权行为无法遏制，如果不能改变这种现实，知识产权的制度功能及社会效用都将大受影响。

　　有学者认为惩罚性赔偿能够有效解决知识产权保护面临的种种困难：（1）惩罚性赔偿的赔偿功能能够有效解决补偿性赔偿难以足额赔付权利人损失这一难题；（2）惩罚性赔偿的惩罚功能有助于防止侵权行为人将来再为同样的非法行为，也有助于激励受害人及时通过法律手段维护自己的权利；（3）惩罚性赔偿的威慑功能将会对侵权行为人和社会公众产生较强的警示作用，使其慑服于对侵权行为将要承担的严重经济赔偿责任，从而有效降低侵权行为的发生；（4）惩罚性赔偿的平衡功能将合理平衡权利人与侵权行为人、社会公众与侵权行为人之间的利益关系，达到遏制侵权行为发生、增加社会公众对知识产权制度严肃性与权威性的认可；（5）惩罚性赔偿的激励功能将激励知识产权的创造、交易和维权。②

　　这种阐释在一定程度上揭示了惩罚性赔偿进入知识产权领域的基本思路：由于侵权行为难于防范且侵权诉讼中权利人往往无法得到足额赔偿，权利人因此得不到充分保护并怠于行使诉权，由此更进一步激发了侵权行为的泛滥，惩罚性赔偿能够足额赔偿权利人并对之形成有效激励，同时对侵权行为产生威慑，因此在知识产权领域中适用惩罚性赔偿将产生较好的

---

　　① 参见温世扬、邱永清《惩罚性赔偿与知识产权保护》，《法律适用》2004 年第 12 期。
　　② 参见朱丹《知识产权惩罚性赔偿制度研究》，博士学位论文，华东政法大学，2013 年，第 74—82 页。

制度效果。

（三）侵犯知识产权行为适用惩罚性赔偿的条件

惩罚性赔偿在制度层面进入知识产权领域已是不争的事实，但对其进行的理论阐释却并不以使人信服。知识产权的权利对象是信息，由此导致其在权利行使及保护等方面呈现出与物权等有形财产权具有较大差别确是不争的事实，进一步而论，这种差别导致了侵犯知识产权行为呈现出不同的特点，权利人在寻求民事救济的过程中自然也会面临一些障碍。但这些障碍的根源在于知识产权权利对象本身，信息的特点决定了对之无法进行物理意义上的占有，技术发展带来信息传播方式的变革导致侵权行为难于发现且举证困难，信息本身具有"同型结构+意义"的特征使得侵犯知识产权行为的证明也颇有难度。应当承认，法律通常只是对生活的描摹，知识产权的制度起点无疑是作为其权利对象的信息，而信息本身不会因为法律制度的不同发生任何变化。由此，信息本身的特点导致知识产权的权利人在寻求民事救济的过程中产生的诸种不便乃至障碍无法通过人为的制度设计得到解决。简言之，在侵犯知识产权行为的民事责任中适用惩罚性赔偿，侵权行为难于发现、权利人举证困难等问题并不会迎刃而解。

事实上，适用惩罚性赔偿，其最重要的意义在于激励权利人，诱导其改变行为习惯。[①] 在中国的制度环境下，侵犯知识产权行为的频繁发生是客观事实，但权利人对维权持有的消极态度也是不争的事实。[②] 按照经济学中有关理性人的基本假设，参与市场竞争的经营者总是努力追求效用最大化，侵权行为的发生对权利人造成了切实的损害，不采取维权行动的原因只能归咎于维权的收益低下。而维权的收益低下则是由下述原因造成的：首先，发现侵权行为并收集证据需要花费较高的成本，而侵犯知识产权的行为往往具有较强的隐蔽性。其次，侵犯知识产权案件中的判赔数额偏低。由于权利人往往难以证明其损失与侵权之间的因果关系，司法实践

---

① 按照经济学家的看法，一项有效的法律规则，必须满足激励相容约束——也就是说，法律的可实施性必须以个人追求效用最大化为前提，法律只能"诱导"而不能"强制"个人行为。参见张维迎、邓峰《信息、激励与连带责任——对中国古代连坐、保甲制度的法和经济学解释》，《中国社会科学》2003 年第 3 期。

② 根据国家知识产权局的调研结果，中国约有 30% 的专利权受到侵犯，而其中仅有 10% 的权利人采取了维权措施。参见国家知识产权局《关于专利法修改草案（征求意见稿）的说明》（http://www.sipo.gov.cn/tz/gz/201310/t20131023_825425.html）。

中大量采用法定赔偿的方式确定损害赔偿的数额,[①] 另外, 法院判决的损害赔偿数额与权利人的诉讼请求差距较大。[②] 在这种情况下, 作为理性人的权利人在经过一番成本收益的衡量之后, 自然没有更大的动力发起维权行动, 即便提起诉讼, 也并不热衷于收集证据、证明损害后果与侵权行为的因果关系, 往往径行要求法院酌情裁判, 法定赔偿的适用就更为普遍。

　　按照经济分析的进路, 由于存在以下原因, 侵权行为人承担责任的可能性会降低到100%以下: 首先, 受害人证明侵权行为人的过失或因果关系较为困难, 有时甚至不可能实现; 其次, 受害人可能遭受"理性的冷漠", 即当花费与预期的审判结果相比较的时候, 受害人可能会发现它太昂贵而不会选择对侵权行为人提起诉讼; 最后, 侵权行为人在故意实施侵权行为的过程中会采取措施避免被发觉。[③] 而惩罚性赔偿对于克服"理性的冷漠"这一问题具有显著的功效, 即通过增加潜在的诉讼预期收益, 将对权利人形成较强的行为诱导, 激励其投入维权行为中去, 并且促使其努力收集证据、证明侵权行为与损害后果之间的因果关系, 长期看来, 惩罚性赔偿的适用通过对权利人维权积极性的提升将间接促使侵权行为人承担责任的可能性得以提升。因此, 惩罚性赔偿对于增加权利人的维权积极性, 提升侵权行为人承担责任的可能性, 进而降低侵权行为发生的概率有一定的功效。

　　由此可见, 在侵犯知识产权行为非罪化的前提下, 惩罚性赔偿作为一种特殊的民事救济规则在当下的中国仍然具有其特殊的意义和价值, 但如何使其发挥最佳效用并减少可能产生的副作用则需要认真考量。恰如美国的司法实践表明的那样, 惩罚性赔偿无论在确立还是最终数额的确定上都更多地加入了各种价值判断的因素, 想要以一个普遍适用的标准来确定惩罚性赔偿的数额是不现实的, 只能通过对各种相关因素的综合考虑使惩罚

---

① 罗莉:《论惩罚性赔偿在知识产权法中的引进及实施》,《法学》2014 年第 4 期。

② 有学者通过抽样调查的形式对 18 个法院的 40 件判决进行了归纳和整理, 得出如下结论: 基层人民法院、中级人民法院、高级人民法院所认定的商标侵权损害赔偿额与请求人或权利人的诉讼请求赔偿额的比例分别为 37.5%、34.4%和 26.3%。参见王正泽《商标侵权损害赔偿制度的运作及完善》,《商品与质量》2011 年 S3 期。

③ 参见 [奥] 赫尔穆特·考茨欧、瓦内萨·威尔考克斯《惩罚性赔偿金: 普通法与大陆法的视角》, 窦海阳译, 中国法制出版社 2012 年版, 第 278 页。

性赔偿在合理限度内充分发挥其作用。① 美国统一州法委员会起草的《惩罚性赔偿示范法》（*Model Punitive Damages Act*）给出了适用惩罚性赔偿的条件：（1）被告被认定应对其侵害行为负责，而相应的州法律规定对此类侵害行为可适用惩罚性赔偿；（2）原告通过确实充分的证据证明被告在实施造成损害的侵害行为时怀有恶意或有意识地公然无视他人权益；（3）该惩罚性赔偿对于惩罚被告的行为或威慑类似情形下被告实施相同行为确有必要。② 可见，被告在实施侵权行为中的故意仍然是适用惩罚性赔偿最重要的条件，但故意侵权本身不易确定，美国联邦巡回上诉法院在 1987 年的 Rite-Hite Corp. v. Kelley Company, Inc. 案中指出："侵权中的'故意'，就像生活所展示的那样，不是一个是或不是的问题，而是一个程度的问题。一般认为，侵权的范围从不知或偶然开始，一直到刻意、无所顾忌或者无视专利权人的法律权利。判定侵权中的故意，一方面是对侵权行为给予经济上的威慑，另一方面是成为补偿受害人经济损失的依据……在侵权行为中，'故意'反映的是罪过的门槛。故意本身，或者与特定案件的其他要素一道，成了法院评估侵犯专利权后果的依据。"③ 经过司法实践中的不断归纳和整理，美国联邦巡回上诉法院在 2007 年的 Seagate Technology 一案中确定了"无所顾忌"（reckless）的标准用以判定侵犯专利权行为中的故意："在民法中，无所顾忌通常是指某人在明知或应知其行为面临着不合理的高度损害风险时依然鲁莽行事。因此，为了确立故意侵权，专利权人应当以清楚而有说服力的证据说明，侵权人在具有很高的客观可能性的情形下，仍然从事相关行为构成了对有效专利权的侵犯。被控侵权人的主观状态与这种客观的要求无关。如果这个客观标准的门槛得以满足，专利权人还必须说明，被控侵权人知道或者应当知道这种客观的危险性（通过侵权诉讼的案卷加以确定）。"④ 可见，美国的司法实践中对故意侵犯专利权的界定仍然是从客观行为中推知主观故意，且对于故意的认定要求颇高且相

---

① 参见朱凯《惩罚性赔偿制度在侵权法中的基础及其适用》，《中国法学》2003 年第 3 期。

② Model Punitive Damages Act（1996），Drafted by the national conference of commissioners on uniform state laws，Section 5，Liability for Punitive Damages（http：//www. uniformlaws. org/shared/docs/punitive%20damages/mpda_ final_ 96. pdf）.

③ Rite-Hite Corp. v. Kelley Company, Inc.，819 F. 2d 1120（Fed. Cir. 1987）.

④ In re Seagate Technology，497 F. 3d 1360（Fed. Cir. 2007）.

当谨慎。而在商标权领域，美国联邦最高法院在 Copper Industries, Inc. v. Leatherman Tool Group, Inc. 一案中提出："法院在评估惩罚性赔偿时应当按照正当程序考虑三个标准：（1）被告行为的错误程度或者可受指责性；（2）原告受到的伤害（或者潜在伤害）与判给惩罚性赔偿之间的差距；（3）陪审团所裁定的惩罚性损害赔偿与类似案件中规定的给予的民事处罚之间的差异。"① 不难看出，侵权故意仍然是商标案件中适用惩罚性赔偿的先决条件，且同样体现出对于惩罚性赔偿适用的谨慎态度。综合看来，美国在司法实践中对侵犯知识产权案件中惩罚性赔偿的适用呈现出如下特点：侵权故意的证明是前提条件，通过对侵权故意认定的谨慎与克制防止惩罚性赔偿的不当适用。

在我国的知识产权部门法中，《商标法》已明确引入了惩罚性赔偿，② 但有关惩罚性赔偿适用条件的规定仍略显粗疏，对"恶意侵犯商标专用权"以及"情节严重"如何认定缺乏进一步解释，有必要通过司法解释等形式为司法实践提供必要的参考，防止惩罚性赔偿的不当适用。总体而言，针对侵犯知识产权行为适用惩罚性赔偿仍应持一种更加克制与谨慎的态度，这亦是未来《专利法》与《著作权法》修订中增加惩罚性赔偿时应把握的基本前提。

二　行政保护的去留

在知识产权的救济体系中，行政保护是一个重要方面，较之于有形财产权，行政权在知识产权的救济中扮演了更加重要的角色，这在我国的法律实践中体现得更加明显。为此，通过追溯行政权在私有财产权保护中发挥作用的缘由与目的，有助于厘清私有财产权公法保护的理念与机理，而以此为基础展开对知识产权行政保护制度逻辑的探究，将进一步明确行政保护在知识产权救济规则体系中的去留。

---

① Copper Industries, Inc. v. Leatherman Tool Group, Inc., 532 U. S. 424 (2001).

② 我国《商标法》第 63 条第 1 款规定："侵犯商标专用权的赔偿数额，按照权利人因被侵权所受到的实际损失确定；实际损失难以确定的，可以按照侵权人因侵权所获得的利益确定；权利人的损失或者侵权人获得的利益难以确定的，参照该商标许可使用费的倍数合理确定。对恶意侵犯商标专用权，情节严重的，可以在按照上述方法确定数额的一倍以上三倍以下确定赔偿数额。赔偿数额应当包括权利人为制止侵权行为所支付的合理开支。"

（一）私有财产权行政法保护的理念与机理

正如美国学者摩尔根所言，财产是文明社会政治结构的基础："人类的进步从发展阶梯的底层开始，有两种政治方式，其一是氏族性和社会性的，它产生了社会；另一为政治性的，这产生了国家。前者以人身和氏族制度为基础；后者以地域和财产为基础。第一种方式为古代社会的政治结构，而第二种方式为近代文明社会的政治结构。"① 财产造就了近代文明，而对于财产权的不同理解与安置则引向了不同的政治经济结构和社会治理模式。近代资本主义的兴起根源于对私有财产权神圣不可侵犯的学理论证和制度确认，对财产权的论说以私人所有作为起点："财产权是一种法律制度，它的实质是创造并保护对任何种类之财富的私权利。"② 以批判、变革资本主义为目的而出现的社会主义在其国家形态中则对私有财产权持有完全不同的看法，列宁曾断言社会主义国家拒绝一切"私"的东西，③ 事实上苏联在很长一段时期内也做到了这一点。而我国在新中国成立之后进行的社会主义改造严重限制甚至在很大程度上消解了私有财产权。

正因对私有财产权持有截然不同的态度，资本主义国家与社会主义国家在经济、政治、法律等层面呈现出大相径庭的制度构造。在资本主义的制度框架中，财产的私人占有是进行交易的前提与基础："从法律的观点看，财产是一组权利，这些权利描述一个人对其所有的资源可以做些什么，不可以做些什么；他可以占有、使用、改变、馈赠、转让或者阻止他人侵犯其财产范围。"④ 按此，私有财产权的保护在其法律体系中占据重要地位，如何为财产提供全方位保护往往成为立法中的头等课题。纵览近代西方的资本主义国家，其对私有财产权的保护形成了"一个中心、两个基本点"的稳定结构：一个中心即在宪法中明确私有财产神圣不可侵犯的

---

① ［美］路易斯·亨利·摩尔根：《古代社会》（上），杨东莼译，商务印书馆 1995 年版，第 3 页。

② ［美］A. 赖斯：《新财产权》，翟小波译，中国经济出版社 1999 年版，第 69 页。

③ 《列宁全集》第 36 卷，人民出版社 1959 年版，第 587 页。转引自王仰文《私有财产权的行政法保护研究》，人民出版社 2009 年版，第 15 页。

④ ［美］罗伯特·考特、托马斯·尤伦：《法和经济学》，上海三联书店 1994 年版，第 125 页。

基本原则,① 两个基本点则是指分别在私法与公法层面对私有财产权加以保护。具体而言,"法律确认私有财产权私法意义上的价值在于防范来自其他私法主体对权利人权利的侵犯;而在公法上确认私有财产权的意义则重在给政府行为划定界限,即私有财产权是私人自治的领域,政府不得恣意侵入。"② 可见,从公法层面,特别是行政法层面对私有财产权的保护致力于防范政府对私有财产权的不当干预。虽然在资本主义的发展过程中逐渐加强了对私有财产权的限制,其社会义务得到肯认,但私有财产权保护的两个基本面向没有变化。

与资本主义不同,社会主义国家在其制度框架中对财产的理解是自上而下的,按照传统的社会主义政治经济学原理,生产资料公有制是社会主义经济制度的既定前提,国家作为社会整体利益的代表被赋予了几乎囊括国民经济一切领域和过程的决策和管理权限,由此,计划经济成为以公有产权制度为基础的社会生产的必然形式与最佳组织形式。我国在新中国成立之后即逐步按照这种思路展开经济建设,在经济学家看来,"中央计划经济的模式虽然生硬,但能以行政手段调动大量资源,而推动经济高速发展。但是,集体化把农民绑在土地上,工人和单位也被捆到了一起。战后在农村和城市涌现的个人企业和自由经济戛然而止"③。如此制度现实根本不允许私有财产权的存在,更遑论对之进行宪法上的确认与保护,类似于资本主义国家的那种"一个中心,两个基本点"的私有财产权法律保护体系并不存在。我国这种计划经济构架的弊端通过"文化大革命"显现得更加突出,但根深蒂固的计划经济体制与思维使得在改革开放中进行的经济体制变革显得谨小慎微,依然是在既有的制度框架下进行的改良与

---

① 例如英国 1689 年《权利法案》(*The Bill of Rights*) 第 4 条规定:"凡未经国会准许,借口国王特权,为国王而征收,或供国王使用而征收金钱,超出国会准许之时限或方式者,皆为非法。"(http://blog.sina.com.cn/s/blog_ 59cdab050100kuvn.html) 又如 1789 年法国《人权宣言》(*Declaration of the Rights of Man and of the Citizen*) 第 2 条规定:"任何政治结合的目的都在于保护人的自然的和不可动摇的权利。这些权利即自由、财产、安全及反抗压迫。"第 17 条规定:"私人财产神圣不可侵犯,除非当合法认定的公共需要所显然必需时,且在公平而预先赔偿的条件下,任何人的财产不得受到剥夺。"(http://www.calaw.cn/article/default.asp? id = 2366)

② 王仰文:《私有财产权的行政法保护研究》,人民出版社 2009 年版,第 17 页。

③ [英] 罗纳德·哈里·科斯、王宁:《变革中国:市场经济的中国之路》,徐尧、李哲民译,中信出版社 2013 年版,第 10 页。

修正。也就是说，"我国的改革从一开始就定性为社会主义制度的自我完善和自我发展，改革是在保持社会主义宪法制度的前提下进行的，因此，我国的改革并没有把私有财产权制度作为构建市场运行机制基础的目标"①。因此，国家主导的经济改革致力于将国有经济作为构建市场经济运行体制的产权基础，国企改革才是彼时的关键，然而，这一改革的推进并不顺畅，甚至陷入停滞，真正的变革却恰恰发生在改革的预期之外。经济学家在历史回溯中如此归纳："中国社会主义经济最为重要的发展并不发生在其中心，而是在它的边缘，在受国家控制最弱的地方。真正的改革先锋不是拥有各种特权并被奉为社会主义'掌上明珠'的国营企业，而是那些落后的、被边缘化的群体……正是这些处在中国社会主义边缘的经济力量成就了一系列变革，将私营企业重新带回到经济体制中，为日后的市场转型铺平了道路。"②

私营企业的发展虽然在事实层面消解了对私有财产权不予保护的制度内涵，但缺失宪法层面的确认使得私有财产权的保护显得名不正、言不顺，由此，"私有化不得不在很大程度上采取一种'犹抱琵琶半遮面'的非正式方法，其结果是私有财产'从权力中来，到权力中去'，出现了一种所有权依附于行政权并产生出权力资本的畸形事态，进而导致了社会的严重腐败"③。因此，即便在《宪法》确认了私有财产权的正当地位之后，我国的私有财产权法律保护的焦点仍然是努力破除行政权的干预和延伸。《物权法》颁布中遇到的波折及其克服，④ 征地补偿中对"公共利益"的

---

① 王仰文：《私有财产权的行政法保护研究》，人民出版社 2009 年版，第 35 页。

② ［英］罗纳德·哈里·科斯、王宁：《变革中国：市场经济的中国之路》，徐尧、李哲民译，中信出版社 2013 年版，第 70 页。

③ 季卫东：《宪政新论——全球化时代的法与社会变迁》，北京大学出版社 2002 年版，第 181 页。

④ 2005 年 7 月，全国人大常委会办公厅发布《全国人大常委会委员长会议决定关于公布物权法（草案）征求意见的通知》后，巩献田教授给全国人大写信，称《草案》违宪，并于 2005 年 8 月 12 日通过网络公开发表此信，认为草案是一部背离社会主义基本原则、开历史倒车的草案，不经过原则性的修改，全国人大无权通过。这一事件在全国范围内引发了对物权法的争议，体现出私有财产权保护过程中面临的政治正确问题乃至意识形态焦虑。参见刘贻清、张勤德主编《"巩献田旋风"实录》，中国财政经济出版社 2007 年版，第 25 页。

争议与阐释，① 都是这一动态过程中的重大事件。尽管私有财产权在我国的历史发展中命途多舛，但目前我国已经基本确立了类似于资本主义国家中的"一个中心，两个基本点"的私有财产权保护体系。② 而《民法通则》《物权法》等民事法律已经在私法层面对私有财产权提供了较为充分的保护，③《刑法》则为私有财产权提供最后的保障，④《行政诉讼法》亦为公民对抗行政机关的侵权行为提供了依据。⑤ 然而，行政诉讼中存在的种种问题⑥仍然需要较长的时间来解决，因而在我国私有财产权保护中的重要议题仍然是如何限制行政机关对私有财产权的干预和侵犯，并为民事主体提供合法、有效的救济渠道。

（二）知识产权行政保护的制度逻辑

作为民事权利的一种，虽然其是否属于纯粹的财产权仍有争议，但至少可以断定知识产权中的大部分内容都是财产性权利。因此，知识产权应

---

① "重庆最牛钉子户""唐福珍自焚"等事件都反映出以公共利益为名展开的强制拆迁等行政行为对私有财产权产生的不当干预甚至粗暴践踏。参见王新生《执拗的个体权利与无言的公共利益——重庆"最牛钉子户"事件宪法学评析》，《山东社会科学》2008 年第 4 期；许斌《唐福珍的选择与我们的恐惧》，《观察与选择》2009 年第 24 期。

② 2004 年修正的《宪法》第 13 条明确规定："公民的合法的私有财产不受侵犯。国家依照法律规定保护公民的私有财产权和继承权。国家为了公共利益的需要，可以依照法律规定对公民的私有财产实行征收或者征用并给予补偿。"

③ 《民法通则》第 75 条规定："公民的合法财产受法律保护，禁止任何组织和个人侵占、哄抢、破坏或者非法查封、扣押、冻结、没收。"《物权法》第 64 条规定："私人对其合法的收入、房屋、生活用品、生产工具、原材料等不动产和动产享有所有权。"《物权法》第 65 条规定："私人合法的储蓄、投资及其收益受法律保护。国家依照法律规定保护私人的继承权及其他合法权益。"

④ 《刑法》第 2 条规定："中华人民共和国刑法的任务，是用刑罚同一切犯罪行为作斗争，以保卫国家安全，保卫人民民主专政的政权和社会主义制度，保护国有财产和劳动群众集体所有的财产，保护公民私人所有的财产，保护公民的人身权利、民主权利和其他权利，维护社会秩序、经济秩序，保障社会主义建设事业的顺利进行。"《刑法》第五章专门规定了"侵犯财产罪"。

⑤ 《行政诉讼法》第 2 条第 1 款规定："公民、法人或者其他组织认为行政机关和行政机关工作人员的行政行为侵犯其合法权益，有权依照本法向人民法院提起诉讼。"

⑥ 在罗豪才看来，我国行政诉讼难的最根本原因是观念和制度：整个社会的民主意识不够，民主习惯还未完全养成；法院很难完全独立，要依赖于行政机关，法官难以承担起独立审判的责任。参见《为了权利与权力的平衡——对话罗豪才》，《中国法律评论》2014 年第 1 期。

该与私有财产权的法律保护体系具有较强的相似性与可比性，然而，在我国的知识产权法律保护体系中，却呈现出与物权等私有财产权较大的区别，在全球范围内也颇具"中国特色"，这就是一直以来都褒贬不一的知识产权保护的司法与行政"双轨制"。① 显而易见，这里所谓的行政保护与私有财产权的行政法保护截然不同，前者基于司法权与行政权的区分展开，而后者则是从私法与公法功能定位的角度做出的。在私有财产权的法律保护体系中，侵权纠纷的解决往往都通过私法进行，司法机构在其中承担着重要职责，行政机关解决纠纷的权限受到严格限制。而在我国的知识产权法律保护体系中，行政机关在侵权纠纷的解决过程中却扮演着重要的角色。就此而论，知识产权行政保护与一般意义上私有财产权的行政法保护遵循了完全不同的制度逻辑。

　　对我国知识产权行政保护得以存续的制度原因进行的阐释基本上从两个方面展开。一方面，从历史层面而言，论者认为："知识产权行政保护是切合我国国情的一种制度选择，也是我国知识产权制度发展的必然产物。"② 按照这种认识，由于知识产权的舶来品性质，我国的知识产权保护制度是由政府主导、通过自上而下的形式建立起来的，而恰巧我国是惯用行政手段治理社会的国家，而民众对行政机制解决纠纷的权威性和认可度仍然较强，行政保护能够弥补司法保护中效率低下、专业性不足等缺点。另一方面，行政保护被认为是强化知识产权保护的重要方式。这一论说实际上基于知识产权在权利对象方面的特殊性及其具有鼓励创造的制度功能而展开。即由于对作为知识产权对象的信息无法进行占有，因而知识产品具有非排他性，使得通过私人手段难以限制对信息的使用与复制，甚至如果没有公权的介入，知识产权的私权难以得到保障。③ 同时，知识产权被认为与公共利益具有密切关系，基于平衡权利人合法利益与公共利益的考量，应当允许国家公权力的介入，由政府管理机关行使行政权对知识

---

① 有学者认为知识产权的行政保护应当涉及行政管理活动、行政执法活动以及行政服务活动。参见孟鸿志主编《知识产权行政保护新态势研究》，知识产权出版社 2011 年版，第 2—3 页。然而，所谓知识产权保护的"双轨制"显然是从纠纷解决的角度出发的，否则司法与行政之间就不具有可比性，因此下文对知识产权行政保护的论述仅限于行政执法活动。

② 孟鸿志主编：《知识产权行政保护新态势研究》，知识产权出版社 2011 年版，第 11 页。

③ 参见冯晓青、杨利华《知识产权法热点问题研究》，中国人民公安大学出版社 2004 年版，第 6—10 页。

产权提供行政保护。可见，在私有财产权的行政法保护中，对公共利益的界定关系到行政权介入私有财产权的界限，而在知识产权的行政保护中，公共利益的表述又成为行政权介入侵权纠纷的正当理由。有所不同的是，知识产权中的公共利益仍是从鼓励创造的角度展开的论证，亦即鼓励创造是知识产权制度的基本功能，而鼓励创造显然有助于实现经济社会发展等公共利益，为了实现鼓励创造的目标，政府应当积极作为，行使其权力对知识产权提供行政保护。

总体而言，知识产权的行政保护与私有财产权的行政法保护具有截然不同的理论基础与制度架构，知识产权的行政保护实际上发挥着准司法保护的特点，与司法机关分享了对侵权纠纷的处理权能，且更具主动性。我国实行知识产权行政保护一方面是历史原因造就的，另一方面则是在鼓励创造说之下为加强知识产权保护的诉求而进行的制度选择。

(三) 知识产权行政保护的转向

通过对私有财产权行政法保护的理念与机理进行的探讨，不难发现在私有财产权的法律保护体系中，一直致力于抵御行政权对私权的不当干预和侵犯，从而维护私有财产权的自由行使，在我国虽然对私有财产权的理解曾经存在较大的偏差，但目前也已经构筑起了"一个中心，两个基本点"的私有财产权法律保护体系，并且正在发展中的私有财产权保护理念与机制都在努力减少直至消除行政权对私有财产权的不利影响与破坏。

与之不同的是，作为一种重要的私权，知识产权中的行政保护走向了完全不同的面向，行政权发挥了准司法权的功效，主动或被动地介入侵权纠纷。这种制度设计实际上在理论与实践层面都经不起推敲。首先，行政权对侵权纠纷的深度介入与行政权和司法权在法理上的基本区分相悖。侵权行为的认定是一个认定事实、适用法律的过程，具有相当的专业性和权威性。行政权是对公共事务的执行，利用公共资源展开的行动，应当以服务公众、维护社会公共利益为导向，而知识产权毕竟属于私权，广泛的知识产权行政执法实际上是使用公共资源为私权服务。所谓知识产权保护与公共利益息息相关的论述实际上仍是在鼓励创造说这一学术假想的前提下做出的简单推论，对知识产权的保护是否当然促进文化传播、技术创造等公共利益是一个根本无法确证的命题，在这种说辞之下权利人的利益实际上被置换为了公共利益。其次，知识产权的行政保护一再加强，通过处罚力度的加大，力图实现遏制侵权，加强对知识产权的保护，然而，知识产权从本质上来说仍然是一种不确定性的权利，且其正当性本身不无疑问，而"一味地强化知识产权执法，导致公众质疑、拒斥知识产权，最终并不利于知识产权的实现"①。

此外，支持知识产权行政保护的两个重要理由实际上也并不能成立。首先，所谓的历史原因造就的知识产权行政保护的必然性与优越性或者已经因为时代的发展而产生了变化，或者本身就不值得提倡。例如，虽然我国的知识产权制度是由政府主导，但其建立已逾 30 多年，知识产权的私权属性也越来越得到认可，政府是否还应当在各个层面都积极作为已经受到质疑。另外，不能说我国在历史上是惯用行政手段治理社会的国家，行政保护就更易被接受且具有在知识产权保护中继续发挥作用的正当性。须知，司法的权威性与其在纠纷解决方面的专业性和正当性是践行法治的重要方面，行政权代行司法判断的职能固然在短期内可能发挥出高效、便捷的优势，但长期看来对司法审判的独立性及其权威性都有害无利。其次，知识产权权利对象具有的特性并不能当然成为行政权介入侵权纠纷的理由，只要承认知识产权系属私权，那么就应当遵循私权保护的基本逻辑，在宪法确认知识产权应受保护的前提下，一方面通过私法对之进行保护，防范他人的侵权行为；另一方面防范行政权的侵蚀与破坏。而以公共利益为名进行的行政执法往往容易成为滋生部门利益的温床。

知识产权的行政保护在很大程度上发挥着权利救济的功能，联系到前文中对知识产权救济的重新定位，权利救济作为反向的权利实现方式，并不能也不应当成为主要模式。权利实现有赖于权利人与义务人之间达成的利益共识，有赖于义务人对权利的理解乃至接纳，大量使用行政权对知识产权进行保护无助于权利的实现，使得行政机关纯粹成为权利人的代言人，可能导致不公平的执法活动。因此，应当重新考量行政机关在知识产权保护中的职能和定位。参考国际经验可以发现，能够从知识产权保护中直接受益的主体越多，社会认同越强。显然，在培育潜在的权利人方面政府能发挥更大的作用，新加坡知识产权局把权利人称为"客户"，其重要功能之一是建构免费交易平台、帮助企业取得和运用知识产权。我国的知识产权行政保护应当转换思路，把重心从行政查处转向行政服务，通过培

---

① 李琛：《著作权基本理论批判》，知识产权出版社 2013 年版，第 41 页。

训、指导、免费交易平台建设等方式促成权利的正常实现。①

然而，在我国知识产权的法律条文中，行政保护并没有这种转向的趋势，相反，行政处罚的力度与范围仍然在强化。② 这一现实情况表明部门立法的弊端一时间仍然难以克服，在切实的权力和利益面前保持克制显然并不容易。知识产权虽是舶来品，但仅就行政保护而言，显然已经具备了显著的"中国特色"，正可谓"临盆的是大山，产下的却是条耗子"③。这就注定了知识产权行政保护的重心从行政查处转向行政服务会是一个相对漫长的过程，但这是制度变革中应当坚持的一个方向。概言之，在知识产权的法律保护体系中，行政权应当在侵权纠纷的解决中保持相当的克制，其权限需限制在应权利人或利害关系人的请求而进行的调解，将知识产权行政机关的工作重心转向行政服务。

三　知识产权救济规则体系的重构

在得出侵犯知识产权行为应当非罪化的结论之后，知识产权救济规则面临着体系性的重构。知识产权的救济规则是实现知识产权制度功能的一种方式，为此，在深入探究鼓励创造这一普遍被作为知识产权正当性基础与制度功能的理论之后，可以发现，鼓励创造并非知识产权制度产生的原因，仅有可能是知识产权制度产生的某种影响或效用，知识产权制度的产生源于对已有的交易模式与利益格局的确认。因此，知识产权最重要的制度功能应当是为作品、发明、商标这些信息提供市场化的制度环境，在不同的社会主体之间分配基于这些信息产生的利益。

依照鼓励创造说的逻辑思路与理论阐释，知识产权救济规则只能以鼓励创新为导向，由此产生一种非理性的误区：只要加强知识产权保护，就会产生对创造有利的结果。在这种认识误区的引导下，知识产权救济规则的完善与调整呈现为对知识产权保护的不断加强，具体表现为加强对侵权行为的制裁及惩罚力度，一方面提高民事赔偿的数额；另一方面则不断强化刑事保护，具体到我国的制度实践，还包括行政保护的强化。

---

① 参见李琛《著作权基本理论批判》，知识产权出版社 2013 年版，第 45 页。

② 2013 年修正的《商标法》即加强了对侵犯注册商标专用权行为的行政处罚力度。参见《商标法》第 51—53 条。

③ 语出古罗马谚语（贺拉斯《诗艺》），参见冯象《临盆的是大山，产下的却是条耗子——答汪庆华》，载冯象《木腿正义》，北京大学出版社 2007 年版，第 155—161 页。

　　然而，抛开鼓励创造说的窠臼，将知识产权的制度功能定位于利益分配之后，知识产权的救济也将获得更加准确的定位。具体而言，权利实现是知识产权发挥其制度功能的既定内涵，而法律救济仅是实现权利的一种方式，且是一种反向的实现，义务人对权利本身的广泛接纳与自觉履行应当成为权利实现的主要形式。知识产权权利对象的特殊性决定了知识产权的实现与物质财产权有较大的区别，社会公众是否能够形成相对一致的利益共识是其履行义务的前提，力图通过权利救济这种方向推进的方式驯服社会公众的效果并不明显，权利救济不应在知识产权的权利实现中占据主导地位。只有通过培育更多的潜在权利人、维护知识的公有领域，才能使社会公众感受到知识产权保护带来的利益实惠，增加其对知识产权的认同与接纳，从而推进正向的权利行使而实现知识产权。当然，这种认识毕竟是一种应然意义上的理想状态，对知识产权问题的思考不可能抛开当代中国这一时空背景，面对侵权行为仍然相当严重的社会现实，在很长一段历史时期内，法律救济在权利实现的过程中依然将扮演较为重要的角色，法律的工具效应不可忽视。

　　在明确这一前提之后，对我国当前知识产权保护中增加惩罚性赔偿、强化行政保护的学理倡导与制度实践的分析就显得有的放矢。通过对惩罚性赔偿以及行政法保护在私有财产权中运行的内涵和机理的分析，再将知识产权的诸种特性纳入考量范围，不难发现，惩罚性赔偿普遍适用于侵犯知识产权行为并不合适，而在我国饱受争议的知识产权行政保护也面临着由行政查处为重心转向行政服务的现实需要。

　　综合看来，在明确前述问题之后，总结前文各章的论证过程及形成的基本观点，将侵犯知识产权行为从刑罚的视野中排除之后，知识产权救济规则的重构得以实现。这一重构将从两个面向展开：一是从理论层面出发，作为一种应然意义上理想状态下的知识产权法律救济的规则体系；二是从现实层面出发，作为一种更加符合社会现实的，在较长一段历史时期内仍将在中国的知识产权保护中发挥重要效用的知识产权法律救济的规则体系。

（一）理想状态下的知识产权法律救济规则

　　参照物质财产权法律救济的规则体系，侵犯知识产权行为的法律责任，应当遵循民事责任—行政责任—刑事责任这一基本脉络搭建，而本书业已论证并得出了侵犯知识产权行为应当非罪化的结论，同时亦提出了我国知识产权行政保护的重心需要从行政查处转向行政服务的理念。按此，侵犯知识产权行为的法律责任将主要由民事责任构成。在民事责任中，停止侵害与损害赔偿仍然是最重要的责任形式。

当相关行为经过侵犯知识产权行为判定规则的检验，需承担相应的民事责任。按照我国《侵权责任法》的规定，承担侵权责任的主要方式有：停止侵害，排除妨碍，消除危险，返还财产，恢复原状，赔偿损失，赔礼道歉，消除影响、恢复名誉。[①] 而在我国的知识产权单行法中，仅有《著作权法》明确规定了侵犯版权应当承担的民事责任为：停止侵害、消除影响、赔礼道歉、赔偿损失。[②] 在《专利法》和《商标法》中，并未明确提及侵犯专利权与商标权应当承担的民事责任类型，但在有关专利权及商标权保护的条文中，表明了侵权人应当承担停止侵害与赔偿损失这两种民事责任的意涵，但均未涉及消除影响与赔礼道歉的责任形式。[③] 由于信息的非物质性特点，其本身并没有明确的物理外观，因此排除妨碍、消除危险、返还财产、恢复原状等责任形式实际上没有意义也无从实现，侵犯知识产权的民事责任形式自然将之排除在外。《著作权法》中强调侵犯版权应当承担消除影响与赔礼道歉的民事责任，则是由于立法上认为著作权具有人身财产一体性，正是著作权中的人身权内容支持了消除影响与赔礼道歉成为侵犯版权行为应当承担的民事责任形式。

按照本书对知识产权当属纯粹财产权的界定，停止侵害与赔偿损失应当成为侵犯知识产权行为民事责任的主要形式，这两种责任形式在理论上已经足以对权利人受到的经济损失提供较为充分的救济，停止侵害阻断了侵权行为继续对权利人经济收益产生影响的可能，损害赔偿则对业已产生的权利人经济损失进行补偿，虽然在具体的知识产权诉讼中可能因为权利人不能证明其所受损失导致适用法定赔偿之后可能不足以补偿权利人受到的损失，但这与知识产权本身的特性有关，并非民法提供的救济方式存在问题。至于权利人发放使用许可的自由受到侵害如何提供救济的问题，一方面损害赔偿可在一定程度上提供救济；另一方面由于这一损害后果主要是精神层面的，不妨参照侵害人身权的民事责任，将赔礼道歉与消除影响

---

① 参见《侵权责任法》第 15 条。

② 参见《著作权法》第 47 条。

③ 参见《专利法》第 60 条、第 65 条；《商标法》第 60 条、第 63 条。

的民事责任施加于侵犯知识产权行为，补偿权利人的心理损伤。

在计算损害赔偿的数额时，应当以知识产权的许可使用费作为市场价格的重要参考来确定损害赔偿额。其原因在于这种做法更加符合知识产权权利对象的特点，且能够和《侵权责任法》第19条"侵害他人财产的，财产损失按照损失发生时的市场价格或者其他方式计算"的规定高度契合。在无法使用合理的许可使用费衡量损害赔偿数额的情况下，依次采用权利人因侵权所受损失、侵权人因侵权所获利益等方法确定，当穷尽这些方法之后仍无法确定损害赔偿额时，则由法院适用法定赔偿的方式确定损害赔偿数额。

在将刑事责任完全从侵犯知识产权行为法律责任的序列中剔除之后，知识产权的行政保护也需要进行重大调整。首先，行政执法权应当逐步弱化，将判定侵权行为的职责完全交由法院来履行，对于侵权纠纷，行政机关仅保留应当事人请求而进行调解的权力。其次，行政处罚的权限受到压缩直至消亡，行政机关的职能逐步转向行政服务。

（二）更具现实意义的知识产权法律救济规则

考虑到中国在现阶段侵犯知识产权现象较为严重的现实，前述的知识产权法律救济规则毕竟只是一种理想化的状态，虽然有可能更加符合知识产权本身的特点，在法理层面亦更具说服力，但在短期内必然不会轻易实现。在较长的一段历史时期内，法律仍需发挥其工具效用，在知识产权保护中扮演积极作为的角色。

由此出发，在得出侵犯知识产权行为应当非罪化的结论之后，知识产权的法律救济规则将主要由民事责任与行政责任构成。在民事责任中，惩罚性赔偿将扮演较为重要的角色，对于恶意侵犯知识产权的行为，应当允许权利人提出惩罚性赔偿的请求。对于惩罚性赔偿的适用条件，应当着重考虑下列因素：首先，应当明确适用惩罚性赔偿的前提条件是损害赔偿民事责任的成立；其次，对侵权恶意的认定应当更为严格，恶意应与故意区分开来，亦即惩罚性赔偿的适用仅限于造成严重后果、主观恶意较为严重的侵权行为，对恶意的认定则需在司法实践中进一步总结出更为客观、明确的判定标准；再次，惩罚性赔偿进入知识产权的民事救济规则之后，原有的带有惩罚性赔偿色彩的法定赔偿应当删除，其原因在于按照现行各个知识产权部门法的规定，在确定法定赔偿的数额时可以采用参照许可费倍数的方法，如此一来，以此为基础计算的惩罚性赔偿数额有可能过高；①最后，应当为惩罚性赔偿的数额设置上限。惩罚性赔偿的适用是基于我国侵犯知识产权现象较为严重、侵权案件判赔数额低、权利人维权积极性较低的社会现实而设置的较有针对性的法律救济规则，旨在激励权利人积极维权、威慑侵权行为，从而促进权利的实现。

在惩罚性赔偿之外，行政保护仍将在知识产权的法律救济规则中占据较为重要的位置。简言之，行政执法仍然是行政机关的主要工作内容，其行政执法包括两个方面：一是对因违反法律法规的规定而构成"违法"的行为实施的行政处罚；二是对侵犯知识产权行为事实的依据权利人请求进行的行政处理或依职权进行的行政查处。目前，各个行政机关在执法方面的权限并不相同，② 行政机关在知识产权保护中发挥的效用也有不小的争议，考虑到行政保护在处理侵权行为中的高效，较为可取的做法是整合行政执法资源，"集中打击那些易于分辨的盗版和假冒等量大面广、社会危害性大、对知识产权保护法律环境影响突出的违法侵权行为"③。由此，行政保护在知识产权法律救济规则中的作用主要指向通过行政机关的执法行为对一些较为严重的侵权行为进行查处，从而遏制侵权行为、维护市场竞争环境。

本章小结

在获得侵犯知识产权行为应当非罪化的结论之后，知识产权的法律救

---

① 例如，根据新《商标法》第 63 条的规定，惩罚性赔偿的计算基础是填平性的损害赔偿，即权利人的损失或侵权人获得利益或商标许可使用费的倍数。如填平性损害赔偿采用商标许可费倍数的方法来确定，最高可以是三倍，这意味着法官最高可以将填平性赔偿的数额确定为商标许可费的三倍，并以此为基数乘以一至三来确定惩罚性赔偿的数额，如此一来，法官最高可以判决侵权人承担相当于商标许可费九倍的惩罚性赔偿。参见罗莉《论惩罚性赔偿在知识产权法中的引进及实施》，《法学》2014 年第 4 期。

② 版权局的执法权限为对一部分"同时损害社会公众利益"的侵权行为的行政"处罚"权，以及责令侵权者"停止侵权"的权力；知识产权局的执法权限为"依请求"对专利侵权纠纷进行处理的权力，以及对涉嫌"假冒专利"进行查处的权力；工商行政管理部门的执法权限为依请求对商标权纠纷进行处理的权力，实施行政处罚的权力，以及依职权查处商标侵权行为的权力。

③ 唐广良：《知识产权：反观、妄议与臆测》，知识产权出版社 2013 年版，第 218 页。

济规则面临着结构性调整，这意味着原有的借鉴自有体财产权特别是物权的法律救济规则体系被打破，民事责任—行政责任—刑事责任这一看似逻辑严密、结构稳定、层次分明的法律救济的规则体系将不再适用于知识产权。由此，知识产权的法律救济规则需要调整、完善乃至重构。为实现这一目标，知识产权的制度功能需要重新加以认识，通过史料的爬梳，对中西方知识产权产生或出现萌芽的历史细节展开的探究与思考揭示出如下可信的结论：知识产权制度的产生源于对已有交易模式与利益格局的确认，其最重要的制度功能在于为作品、发明、商标等信息提供市场化的制度环境，在不同的社会主体之间分配基于这些信息产生的利益。如此一来，基于鼓励创造说这一理论假说而产生的知识产权制度功能的阐释及有关知识产权救济的诸多结论便显得颇为可疑，为了鼓励创造而加强保护，加强保护能够鼓励创造这样的循环论证模式无法为知识产权的制度演进与理论完善提供足够的智识资源。在此基础之上，对知识产权救济需要进行更加深入的理解，概言之，法律层面的权利救济仅是权利实现的一种途径，毕竟属于一种对权利运行过程中的异常状态进行的矫正，社会公众对义务的主动接纳与履行才是实现权利的主要途径。这就意味着法律问题与市场问题之间应该有所区分，法律的功用需要得到更加理性的认识。然而，作为一种地方性知识，法律毕竟需要与特定时空范畴内的客观情况相适应，在当代中国，侵犯知识产权行为仍然较为严重是不争的事实，法律的强制力在知识产权保护中仍将发挥重要的工具效用，其中尤以惩罚性赔偿和行政保护为甚。这就表明，确认了侵犯知识产权行为非罪化的前提之后，理想状态下的知识产权法律救济应当以民事保护为主，其中停止侵害与损害赔偿应为最重要的两种民事责任类型，民事责任中不应包括惩罚性赔偿，而行政机关的职责需要从行政执法全面转向行政服务。考虑到这种法律救济规则的实现仍需时日，更具现实意义的知识产权法律救济规则仍应将惩罚性赔偿与行政保护容纳在内，一方面激励权利人积极维权，另一方面提升惩治侵权行为的效力，其长远效用都在于遏制侵权行为，使得社会公众主动履行其义务，促进知识产权的权利实现。

结　语

行文至此，本书已然完成了对侵犯知识产权行为非罪化这一命题的论证，且在将刑事责任从侵犯知识产权行为的法律责任体系中剔除之后，对于法律救济规则的调整、完善乃至重构亦提出了两种可能的方案。然而，不得不承认甚至令人颇感沮丧的是，侵犯知识产权行为的非罪化以及理想层面的救济规则体系在较长的历史时期内很有可能无法转化为现实的立法文本，知识产权及其相应的法律规则在日后的发展中仍然极有可能受到政治博弈、政策考量、经济利益等诸多因素的影响。但笔者相信，知识产权这一事物在中国的发展已然走过或者正在走过法律移植的阶段，所谓的舶来品特性将愈来愈淡薄，知识产权法律制度与知识产权法学亦正在形成具有中国色彩的品性，而这一品性的重要出发点正在于对包括国际条约在内的现有法律框架与制度构造进行深入解读、反思、批判乃至重构。侵犯知识产权行为非罪化这一命题及其论证过程正是遵循了这一基本前提，其目的仍然在于对知识产权获得更为深入的认识，力图从不同的角度呈现出更为全面的理论图景。

笔者愿意相信，知识产权的理论研究与制度构建没有终点，在当下中国，对知识产权这一新生的权利类型，还需要更具说服力的理论阐释与制度研究，侵犯知识产权行为非罪化这一命题只是这项伟大事业的组成部分甚至注脚，它值得我们为之付诸努力。正如论者所言："这块土地既不是'大染缸'，也不是漂白剂，事实的真相只有一个：它有 13 亿人，要想一个东西能让这么多乌拉拉的人都接受完全不可能；即便接受，也要经过他们的七嘴八舌、叽叽歪歪，最后他们会骄傲地说，'那东西原本就是我们自己的'。"① 也许，对于知识产权的理论研究，需要的正是这样的七嘴八舌、叽叽歪歪。

---

① 王人博：《法的中国性》，广西师范大学出版社 2014 年版，序言：寻找"中国性"，第 3 页。

参 考 文 献

一 中文参考文献

（一）著作类（含译著）

安雪梅：《专利侵权行为研究》，知识产权出版社 2009 年版。

陈朝璧：《罗马法原理》，法律出版社 2006 年版。

陈聪富：《侵权归责原则与损害赔偿》，北京大学出版社 2005 年版。

陈福利：《中美知识产权 WTO 争端研究》，知识产权出版社 2010 年版。

陈兴良：《刑法哲学》，中国政法大学出版社 2000 年版。

戴玉忠、刘明祥主编：《刑罚改革问题研究》，中国人民公安大学出版社 2013 年版。

杜国强等：《侵犯知识产权罪比较研究》，中国人民公安大学出版社 2005 年版。

杜颖：《社会进步与商标观念：商标法律制度的过去、现在和未来》，北京大学出版社 2012 年版。

房清侠：《刑罚变革探索》，法律出版社 2013 年版。

冯象：《木腿正义》，北京大学出版社 2007 年版。

冯象：《政法笔记》，北京大学出版社 2012 年版。

冯晓青、杨利华：《知识产权法热点问题研究》，中国人民公安大学出版社 2004 年版。

高铭暄：《中国刑法学》，中国人民大学出版社 1989 年版。

高铭暄：《中华人民共和国刑法的孕育和诞生》，法律出版社 1981 年版。

高铭暄：《中华人民共和国刑法的孕育和诞生》，法律出版社 1981 年版。

葛兆光：《思想史研究课堂讲录》，生活·读书·新知三联书店 2005 年版。

龚培华：《侵犯知识产权犯罪构成与证明》，法律出版社 2004 年版。

何秉松：《刑法教科书》，中国法制出版社 1995 年版。

何怀文：《著作权侵权的判定规则研究》，知识产权出版社 2012 年版。

胡鞍钢：《知识与发展：21 世纪新追赶战略》，北京大学出版社 2001 年版。

黄海峰：《知识产权的话语与现实——版权、专利、商标史论》，华中科技大学出版社 2011 年版。

黄洪波：《中国知识产权刑法保护理论研究》，中国社会科学出版社 2012 年版。

黄晖：《商标法》，法律出版社 2003 年版。

黄明儒：《行政犯比较研究——以行政犯的立法与性质为视点》，法律出版社 2004 年版。

季卫东：《宪政新论——全球化时代的法与社会变迁》，北京大学出版社 2002 年版。

瞿同祖：《中国法律与中国社会》，商务印书馆 2010 年版。

孔祥俊：《知识产权保护的新思维——知识产权司法前沿问题》，中国法制出版社 2013 年版。

李琛：《论知识产权法的体系化》，北京大学出版社 2005 年版。

李琛：《著作权基本理论批判》，知识产权出版社 2013 年版。

李海东：《刑法原理入门（犯罪论基础）》，法律出版社 1998 年版。

李海东主编：《日本刑事法学者》（下），法律出版社 1998 年版。

李明德：《美国知识产权法》，法律出版社 2014 年版。

李扬主编：《知识产权的合理性、危机及未来模式》，法律出版社 2003 年版。

李雨峰：《枪口下的法律：中国版权史研究》，知识产权出版社 2006 年版。

梁根林：《刑事政策：立场与范畴》，法律出版社 2005 年版。

梁志文：《数字著作权论——以〈信息网络传播权保护条例〉为中心》，知识产权出版社 2007 年版。

林山田：《刑法通论》（上册），北京大学出版社 2012 年版。

林山田：《刑法通论》（下册），北京大学出版社 2012 年版。

林山田、林东茂、林灿章：《犯罪学》，三民书局 2007 年版。

凌斌：《法治的代价：法律经济学原理批判》，法律出版社 2012 年版。

凌斌：《法治的中国道路》，北京大学出版社 2013 年版。

刘春田主编：《知识产权法》，中国人民大学出版社 2014 年版。

刘贻清、张勤德主编：《"巩献田旋风"实录》，中国财政经济出版社 2007 年版。

刘远山：《我国侵犯商标权犯罪定罪和量刑研究》，知识产权出版社 2010 年版。

龙腾云：《刑罚进化研究》，法律出版社 2014 年版。

龙卫球：《民法总论》，中国法制出版社 2002 年版。

卢建平、翁跃强等人编著：《全球化时代知识产权犯罪及其防治》，北京师范大学出版社 2008 年版。

吕世伦：《黑格尔法律思想研究》，中国人民公安大学出版社 1989 年版。

马海生：《专利许可的原则——公平、合理、无歧视许可研究》，法律出版社 2010 年版。

马克昌主编：《犯罪通论》，武汉大学出版社 1991 年版。

马克昌主编：《近代西方刑法学说史略》，中国检察出版社 1996 年版。

孟鸿志主编：《知识产权行政保护新态势研究》，知识产权出版社 2011 年版。

聂洪勇：《侵犯著作权犯罪的认定与处理》，法律出版社 2010 年版。

苏惠渔：《刑法学》，中国政法大学出版社 1994 年版。

苏力：《送法下乡——中国基层司法制度研究》，北京大学出版社 2011 年版。

苏力：《制度是如何形成的》，北京大学出版社 2007 年版。

孙宪忠：《争议与思考——物权立法笔记》，中国人民大学出版社

2006 年版。

唐广良：《知识产权：反观、妄议与臆测》，知识产权出版社 2013 年版。

汪安民：《罗兰·巴特》，湖南教育出版社 1999 年版。

汪安民主编：《色情、耗费与普遍经济——乔治·巴塔耶文选》，吉林人民出版社 2011 年版。

王迁：《知识产权法教程》，中国人民大学出版社 2009 年版。

王人博：《法的中国性》，广西师范大学出版社 2014 年版。

王仰文：《私有财产权的行政法保护研究》，人民出版社 2009 年版。

王泽鉴：《民法学说与判例研究》（第六册），北京大学出版社 2009 年版。

王泽鉴：《民法学说与判例研究》（第七册），北京大学出版社 2009 年版。

王泽鉴：《民法总则》，北京大学出版社 2009 年版。

王志广：《中国知识产权刑事保护研究》（理论卷），中国人民公安大学出版社 2007 年版。

吴汉东主编：《知识产权法学》，北京大学出版社 2014 年版。

吴汉东主编：《知识产权制度基础理论研究》，知识产权出版社 2009 年版。

吴欣望：《知识产权——经济、规则与政策》，经济科学出版社 2007 年版。

谢勇：《犯罪研究导论》，湖南出版社 1992 年版。

薛虹：《十字路口的国际知识产权法》，法律出版社 2012 年版。

杨恒均：《黑眼睛看世界：一个民主小贩眼里的世界》，南方出版社 2011 年版。

杨恒均：《家国天下》，世界知识出版社 2010 年版。

易健雄：《技术发展与版权扩张》，法律出版社 2009 年版。

尹田：《物权法理论评析与思考》，中国人民大学出版社 2004 年版。

尹新天：《中国专利法详解》，知识产权出版社 2011 年版。

余英时：《民主制度与近代文明》，广西师范大学出版社 2006 年版。

余英时：《史学、史家与时代》，广西师范大学出版社 2004 年版。

余英时：《士与中国文化》，上海人民出版社 2003 年版。

翟中东主编：《行刑社会化框架下的思考》，群众出版社 2005 年版。

张俊浩主编：《民法学原理》，中国政法大学出版社 1997 年版。

张明楷：《刑法格言的展开》，北京大学出版社 2013 年版。

张明楷：《刑法学》（下），法律出版社 1997 年版。

张文显：《法学基本范畴研究》，中国政法大学出版社 1993 年版。

张五常：《学术上的老人与海》，社会科学文献出版社 2001 年版。

张玉敏主编：《知识产权法学》，法律出版社 2011 年版。

赵秉志：《侵犯著作权犯罪研究》，中国人民大学出版社 2007 年版。

赵汀阳：《第一哲学的支点》，生活·读书·新知三联书店 2013 年版。

赵汀阳：《坏世界研究：作为第一哲学的政治哲学》，中国人民大学出版社 2009 年版。

赵汀阳：《论可能生活》，中国人民大学出版社 2010 年版。

赵志华：《论刑罚轻缓化的实现途径》，人民法院出版社 2012 年版。

郑成思：《版权法》，中国人民大学出版社 1990 年版。

郑成思：《知识产权法：新世纪初的若干研究重点》，法律出版社 2004 年版。

郑成思：《知识产权法教程》，法律出版社 1993 年版。

郑成思：《知识产权论》，法律出版社 2007 年版。

郑成思主编：《知识产权法》，法律出版社 1997 年版。

郑杭生等主编：《人权史话》，北京出版社 1994 年版。

周家贵：《商标侵权原理与实务》，法律出版社 2010 年版。

周翼：《挑战知识产权——自由软件运动的经济学研究》，上海世纪出版集团、格致出版社、上海人民出版社 2010 年版。

朱光磊：《以权力制约权力》，四川人民出版社 1987 年版。

［美］A. 赖斯：《新财产权》，翟小波译，中国经济出版社 1999 年版。

［美］埃莉诺·奥斯特罗姆：《公共事务的治理之道：集体行动制度的演进》，余逊达、陈旭东译，上海三联书店 2000 年版。

［美］安守廉：《窃书为雅罪——中华文化中的知识产权法》，李琛译，法律出版社 2010 年版。

［美］保罗·戈斯汀：《著作权之道：从古登堡到数字点播机》，金海

军译，北京大学出版社 2008 年版。

　　［澳］彼得·达沃豪斯、约翰·布雷斯韦特：《信息封建主义》，刘雪涛译，知识产权出版社 2005 年版。

　　［澳］彼得·德霍斯：《知识财产法哲学》，周林译，商务印书馆 2008年版。

　　［英］布拉德·谢尔曼、［英］莱昂内尔·本特利：《现代知识产权法的演进：英国的历程（1760—1911）》，金海军译，北京大学出版社 2006年版。

　　［日］川岛武宜：《现代化与法》，申政武、渠涛、李旺、王志安译，中国政法大学出版社 2004 年版。

　　［日］大谷实：《刑法总论》，黎宏译，法律出版社 2003 年版。

　　［日］大塚仁：《刑法概说》，冯军译，中国人民大学出版社 2003年版。

　　［美］丹·L. 伯克、马克·A. 莱姆利：《专利危机与应对之道》，马宁、余俊译，续俊旗、毕春丽、李梅校对，中国政法大学出版社 2013年版。

　　［西］德里娅·利普希克：《著作权与邻接权》，联合国教科文组织译，中国对外翻译出版公司 2000 年版。

　　［英］F. A. 冯·哈耶克：《个人主义与经济秩序》，邓正来译，生活·读书·新知三联书店 2003 年版。

　　［英］F. H. 劳森、B. 拉登：《财产法》，施天涛、梅慎实、孔祥俊译，中国大百科全书出版社 1998 年版。

　　［法］费夫贺、马尔坦：《印刷书的诞生》，李鸿志译，广西师范大学出版社 2006 年版。

　　［美］费正清：《美国与中国》，张理京译，世界知识出版社 1999年版。

　　［美］费正清：《中国：传统与变迁》，张沛、张源译、顾思兼译，吉林出版集团有限责任公司 2008 年版。

　　［德］弗兰茨·冯·李斯特：《德国刑法教科书》，徐久生译，法律出版社 2000 年版。

　　［日］富田彻男：《市场竞争中的知识产权》，廖正衡、金路、张明国、徐书绅译，商务印书馆 2000 年版。

［德］格哈德·瓦格纳：《损害赔偿法的未来——商业化、惩罚性赔偿、集体性损害》，王程芳译，熊丙万、李翀校对，中国法制出版社 2012年版。

［英］哈特：《惩罚与责任》，王勇等译，华夏出版社 1989 年版。

［德］汉斯·海因里希·耶塞克、托马斯·魏特根：《德国刑法教科书》，徐久生译，中国法制出版社 2001 年版。

［美］汉密尔顿、杰伊、麦迪逊：《联邦党人文集》，程逢如、在汉、舒逊译，商务印书馆 1980 年版。

［美］汉娜·阿伦特：《共和的危机》，上海世纪出版集团、上海人民出版社 2013 年版。

［奥］赫尔穆特·考茨欧、瓦内萨·威尔考克斯：《惩罚性赔偿金：普通法与大陆法的视角》，窦海阳译，中国法制出版社 2012 年版。

［德］黑格尔：《法哲学原理》，范扬、张企泰译，商务印书馆 1995年版。

［日］加藤雅信：《"所有权"的诞生》，郑芙蓉译，法律出版社 2012年版。

［美］贾雷德·戴蒙德：《枪炮、病菌与钢铁——人类社会的命运》，谢延光译，上海世纪出版集团 2006 年版。

［英］杰里米·边沁：《立法理论——刑法典原理》，孙力等译，中国人民公安大学出版社 1993 年版。

［英］杰里米·边沁：《论一般法律》，毛国权译，上海三联书店 2008年版。

［德］K. 茨威格特、H. 克茨：《比较法总论》，潘汉典、米健、高鸿钧、贺卫方译，法律出版社 2003 年版。

［德］卡尔·拉伦茨：《法学方法论》，陈爱娥译，商务印书馆 2003年版。

［美］卡多佐：《司法过程的性质及法律的成长》，张维编译，北京出版集团公司、北京出版社 2012 年版。

［美］劳伦斯·莱斯格：《代码 2.0：网络空间中的法律》，李旭、沈伟伟译，清华大学出版社 2009 年版。

［美］劳伦斯·莱斯格：《免费文化》，王师译，中信出版社 2009年版。

［美］劳伦斯·莱斯格：《思想的未来》，李旭译，袁泳审校，中信出版社 2004 年版。

［法］卢梭：《社会契约论》，何兆武译，商务印书馆 1963 年版。

［德］鲁道夫·冯·耶林：《罗马私法中的过错要素》，柯伟才译，中国法制出版社 2009 年版。

［英］鲁伯特·克罗斯、菲利普·A. 琼斯：《英国刑法导论》，赵秉志等译，中国人民大学出版社 1991 年版。

［美］路易斯·亨利·摩尔根：《古代社会》（上），杨东莼译，商务印书馆 1995 年版。

［美］罗伯特·考特、托马斯·尤伦：《法和经济学》，上海三联书店 1994 年版。

［美］罗伯特·诺奇克：《无政府、国家和乌托邦》，姚大志译，中国社会科学出版社 2008 年版。

［英］罗纳德·哈里·科斯、王宁：《变革中国：市场经济的中国之路》，徐尧、李哲民译，中信出版社 2013 年版。

［英］洛克：《政府论》（下篇），叶启芳、瞿菊农译，商务印书馆 1964 年版。

［美］马歇尔·菲尔普斯、戴维·克兰：《烧掉舰船：微软称霸全球的知识产权战略》，谷永亮译，东方出版社 2010 年版。

［美］迈克尔·D. 贝勒斯：《法律的原则——一个规范的分析》，张文显等译，中国大百科全书出版社 1996 年版。

［法］孟德斯鸠：《论法的精神》（上册），张雁深译，商务印书馆 1982 年版。

［美］N. 维纳：《控制论》，郝季仁译，科学出版社 1962 年版。

［加拿大］欧内斯特·J. 温里布：《私法的理念》，徐爱国译，北京大学出版社 2007 年版。

［美］P. D. 罗森堡：《专利法基础》，郑成思译，对外贸易出版社 1982 年版。

［法］蒲吉兰：《21 世纪的黑金》，贾春娟、李玉平、苏启运译，社会科学文献出版社 2006 年版。

［澳］普拉蒂普·N. 托马斯、简·瑟韦斯主编：《亚洲知识产权与传播》，高蕊译，清华大学出版社 2009 年版。

［意］切萨雷·贝卡利亚：《论犯罪与刑罚》，黄风译，北京大学出版社 2008 年版。

［美］斯蒂文·沙维尔：《法律经济分析的基础理论》，赵海怡、史册、宁静波译，中国人民大学出版社 2013 年版。

［美］苏珊·K. 塞尔：《私权、公法——知识产权的全球化》，董刚、周超译，王传丽审校，中国人民大学出版社 2008 年版。

［日］速水佑次郎：《发展经济学：从贫困到富裕》，李周译，社会科学文献出版社 2003 年版。

［美］梯利著，伍德增补：《西方哲学史》，葛力译，商务印书馆 1997 年版。

［法］托克维尔：《旧制度与大革命》，于振海译，中国友谊出版公司 2013 年版。

［美］托马斯·潘恩：《常识》，张源译，译林出版社 2012 年版。

［德］威廉·冯·洪堡：《论国家的作用》，林荣远、冯兴元译，中国社会科学出版社 1998 年版。

［美］威廉·M. 兰德斯、理查德·A. 波斯纳：《知识产权法的经济结构》，金海军译，北京大学出版社 2005 年版。

［英］威廉·葛德文：《政治正义论》，何慕李译，商务印书馆 1980 年版。

［英］韦恩·莫里森：《法理学：从古希腊到后现代》，李桂林、李清伟、侯健、郑云瑞译，武汉大学出版社 2003 年版。

［日］星野英一：《私法中的人》，王闯译，中国法制出版社 2004 年版。

［英］亚当·斯密：《国富论》，孙善春、李春长译，中国华侨出版社 2011 年版。

［美］约翰·冈茨、杰克·罗切斯特：《数字时代，盗版无罪？》，周晓琪译，法律出版社 2008 年版。

［英］约翰·奥斯汀：《法理学的范围》，刘星译，中国法制出版社 2002 年版。

［英］约翰·斯图尔特：《论自由》，强梅梅导读，中国人民大学出版社 2013 年版。

［英］张夏准：《富国陷阱》，肖炼、倪延硕等译，肖炼校对，社会科

学文献出版社 2006 年版。

［美］资中筠：《20 世纪的美国》，生活·读书·新知三联书店 2007 年版。

［日］佐伯仁志、道垣内弘人：《刑法与民法的对话》，于改之、张小宁译，北京大学出版社 2012 年版。

（二）论文类（含译文和学位论文）

曹博：《专利许可的困境与出路》，硕士学位论文，西南政法大学，2012 年。

陈年冰：《我国惩罚性赔偿制度研究》，博士学位论文，山东大学，2013 年。

陈绍玲：《"三振出局"版权保护机制设计研究》，《中国版权》2014 年第 4 期。

陈兴良：《"风险刑法"与刑法风险：双重视角的考察》，《法商研究》2011 年第 4 期。

陈兴良：《社会危害性理论——一个反思性检讨》，《法学研究》2000 年第 1 期。

程宗璋：《破坏社会主义市场经济秩序罪的客体新探》，《武汉公安干部学院学报》2000 年第 2 期。

崔国斌：《专利技术的等同比较》，载郑胜利主编《北大知识产权评论》（第 1 卷），法律出版社 2002 年版。

邓建志、单晓光：《我国知识产权行政保护的涵义》，《知识产权》2007 年第 1 期。

丁泽芸：《刑法法益学说略论》，载北京大学《刑事法学要论》编辑组主编《刑事法学要论：跨世纪的回顾与前瞻》，法律出版社 1998 年版。

董邦俊：《论侵犯知识产权犯罪案件侦查》，《中国人民公安大学学报》（社会科学版）2013 年第 6 期。

冯象：《知识产权的终结："中国模式"之外的挑战》，李一达译，《文化纵横》2012 年第 6 期。

冯亚东：《罪刑关系的反思与重构——兼谈罚金刑在中国现阶段之适用》，《中国社会科学》2006 年第 5 期。

高晓莹：《知识产权犯罪研究——主要从犯罪学视角》，博士学位论文，中国政法大学，2009 年。

高永明：《罚金刑的基底性批判——罚金刑执行难的另一种解读》，《河北法学》2014 年第 10 期。

葛云松：《物权法的扯淡与认真——评〈物权法草案〉第四、五章》，《中外法学》2006 年第 1 期。

何鹏：《知识产权概念研究》，博士学位论文，中国人民大学，2009 年。

贺海仁：《从私力救济到公力救济——权利救济的现代性话语》，《法商研究》2004 年第 1 期。

胡震远：《知识产权案件中临时禁令的适用标准》，《知识产权》2001 年第 6 期。

黄风：《贝卡利亚及其刑法思想》，载［意］切萨雷·贝卡利亚《论犯罪与刑罚》，黄风译，北京大学出版社 2008 年版。

江平、龙卫球：《法人本质及其基本构造研究——为拟制说辩护》，《中国法学》1998 年第 3 期。

金渝林：《论版权理论中的作品概念》，《中国人民大学学报》1994 年第 3 期。

康添雄：《专利法的公共政策研究》，博士学位论文，西南政法大学，2011 年。

黎宏：《论财产犯罪的保护法益》，《人民检察》2008 年第 23 期。

李琛：《关于"中国古代为何无版权"研究的几点反思》，《法学家》2010 年第 1 期。

李琛：《关于"中国古代因何无版权"研究的几点反思》，《法学家》2010 年第 1 期。

李琛：《国际之轨与吾乡之直》，《电子知识产权》2005 年第 3 期。

李琛：《质疑知识产权之"人格财产一体性"》，《中国社会科学》2004 年第 2 期。

李琛：《质疑知识产权之人格财产一体性》，《中国社会科学》2004 年第 2 期。

李豪：《侵犯知识产权犯罪追诉乏力现象之研究》，硕士学位论文，湘潭大学，2006 年。

李扬、许清：《知识产权人停止侵害请求权的限制》，《法学家》2012 年第 6 期。

李杨：《著作财产权体系中的个人使用问题研究》，博士学位论文，西南政法大学，2012 年。

李雨峰：《版权：一种历史视野》，《科技与法律》2005 年第 2 期。

李雨峰：《思想/表达二分法检讨》，载李晟执行主编《北大法律评论》，北京大学出版社 2007 年版。

刘春田：《商标与商标权辨析》，《知识产权》1998 年第 1 期。

刘春田：《知识财产权解析》，《中国社会科学》2003 年第 4 期。

刘俊海：《落实十八届三中全会精神，扎实推进我国 IPO 注册制改革》，《法律适用》2014 年第 1 期。

刘明祥：《论侵犯财产罪的对象》，《法律科学》1996 年第 6 期。

刘彦辉：《民事责任与刑事责任比较研究》，博士学位论文，黑龙江大学，2010 年。

罗莉：《论惩罚性赔偿在知识产权法中的引进及实施》，《法学》2014 年第 4 期。

钱玉文、骆福林：《论我国知识产权法中的惩罚性赔偿》，《法学杂志》2009 年第 4 期。

邱曼丽、哈斯：《专利证书（专利登记簿副本）在专利权属纠纷中证明力的探讨》，《知识产权》2009 年第 3 期。

邱兴隆：《刑罚效果衡量初论》，《政法学刊》1989 年第 1 期。

阮齐林：《再论财产刑的正当理由及其改革》，《法学家》2006 年第 1 期。

盛洪：《道德·功利及其他》，《读书》1998 年第 7 期。

孙笑侠：《司法权的本质是判断权——司法权与行政权的十大区别》，《法学》1998 年第 8 期。

万金东、张士清：《警务管理视角下的侵犯知识产权犯罪防治》，《中国警察学院学报》2013 年第 4 期。

王晨光：《法律移植与转型中国的法制发展》，《比较法研究》2012 年第 3 期。

王利明：《惩罚性赔偿研究》，《中国社会科学》2000 年第 4 期。

王新生：《执拗的个体权利与无言的公共利益——重庆"最牛钉子户"事件宪法学评析》，《山东社会科学》2008 年第 4 期。

王雪峰：《论知识产权侵权引入惩罚性赔偿责任制度》，《北京航空航天大学学报》（社会科学版）2006 年第 1 期。

王晔：《知识产权行政保护刍议》，载郑胜利主编《北大知识产权评论》（第 1 卷），法律出版社 2002 年版。

温世扬、邱永清：《惩罚性赔偿与知识产权保护》，《法律适用》2004 年第 12 期。

文礼朋、郭熙保：《专利保护与技术创新关系的再思考》，《经济社会体制比较》2007 年第 6 期。

吴大华：《盗窃罪犯罪客体与犯罪对象问题研究》，载高铭暄、赵秉志主编《刑法论丛》（4），法律出版社 2000 年版。

吴汉东：《科技、经济、法律协调机制中的知识产权法》，《法学研究》2001 年第 6 期。

吴汉东：《知识产权法律构造与移植的文化解释》，《中国法学》2007 年第 6 期。

夏勇：《改革司法》，《读书》2003 年第 1 期。

萧宏宜：《以刑法保护著作权?》，《月旦法学杂志》2007 年第 4 期。

熊谋林：《我国罚金刑司法再认识》，《清华法学》2013 年第 5 期。

熊谋林、陈树娇：《外国罚金刑实证分析：规范借鉴与罚金刑重构》，载唐清利主编《光华法学》（第 6 辑），法律出版社 2011 年版。

许斌：《唐福珍的选择与我们的恐惧》，《观察与选择》2009 年第 24 期。

杨春然：《刑法的边界研究》，博士学位论文，西南政法大学，2012 年。

杨涛：《我国知识产权临时禁令制度的现实困境与立法完善》，《知识产权》2012 年第 1 期。

易健雄、邓宏光：《应在知识产权领域引入惩罚性赔偿》，《法律适用》2009 年第 4 期。

易琳：《从犯罪的国家责任谈制定我国刑事被害人国家补偿法的必要性》，《河北公安警察职业学院学报》2004 年第 3 期。

应松年：《行政权与物权之关系研究——主要以〈物权法〉文本为分析对象》，《中国法学》2007 年第 5 期。

于志强：《我国网络知识产权犯罪制裁体系检视与未来建构》，《中国法学》2014 年第 3 期。

余艺：《惩罚性赔偿研究》，博士学位论文，西南政法大学，2008 年。

喻中：《显隐之间：百年来的新法家思潮》，《读书》2013 年第 8 期。

詹映：《〈反假冒贸易协定〉（ACTA）的最近进展与未来走向》，《国际经贸探索》2014 年第 4 期。

张春艳：《我国知识产权法定赔偿制度之反思与完善》，《法学杂志》2011 年第 5 期。

张明楷：《论刑法的谦抑性》，《法商研究》1995 年第 4 期。

张明楷：《侵犯财产罪的疑难问题》，载游伟主编《华东刑事司法评论》（第 6 卷），法律出版社 2004 年版。

张维迎、邓峰：《信息、激励与连带责任——对中国古代连坐、保甲制度的法和经济学解释》，《中国社会科学》2003 年第 3 期。

张小斌：《延安“黄碟事件”全过程》，《法律与生活》2003 年第 2 期。

张晓都：《专利侵权诉讼中的停止侵权与禁止双重赔偿原则》，《知识产权》2008 年第 6 期。

张新宝：《从隐私权的民法保护看“黄碟案”》，《法学家》2003 年第 3 期。

张新宝、李倩：《惩罚性赔偿的立法选择》，《清华法学》2009 年第 4 期。

张玉敏：《知识产权的概念和法律特征》，《现代法学》2001 年第 5 期。

张玉敏、曹博：《质疑著作权侵权入罪的合理性》，《法学杂志》2014 年第 2 期。

张志成：《终结还是强化？——评冯象：“知识产权的终结”》，《文化纵横》2012 年第 5 期。

赵斌、曹文智：《浅议侵犯知识产权犯罪侦查》，《中国人民公安大学学报》2005 年第 2 期。

郑成思：《再论知识产权的概念》，《知识产权》1997 年第 1 期。

郑芳甄：《著作权侵害除罪化之研究》，硕士学位论文，云林科技大学，2009 年。

郑丽萍：《轻罪重罪之法定界分》，《中国法学》2013 年第 2 期。

郑书前：《论知识产权保护双轨制的冲突及协调》，《河南大学学报》

（社会科学版）2007 年第 5 期。

周光权：《行为无价值论之提倡》，《比较法研究》2003 年第 5 期。

周雪光：《“关系产权”：产权制度的一个社会学解释》，《社会学研究》2005 年第 2 期。

朱丹：《知识产权惩罚性赔偿制度研究》，博士学位论文，华东政法大学，2013 年。

朱凯：《惩罚性赔偿制度在侵权法中的基础及其适用》，《中国法学》2003 年第 3 期。

朱铁军：《刑民实体关系论》，博士学位论文，华东政法大学，2009 年。

朱铁军：《刑民实体关系论》，博士学位论文，华东政法大学，2009 年。

庄秀峰：《保护知识产权应增设惩罚性赔偿》，《法学杂志》2002 年第 5 期。

左玉茹：《ACTA 后国际知识产权保护标准的变化》，《电子知识产权》2012 年第 8 期。

（三）其他类

［美］爱德华·J. 科恩卡：《侵权法》（第 2 版）（美国法精要·影印本），法律出版社 1999 年版。

［英］戴维·M. 沃克：《牛津法律大辞典》（中文版），邓正来等译，光明日报出版社 1998 年版。

［英］戴维·M. 沃克：《牛津法律大辞典》，李双元等译，法律出版社 2003 年版。

《摩奴法典》，［法］迭朗善译，马香雪转译，商务印书馆 1982 年版。

国家知识产权局：《专利审查指南 2010》，知识产权出版社 2010 年版。

《十二国著作权法》，《十二国著作权法》翻译组译，清华大学出版社 2011 年版。

《日本刑法典》，张明楷译，法律出版社 2006 年版。

二　外文参考文献

（一）著作类

Bryan A. Garner, *Black's Law Dictionary*, Ninth Edition, London：Thomson

West，2009.

Carlos M. Correa and Abdulqawi A. Yusuf eds.，*Intellectual Property and International Trade：The TRIPS Agreement*（Second Edition），Kluwer Law International，2008.

Correa，*Trade Related Aspects of Intellectual Property Rights—A Commentary on the TRIPS Agreement*，London：Oxford University Press，2007.

Daniel J. Gervais，*The TRIPS Agreement：Drafting History and Analysis*，4th Revised edition，London：Sweet & Maxwell，2012.

Georg Rusche & Otto Kirchheimer，*Punishment and Social Structure*，New Jersey：Transaction Publisher，2003.

Graham Dutfield，*Intellectual Property Rights and the Life Science Industries：A 20th Century History（Globalization and Law）*，London：Ashgate Pub Ltd.，2003.

Israle Drapkin，*Crime and Punishment in the Ancient World*，Massachusetts：Lexington Books，1989.

Jonathan Herring，*Great Debates：Criminal Law*，London：Oxford University Press，2009.

J. Feinberg，*Harm to Others*，London：Oxford University Press，1986.

（二）论文类

Albin Eser，"The Principle of 'Harm' in the Concept of Crime：A Comparative Analysis of the Criminally Protected Legal Interests"，*Duquesne University Law Review*，Vol. 4，No. 3，1965–1966.

Alfred Yen，"Restoring the Natural Law：Copyright as Labor and Possession"，*Ohio State Law Journal*，Vol. 51，No. 2，1990.

A. von. Hisrch，"The Offense Principle in Criminal Law：Affront to Sensibility or Wrongdoing?"*Kings College Law Journal*，Vol. 11，No. 1，2000.

Backer，Gary. S，"Crime and Punishment：An Economic Approach"，*Journal of Political Economy*，Vol. 76，1968.

Bowles，Roger，Michael G. Faure，Nuno Garoupa，"The Scope of Criminal Law and Criminal Sanctions：An Economic View and Policy Implications"，*Journal of Law and Society*，Vol. 35，No. 3，September 2008.

Craig W. Dallon，"The Problem with Congress and Copyright Law：

Forgetting the Past and Ignoring the Public Interest", *Santa Clara Law Review*, Vol. 44, No. 2, 2004.

David G. Owen, "A Punitive Damages Overview: Functions, Problems and Reform", *Villanova Law Review*, Vol. 39, No. 2, 1994.

D. Dripps, "The Liberal Critique of Harm Principle", *Criminal Justice Ethics*, Vol. 17, No. 2, Summer 1998.

Eric Goldman, "A Road to No Warez: The No Electronic Theft Act and Criminal Copyright Infringement", *Oregon Law Review*, Vol. 82, No. 2, Summer 2003.

Eric Rasmusen, "Stigma and Self – fulling Expectations of Criminality", *Journal of Law & Economy*, Vol. 39, 1996.

Gideon Parchomovsky, R. Polk Wagner, "Patent Portfolios", *University of Pennsylvania Law Review*, Vol. 154, No. 1, November 2005.

Henning Grosse Ruse-Khan, *From TRIPS to ACTA: Towards a New "Gold Standard" in Criminal IP Enforcement*? Max Planck Institute for Intellectual Property and Competition Law Research Paper, No. 10-06.

Irina D. Manta, "The Puzzle of Criminal Sanction for Intellectual Property Infringement", *Harvard Journalof Law & Technology*, Vol. 24, No. 2, Spring 2011.

Jean O. Lanjouw, Mark Schankerman, "Protecting Intellectual Property Rights: Are Small Firms Handicapped?" *Journal of Law and Economics*, Vol. 47, No. 1, April 2004.

John C. Coffee, Jr. "Does 'Unlawful' Mean 'Criminal'?: Reflections on the Disappearing Tort/Crime Distinction in American Law", *Boston University Law Review*, Vol. 71, No. 2, March 1991.

Jonathan M. Miller, "A Typology of Legal Transplants: Using Sociology, Legal History and Argentine Examples to Explain the Transplant Process", *American Journal of Comparative*, Vol. 51, No. 3, Fall 2003.

Julie E. Cohen, "Lochner in Cyberspace: The New Economic Orthodoxy of 'Rights Management' ", *Michigan Law Review*, Vol. 97, No. 2, November 1998.

Julie E. Cohen, "Some Reflections on Copyright Management Systems and

Laws Designed to Protect Them", *Berkeley Technology Law Journal*, Vol. 12, No. 1, 1997.

Justin Hughes, "Copyright and Incomplete Historiographies: Of Piracy, Propertization, and Thomas Jefferson", *Southern California Law Review*, Vol. 79, No. 5, July 1993.

Larry. A. Alexander, "Deontology at the Threshold", *San Diego Law Review*, Vol. 37, No. 4, Fall 2000.

Lydia P. Loren, "Digitization, Commodification, Criminalization: The Evolution of Criminal Copyright Infringement and the Importance of the Willfulness Requirement", *Washington University Law Quarterly*, Vol. 77, No. 3, Fall 1999.

Mark Lemly & David McGowan, "Legal Implications of Network Economic Effects", *California Law Review*, Vol. 86, No. 3, May 1998.

Markus Dirk Dubber, "Theories Crime and Punishment in German Criminal Law", *American Journal of Comparative Law*, Vol. 53, No. 3, Summer 2005.

Mary Jane Saunders, "Criminal Copyright Infringement and the Copyright Felony Act", *Denver University Law Review*, Vol. 71, No. 3, 1994.

Moohr, "The Crime of Copyright Infringement: An Inquiry Based on Morality, Harm, and Criminal Theory", *Boston University Law Review*, Vol. 83, No. 4, October 2003.

Nicola Lacey, "Book Review: Answering for Crime: Responsibility and Liability in the Criminal Law, by R. A. Duff", *New Criminal Law Review*, Vol. 12, Winter 2009.

Paul J. Heald, "Mowing the Playing Field: Addressing Information Distortion and Asymmetry in the TRIPS Game", *Minnesota Law Review*, Vol. 88, No. 2, December 2003.

Peter Drahos, "Developing Countries and International Intellectual Property Standard-Setting", *The Journal of World Intellectual Property*, Vol. 5, 2002.

Peter Jaszi, "Caught in the Net of Copyright", *Oregon Law Review*, Vol. 75, No. 1, Spring 1996.

Phillip A. Buhler, "New Struggle with an Old Menace: Towards a Revised Definition of Maritime Piracy", *Currents: International Trade Law Journal*,

Vol. 8, No. 2, Winter 1999.

Robert A. Spanner, "The Brave New World of Criminal Software Infringement Prosecutions", *Computer Law*, Vol. 12, No. 1, November 1995.

Santiago Mir Puig, "Legal Goods Protected by the Law and Legal Goods Protected by The Criminal Law as Limits to the State's Power to Criminalize Conduct", *New Criminal Law Review*, Vol. 11, No. 3, Summer 2008.

Wendy J. Gordon, "A Property Right in Self-expression: Equality and Individualism in the Natural Law of Intellectual Property", *Yale Law Journal*, Vol. 102, No. 7, May 1993.

(三) 其他类

Atari Games Corp. v. Nintendo of Am., 975 F. 2d 832 (Fed. Cir. 1992).

Bleistein v. Donaldson Lithographing Co., 188U. S. 239.

B. Zorina Khan, Does Copyright Piracy Pay? The Effect of U. S. International Copyright Laws on the Market for Books, 1790–1920, NBER Working Paper No. 10271 (January 2004), http://www.nber.org/papers/w10271.

China – Measures Affecting the Protection and Enforcement of Intellectual Property Rights, Request for the Establishment of a Panel by the United States, WT/DS362/7.

City of Miwarkee v. Acticated Sludge, Inc. 69 F. 2d 577 (7th Cir. 1934).

Clontech Labs., Inc. v. Invitrogen Corp., 406 F. 3d 1347, 1356 – 1357 (Fed. Cir. 2005).

Commission of the European Communities, Communication From the Commission to the Council, The European Parliament and the European Economic and Social Committee on a Customs Response to Latest Trends in Counterfeiting and Piracy, Brussels, 11. 10. 2005.

Computer Associates International, Inc. v. Altai, Inc. 982 F. 2d 693 (2nd Cir. 1992).

Cooper Indus. v. Leatherman Tool, 532U. S. 424, 432, 121 S. Ct. 1678, 1683 (2001).

Copper Industries, Inc. v. Leatherman Tool Group, Inc., 532U. S. 424 (2001). Dowling v. United States, 473 U. S. 207 (1985).

Dowling v. United States, 473 U. S. 207, 227 (1985).

Feist Publications, Inc. v. Rural Tel. Serv. Co. , 499U. S. 340, 349 (1991).

Hearings on Reform of Federal Criminal Laws Before the Senate Comm. on the Judiciary, 96th Cong. 10, 694, 10, 697 (1979).

H. R. REP. NO. 102-997 (1992), reprinted in1992 U. S. C. C. A. N. 3569, 3572.

In re E. I. Du Pont de Nemours & Co. , 476F. 2d 1357 (CCPA 1973).

In re Seagate Technology, 497 F. 3d 1360 (Fed. Cir. 2007).

Jules Crittenden, Ruling Clears Way for Computer Bandits, Boston Herald, Dec. 30, 1994.

Lambert Pharmacal Co. v. Bolton Chemical Corp. , 219 F. 325 (1915).

Mushroom Makers, Inc. v. R. G. Barry Corp. , 580 F. 2d 44 (2nd Cir. 1978).

Rite - Hite Corp. v. Kelley Company, Inc. , 819 F. 2d 1120 (Fed. Cir. 1987).

Stephen E. Siwek, Copyright Industries in U. S. Economy: The 2002 Report, http: //www. iipa. com/copyright_ us_ economy. html.

The No Electronic Theft (NET) Act, 1997: Hearing on H. R. 2265 Before the Subcomm. on Courts and Intellectual Property of the House Comm. on the Judiciary, 105th Cong (1997).

United States v. Cowan, 116 F. 3d 1360, 1363 (10th Cir. 1997).

United States v. Giles, 213 F. 3d 1247 (10th Cir. 2000).

United States v. LaMacchia, 871 F. Supp. 535 (D. Mass. 1994).

Universal City Studios, Inc. v. Corley, 273 F. 3d 429 (2d Cir. 2001) at 436-437.

后 记

恍然之间，走上教师岗位已经三年，在庸庸碌碌的生活中时常感到疲惫与焦虑。站上三尺讲台之后，才发现要成为一名合格的老师并不容易，更多的精力投向了备课与教学，甚至感觉看书与写作都成了一种放松。虽然热爱学术，但不时而来的挫败感一度令人怀疑当初的选择是否明智，只能以自嘲寻求安慰。失落之余，不免回想：当初为何选择法律、选择学术？

源于一位至今未曾谋面的远房亲戚热情的电话指导，我成功规避了一众"985"和"211"高校以及自己向往的体育记者职业，选择了西南政法大学，选择了法学，来到了重庆。进入大学之后，突然发觉自己变得很渺小，很没有存在感，对那些干瘪的法条与乏味的教材提不起任何兴趣，在浑浑噩噩中混迹于校园。法律是什么？法学又是什么？也许就是考试前突击复习记住的几个概念，几种学说？毫不夸张地说，是大三的几门课程改变了我的人生轨迹。唐力老师的民事诉讼法让我由衷感佩程序之美；张春良老师的国际私法充满想象力，巴托鲁斯与唐太宗的时空交错令人神往；康添雄老师的知识产权法让我发现原来法律也可以很有趣，那些作品、技术、商业标记看上去既充满了人文关怀，又闪耀着思想的火花，激起了我的学习兴趣。得到康老师的鼓励之后，我很快就做出了报考知识产权法学硕士的决定。然而，那时的志向是成为一名知识产权律师，未曾动过研究学术的念头。

艰难地考上研究生之后，非常幸运地进入了张玉敏老师的门下。为了完成老师布置的学期作业，我撰写了一篇论文，题为"民法法典化的前世今生——兼论法学家在民法典制定中的作用与价值"。老师很快为我批改了论文，不但指出了框架结构和注释规范等方面的问题，还将标点符号的错误一一更正，在文末的评语中，老师赞赏我具有一定的抽象思维能力。可以说，正是老师的鼓励让我树立了信心，并最终选择了学术之路。回想在老师指导下读书的六年时光，只有满满的感激之情，老师的人格魅力和学术品格重新塑造了我对人生和事业的理解，那种豁达的胸襟和宽容的气度更是让我获益匪浅。在硕士研究生阶段，受益于老师的悉心指点，有幸完成了几篇看上去还不错的论文，获得了几个征文比赛的奖项，不禁有些飘飘然，对那些关注制度细节与法条解释的论文嗤之以鼻，总想追求抽象的理论构想。老师委婉地提醒我要注重对民法基础理论的深入学习和理解，但那时的我不以为意，无从体会老师的良苦用心。

硕士毕业之后，承蒙老师的支持和鼓励，有幸继续留在校园攻读博士学位，似乎是源于一种盲目的自信，抑或是对书本有些厌倦，我希望去律所接触更多实务工作，觉得能够在学业和律师职业之间取得平衡。然而，投递了诸多简历均没有回音，无奈之下怀着忐忑之情求助老师，以为老师会批评我这种不专注学业的想法，但老师并未反对，介绍我去百君律师事务所应聘。于是，我有幸成为孙渝律师和刘洪波律师的助理，律师工作的高强度、快节奏让习惯了校园生活的我极不适应，过往并不关注法律条文及规则解释带来的弊病显露无疑，面对诸多现实问题我时常感觉束手无策，在一些需要应变能力的场合也显得有些木讷。庆幸的是，孙渝律师和刘洪波律师以极大的耐心给予我帮助和指导。特别是刘洪波律师，她钻研疑难问题的热情让我汗颜，对法律文书在遣词造句和字体格式上的严谨态度也令我钦佩。对我在工作中的很多疏漏和不足她总是及时制止和纠正，对我完成的那些粗糙的法律文书也字斟句酌地指导修改。进入博一之后，我开始了在学校和律所之间奔忙的一段时光，尽管孙渝律师和刘洪波律师给予我很大的自由空间，叮嘱我不能耽误学校的课程与学习，但我明显感到力不从心，既不能全身心地投入到律师工作之中，又无法在学业上倾注更多精力，这种状态令我焦虑和不安，草草写就的几篇论文投稿之后也是石沉大海。我开始怀疑自己是否还有足够的天赋、勇气和毅力继续学术之路，甚至一度打算以律师为业，在学校里"混"出个博士学位。老师看出了我的这种想法，语重心长地提醒我博士学位论文的撰写没有坦途，"混"学位的心态极不可取，人的精力都是有限的，贪多求全往往一无所成。于是，我决定辞去律所的工作，孙渝律师和刘洪波律师并未埋怨我的有始无终给他们带来的不便，反而给予了我充分的理解。

重新回到学校之后，我希望尽快确定博士论文的方向和选题，但自己思索的选题在几经斟酌之后都一一被否定。在和我的师兄康添雄副教授交流中，他提示我考虑"专利侵权非罪化"这一论题，并且可以尝试将论题进一步扩展为"知识产权侵权行为的非罪化"，论题的主旨在于重新探讨侵犯知识产权行为适用刑法规范的正当性与合理性。对我而言，这是一个完全陌生的新问题，我对刑法并不感兴趣，觉得知识产权领域内的刑事处罚问题没有太多研究价值。康师兄给我发来了不少与这一选题有关的论文，我又进一步查找了相关文献，消化吸收了一段时间之后，我认为这个论题具有较大的研究价值，研究过程中将会涉及对知识产权权利特点的重新梳理、对侵犯知识产权行为及其判定规则的探讨、对侵权行为法律救济规则体系的全面认识、对刑法介入调整某一侵权行为的正当性与合理性，而且论题具有非常鲜明的问题意识。于是，我向老师汇报了这个选题，老师表示有一定的风险，因为主流的学术观点和国际条约的做法是加强知识产权的刑事保护，但她认为这一论题确实具有研究价值，支持我做这样的尝试。在博士论文的开题报告会上，导师组的老师们给予我极大的鼓励和支持，特别是我的大师兄李雨峰教授，他认为这一选题具有相当的深度和广度，是一个合适的论题，李老师的态度进一步坚定了我的信心。一直以来，我都视李老师为学术偶像，他的学术视野和人文情怀令我叹服，在写作时也曾极力模仿他的行文风格，尽管时常因为学术天赋和知识积淀的差异而产生东施效颦的结果，但我依然愿意继续做这样的尝试和努力。确定了论文选题和框架结构之后，开始了按部就班的写作，整个写作过程并不觉得特别辛苦，反而弥补了很多过往的知识缺陷，让我收获不小。看着最终定稿的博士论文，并没有太多欣喜，只有一种如释重负的感觉，论文里的每个字都觉得特别顺眼，似乎挑不出什么毛病。直到答辩环节，答辩组的老师提出的问题尖锐而深刻，让我一时语塞，好在老师们宽容大度，使我顺利通过答辩。

　　毕业之后，我搁置了这篇博士论文，很长时间都没有勇气再去翻阅。但在备课过程中遇到的不少问题仍然让我回想起博士论文中的某些内容，隐然之间感觉到这一论题值得进一步思考和推敲。当自己讲授知识产权法课程之后，越来越感觉到知识产权法在基础理论与解释规则上的贫弱，而刑法对侵犯知识产权行为的介入和调整具有很强的政策和工具意味，纯粹从理论层面进行的推演很难经得起推敲。于是，我开始思考是否有必要修改论文，放弃将侵犯知识产权行为完全非罪化的理论预设，重构侵犯知识产权行为的法律救济体系，划定民事保护、行政保护与刑事保护的边界。然而，经过一番尝试之后，我感觉到这一论题是我尚不能驾驭的，将之作为一个远期的学术目标或许更为合适。而非罪化这样的论题显然更能代表自己那个有些冲动的学术幼稚期，于是，我决定为自己的博士论文画上句号，将它作为曾经的学术修炼与知识积累的标志，把那些不成熟的观点和不严谨的论证永远封存下来。

读书求学之外，在西政的十年伴随着我的成长，见证了我的青春岁月，如今已然迈入 30 岁的门槛，竟有些恍惚，有些不适。尽管在学术和事业上依然迷惘苦闷，但来自妻子、家人、亲朋、师友和同事的支持和帮助让我始终对生活充满了信心。

是时候向过去的自己挥手道别了。这篇博士论文既是终点，更是起点。

2018 年 6 月 6 日